国家社科基金
后期资助项目

侵华战争时期的日本报界研究（1931~1945）

A Study of the Japanese Newspapers during the Japanese Invasion of China (1931~1945)

孙继强 ◎ 著

中央编译出版社
Central Compilation & Translation Press

国家社科基金后期资助项目
出版说明

后期资助项目是国家社科基金设立的一类重要项目，旨在鼓励广大社科研究者潜心治学，支持基础研究多出优秀成果。它是经过严格评审，从接近完成的科研成果中遴选立项的。为扩大后期资助项目的影响，更好地推动学术发展，促进成果转化，全国哲学社会科学规划办公室按照"统一设计、统一标识、统一版式、形成系列"的总体要求，组织出版国家社科基金后期资助项目成果。

全国哲学社会科学规划办公室

目 录

序 ··· 1

导 言 ·· 1
    一、研究对象 ·· 2
    二、研究现状 ·· 7
    三、研究意义 ··· 14

第一章　战前日本报界发展概况 ································· 19
  第一节　日本近代报业诞生的背景 ······························ 19
    一、外来文化的影响 ·· 20
    二、社会条件的促进 ·· 26
    三、政治发展的推动 ·· 29
  第二节　日本近代报业报道方针的演变 ························· 32
    一、时政性报道方针的确立 ··································· 32
    二、"小报"的产生与发展 ····································· 38
    三、社会主义者创办的报纸 ··································· 42
  第三节　日本近代报业经营方针的变革 ························· 43
    一、报道本位主义的确立 ····································· 44
    二、营利主义路线的确立 ····································· 46
    三、报业经营方针的完善 ····································· 48
  第四节　日本报界的生存环境 ··································· 51
    一、"明治维新"时期宽松的办报环境 ························· 51
    二、"自由民权运动"时期报业的统制政策 ···················· 54
    三、"政党政治"时期的两面政策 ······························ 61
    四、战前报纸的反体制运动 ··································· 66

第二章 战时日本报界的发展（1931~1945） …… 74

第一节 战时传播网络的构建 …… 75
一、言论立法构建战时传播的生存环境 …… 75
二、机构设置催生战时传播的管理主体 …… 83
三、报界参与完善战时传播的结构内涵 …… 90

第二节 战时日本报界的"转向" …… 102
一、"九·一八事变"之前的报界 …… 102
二、"九·一八事变"后报界的"转向" …… 107
三、难能可贵的反战言论——《赤旗》 …… 112
四、报界战时体制的确立 …… 119

第三节 战时体制下的新闻团体 …… 127
一、同盟通信社 …… 127
二、日本新闻联盟 …… 138
三、"满洲国通信社"与"满洲弘报协会" …… 142

第三章 战时日本报界的政策传播 …… 148

第一节 报界的"满蒙政策"报道及实践 …… 149
一、"九·一八事变"前后报界的"满蒙政策观" …… 149
二、对"满洲国建国"的报道 …… 155
三、对"满洲移民"的报道 …… 157
四、对国际联盟"满蒙决议"的报道 …… 161

第二节 报界与战时思想统治 …… 165
一、对思想统制事件的报道 …… 166
二、对法西斯恐怖事件的报道 …… 171
三、战时报界言论镇压事件 …… 178

第三节 报界的"大政翼赞体制"报道 …… 183
一、赞"大政翼赞体制"的发端 …… 183
二、助"大政翼赞体制"成长 …… 185
三、挽"大政翼赞体制"败局 …… 188

第四章 战时日本报界的战争宣传 …… 191

第一节 "九·一八事变"时期的战争宣传 …… 192
一、歪曲报道事变原因 …… 192

二、大肆渲染"爆弹三勇士" ………………………… 196
　　　三、不遗余力的宣传攻势 …………………………… 199
　第二节　全面战争时期的宣传活动 ……………………… 203
　　　一、颠倒黑白的"卢沟桥事变"报道 …………………… 203
　　　二、南京沦陷前后的新闻报道 ……………………… 207
　　　三、支持缔结德意日三国同盟 ……………………… 212
　第三节　太平洋战争时期的报道 ………………………… 216
　　　一、战略进攻时期的陶醉式报道 …………………… 216
　　　二、战略防守时期的欺骗性报道 …………………… 220
　　　三、战略溃败时期的虚假性报道 …………………… 224

第五章　战时日本报界的后方动员
　　　　——以"国家总动员"为中心 ……………………… 228
　第一节　国家总动员体制 ………………………………… 228
　　　一、国家总动员计划 ………………………………… 229
　　　二、国民精神总动员的展开 ………………………… 231
　　　三、国家总动员的作用 ……………………………… 234
　第二节　国家总动员的急先锋 …………………………… 235
　　　一、粉饰《国家总动员法》…………………………… 235
　　　二、大力宣传"精动" ………………………………… 237
　　　三、全力落实"物动" ………………………………… 241
　第三节　致力于后方国民动员 …………………………… 244
　　　一、国民征用 ………………………………………… 244
　　　二、女子挺身队 ……………………………………… 247
　　　三、学生动员 ………………………………………… 251
　第四节　无所不至的新闻触角 …………………………… 256
　　　一、极端的"奉公"报道 ……………………………… 257
　　　二、派遣"笔部队"，塑造战争文学 ………………… 263
　　　三、力倡结婚报国和生育报国 ……………………… 266

第六章　战时日本新闻人物研究 …………………………… 270
　第一节　战时情报组织的主宰者——绪方竹虎 ………… 271
　　　一、报社记者时期 …………………………………… 271
　　　二、《朝日新闻》"笔政"时期 ……………………… 275

三、情报局总裁时代 …………………………………… 284
第二节　德富苏峰与大日本言论报国会 ………………… 290
　　　一、德富苏峰的报业实践 ………………………… 290
　　　二、大日本言论报国会 …………………………… 297
　　　三、德富苏峰的"言论报国" …………………… 303
第三节　战时报界的反抗者 ………………………………… 308
　　　一、菊竹淳 ………………………………………… 308
　　　二、桐生悠悠 ……………………………………… 313
　　　三、其他 …………………………………………… 316

终　章 ………………………………………………………… 320
　　　一、战时日本传播网络的构建 …………………… 320
　　　二、战时日本报界的作用 ………………………… 322
　　　三、战时日本报界的特征 ………………………… 325
　　　四、日本报界纳入战时体制的原因 ……………… 333
　　　五、新闻专业主义与政治的冲突 ………………… 341

参考书目 ……………………………………………………… 345
中文书目 ……………………………………………………… 345
日文报刊 ……………………………………………………… 347
日文书目 ……………………………………………………… 348

后　记 ………………………………………………………… 355

图表目录

图1-1　遭受处罚的报纸统计图（1878~1881）……………… 61
图2-1　情报局职员配置及系统图 …………………………… 85
图2-2　同盟东亚通信网络图 ………………………………… 136
图2-3　1942年"国通社"东亚通信网略图 ………………… 144
图5-1　《朝日新闻》慰问金和防空捐款
　　　　累计表（1931年10月~1932年10月）……………… 260

表1-1　1868年创办于江户的报纸一览表 …………………… 29
表1-2　政党性报纸及其所属政党一览表 …………………… 37
表1-3　"政论性"报纸与"小报"的区别 ………………… 39
表1-4　报纸发行量的增长情况一览表（1876~1877）……… 41
表1-5　对报纸及出版物的行政处分件数 …………………… 65
表1-6　对报纸及出版物的司法处分件数 …………………… 65
表2-1　"九·一八事变"前后报纸杂志受处分一览表 …… 77
表2-2　报纸、出版物等受行政处分情况
　　　　统计表（1936~1940）………………………………… 80
表2-3　战时普通日刊报纸
　　　　整合状况（截至1942年11月1日）………………… 95
表2-4　东京、大阪及全国报纸广告行数的
　　　　变化（1936~1941）……………………………………… 98
表2-5　联合经营前后报纸发行量的变化 …………………… 101
表2-6　同盟通信社"助成金"占总经费的比例 …………… 132
表2-7　伪满弘报协会兼并收买报纸情况 …………………… 146
表4-1　《大阪每日新闻》印刷设备增长一览表 …………… 200
表5-1　战时日本的劳务动员状况 …………………………… 246

表5-2 日本内地学徒动员数量（1944~1945） …………… 255
表5-3 各报社、杂志社派遣文学家一览表 …………… 264
表7-1 战时《朝日新闻》日均发行量的变化 …………… 336
表7-2 昭和时期日本主要报纸发行量的变迁 …………… 338

序

1945年8月14日，日本天皇裕仁宣布投降。从1945年9月11日起，登陆日本本土的盟军总部在三个月内先后四次发布战犯逮捕令，被指名的甲级战犯共有118人，知名报界人士正力松太郎（《读卖新闻》社长）、德富苏峰（战时日本新闻界最大的团体组织大日本言论报国会会长）、绪方竹虎（《朝日新闻》副社长、主笔）等人名列其中。舞文弄墨的文人入得盟军追究战犯的法眼，是战时日本报界为对外侵略战争推波助澜的最好注脚。

1870年12月8日，《横滨每日新闻》问世，宣告了日本近代传媒黎明期的到来。此后日本报业发展迅速，至19世纪末20世纪初，已经进入资本主义垄断时代。进入20世纪20年代，日本国内矛盾加剧，法西斯思潮开始抬头并在社会各阶层特别是军部渗透，暗杀和政变成为右翼分子表达政治诉求的手段，"二·二六事变"的爆发标志着日本的国家政治运作完全被军部绑架。政治生态的变换及国际局势的变动，使得舆论空间日渐紧缩，日本报业亦逐渐背离了舆论的批判和监督功能，最终发生"转向"，成为日本发动侵略战争的"吹鼓手"。

日本报业法西斯化的过程也是日本战时传播网络构建和完善的过程。一个完整的传播过程是传播源制造并发出信息，传播者选择加工信息并通过某种渠道传递给受传者并引起反应的过程。在这个过程中，如何构建传播路径方能达到传播目的是战时传播中最为重要的核心内涵。

战时日本政府的传播诉求主要集中于政策传播。政府制定的政策必须传达给民众，使民众理解并获得民众的支持才能得以顺利推行。尤其是在"总体战"的战争理念下，要想把全社会的力量动员起来，没有一个强有力的宣传工具而仅靠武力推行是行不通的。鉴于此，日本政府通过自上而下的立法手段和制度手段将大众媒体牢牢控制，其目的是借助媒体的强大宣传力将政策传达于民众。而要达到上述目的，还需要借助媒体对政府出台的法令、法规、政策进行剖析、解读，挖掘出"新闻背后的新闻",以便让受众完全了解并接受。而政策传播的归着点并非止步于此,在民众充分了解政策的基础上,以政府意愿为目标进行特定引导,并对受众的思想或者行为产生特定的影响,使之完全按照政府的意图行事,方完成政府所期待的宣传任务。

在上述战时传播过程中,至少涵盖了传播主体(政府)、传播渠道(媒介)、传播客体(受众)三个要素。而日本战时传播的构建路径即是围绕这三个要素展开的。

首先,为保障对传播渠道的有效控制,掌握话语权,作为传播主体的日本政府利用其自身掌握的政治优势和资源优势,根据"总力战"推行的需要,千方百计地加强对新闻报道的管制,压缩言论自由的空间,其中最重要的手段便是制定言论统制法令、法规,完善言论统制机构。同时,政府通过控制信息来源等方式来控制媒体。媒体希望从政府获得相关信息,因而比以往更加依赖权力机构的帮助。战时记者想通过采访来获得准确、全面的第一手资料十分困难,因而往往更多的是从交战国的政府或军方的新闻发布会获得消息。在这种情况下,媒介的报道就落入了权力设置的陷阱。如果有媒体想通过自己的方式获得信息或者发布令政府不满的信息,政府可以通过剥夺其从政府和军方获得资料的权利来压制。

其次,是否能够完成政府的传播期许取决于媒介的宣传姿态和配合程度。决定战时日本传播媒介价值取舍的除了客观的政治条件之外,更重要的还是主观因素和经济利益等条件。可以说媒体的参与既是政府的被动诉求,也是媒体本身的主动诉求。在这种双重诉求的捆绑下,媒体自然会主动站在政府军队的一边,力求使自己的报道对自己的国家和军队有利,并且有助于提高国民士气,激发国民同仇敌忾的情绪。换言之,媒体在面对战争时,其自身的选择是决定其报道姿态和舆论导向的根本因素。以战时体制下日本报界而言,尽管有政府权力的压制和大众情绪的影响,但报社记者作为国民中的个体,自然也难以避免举国上下的"爱国主义"氛围的支配,而从报社整体来讲,经济实力的强弱决定了报社在激烈竞争中的发展趋向。因此自身盲从式的"爱国主义"和对经济利益的追逐是媒体参与传播网络构建的主导性内因。物质上的商业利益和精神上的国家主义促使日本媒体主动按照政府诉求参与战争宣传,从而完成了自下而上的构建。

第三,受众也是推动战时传播网络构建的主体之一。虽然媒体通过设置话题能够影响公众舆论,但是公众舆论也可通过诸如公共情绪等非正式渠道反作用于媒体话语。从某种意义上讲，作为传播对象的受众是传媒的顾客，传媒在向公众进行宣传的时候，必须考虑受众的接受能力。这里所说的"接受能力"除了受众的身体状况和文化水平之外，更重要的还要考虑受众所处的环境。如果媒体的论调与受众的接受能力背道而驰，必然会遭到受众的抛弃。而受众对媒体的抛弃，必然造成经济利益和社会影响力受损，这是媒体所不能承受的。比如战时在日本民众的排外主义和战争狂热空前高涨的情况下，"国民的爱国热情越高涨，报纸就越会被读者的要求和周围的局势所影响，自然无论是言论还是报道都会趋向国家主义化和帝国主义化"。换言之，政府借助传播网络营造了一个狂热的战争环境，而处于这个战争环境中的受众则反之进一步强化了这种战争环境，进而促进了传播网络的日臻完善。

总之，战时日本政府话语权的构建是政治网络的构建和政治传播的结果，而政治网络的构建和政治传播的实施又进一步强化了日本政府话语权的构建。在这个矛盾统一体中，作为上层建筑的政府和作为基层组织的媒体又是缺一不可的，二者构成的传播网络不但保障了政治传播的顺利开展，在很大程度上也决定着政治传播的原则、性质和效果。

考察日本报业的发展历程，我们不难发现，其与政治之间有着千丝万缕的联系。它在日本国内政治力量此消彼长的政治生态中借势发展、壮大，也因此而被与政治紧紧捆绑在一起，最终走上了为侵略战争摇旗呐喊的道路。

本书是孙继强同志在博士论文基础上修改而成的，也是国家社科基金后期资助项目的最终成果。作者利用大量文献资料，经过自己的梳理和归纳，系统、全面地考察了日本发动侵华战争时期日本报界的生态，提出了一些创新性观点。

首先，从传媒与战争的关系角度出发，厘清了战时日本报界的发展脉络，勾勒了日本报界由抗争到妥协、最终沦落为军国主义宣传机器的发展和演变过程，并从政治、经济、文化三个方面考察了战时日本媒体"转向"的原因。

其次，从政府、民众和媒体三方面考察了战时话语权构筑过程中日本传播网络的构建过程，指出战时报界话语权的构筑是自上而下和自下而上同时进行的。政府利用其掌握的政治资源为报界编织了一个法西斯化的生存环境，而处于该生存环境中的受众诉求则进一步强化了这种生存环境，进而加速了报界法西斯化的进程，同时报界自身"爱国主义"盲从和对经济利益的追逐是其走向法西斯化的主导性内因。

第三，日本报界与当时日本的对华政策密切相关。战时日本的社会思潮引领并在很大程度上决定了日本对华政策的方向，而对华政策又在极力迎合甚嚣尘上的军国主义极右思潮。报界作为社会思潮的载体，起到了不容忽视的作用。

本书是我国首部以战时日本报界为研究对象的学术专著，它尝试从新闻与传播学的角度来考察日本的侵华战争，从而进一步剖析传媒在国际关系中的重要作用，具有重要的学术价值和应用价值。随着全球化进程的不断深化和发展，传媒在国际关系中的因素显得日益重要。大众传媒不但是认知国际关系的风向标，更在很大程度上影响着国际关系的发展，因此对传媒的引导和利用也成为处理国际关系的一个重要的手段。在此背景下对战时日本报界进行研究，则具有非常重要的现实意义。

作为一名初涉日本研究领域的青年学者撰写的专著，本书还有值得进一步思考和研究之处。如对战时日本共产党机关报《赤旗》以及战时被占领区的日本报界的研究还有待深入。对日本报界积极支持战争原因的分析似不够充分，读完有意犹未尽的感觉。作者还年轻，相信在学界同仁的指导下，会励精图治，不断进步。期待着作者在今后漫长的治学道路上迈出更加坚实的步伐，取得新的成就。

李卓
2014 年 3 月于南开园

导　言

　　明治维新之后，明治新政府大力推行"脱亚入欧"政策，在政治、经济、社会、文化等各方面进行了一系列改革，取得了显著成效，由此踏上了近代化的道路。然而随着社会的发展，一些社会矛盾开始凸显，比如明治初期的民众叛乱、西南战争以及自由民权运动等，都对明治新政府的统治基础造成了一定的冲击。在此背景下，明治政府内部出现分化，一部分政治势力提出"将冀希内乱之心转移于外，乃为兴国之远略"①的对外侵略主张，试图通过对外侵略来消除国内矛盾和危机。此后随着日本国力的逐渐增强，日本对外侵略的野心也日渐膨胀，"大力充实兵备，布国威于海外"的战略思想成为日本近代对外关系的一条主线。

　　外侵战略并非仅仅停留在政客的政治主张和文人的著书立说上，一旦条件成熟，这种对外侵略的主张便被付诸实践。1874年日本以"琉球贡船事件"②为借口出兵台湾，并于1879年正式吞并琉球王国。与此同时，日本也加紧了对朝鲜侵略的步伐，于1875年挑起"江华岛事件"③出兵朝鲜，进而取得了向朝鲜派兵的特权④。然而日本并不满足于对台湾和朝鲜的侵略，随着外侵野心的不断膨胀，日本把触角伸向觊觎已久的中国大陆和俄国，到后来终于发展为1894年的甲午战争、1905年的日俄战争。这两次战争不但实现了日本产业革命所必需的资本积累，使其跻身于世界强国的行列，同时也是日本此阶段试图染指海外的外交政策

---

①　具体参见渡边几治郎：《日本战时外交史话》，千仓书房，1937年，第27～30页。
②　1871年12月，60多名琉球人乘船遭遇台风，漂流到台湾南部登陆，其中54人被台湾土著居民杀害，其他人被清政府送回国。日本以琉球漂流民在台湾被杀为借口向清政府发难，乘机出兵武力侵略台湾。
③　1875年9月20日，日本军舰侵入朝鲜领海，在位于朝鲜首府汉城不远的江华岛测量海口，朝鲜炮台开炮示警，日舰"云扬号"便以此为借口攻毁炮台，日军登陆，屠杀朝鲜军民，此后便强迫朝鲜签订了第一个不平等条约《日朝修好条约》，史称"江华岛事件"，亦称"云扬号事件"。
④　关于日本出兵朝鲜和台湾、琉球的经过及政策决策过程，请参阅米庆余：《近代日本的东亚战略和政策》（人民出版社2007年版）第一章的相关内容。

的具体行动选择。

然而，在这个耀眼的光环背后也埋下了悲剧的种子，以"极东宪兵"自居的日本正在一步一步向帝国主义的深渊滑落。1914年日本参加了第一次世界大战，1931年制造"九·一八事变"，挑起了侵华战争，1937年制造"卢沟桥事变"，全面发动侵华战争，1941年对英美宣战，扩大为太平洋战争，直至1945年日本战败投降，对外战争的规模以日本人从未经历过的速度急速升级。在这个过程中"神国思想"贯穿始终，成为日本推动侵略战争的精神支柱。从某种意义上说，昭和时期日本发动侵略战争的悲剧已经在明治时期埋下了种子。

一、研究对象

战后在驻日盟军总司令部（GHQ）的主导下，日本进行了民主化改革，走上了和平发展的道路。但由于对战争的反省和战争责任的追究不够彻底，使得肯定"大东亚战争"的逆流死灰复燃并呈愈演愈烈之势。为防止日本军国主义侵略的历史重演，奠定东亚乃至世界和平的大局，中日史学界从政治、经济、文化等多个角度对侵华战争进行了广泛而深入的研究。然而在这些硕果累累的研究中，对战时传媒的研究则显得极为滞后。

传媒（media）是指以报刊、书籍、广播、电影、电视、网络为主的大众传播媒介，是信息传播过程中从传播者到接受者之间携带和传递信息的一切形式的物质工具的总称。传媒具有物质和精神的混合特性，物质形态是外壳，精神形态是内核，两者相辅相成，不可或缺。[①] 传媒的社会功能主要有四点：监测社会环境、协调社会关系、传承文化、提供娱乐。鉴于传媒的监督功能，有很多人将传媒称为继立法、行政、司法之后的"第四种权力"。

就日本来讲，日本的近代传媒始于明治时期。日本第一份日报《横滨每日新闻》的问世宣告了日本近代传媒黎明期的到来，随后日本报业伴随着日本近代化的历程得以迅猛发展，至19世纪末20世纪初，日本报业已经走上了资本主义发展的道路。1925年3月22日，社团法人东京广播电台在位于东京芝浦的东京高等工艺学校的新建图书馆内的临时播音室里，开始了日本历史上的第一次播音，广播作为新的媒体形式登上了日本的历史舞台。然而，战时日本最重要的媒体依然是报纸。历经多次改革以及历次战争的洗礼，日本报业的规模获得了较大发展，其经营

[①] 李宏、李民等：《传媒政治》，北京，中国传媒大学出版社，2006年，第2页。

理念和办报方针日渐趋于成熟。此外报纸具有无需专用设备、便于携带、便于阅读、直观性强、阅读成本低廉、不受时间和空间限制、便于保存等优点，再加上日本社会教育普及程度较高、日本报业有意识培养读者层等特点，使得报纸在面临广播的冲击时，依然保持了强势媒体的地位，在战时传播中发挥了主导性的优势。

战时日本报界经历了几次大的变革，最终由视自由、公正为从业准则的社会公器沦落为军国主义的宣传工具，为侵略战争摇旗呐喊。可以说，这个过程是日本报界逐渐丧失其应有的批判和监督功能的过程，是日本报界参与战争、宣传战争、推动战争发展的过程，是日本报界对强权政治屈服、迎合和协力的过程，它对形成全民总动员的"总力战"体制、煽动战争狂热和排外主义风潮、推动侵略战争进程的发展起着"军部想发挥却发挥不了"的作用。可以说，以日本报界为代表的舆论界和军部是推动战争发展的两大动力，军部依靠武力掠夺他国大量土地和资源，并对他国人民实施殖民统治和屠杀，而报纸则依靠其传播功能为塑造全民精神总动员、构筑战时精神、统一国民思想、推动战时体制的建立发挥了难以取代的作用。因此战时日本报界颇具研究价值，是学界深化研究军国主义侵华战争所必须重视的重要课题。

下面对本书的研究对象以及所涉及的几个概念作一简单界定。

1. 战时体制

本书所提及的"战时"是指从1931年的"九·一八事变"至1945年日本战败投降为止这一历史时期，也即学界所谓的"十五年战争"[①]时期。而与之相对应，"战前"则指的是"十五年战争"之前，即1931年9月18日之前的历史时期。为行文方便，本书按照战时报界的发展脉络和报道姿态，将日本报界在战时的发展历程划分为三个阶段来加以分析。

第一阶段（1931~1936）从"九·一八事变"到"二·二六事件"，是中日两国局部战争时期，也是日本报界由抵抗走向妥协的时期。在该时期，日本报界的报道态度发生了"转向"，逐渐放弃原先的反军、反战主张，开始对军部的行为给予支持，但是该时期内一定程度上仍然存在

---

① "十五年战争"的提法最早是由日本学者鹤见俊辅于1956年提出的。鹤见认为"满洲事变（即"九·一八事变"）、上海事变、日中事变（即"七七事变"）以及大东亚战争开始的消息是零零散散地传过来的，因此主观上容易认为都是些个别的战斗行为"，"而这些战争事实上是互相联系的"。因此他把这段时间统称为"十五年战争"。具体参见鹤见俊辅：《战时日本精神史——1931~1945》，东京，岩波书店，1982年，第240~241页。

着对军部的批判和抗争，是抵抗与妥协并存的时期。第二阶段（1937～1941）从"卢沟桥事变"开始到太平洋战争的爆发为止，是中日两国全面战争时期，也是日本报界完全妥协并开始对军国主义迎合的时期。在这一时期内日本报界的战时体制确立，报界完全屈服于军部政府的言论统制。第三阶段（1942～1945）从"珍珠港事件"开始到日本战败，是太平洋战争时期，也是日本报界对军国主义积极协力的时期，并且其协助的态度"大大超过了军部自身的设想"。在言论报国思想的支配下，报纸继续发表虚假言论，欺骗日本人民，从而沦落为日本军国主义的宣传工具，为日本军国主义战争摇旗呐喊。

而所谓"战时体制"是统治阶级为应对战争而采取的一种过渡性措施。现代战争是"总体战"[①]，要取得战争的胜利，不仅需要在战场上消灭敌人，还需要动员全体国民参与战争。"总体战的本质需要民族的总体力量，因为总体战的目标是针对整个民族的"[②]，这就需要在政治、经济、社会、文化等所有领域强化对战争的服务功能，它具有广泛性和强制性。

"九·一八事变"爆发后，报纸因其强大的宣传和教化功能而被纳入国家战时体制之中，演变为巩固统治阶级话语权的宣传工具。在这个过程中，报界自身的战时体制也得以确立和完善。报界战时体制是日本国家战时体制的重要组成部分，是日本报界主动迎合统治阶级意志、为侵略战争鼓动、宣传的产物，也是巩固日本统治阶级话语权的宣传工具。报界战时体制的确立主要包括调整报道机制，迎合政府的宣传诉求；强化自我规制，配合政府的舆论监管；明确自我定位，为思想战摇旗

[①] "总体战"的概念最早是由德国军事家鲁登道夫提出的。他在《总体战》一书中系统阐述了"总体战"的本质、"总体战"与思想、经济、军队的关系以及"总体战"实施方法。在鲁登道夫看来，由于当时犹太民族和罗马教廷日渐突出的争霸斗争等政治的变化，和随人口不断增长而实行的普遍义务兵役制，以及使用杀伤力日益增强的武器装备，现代战争是全面的总体战争。其表现，从战场的范围看，总体战"已经扩展到了作战国的全部领域"，作战国的全部领土都将变成战场。从参战的人员看，"总体战不单单是军队的事，它直接涉及参战国每个人的生活和精神"，不仅军队，而且人民都程度不同地直接承受着战争的苦痛，受到粮食禁运和宣传等活动的间接影响。由于总体战不仅是针对军队的，也是直接针对人民的。它将使各种作战手段都为这一无情的现实服务，敌我双方在宽大战场和海域作战的同时，也需要对敌国人民的精神和肉体施以攻击，以达到瓦解其精神、瘫痪其生命的目的。所以，要想赢得战争，全民都必须决心投入战场，每个人都必须不遗余力，奉献全部身心。"总体战的本质需要民族的总体力量，因为总体战的目标是针对整个民族的。"详情参见〔德〕鲁登道夫：《总体战》，戴耀先译，北京，解放军出版社，1988年。

[②] 〔德〕鲁登道夫：《总体战》，戴耀先译，北京，解放军出版社，1988年，第11页。

呐喊。①

总之，在战时体制下，日本报界对战时统治阶级政治诉求给予了主动回应和积极配合，在应对战时体制的过程中，给自己贴上了战争宣传机器的标签。

2. 日本报界

本书所言及的"日本报界"是一个比较宽泛的概念。它既包括作为媒介形式之一的信息载体报纸，也包括媒介运作过程的主体报人，还包括由报纸或者报人按照一定的组织章程结成的新闻团体。

首先，报纸是"通过印刷在纸张上的文字、图片、色彩以及版式等符号向受众传递信息的媒介载体"②，是"以刊登新闻和时事评论为主的、向公众发行的散页连续出版物"③。而"报纸的基本属性有四，即：信息属性、政治属性、文化属性和商品属性"④，其中信息属性是报纸最基本的属性，可以说只要有报纸就有信息属性。从上述报纸的概念来看，无一例外都强调了报纸的传播功能。

为考察战时体制下的报界状况，笔者主要查阅并使用了战时发行的报纸的社论和报道。社论是代表报刊、通讯社、广播电台、电视台等媒体编辑部发言的权威性言论，它是表明新闻媒体舆论导向的旗帜，是表达报纸立场的基本手段。同其他评论文体比较，社论的论题是针对当前重大事件、重大典型和重大问题发言表态的，具有鲜明的政策性、导向性和指导性，是其他评论文体所不能替代的。而新闻报道则是构成报纸最基本的元素，也是报纸传播功能的体现。尽管一些新闻报道只是客观地表述事实或政府的意志（如政策、法令等），但这个过程本身就是一个传播的过程，而且是有目的的传播。对于两者之间的关系，美国资深新闻学者约斯特在他的《新闻学原理》一书中曾经这样指出，新闻是报纸的身躯，它表示出报纸的形状和形式，而社论版则是报纸的灵魂，要是没有了灵魂，身躯就等于一具失去活力的躯壳了。因此，对战时报界进行分析时，必须对战时报纸的新闻报道和社论、评论等文章进行解读，从中提炼该报的主张。

日本是一个媒体大国，战时报纸的数量众多，发行量也非常巨大。

---

① 关于日本报界战时体制，请参考拙稿《试论侵华战争时期日本报界的战时体制》（《求索》2010年第2期）以及本书第二章第二节相关内容。
② 王宇：《大众媒介导论》，北京，中国国际广播出版社，2003年，第53页。
③ 王宇：《大众媒介导论》，北京，中国国际广播出版社，2003年，第35页。
④ 梁衡：《中国报业五十年》，《新闻战线》1999年第6期。

据统计，1934 年日本共有报刊 11690 家，尽管此后日本报界遭遇了纸张短缺和报纸合并的不利环境，致使报纸数量剧减，但到 1941 年日本全国报纸仍有 355 家，平均日发行总量约为 1078 万份。① 要对这些数量众多的报纸进行逐一分析是不现实的，也是没有必要的。战时尽管报纸数量众多，但是报纸的发行量和地位差异是非常明显的。一些地方性报纸的发行量只有有限的几千份，而且发行范围也仅限于某个地区。而《朝日新闻》《每日新闻》和《读卖新闻》等报纸不但牢牢确立了中央大报的中心位置，还向地方发行地方版，其发行量占全国报纸发行总量的大半。由此可见，巨大的发行量使得主流报纸拥有绝对的话语权，主流报纸的论调对舆论导向以及报界的发展趋势起着决定性作用。因此本书主要以《朝日新闻》（《大阪朝日新闻》和《东京朝日新闻》）、《每日新闻》（《东京日日新闻》和《大阪每日新闻》）以及《读卖新闻》等发行量大、影响面广的主流大报为分析的对象。

其次，人是社会生活的主体，报人自然就构成传媒活动的主体。包括记者、编辑等在内的报人能够对报纸的发展、政策、导向产生重要影响，报人的主张、立场和价值取向都会直接或间接决定报纸的立场和观点。因此在政治世界中，那些大权在握或者欲谋求政治利益的人总是千方百计地拉拢那些掌握情报信息的人士，以求得自身利益的实现和扩大。因此可以说"情报是到达权力终端的最大的武器"②。从这个意义上说，对掌握情报大权、决定情报发展脉络的"人"的因素进行研究，是考察舆论与政治、舆论与战争等课题所不可或缺的重要组成部分。

战时日本的报人主要有两大类，一类是以德富苏峰为代表的军国主义御用报人，他们积极宣传战争、引导国民参与战争，为军国主义的宣传政策服务；另一类则是以桐生悠悠、菊竹淳和石桥湛山等人为代表的反战报人，他们视公平、公正为报纸和报人的生命，因此即便在遭到军部打击的情况下仍然敢于畅所欲言，对军国主义的侵略提出批评。

此外，本书还对战时情报组织的主宰者——绪方竹虎进行了研究。绪方具有双重身份，他既是一名出色的报人，同时又是战时最高情报组织——情报局的最高责任人，对战时情报的发展起着决定性作用。正因为此，绪方在处理情报局事务时不但会考虑政府的需要，还会兼顾报社的言论自由，并且极力在两者之间寻求平衡。从这个意义上讲，绪方一

---

① 东洋经济新报社编：《昭和国势总览》第三卷，东京，东洋经济新报社，1991 年，第 223 页。
② 栗田直树：《绪方竹虎——情报组织的主宰者》，东京，吉川弘文馆，1996 年，第 1 页。

方面起到了沟通政府和报界关系桥梁的作用，另一方面，他具有强权政治和舆论喉舌的双重身份，是言论自由和反言论自由的矛盾结合体。

第三，战时报界中不可忽视的另一个因素是新闻团体。战时日本统治阶级设立了一系列旨在推行报界一元化统治的新闻团体。这些新闻团体主要有两大类：一类是在政府的授意或者支持下成立的，如日本新闻联盟以及此后的日本新闻会，带有明显的强制性，官方特色比较明显；另一类名义上是各报社、通信社成立的自治团体，并对外宣称独立于政府之外，但实质上仍然在组织上、经济上以及运营上接受政府的监督和指导，受到政治的牵绊和束缚，如同盟通信社等。但是战时成立的这些新闻团体不论其成立背景如何，实质上都没有脱离军国主义统治的框架，最终起到了统一战争舆论、推动战争发展的作用。

二、研究现状

1. 中国学者的相关研究：

中国的日本研究学者从政治、经济、外交等各个层面对近代中日关系以及侵华战争进行了详细、系统的研究，取得了丰硕的成果。然而对战时体制下日本报界的研究则相对薄弱和滞后，关于日本报界的研究成果非常少，特别是研究战时日本报界的成果更是少之又少。而传媒领域的研究人员则更多地把重点放在欧美等发达国家的舆论传播上，对于日本传媒的关注度不够。

国内日本研究领域中，与战时日本传媒有关的研究成果仅限于一些零散的文章或者章节，目前为止还未见专著问世。其中涉及战时日本报界的主要著作有以下几部：宁新在《日本报业简史》（中国社会科学出版社1980年）一书中对日本报业的发展作了综述，并在第四章"军国主义专制时期的日本报纸"中用了一章的篇幅对报纸在战时的发展状况作了叙述，指出该时期日本报纸在制造战争舆论、煽动民众滋生盲目的战争意识上，都起到了极大的作用。王向远在《日本的文化侵略——学者、文化人的侵华战争》（昆仑出版社2005年）一书中对该问题也有所触及。本书作为系统研究日本对中国的文化侵略问题的第一部专著，使用大量第一手原始日文资料，全面揭示了文化侵略的方案、策略、实施途径、方式及其危害，指出日本对华侵略的思想、方法的设计者、基本都不是在朝的政府官员，而是在野的民间学者、文化人。在该书的第八章第三节"'思想战'、'宣传战'的全面展开"中，用少量的篇幅对日本舆论媒体为配合政府的"思想宣传战"进行好战宣传进行了论述。在第十章"日本在华通信报刊及其文化侵略"中从文化侵略的角度对日本侵华期间在华创办的报纸或者控制的汉奸报纸进行了论述,指出日本凭借武力破坏了中国原有的新闻通讯机构及报馆,建立起为军国主义服务的舆论体系,为日本在中国的军事占领和奴化统治制造舆论。此外,张国良的《现代日本大众传播史》(学林出版社1992年)论述了1945年至1990年间日本大众传播事业的发展历程,尹良富的《日本报业集团研究》(南方日报出版社2005年)从传媒产业生存与发展的角度对战后朝日新闻、读卖新闻、日本经济新闻、每日新闻等报业集团进行了实证研究。

此外,部分学者以南京大屠杀研究为突破口,翻译整理了大量南京大屠杀前后日本报纸的报道评论,成为支撑侵华战争研究的重要史料。主要有:南京大屠杀研究中心主任张连红教授出版了一系列关于南京大屠杀的专著和论文,其研究范围集中在"南京大屠杀时期的南京安全区"、"南京大屠杀对南京市民社会心理影响研究"、"侵华日军南京1644细菌部队的调查与研究"以及"日本侵华与南京大屠杀研究"等方方面面,其中运用了大量日本媒体的报道作为资料。由南京大学中华民国史研究中心主任、侵华日军南京大屠杀史研究会会长张宪文教授主编的大型史料集《南京大屠杀史料集》(江苏人民出版社·凤凰出版社)详尽、全面地记录了日本在南京地区犯下的反人类文明的残酷暴行,可谓侵华战争研究尤其是南京大屠杀研究最为全面的历史资料。其中第44卷收录了《朝日新闻》等日本主流媒体对侵华战争以及南京大屠杀的报道和评论,对本课题的研究提供了重要的参考资料。南京大屠杀研究学会副会长经盛鸿教授编写的《恶魔的吹鼓手与辩护士——战时日本新闻传媒与南京大屠杀》(南京出版社2008年)一书则是目前国内为数不多的将日本新闻传媒与南京大屠杀联系起来进行研究的力作。这些成果都从多个角度展现了日军侵华战争所犯下的累累罪行,具有重要的参考价值和借鉴意义。

关于日本传媒的译著主要有:张国良译《日本新闻事业史》(内川芳美、新井直之著,新华出版社1986年)从1871年日本出现第一家近代日报《横滨每日新闻》写到1981年日本大众传播事业的现状,其中第四章"战争与新闻事业"从通信社的合并、政府情报机构的确立、言论法规的制定和新闻界的反应等四个方面对战时日本的新闻事业作了评述。诸葛蔚东译《日本大众传媒史》(山本文雄著,广西师范大学出版社2007年)一书曾于1984年由刘明华、郑超然以"日本大众传播工具史"

为题名翻译出版，该书系统论述了日本大众传媒的形成机制以及社会位置和多重属性。其中第十四章至第十六章分别论述了"九·一八事变"前后、"卢沟桥事变"时期以及太平洋战争期间的日本新闻界的状况，对本书的写作具有一定的参考价值。

关于日本报界的主要论文有：王东艳的《日本报纸的萌芽及其特点分析》（《日本学论坛》1999年第3期）分析了17世纪初至明治维新动乱时期日本报纸的发展历程；张昆的《十五年战争与日本报纸》（《日本研究》1991年第2期）主要从"十五年战争"期间日本报纸的战争宣传及其活动背景方面分析了其战争责任；丁果的《"九·一八事变"与朝日新闻》（《外国问题与研究》1988年第3期）则着重分析了《朝日新闻》在"九·一八事变"发生后的言论和行径，认为《朝日新闻》主动追随于军部法西斯之后，为日军的侵略罪行极尽辩解、歪曲和宣扬之能事；陈力丹在《论日本媒体"二战"时的法西斯化》（《国际新闻界》2001年第3期）一文中着重从理论上论述了包括报纸在内的日本媒体走上法西斯道路的过程及原因；王晓岚的《军国主义新闻观的酝酿发育——日本二战前夕及战争期间的新闻理论》（《新闻与传播研究》1995年第2期）着重分析了日本军国主义者是如何为进入战时新闻体制而作理论上的准备的；《日本侵华战争中的新闻谋略》（《河北学刊》第22卷第2期）则论述了侵华战争时期不同阶段日本政府的新闻政策，指出日本在华建立或控制的新闻机构为日本的侵华战争服务，或搜集情报，或挑拨离间，或颠倒黑白，或愚弄民众，是侵略者十恶不赦的帮凶。王向远的《日本的"笔部队"及其侵华文学》（《北京社会科学》1998年第2期）将着眼点放在侵华战争期间"征用作家"的活动以及由此产生的战争文学所造成的恶劣后果。

总之，中国学者对日本报界的研究主要呈现两个"不足"。从新闻与传播学的角度来看，虽然近年出现传媒热，但学者大多将目光定格在欧美学界和业界，对日本的传媒尤其是报界的研究给予的重视不足；从日本研究的角度来看，学者偏重于对政治、经济、文化、社会等各层面的研究，而对日本报界的研究，尤其是战时日本报界的研究则不够重视，非常薄弱。

2. 日本学者的相关研究：

相比较而言，日本学界关于日本报界研究的领域比较宽泛，成果也较为丰富。

首先从新闻史的角度对日本报业的发展作系统叙述的著作不在少数。

其中比较有代表性的有：小野秀雄于 1922 年出版的《日本新闻发达史》（大阪每日新闻社 1922 年），可谓日本新闻研究的经典之作，对日本报业的发展作了相对清晰的梳理和把握，作者小野秀雄也被日本学界尊称为"日本新闻学的创始人"。伊藤正德的《新闻五十年史》（鳟书房 1943 年）和山本文雄的《日本新闻发达史》（伊藤书店 1944 年）在日本新闻史研究领域也占有一席之地，一直拥有较高的引用率。上述两书均以时间发展为线索，对明治、大正、昭和时期的报业进行了系统阐述。但由于出版时间正值太平洋战争的关键时期，因此其写作难以摆脱战争的阴影，其观点的客观性也就大打折扣。例如山本文雄在《日本新闻发达史》一书的序中写道："在对外宣传以及刺激国内士气上，报纸作为国家公器的任务将越来越重大"，因此"重新审视报纸的发生、发展过程，制定与更大的飞跃时期相适应的新闻政策"[1] 是本书的出发点。而伊藤正德在《新闻五十年史》中也强调了报纸是战争取胜的武器，"没有正确的新闻以及其宣传力，大战就无法取得胜利"[2]。三枝重雄的《言论昭和史》（日本评论新社 1958 年）从政府与媒体关系的角度出发，论述了各个时期日本媒体的生存状态。西田长寿的《明治时代的报纸与杂志》（至文堂 1966 年）对明治初年至明治 45 年（1912 年）间报纸、杂志的变迁进行了综述，值得一提的是作者将每个时代的言论统制政策作了归纳和总结，为读者提出了报纸、杂志的消长与言论政策的关系的课题。内川芳美的《新闻史话——生态与兴亡》（社会思想社 1967 年）以日本新闻史上的著名事件为线索叙述了日本报业的发展，同时又对《报知新闻》、《每日新闻》等 24 家报社进行了个案研究。由于该书是由作者发表的论文编纂而成，故缺乏一定的系统性。春原昭彦的《日本新闻通史》（新泉社 2003 年）先后历经 4 次修订，以编年体的形式对日本新闻史上的重要事件作了叙述，内容翔实，资料丰富，具有重要的参考价值。

此外早期的新闻史著作还有小池洋次郎的《日本新闻历史》（严严堂 1882 年）、美土路昌一的《明治大正史——言论篇》（朝日新闻社 1930 年）、蛯原八郎的《海外邦字新闻杂志史》（学而书院 1936 年）等等。

在日本报业史研究中不能忽视的另一个重要内容就是各报社的社史资料。为梳理报社的发展历程，日本各报社大都编纂了社史，如朝日新闻社先后出版的《朝日新闻七十年小史》（1949 年）、《朝日新闻九十

---

[1] 山本文雄：《日本新闻发达史》，东京，伊藤书店，1944 年，序第 1～2 页。
[2] 伊藤正德：《新闻五十年史》，东京，鳟书房，1943 年，序第 2 页。

年》（1969年）和4卷本《朝日新闻社史》（1990~1995）。每日新闻社先后出版了《每日新闻七十年》（1952年）、《每日新闻百年史》（1972年）和《〈每日〉的3世纪——从报纸透视激流动荡的130年》（2002年）。作为社史，对于战时报社的情况是无法回避的，但在叙述时大多犹如蜻蜓点水一般轻描淡写，或如上文所言，将自己置于政府言论统制的受害者地位，将责任推得一干二净。例如每日新闻在社史中极力强调了政府的言论统制政策，称政府对报纸的干涉达到了"细枝末节"的程度。而朝日新闻社史则着重叙述了战时报社的机构、人员调动等问题，对其协助战争的事实则闭口不提。

此外，也不能忽视对与报社关系密切的通讯社的研究。通信社史刊行会编《通信社史》（通信社史刊行会1958年）叙述了日本通讯社的诞生、发展的历史。其中第九章和第十章论述了同盟通信社的诞生、发展、消亡的全过程，为我们认识战时日本报界提供了一个新的视角。奥平康弘监修的《言论统制文献资料集成第17卷：同盟通信社关系资料·国通十年史》（日本图书中心1992年）收录了同盟通信社以及"满洲国通信社"的相关资料。专著有里见修的《通讯社——同盟通信社的兴亡》（中央公论社2000年）一书，其中对战时日本的言论统制政策亦有论及。

关于战时日本报界的著作主要有：江口圭一在《日本帝国主义史论》（青木书店1975年）中用了整整一章的篇幅论述了"九·一八事变"时期日本各大报纸的宣传动向，揭露了其支持、参与战争的历史事实。该部分引用了大量的原始资料，具有重要的参考价值。安田将三、石桥孝太郎在《朝日新闻的战争责任》（太田出版1995年）一书中以太平洋战争为背景，揭示了《朝日新闻》煽动战争狂热、虚报战果、欺骗国民的行为。以上二者均是以某一特定时期或某一特定报纸为研究对象，并不能全面反映整个报界堕落为战争宣传机器的过程。而前坂俊之的《太平洋战争与报纸》（讲谈社2007年）一书是对《军队是凶器——战争与报纸》（社会思想社1989年）和《言论死国家亡——战争与报纸》（社会思想社1991年）两部著作的相关内容进行增删之后编纂而成的，内容涉及自"九·一八事变"爆发至日本战败为止的15年间日本报界的发展历程，对报界追随军国主义侵略政策、煽动排外主义和侵略情绪的做法提出了批评。该书可谓近年研究日本报界战争责任的力作。

关于战争与报纸的论著主要有：塚本三夫的《实录侵略战争与报纸》（新日本出版社1986年）一书主要论述了报纸蜕变为政府言论机关的过程。作者从主客观两个方面对战时报纸的发展进行了论述，认为客观上报纸在言论统制之下丧失了言论自由，变成了"有口难言"的受害者，但报纸的屈服与蜕变并非为其唯一选择，报纸积极迎合政府的言论统制政策是其演变为战争宣传机器的主观因素，也最终使报纸变成了"有口不言"的加害者。该观点对本书的写作具有重要的借鉴意义。茶本繁正的《战争与传媒》（三一书房1984年）一书将日本报界放在了战争这个特殊环境中进行了考察。其中第三章叙述了"十五年战争"期间日本报界与言论统制、国家总动员体制和"大本营发表"的关系。

关于日本政府言论统制的著述主要有：畑中繁雄的《言论弹压史》（银杏书房1949年）、《昭和出版弹压小史》（图书新闻社1965年）和《日本法西斯主义的言论镇压抄史》（高文研1986年）。其中前者第三章和第四章以及后者的第一章内容基本相同，都对昭和时期日本的言论统制政策进行了评述。战时任中央公论社总编的黑田秀俊在《受伤的言论——战时言论弹压史》（学风书院1952年）一书中以"横滨事件"①为突破口叙述了战时法西斯政府镇压言论的史实。松浦总三《战时下的言论统制——体验与资料》（白川书院1975年）是作者发表在报纸、杂志上的论文汇编，缺乏系统性，内容比较分散，作者选取了个人的战时日记或体验为资料进行了个案分析，从而揭示战时言论统制的状况。山中恒的《报纸去美化战争吧！——战时国家情报机构史》（小学馆2001年）一书论述了战时日本言论统制机构的演变，资料丰富，具有重要的参考价值。内川芳美的《中国侵略与国家总动员》（平凡社1983年）在第四章论述了战时日本的言论、思想统治状况。

相关的资料集主要有：入江德郎等人编著的《新闻集成昭和史的证言》（本邦书籍1983～1988年）共20卷，选编了自1926年至1945年间出版的报纸报道和评论文章。高木健夫解说的《复刻版新闻太平洋战争》（读卖新闻社1970年）上下卷收录了自1941年12月8日太平洋战争爆发至日本战败为止出版的《读卖新闻》的复刻版。中日新闻本社开发局编《从中日新闻看昭和的追忆》（中日新闻本社1978年）上卷收录了自昭和元年（1926年）到昭和二十年（1945年）之间该报对重大事件的报道和评论。此外，战后还翻刻了一系列战时出版的报纸，如大阪朝日新闻发行所的《大阪朝日新闻》缩印版收录了自1931～1941年出版

---

① 横滨事件：1942年，日本杂志《改造》刊登了一篇题为"世界史的动向与日本"的文章，被政府当局认定为有宣传共产主义思想之嫌，作者细川嘉六以违反治安维持法为由逮捕，《改造》杂志也受到禁止发行的处分。此后，横滨地方法院先后对事件相关的30人作了有罪判决，其中有4人冤死狱中。该事件被认为是战时日本压制言论自由的大规模冤假错案。

的报纸，朝日新闻社还翻刻了战时出版的《朝日新闻》地方版，如南满洲版、北满洲版、北支版、北鲜版等，这些均为本书主要的参考资料。此外，由内川芳美解说的《现代史资料：大众传媒统治》（みすず书房1991年）共分两卷，收录了战时日本政府出台的一系列言论统制法令、法规。藤原彰、功刀俊洋编《资料日本现代史（8）：满洲事变与国民动员》（大月书店1983年）、吉田裕、吉见义明编《资料日本现代史（10）：日中战争期的国民动员》（大月书店1983年）和赤泽史郎、北河贤三、由井正臣编《资料日本现代史（13）：太平洋战争下的国民生活》（大月书店1990年）均收录了军部、外务省等关于报界舆论动向的秘密报告和资料，具有重要的参考价值。

关于战时新闻人物研究的主要著作有：绪方竹虎传记刊行会编《绪方竹虎》（朝日新闻社1963年）和栗田直树《绪方竹虎——情报组织的主宰者》（吉川弘文馆1996年）两书对绪方竹虎的报业实践进行了阐述，并揭示了其由普通报社记者荣登情报组织主宰者以至政府高官的原因，提出了"情报是到达权力终端的最大的武器"[①]的论点。德富苏峰的《苏峰自传》（中央公论社1935年）、《昭和国民读本》（东京日日新闻社・大阪每日新闻社1939年）、《宣战大诏》（东京日日新闻社・大阪每日新闻社1942年）以及和田守的《德富苏峰——近代日本荣光的承担者》（有斐阁新书《近代日本的思想（2）：德富苏峰／大杉荣／尾崎行雄》，有斐阁1979年）是研究作为报人的德富苏峰所不可或缺的资料。太田雅夫的《评传桐生悠悠——战时下抵抗的新闻记者》（不二出版1987年）和《桐生悠悠反军论集》（新泉社1969年）收录了桐生悠悠的社论文章，具有重要的史料价值。

此外，1941年大政翼赞会宣传部发行了一系列小册子，如《翼赞之道》、《以东亚大业为目标》、《迈向生活战体制——国民生活的动员》、《告国民》等，这些小册子也是了解战时日本报界不可或缺的珍贵资料。

综上所述，尽管中日学界对战时日本报界作了大量的前期研究，其成果也比较丰富，但同时还存在着诸如或偏重于资料的整理而缺乏理论的升华，或偏重于某个侧面而忽视了整体研究，或观念过于偏激而失去理性分析等种种不足。笔者认为只有进一步深入研究，弥补现行研究的不足，才能对战时日本报界有一个客观、科学的认识，才能对报界的战争责任有一个正确的理解和把握。

---

① 栗田直树：《绪方竹虎——情报组织的主宰者》，东京，吉川弘文馆，1996年，第1页。

三、研究意义

对外扩张是20世纪前半期日本外交政策的主线，对外战争则是推行这一外交政策的行动选择。在短短的50年内，日本经历了数次战争，规模不断升级，危害也越来越深。战后初期，盟军对日本实施了占领，并在GHQ的主导下对日本进行了民主化改革，使日本走上了贸易立国的发展道路。

战后民主化改革中，也曾对日本的战争责任问题有所触及。日本政府提出了所谓"一亿总忏悔"的口号，要求全体国民反省其战争行为。在此背景下，检视战争行为，追究战争责任成为当时社会的主流思潮。其中日本报界也开始在报纸上刊登一些评论文章，对战时追随日本军国主义的行为进行了反省和自我批判。但在论及战争责任问题时，仍有一些报纸将那段历史视为"禁地"，言谈之中对其避之不及，或一语带过，更有一些报纸将战时报界的历史称为"报纸死亡的日子"，认为战时法西斯言论政策扼杀了报界的言论自由，报界之所以追随军国主义并为侵略战争摇旗呐喊是被迫的，从而将报界置于军国主义侵略战争"受害者"的位置，因此他们认为日本报界的战争责任是轻微的，甚至对其加以否认。概言之，战后日本报界大张旗鼓的"战争反省"言论避重就轻，不是反省报界在侵略战争中的鼓吹、煽动作用，而是刻意表达日本报界的受害者地位，其实质并非是对自身战争责任的反省，而是试图逃避战争责任的无理辩解。

从这个意义上讲，对战时日本报界进行研究，具有重要的学术价值和现实意义。

第一，对日本报界在战时的表现及作用，应该有一个客观、公正的认识，不可失之偏颇。

日本军国主义在发动对外侵略战争的同时，对内也实行了举国一致的"战时体制"，加强了对舆论媒体、思想言论的控制与镇压。报界也被置于战时体制的框架之内，言论自由受到了严重的摧残。从这个意义上说，日本报界在侵略战争中的确是"受害者"。但是我们应该清醒地认识到，日本的战争责任绝不仅仅在于军部和天皇，作为军国主义者发动的这场"总力战"，大众传媒也同样负有不可推卸的战争责任。尤其是当时影响颇为深远的报纸在军国主义的淫威之下，不但丧失了其作为新闻舆论的监督职能，而且主动委身于军部之下，掩盖军国主义侵略本质，煽动国民战争狂热，鼓吹"大东亚共荣圈"的殖民统治思想，宣传皇民化运动的愚民政策，沦落为日本法西斯发动侵略战争的宣传机器。所以从这个意义上说，报界又是事实上的"加害者"。

日本报界的上述"受害者"和"加害者"的双重定位是我们研究战时日本报界时不可回避的问题，但两者并非是平行并列的关系，而是有着本质的区别。"受害者"论着力强调客观因素，它是从外来因素对报界影响的角度来加以论述的。而"加害者"论则强调主观因素，认为报界在战时的所作所为都是由报界自身的态度决定的。笔者主张应对"受害者"和"加害者"两种论点进行综合考察，不可失之偏颇，但亦不能相提并论。

按照马克思主义辩证法的观点，内外因在事物发展中同时存在，内因是事物变化发展的根据，外因是事物变化发展的条件，内因决定外因，外因通过内因起作用，片面强调内因或只讲外因都是错误的。对日本报界来讲，战时言论统制政策是影响战时报界发展方向、舆论导向以及报道姿态的外因，而报界的经济利益、政治利益以及民族文化心理则是决定其"转向"并为战争进行宣传的内因。而且战时言论统制政策要发挥作用必须通过当时的主流媒体报界自身来实现，而报界对言论统制政策的顺从态度反过来又促进并强化了军国主义对报界的控制和利用。因此从某种意义上讲，日本报界也是其自身的"加害者"。换言之，日本报界"受害者"的地位不但不能洗脱其战争责任，反而是将其置于"加害者"地位的背后黑手之一。

第二，通过本书以期能够改变人们对日本战争责任问题的片面认识。由于战时日本军部规模庞大，并且拥有强大的政治势力，它是对外侵略政策的决策者和制定者，也是对外侵略战争的直接实施者，同时也是制定和强化日本战时体制的直接推动力量。因此，侵略战争往往被认为是由军部一手策划并推动的，而日本的宫中集团、经济界、文化界、舆论界以至于普通民众等军部以外的势力对战争的协助与推动问题则在事实上被忽视。实际上"无论军方的势力有多么强大，如果没有国民的积极支持，如此狂乱的暴行是不可能持续下去的"[①]。战时日本报界通过其强大的发行网络、潜在的读者群以及无形的宣传张力，在日本全国范围内构筑了一个独特而缜密的话语空间，并在这个话语空间中牢牢地掌握了话语权。战时日本报界话语权构建的过程和路径，实际上就是报界沦为

---

① 戒能通孝：《战争审判教给我们什么？》，《地上》1948年4月号。转引自吉田裕：《日本人的战争观——历史与现实的纠葛》，刘建平译，北京，新华出版社，2000年，第61页。

军国主义侵略战争的吹鼓手的过程,也是其战争责任的具体体现。如果不能够对战争责任问题进行全面、客观的分析,仅仅停留在以前的片面认识上,那么在历史问题上日本与中韩等亚洲国家的隔阂也就永远无法消除。

第三,通过本课题的研究能够引起人们对战争与传媒的关系进行思考。拿破仑曾说过:"记者的一支笔胜过三千毛瑟枪。"自古以来,战争与传媒就有割舍不断的联系,特别是在现代战争中,战争与大众传媒的确越来越密切了。一方面,从19世纪的克里米亚战争到21世纪的伊拉克战争,这百年来的战争"塑造"了现代传播的制度;另一方面,在信息社会,随着大众传播形态的变化发展,新闻舆论的力量日趋凸显,传媒成为"塑造"现代战争的重要因素。

法国著名的传播学者阿芒·马特拉在其著述《世界传播与文化霸权》中认为,传播首先是为了用来进行战争,因为远距离传播技术的发明一开始就源于军事的需求,例如从电报到摄影的最初发展莫不源于此①。而伊拉克战争中声势浩大的信息大战,又让人感受到传媒对于战争不可小觑的作用。

如果说"硬杀伤"的武力战是一种有形的战争的话,那么媒体宣传战就是一种"软杀伤"的无形的战争。作为一种特殊的战争形态,不用枪弹、没有硝烟,它是在无形的战场上进行的生死搏斗,它是在广阔的领域里进行的心理交锋。战争条件下,在报纸、电视、广播或网络这些大众新闻载体上发布出来的有关战争的舆论宣传不但受新闻规律的约束,更受战争规律的支配,有时战争规律还处在比新闻规律更为重要的地位。

第四,对该论题进行探讨还有一定的现实意义。随着全球化进程的不断深化和发展,传媒在国际关系中的因素显得日益重要。由于传媒是国际社会和各国民众获知信息的重要渠道,因此在处理双边或多边关系的时候,争夺舆论认同和话语权往往成为各国政府首要着手解决的问题。大众传媒不但是认知国际关系的风向标,更在很大程度上影响着国际关系的发展,因此对传媒的引导和利用也成为处理国际关系的一个重要的手段。

---

① 参见〔法〕阿芒·马特拉:《世界传播与文化霸权》,陈卫星译,北京,中央编译出版社,2001年,第1~10页。

现代日本是一个名副其实的媒体大国，报纸的发行量位居世界前列①，断言媒体左右着人们的生活实不为过。现代日本媒体在处理某一重大事件时，动辄倾其全力，动用大幅版面对其进行狂轰滥炸式报道。政府以"记者俱乐部制度"②加强对新闻媒体的控制和利用，同时还施以各种小恩小惠笼络报纸为其所用。而报纸也积极地配合政府，小心翼翼地处理着与政府的关系，以求得发展。因此，在处理中日关系的时候，不但要关注影响双方关系的经济、军事等"硬实力"，还应关注包括传媒在内的"软实力"，以便在舆论上争取主动，在话语权的构筑上获得先机。

　　概而言之，本书着眼于研究方法的全面化、研究视角的多样化、研究层次的立体化、研究结果的科学化，在借鉴先行研究成果的基础上，运用辩证唯物主义和历史唯物主义的理论方法，结合历史学、新闻学、社会学、政治学等多学科领域交叉的研究手段，以战时出版发行的日本报纸报道为主要资料，采用文本分析的实证研究方法，并结合战争时期的特殊社会背景，对日本报界在战时体制下的发展、演变历程进行了分析和归纳。在此基础上，从战争报道、政策报道以及战后报道三个层面对战时体制下的日本报界进行了分析和批判，力图揭示战时日本报界的特征以及沦为军国主义宣传工具的原因，以进一步揭示日本军国主义的侵略本质。

　　必须承认，本书在资料运用以及综合分析上仍然存在着诸多不足。由于本书写作过程中涉及的资料非常庞大，要对这些资料进行有效的整理、分析不但需要花费大量的时间和精力，更需要有扎实的理论功底。此外，由于本书是将德富苏峰作为一个报人来研究的，因此其报业实践应是本书关注的重点。但本书只是简要叙述了德富苏峰在战前的报业实践，对其战时的报业实践并没有充分展开，对于其在担任大日本言论报国会会长期间的言行也较少涉及。这是因为现有的德富苏峰资料更多地

---

① 2009年在爱尔兰都柏林召开的第56届世界报业大会公布了"全球日报发行量前100名"的排行榜，结果显示日本有20家报纸榜上有名，且前五名均为日本报纸所占有。另据日本新闻协会统计，2009年日本全国报纸发行量为65079993份，每1000人中就有512人订购报纸。按人口和国土面积计算，日本的报纸发行量和普及率堪称世界一流。数据参见日本新闻协会网站（http://www.pressnet.or.jp/data/01cirsetai.html）。

② 日本"记者俱乐部制度"诞生于明治维新之后的首届日本帝国议会召开时期，此后由于符合当局控制新闻舆论的需要而获得发展。战后这种制度也得以保留下来，它作为一项政府积极有效地引导和控制信息发布的制度，起到了统一调控与管理主流媒体新闻发布内容，引导舆论、控制社会、稳定社会的目的。

集中在对其思想进行研究的层面上，而关于其报业实践的资料则不够丰富。因此笔者只是选取了其在担任大日本言论报国会会长期间的两篇著作——《言论报国》和《宣战大诏》来分析其"言论报国"的行动。另外，日本帝国主义在发动侵略战争期间，还在被占领区收买、创办了一系列傀儡报纸、汉奸报纸，例如在中国东北地区创办了《满洲新闻》①，在天津暗中收买中国民营报纸《庸报》②，在南方占领区创办《爪哇新闻》③ 等。这些报纸均以为日本的侵略战争服务为宗旨，或搜集情报，或挑拨离间，或颠倒黑白，或愚弄民众，对被占领区的文化事业和新闻事业造成了极大的破坏，是侵略者十恶不赦的帮凶。但是笔者收集的这方面资料还不够充分，因此本书基本没有涉及。上述问题有待于笔者在今后的研究中加以补充，也是笔者将来的目标和研究方向。

---

① 《满洲新闻》的前身是创立于1909年的《长春日报》。创刊之初为钢板油印，经营状况颇为艰难，1920年4月改为《北满日报》后经营状况逐步步入正轨。1932年9月改名为《新京日报》，1935年1月转让给中尾龙夫后与《大满蒙》合并为《大新京日报》，成为关东军以及伪"满洲国"政府直属的机关报。该报从满洲弘报协会获得资金，于1936年重组为《满洲日日新闻》旗下的报纸，并于1937年获得10万日元的补助金。同年6月村田懿麿就任社长（同时他又兼任《奉天日日新闻》的社长）。当时该报的资本金为99000日元，发行量为15000份。1938年5月根据修订的"满洲国会社法"，改称为"株式会社大新京日报社"，和田日出吉就任社长。同年10月11日，又易名为《满洲新闻》，是日本在中国东北地区推行殖民统治的宣传喉舌。

② 《庸报》由董显光于1926年创刊于天津，至1930年前后，该报的销量接近两万份，发行量仅次于《大公报》和《益世报》，成为天津的第三大报纸。1935年冬，董显光患病，不得不通过经理蒋光堂将《庸报》卖给了由日本关东军特务土肥原贤二控制的红卍字会。随后被日本同盟社接管，成为日寇"北支派遣军"的机关报，最后改名为《天津华北新报》。

③ 《爪哇新闻》是在日本军部的授意下，由《朝日新闻》社派遣人员、提供设备和资金于1942年12月8日创办，目的是"启蒙现地邦人，教化原住民，指导或直接经营现地报纸"（本多助太郎：《朝日新闻七十年小史》，朝日新闻社1949年版，第309页）。

第一章 战前日本报界发展概况

17世纪初,在大阪街头出现了一种报纸类似物——"瓦版",后来盛行于江户(今东京)。它虽非正式报纸,但已具有报纸的某些特性,故被认为是日本近代报纸的雏形。随着幕末时期外国商船来航,通商贸易兴起,外来文化纷纷涌入,打破闭关锁国、渴求了解世界各国情况成为大势所趋。1868年日本政府推行"明治维新"政策之后,更是刺激了日本报业的发展,而日本近代报业就是伴随着"明治维新"发展起来的。1870年12月8日,日本最早的具有代表性的近代报纸《横滨每日新闻》创刊,此后《东京日日新闻》(1872年3月)、《日新真事志》(1872年4月)、《邮便报知新闻》(1872年7月)等一批近代报纸相继问世。随后,伴随着日本近代政治的变革和发展,日本报业也经历了从"政论报纸"到"政党机关报"的演变过程,并且历经多次政治斗争洗礼,逐渐走向成熟。

19世纪80年代,日本工业革命基本已经完成,资本主义经济初显规模。在此历史条件下,日本报业也走上了"报道主义"和"营利主义"的商业化路线。但由于现代报纸脱身于视政党性为生命的"政党机关报"形态,再加上日本社会的特殊性衍变以及种种复杂的人事关系和经济关系,报纸不可避免地被打上了政党性的烙印,以至于在不同的历史时期,这些报纸均与当时的党派和政治集团有着千丝万缕的联系,这是由日本报业与生俱来的发展特点决定的。

总之,自日本近代报纸诞生开始到其纳入到资本主义体系为止的半个多世纪里,日本报界与日本社会发展的历程息息相关,他们或因政治而兴盛,或因政治而衰亡,在这个过程中,日本报界在政治斗争中的作用日益凸显,并成为影响和推动政治发展的重要因素。

第一节 日本近代报业诞生的背景

日本近代报纸的产生与开启日本近代化道路的政治变革——"明治

维新"有着密切的关系。"明治维新"不但改变了日本的政治、经济、文化格局，同时也将日本报业从奉行闭关锁国政策的封建制度下解放出来，于是，以"瓦版"为代表的日本本土自然发生并发展的传统的交流方式为日本近代报纸的产生奠定了基础；"文明开化"政策的推行带来了外来文化的冲击和影响，刺激了民众的信息需求，为日本近代报纸的产生创造了有利条件；明治政府相对宽松的新闻政策以及生产力发展水平为近代报业的诞生准备了社会条件；明治初年的政治斗争又在很大程度上促进了近代报业的发展。1870年12月8日，原幕府事务局大译官子安峻在横滨创办了近代第一份日报——《横滨每日新闻》，它是日本最早的真正具有代表性的近代报纸。

一、外来文化的影响

明治维新是日本历史上吸收外来文化的三大高潮之一，欧洲文明对日本近代化进程产生了重要影响。日本近代报纸就是在文明开化的风潮中登上历史舞台的。

（一）日本报纸的雏形——"瓦版"

早在17世纪初，日本最大的商业城市大阪就出现了一种不定期出版发行的类似于报纸的读物，后人称之为"瓦版"[①]，这可谓是日本报纸的雏形。"瓦版"是以黏土烧制成版之后印刷的读物，这是发轫于日本本土的信息交流方式。据日本史学家考证，现存日本最早的一份"瓦版"是记载元和元年（1615年）的"大阪安部之合战之图"。该份"瓦版"以图为主，并辅以简略的文字说明，形象地描绘了当时江户幕府的首任大将军德川家康最终打垮丰臣秀赖的战斗场面。

"瓦版"是不定期出版发行的单页印刷品，主要刊载自然灾害和社会问题的报导，如地震、火灾、情死、仇杀、怪胎、神童等奇闻，特点是图文并茂。"瓦版"的发行方式独特，以街头叫卖的方式发行，所以有人称瓦版为"读卖瓦版"，甚至称其为"读卖的滥觞"[②]。

17世纪80~90年代，德川幕府所在地江户街头也出现了这种印刷品，此后"瓦版"在江户风靡一时，它成为人们之间信息交流的主要渠道之一，当时甚至有人用三弦伴唱的方式在街头叫卖。

---

① 这种单面新闻印刷品是用黏土做成瓦坯，在上面雕以文图，经烧制定型后，印在纸上而成，故被称为"瓦版"。
② 日本新闻史学家重野安绎语。转引自西田长寿：《日本明治时代的新闻与杂志》，东京，至文堂，1961年，第1页。

"瓦版"出自民间，从严格意义上来说，它是一种非法出版物，幕府当局对刊登有危害幕府统治、毁谤诸侯、大名等统治阶级名誉的"瓦版"实行严格的限制与取缔，而对于刊登其他一般性社会新闻的"瓦版"则任其自由发行，并不多加干涉。

德川幕府后期，幕府政治将主要精力集中于挽救幕府财政危机和防止武士浪人的背离，从而导致封建经济破绽百出，农民起义风起云涌。从世界局势来看，当时主要国家的资本主义工业革命基本完成，随着资本主义工业的发展，商品经济发展势不可挡，西方资本主义列强愈来愈需要扩大海外市场，获取资料来源，为此列强纷纷将目光投向东方。首先是俄国于18世纪末19世纪初向日本提出了通商要求遭拒，此后英国、法国、美国等均率船来日向幕府提出建交、通商要求，仍被幕府拒绝。外忧内患使得幕府统治岌岌可危。在这个时期，由于"瓦版"利用日本特有的狂歌等方式对幕府腐朽的政治进行了抨击，遭到了幕府的严厉镇压与取缔，但同时也在一定程度上塑造了倒幕维新的舆论氛围。

与近代报纸相比，"瓦版"还不能称为真正意义上的报纸，只能说它是一种报纸的类似物。但在近代报纸问世之前的日本封建社会的环境下，它仍然起到了一定的宣传作用，为即将到来的明治维新提供了舆论准备，在日本新闻史上占有一席之地。"瓦版"在日本民间存续了200多年的时间，直到19世纪60年代明治维新前后近代报纸出现，"瓦版"才逐渐退出历史舞台。

（二）外国报纸的影响

催生日本报纸的另一个原因是外来文化的影响，主要体现在两个方面，一是随着幕末外国商船来航，通商贸易兴起，外来文化纷纷涌入，对幕府封建制度产生外来的压力；另一个原因则是来自外国报纸直接的影响。

幕府统治时期的宽永年间（1624~1643），日本奉行锁国政策，信息的闭塞导致了幕府统治者对外界一无所知。幕末出现统治危机之后，幕府最高统治当局为了巩固统治地位，责令当时位于长崎出岛①的荷兰商馆收集来日通商的中国和荷兰商船所带来的消息，并整理成"报告书"，每年上呈幕府一次，再由幕府官办的翻译机构"洋书调所"②译成日文，

---

① 出岛是1634年日本江户时代幕府执行锁国政策期间所建造的人工岛，该岛轮廓呈扇形，允许荷兰人居留此地，并设立荷兰商馆。它是日本幕府时期实行对外交流的唯一窗口。

② 幕府官方研究洋学、翻译外交文书的机构，最早称为"蛮书和解御用"、"蕃书调所"；1862年改称"洋书调所"，1863年又改称为"开成所"，"明治维新"之后又改称"开成学校"。

以便幕府掌握有关世界各国的形势和发展动向。荷兰商船呈上的"报告书"叫"阿兰陀风说书",而从中国商船收集到的信息编辑成册后称为"唐船风说书"。"风说"一词本意为"谣言、传言",这个名称从一个侧面表明了幕府对外来文化的态度,同时也对这些"报告书"的性质进行了界定。

"阿兰陀风说书"作为幕府了解世界各国情况的窗口,被视为绝密文件,管理十分严格,仅限于幕府高层领导的大老、老中、若年寄等为数不多的官员密阅。美国强叩日本门户之前,曾通过"阿兰陀风说书"传递信息,要求与日本进行通商,并警告幕府当局必要时将派遣舰队打开日本的大门。然而幕府对此不以为然,依旧固守闭关锁国政策,甚至封锁信息,连担任外交事务的官员也不例外,致使1853年和1854年,当美国东印度舰队司令培理两次率领美国舰队兵临江户湾(现东京湾),以武力强求幕府放弃锁国政策,开放门户时,腐朽的幕府当局竟措手不及,最终无可奈何地与美国在神奈川签订了日本近代史上第一个不平等条约《日美亲善条约》。至此美国强行叩开了与日本通商的大门,同时也宣告了日本锁国政策的彻底破灭。后来英、法等国如法炮制,也强迫幕府签订了丧权辱国的类似条约或协定,要求与日本通商,开放通商口岸,免除关税,以及扩大外国人在日本享有的权力等。随着开国通商条约的缔结、锁国政策的彻底破灭以及"开港攘夷"、"尊皇讨幕"运动的发展,日本政治局势发生急剧变化,幕府下属臣僚和各地藩侯强烈要求幕府对他们公开消息,了解外部世界。明治前期的著名儒学家依田百川①曾经表达了当时人们获知信息的迫切之情。"百川27岁时,美利坚使臣来浦贺,首先提出通行之事。自那时起,世人开始争相获知消息"②,从中也可以看出当时"阿兰陀风说书"的重要性。同时为更快获知相关信息,各藩纷纷向江户派出使者。迫于各方面的压力,幕府不得不放宽"阿兰陀风说书"的阅览范围,藩臣诸侯最终得以阅读"阿兰陀风说书",并由此开始获得西方各国的相关信息。

在这个过程中,日本人也逐渐获知了外国报纸的零星知识。新井

---

① 依田百川(1834~1909),日本近代著名的汉文家、小说家、剧作家,小名幸造、信造,最初字百川,后以此为本名,号柳荫、学海。幼时受学于藩校,后师从藤森弘庵学习经史,兼修文辞。中年踏入仕途,官至文部省权少书记官,晚年专注写作,著有《谭海》、《学海日录》《菊水源流》等著作。

② 转引自西田长寿:《日本明治时代的新闻与杂志》,东京,至文堂,1961年,第4页。

白石①在《西洋纪闻》中首次触及关于外国报纸的情况。"秘府有欧洲的库兰特……库兰特按照欧洲习俗，凡有事时皆图注其事，并镂版向世人发行"②。这里所说的"库兰特"来自于荷兰语，就是"报纸"的意思。新井白石之后，一些洋学家在翻译西洋著作的同时逐渐了解了外国报纸的相关知识。与此同时，遣欧美使节的亲身经历更是刺激了日本近代报纸的诞生。1860年，新见丰前守等遣美使节在夏威夷和北美等地参观了当地报社，了解了报社的运营情况；1864年，池田筑后守等遣欧使节团在欧洲参观了报社，归国后向幕府提出创立报纸的建议。

随着与日本幕府交往的国家逐渐增多，荷兰当局担心"阿兰陀风说书"会影响与其他国家的关系，于是决定不再向幕府提供"阿兰陀风说书"，而是将荷兰总督府机关报《爪哇时报》（*Javasche Courant*）直接向荷兰东印度总督府呈送，不再上呈日本幕府。鉴于此，文久二年（1862）正月，幕府责令"洋书调所"将《爪哇时报》翻译成日文公开发行。由于是幕府发行，所以前面冠以"官版"二字，称为《官版巴达维亚③新闻》，它由日本最早的洋书商人万屋兵四郎（1818～1894）发行，先后共发行了23卷，内容主要介绍英、美、法、俄等国的情况。这是日本最早公开发行的官方报纸。后来根据《官版巴达维亚新闻》又衍生出《官版海外新闻》和《官版海外新闻别集》，前者发行了9卷，后者发行了上、中、下3卷，发行所、发行人以及体裁等与《官版巴达维亚新闻》完全相同。《官版海外新闻别集》上下两卷记述的是美国南北战争的事情，而中卷则记述了遣欧使节竹内下野一行的活动状况。

"洋书调所"在翻印荷兰语报纸的同时，又翻印了当时在中国上海、香港、宁波等地发行的《官版中外新报》④、《官版香港新闻》⑤、《官版

---

① 新井白石（1657～1725）：日本江户中期朱子学派儒学家，名君美，号白石。1657年生于江户，通晓儒学、历史、地理、语言和宗教、伦理学、文学等。著有《西洋纪闻》、《采览异言》等，是日本传播洋学的先驱著作。
② 西田长寿：《日本明治时代的新闻与杂志》，东京，至文堂，1961年，第2页。
③ 巴达维亚（Batavia）即现在的雅加达的旧称。1619年，荷兰人占领印尼雅加达，并将雅加达改名巴达维亚，此后巴达维亚成为荷兰在亚洲的殖民统治中心。
④ 原本是由美国传教士在中国宁波发行的报纸，共翻印发行13册。
⑤ 抄录了香港发行的英文报纸 *Daily Press* 的中文版《香港船头货价纸》自1861年7月5日起至1862年5月2日为止的新闻。

六合丛谈》①、《官版中外集志》② 等报纸、杂志,仍由万屋兵四郎在江户等地发行。这些报刊是当时传教士为在中国布道传教而发行的,由于幕府当时实行禁教政策,所以翻刻时不得不将与基督教有关的内容全部删除。

这些翻译、翻刻的报纸成为部分士族以及有识之士了解外国、学习外国的窗口,也对日本近代报纸的产生打下了坚实的基础。人们通过这些报纸提供的信息认识到了日本的落后和外国的进步,并充分认识到"攘夷论"的不合理性,因此影响较大的《官版巴达维亚新闻》和《官版海外新闻》遭到了"攘夷派"的攻击而被迫停刊。

始生之物,其形必丑。日本这一时期的官版报纸印刷技术落后,出版周期不定,发行量极少。尽管它存在着上述种种缺陷,但它公开发行,毕竟给闭塞了几百年的日本社会带来了生机,特别是在中、上层社会和知识分子中首先产生了积极影响。他们从中知晓了海内外消息,封闭的头脑茅塞顿开,对日本社会的进步起到了良好的作用。

总览官版报纸产生的原因,主要有两个:一是由于锁国政策的彻底破灭,藩臣诸侯和国民对信息的了解愿望日趋强烈;二是幕府企图借助"洋书调所"翻译的报纸进行所谓的"指导性开国论"宣传,以期维护其穷途末路的统治地位。然而事与愿违,幕府非但没有达到预期的效果,反而自掘坟墓。幕府的中下层臣僚以及西部地区的各藩通过官版报纸了解了西方的科学、技术、文化发展状况,对幕府的腐朽统治深表不满,要求变革的呼声日渐强烈。官与民两种社会势力在客观上渐渐结合,掀起了"尊王倒幕"运动,最终幕府作茧自缚,结束了自己几百年的封建统治。

(三)日本境内外文报纸的诞生

早在"官版"报纸问世之前,居住在长崎、横滨等地的外国人开始发行外文报纸。这些外文报纸的主要目的是向在日侨民介绍欧美各国情况以及出入各港口的船舶及贸易信息。1861 年英国人汉沙德(A. W. Hansard)③ 来到日本,在长崎从事印刷业和拍卖业,是在日本最早创办英文报纸的外国人。他在日本创办的第一份英文报纸是《长崎航

---

① 原书为 1857 年 1 月至翌年 5 月在上海发行的杂志,内容涉及自然科学、历史、商贸等领域。前后共翻印 15 册。
② 原书为 1862 年 11 月由英国传教士在上海发行的杂志,前后翻印 7 卷本。
③ 汉沙德,生卒年不祥,曾在新西兰创办 The Southern Cross,1861 年来日本,在长崎经营印刷业和拍卖业,1865 年回国。

讯》(The Nagasaki Shipping List and Advertiser),1861年6月22日于长崎首发,每周出版两次,同年10月停办。内容主要是内外时事新闻、传播出入港信息以及广告等。《长崎航讯》停刊后,汉沙德转至横滨创办了《日本先锋报》(The Japan Herald),这是横滨最早创办的报纸,每周六发行。继《日本先锋报》以后,美国人拉斐尔·萧约(Raphael Schoyer)于1862年在横滨发行了《日本快报》(The Japan Express),但该报无论是内容还是体裁均不及《日本先锋报》,不久便宣告停刊。唯一能与《日本先锋报》竞争的报纸是1863年5月创刊的《日本贸易新闻》(The Japan Commercial News),该报由葡萄牙人罗泽(F. da Roza)编辑发行,内容与《日本先锋报》大同小异,但在评论报道上则稍逊一筹。面对《日本贸易新闻》的竞争,汉沙德对《日本先锋报》进行了改良,自1863年10月26日起发行《日本每日先锋报》(The Daily Japan Herald),免费为外国人刊登广告、船舶出入港信息、保险、杂报等内容。由于上述报刊均以英文发行,幕府便下令"洋书调所"对其进行翻译。在柳河春三[①]的倡议下,"洋书调所"的译者成立了一个专门翻译西洋著作的团体——"会译社"。"会译社"在日本新闻史上发挥了重要的作用,不但在介绍西洋文化、开启东洋文明上作出了重要贡献,还为日本近代报业培养了大量人才。

与此同时,为扩大读者层和发行范围,在日外国人也开始尝试发行日文报刊。1865年,美籍日本人约瑟夫·海科(Joseph Heco)[②]在横滨创立了日本最初的非官方日文报纸《海外新闻》,以向日本人传播外国文明为办报宗旨,发行半月刊,主要信息来源于与日通商的外国商船,深受日本人的欢迎。该报重视新闻的实效性,而且仅定期发行这一点就较官版报纸有了很大进步。1867年,英国牧师贝利(Buckworth M. Bailey)创立《万国新闻纸》,主要刊登海外新闻、学术介绍和极少的国内新闻。

后来,《日本贸易新闻》、《横滨新闻》(均为葡萄牙人罗泽创办的《日本贸易新闻》的翻刻本)等手抄报纸相继问世。这些报纸都是由"会译社"翻译的,它们是"会译社"的自发性刊物,并非官方报纸。

---

① 柳河春三(1832~1870),日本早期西洋学者,是介绍西方文化的先驱者之一,1864年任"开成所"教授职,1867年曾创办日本最早的杂志《西洋杂志》,1868年创办《中外新闻》。
② 约瑟夫·海科(1837~1897),美籍日本人,本名为滨田彦藏,为播摩藩水夫。13岁时因在海上遇难被美国人救起,后被美国人家庭收养,加入美国国籍,1859年任美国驻日本领事馆翻译,1863年辞职后在日本从事民间商业贸易活动和报纸出版等工作。

尽管如此,这些报纸在政治上还是支持幕府统治的,所以仍不失官版报纸的味道。

分析日本早期出现的外文报纸以及外国人发行的日文报纸,其特点主要有:(1)报道来源单一,多为外国商船带来的信息或翻刻外文报纸内容;(2)报道内容单调,多刊登商业信息或国外状况,很少刊登日本国内的消息;(3)制作手段落后,主要是手工刻版或者手抄;(4)出版周期不定,多为不定期发行,且发行数量少,普及面窄。

纵观日本报业的发展历史,我们不难看出,外国人在日本报业发展史上扮演了重要的角色,他们最先开启了在日办报的先河,究其原因主要在于当时的德川幕府对出版物采取了严厉的控制政策,再加上当时具有报纸基本知识的人多为在幕府担任要职的达官贵族或者知识分子,他们虽然痛感报纸发行的重要性,但又难以脱离体制内的束缚。而外国人不但具有丰富的办报经验,还可以借鉴欧美国家业已成熟的办报理念和方法,更重要的是借助与日本政府签订的通商条约,他们享有治外法权,基本不受幕府的束缚和限制。

二、社会条件的促进

日本近代报纸的产生与发展是与日本近代社会近代化进程息息相关的社会产物,它具有以下必不可少的社会条件与生产力发展水平。

第一,明治新政府积极的新闻政策。在"明治维新"运动中,明治政府提出的"文明开化"政策,加速了西方文化的传入与融合,扩大了西方知识的传播与接受,报业在这种开放的大环境的刺激下得以迅猛发展。鉴于当时的政治形式,明治政府对报纸采取了鼓励为主、限制为辅的双重手段。1871年,新政府重新制定了"新闻纸条例",突出强调了报纸的启蒙功能。新条例认为,"报纸应以开启人们知识为目的……担任文明开化的先导"[①],应多登载有益于世道人心的内容,不必局限于惩恶扬善的说教,某些虽无甚益处但只要是无害的杂谈、谐谑等也可见诸报端。也就在这个新条例颁布的前后,一批拥有政府背景的报刊陆续出版,一些政府官员或作为策划人,或成为出资者,或担任某报的后援者,或直接创办报纸。"新闻纸条例"的公布为日本近代报纸的产生及其发展提供了宽松的法律环境。

---

① 内川芳美、新井直之:《日本新闻事业史》,张国良译,北京,新华出版社,1986年,第3页。

同时政府还对报纸采取了支持和保护的政策。其具体表现是，日本近代报纸在创办初期，都直接或间接地受到官方的支持、保护或控制。如1871年1月28日由子安峻创办的日本最早的日报《横滨每日新闻》曾得到神奈川县令井关盛良的赞助和保护。而东京发行的最早的日报《东京日日新闻》在创刊之初也曾以江藤新平①、大隈重信②作后台，成为明治政府的御用报纸。《邮便报知新闻》是在邮政长官前岛密③的授意下创办的。前岛为扩大该报的影响煞费心机，他让自己的部下、东京横山町邮政分局局长太田金右卫门担任发行人，命自己的秘书小西义敬做社长和编辑人。同时还发出行政命令，让各地邮政人员收集、上报各地发生的"珍事奇谈"，而且规定无论报纸送往何处，均免费投递。这种得天独厚的有利条件使得《邮便报知新闻》能够轻易获得丰富的新闻来源，发行范围也得以扩大，迅速成长为明治初期最具影响力的报纸之一。

　　另外，为表示对报业的支持，政府还采取了购买的方式。明治五年（1872）3月27日，为使"新闻畅达，智识进步"，大藏省发布第47号令，宣布政府将订阅《新闻杂志》、《日报社新闻》（《东京日日新闻》前身）、《横滨每日新闻》三报。到明治七年（1874），政府又将《日新真事志》、《邮便报知新闻》、《公文通志》等报列为订阅对象。以《东京日日新闻》为例，政府订购的份额占到当时总发行量的25%~30%左右。此外，兵部省、宫内省也纷纷出资订阅报纸，天皇从明治初开始也得以阅读大量的内外报刊。

　　鉴于"报纸有益于社会。开国家富强之基、启士民之蒙昧、裨补商业以及海外万国百事皆与报纸有关，其用甚广，其功最大"④，政府还发起、推动新闻讲读运动，定期召集各地居民集会，由具有一定教育水平者对报纸新闻进行讲解，以满足那些"目不识丁、无法解读者"的要求。例如1872年9月27日，山梨县发布命令要求各地召开"报纸解话会"。

---

①　江藤新平（1834~1874），出生于佐贺，曾积极参与明治维新，后担任左院副议长、司法卿，对改革日本司法作出了重要贡献。1873年跟随西乡隆盛鼓吹"征韩论"，并提出旨在瓜分中国的"支那南北两分论"，对日本近代对华政策的制定颇具影响。1874年参与佐贺叛乱，同年被捕处死。著有《南白江藤新平遗稿》。

②　大隈重信（1835~1924），生于佐贺武士家庭，日本明治时期著名政治家，对日本财政改革作出了重要贡献，曾先后两次担任内阁总理大臣，1882年创办早稻田大学，1915年向袁世凯提出灭亡中国的"二十一条"。

③　前岛密（1835~1919），日本近代邮政制度的创始人，被称为"日本邮政制度之父"，曾提出"汉字废止论"，主张废除汉字，大力推行平假名。

④　大阪每日新闻社：《大阪每日新闻五十年》，大阪，大阪每日新闻社，1932年，第10页。

文明开化时至今日，小民、幼童、妇女一向不知世间事情，欲知晓必依靠报纸。报纸详细记载海内及外国各地情态，并忠实记载人们的善行恶事，就会使人们具备劝善惩恶的意识，此为移风易俗的捷径，并且能够成就家业利益。然目不识丁、无法读解者甚众，遗憾至极。故设置一法，自今从各村神官、僧侣、农民中选择当器者为讲师，开报纸解话会，让幼童妇女随意听闻。①

第二，生产力的发展为报纸提供了有利的社会条件。首先从生产力发展水平来看，印刷技术和造纸技术的进步为报纸的产生和发展提供了物质条件。1852年，日本活字印刷创始人本木昌造②发明了日本最早的铅字，并首先印制出版了自著《兰和通辨》。1871年《横滨每日新闻》创刊时，本木昌造接受井关盛良的委托，让其弟子承担该报的印制工作，开创了铅字印刷报纸的先河。此后，《东京日日新闻》等报纸也相继采用了铅字印刷技术，不但提高了印刷速度，印刷质量也得以大大改良。铅字印刷技术在报业方面的应用与推广，对日本近代报业的发展起了巨大的推动作用。70年代初，各报开始引进手摇印刷机，印刷速度又有了很大的改进。

19世纪70年代，日本在东京建立了第一家造纸厂——王子制纸。从此，日本国内可以制造廉价的纸张，结束了完全依赖于西洋纸和中国纸的历史。这对日本报业来讲，无疑是一个绝好的物质条件。

其次从社会形态来看，邮政制度的确立、义务教育的推行以及商品经济的发展对近代报纸的产生提供了必不可少的社会条件。"明治维新"之前，报纸的发行范围比较小，发行方式简陋，在一定程度上阻碍了报纸的发展。"明治维新"之后，日本逐渐建立起邮政制度，完善了邮政机构。1872年，政府规定报纸可以作为邮递物品投送，这对扩大报纸发行范围起到了决定性作用。同时随着火车、轮船等现代化交通工具的发展，进一步扩大了报纸的投递速度和范围。

1872年，明治政府确立了义务教育制度，在全国各地开办了大批学校，使得更多的平民都有机会接受义务教育。这样民众的文化素养不断提高，民众的求知欲望也就越来越强烈。报纸的发展与民众的文化素养

---

① 山本文雄：《日本新闻发达史》，东京，伊藤书店，1944年，第50页。
② 本木昌造（1824~1875），生于长崎，11岁进入著名的荷兰语翻译世家本木家为养子，后专注于印刷事业，是日本近代印刷业的奠基人，被称为"日本活版印刷之父"。

以及社会思潮的发展形成了相辅相成、互相促进的关系。

三、政治发展的推动

明治维新伊始，幕府残余势力在政治、军事上垂死挣扎，当时全国一片混乱，特别是在政治、经济、商业中心城市，民众对知情权的欲求日益高涨，这给日本近代报纸的产生创造了极其有利的条件。

明治政府推行的维新政策触及了部分封建士族阶级的利益，从而引起了他们的强烈反对，这部分人试图通过对幕府实行改革来挽救幕府的危机。另一方面，那些拥护明治新政府的人则希望通过维新改革，打破幕府的封建统治，为日本的发展开辟道路。这样，佐幕派和勤王派围绕新旧政权的更替产生了对立，并开展了斗争。

首先在当时的政治中心江户，由"会译社"发起人柳河春三于1868年2月24日创办了《中外新闻》，这是日本人创办的最早的自主性报纸。该报是由"会译社"的手抄报纸发展而来，它在翻译外文报刊内容的同时，也刊登日本国内的相关消息，无论在内容还是形式上都有别于"官版"报纸。作为明治维新时期最早的报纸，其发行量超过1500份，而且发行范围较广，成为该时期报纸发行的典范。此外，1868年4月福地源一郎①在江户创办了《江湖新闻》。创立伊始，便确立了大众化的编辑方针，采用了大量插图并标注假名，以求"童蒙妇女"皆能读懂。

表1-1　1868年创办于江户的报纸一览表

报纸名称	创办时间	停刊时间	发行期数
中外新闻	2月24日	同年6月	共发行45期
中外新闻外篇	4月	同年6月	共发行23卷
内外新报	4月10日	同年6月朔日	共发行50期
内外新报前记	闰4月13日	同年	共发行9期
内外新报别集	4月	同年闰4月	共发行2期
新闻事略	闰4月	闰4月	共发行8期

---

① 福地源一郎（1841~1906），号"樱痴"，日本早期著名政治评论家，报人。1859年出仕幕府官吏两次赴欧学习。1868年创办《江湖新闻》，明治政府进驻江户后被捕，后改变其政治态度，积极参加新政府改革，曾随伊藤博文、岩仓具视使节团赴欧美考察。1874年辞官，专心办《东京日日新闻》，在日本新闻界占举足轻重地位。1904年当选为众议院议员。

(续表)

报纸名称	创办时间	停刊时间	发行期数
公私杂报	4月27日	同年5月21日	共发行16期
江湖新闻	闰4月3日	同年5月22日	共发行22期
报纸名称	创办时间	停刊时间	发行期数
远近新闻	闰4月10日	同年6月	共发行31期
日日新闻	闰4月18日	同年6月5日	共发行18辑
外国新闻	5月	同年5月	共发行3期
海陆新闻	5月	同年5月	共发行8期
东西新闻	5月14日	同年5月25日	共发行4期

根据西田长寿：《日本明治时代的新闻与杂志》（至文堂1961年）第16～17页整理

这些报纸的发行人大部分是"会译社"的翻译或者"洋书调所"的学者、教官以及一些从幕府领取俸禄的官僚，他们通晓国外情况，迫切要求幕府实行改革。但这些"佐幕派"人物并不希望推翻幕府统制，相反试图以上述报纸为宣传阵地，以手中的笔为武器来维护岌岌可危的幕府统制。

柳河春三在《中外新闻》创刊号上翻译介绍了当时外报对"明治维新"的看法，"此次朝廷决定完全出自于萨摩与长州，这样前所未有的大变革并非出自尊重天子的真意，不过是依附于权势而已，故北方诸大名不服亦在情理之中"①。

《江湖新闻》第16期曾匿名刊载福地源一郎撰写的题为"强弱论"的长篇论文，鼓励幕府重新建立幕府中央集权体制。

> （前略）然诸藩东西割据、逐鹿中原，徒招我邦之虚妄。如美国虽为强国，但经五年内战，国土疲敝，昔年敦厚之风俗不存。恐我今日之战会导致他日欧洲强国染指我邦之地。今兄弟阋墙，毁其藩篱，破其户障，以至开偷盗之路。我愿全州相和、共举国力扬我国威，以与万邦同立。此为臣子报皇恩之第一要义。②

---

① 西田长寿：《日本明治时代的新闻与杂志》，东京，至文堂，1961年，第19页。
② 《江湖新闻》1868年5月5日。参见伊藤正德：《新闻五十年史》，东京，鳟书房，1943年，第7页。

在该论文中，作者要求各藩抛弃过去恩怨，实行举国一致体制，以抵御可能遭遇的外来侵略。此外福地还主张各藩不应一味模仿欧洲政体，而是应首先还大政于天皇，实行专政政治，然后再逐步向立宪政治转变。

> 采取政事之法即使拥天皇、设议院、置议官、开舆论，模拟欧洲君主立宪国体，以至颇为开化，仍不能成全其事业。原因何在？考察立宪君主制政治在欧洲推行之势可知，先由封县制转为君主专制，再由君主专制转为立宪君主制。现今由封县制直接转变为君主立宪是不可行的。①

此外，福地源一郎还表达了对新政府的不满。"我自开始即对尊王没有丝毫异议，对将军还政于天皇也无反对意见。但从现实来看，政权并没有归还朝廷，相反却归于萨长，这样即使幕府倒台，萨长也会成为第二个幕府，此绝非我等愿望，亦非维新目的。"②

"佐幕派"报纸在有关幕府军队同政府军战争的报道中，经常刊登幕府军完胜之类的虚假新闻，迷惑人心，以博取幕府的好感。如在《新闻事略》第七期上就连续报道了4条"官军败走"的消息，但据福地事后回忆说，这些报道不过是"制造的战果空说和政况虚闻"③ 而已。

与此相对应的是"勤王派"创办的报纸也开始登上舞台。维新政府军队进驻江户之后，再也不能容忍"佐幕派"报纸对新政府的攻击言论，遂采取一系列措施加强了对新闻舆论的控制。

明治新政府非常重视报纸的宣传作用，出于对抗"佐幕派"报纸宣传的政治需要，为了"指示民心之所向"，明治新政府于1868年2月23日在京都创办并发行了官办报纸《太政官日志》，主要刊登天皇敕谕、政令及战报等消息。继《太政官日志》之后，支持明治新政府的还有在大阪创办的《内外新闻》、《各国新闻纸》，以及在京都创办的民办报纸《都鄙新闻》等。其中《内外新闻》是在新政府实力派人物、时任大阪府知事的后藤象次郎以及陆奥宗光等人的支持下，由大阪河内屋等三家书店出版发行的，内容主要是摘译在兵库出版的英文报纸《兵库新闻》（*The Hyogo News*）的报道。《都鄙新闻》于1868年5月发行，在发行之

---

① 参见伊藤正德：《新闻五十年史》，东京，鳟书房，1943年，第8页。
② 茶本繁正：《战争与传媒》，东京，三一书房，1984年，第33页。
③ 山本文雄：《日本新闻发达史》，东京，伊藤书店，1944年，第36页。

初宣称"此册子不刊登天朝指示",仅仅刊登新闻报道等内容,但鉴于"民间流传的关于战争的报纸虚谈妄说颇多,对治安毫无益处,徒招致动摇人心"①,从第3期开始便以"官军东征"为主要新闻。这些报纸的发行区域都在日本西部,他们基本不刊登对幕府有利的消息,是支持"勤王派"的舆论工具。

这个时期报纸不再单纯报道国外的事情,而是作为表达各派政治观点的舞台而活跃着,报纸开始成为政治斗争的宣传阵地,也正是报纸的这个先天性不足,为其后来的"战时化"体制埋下了伏笔。

江户、横滨一带发行的"佐幕派"报纸与京都、大阪一带发行的"勤王派"报纸展开了激烈的论战,激发了国民对时局的关心,而这一关心反过来又促进了报纸的发展,为日后日本报纸从"政论报纸"向"政党报纸"发展播下了种子。

总之,日本近代报纸的产生与发展同明治维新是分不开的,明治维新的"文明开化"政策促进了西方知识的传入,让当时的知识分子大开眼界,日本报纸也沿着当时特殊的历史轨迹而发展;同时维新时期各派政治力量的明争暗斗以及对报纸的利用给报纸的发展提供了有利条件。反过来,日本报纸在这一时期也大大推动了当时社会政治进程的发展,它们在传播西方文明、推动政治变革、沟通社会信息、思想的交流等方面发挥了不可忽视的历史作用。

第二节 日本近代报业报道方针的演变

日本近代报业是伴随着明治维新后日本社会的发展而发展的,其报道方针也随政治的变迁而几经演变。

一、时政性报道方针的确立

明治新政府建立后面临的首要任务是对外保持国家独立,对内确保国内的统一。为此,明治政府在政治体制、财政经济以及军事制度上推行了一系列改革措施,收到了显著的成效。但由于这些政策的推行也触及部分封建士族阶层的利益,从而产生了很多反对意见。1873年5月,当时的大藏大辅井上馨与三等出仕涩泽荣一联名提出"关于财政改革的奏议",对明治政府内部的财政危机进行了揭露和批判,并借助《日新真

---

① 西田长寿:《日本明治时代的新闻与杂志》,东京,至文堂,1961年,第22页。

事志》和《新闻杂志》等报纸进行宣传。

鉴于当时国内矛盾重重，为转移矛盾，化解危机，实行对外侵略的主张在政府内部开始抬头。早在幕末时期长州藩士吉田松阴就提出侵略朝鲜与中国的主张，在1855年日本与美俄签订友好条约后，吉田曾说："我与美俄之媾和已成定局，不可由我方决然背约，以失信于敌夷。必须严定章程敦厚信义，在此期间养蓄国力，割据易取之朝鲜和中国东北的土地作为补偿。"① 而明治政府中最早倡导"征韩论"的是参与木户孝允等人，他预感到封建士族会对新政府产生不满从而造成局势动荡，便极力游说岩仓具视制定侵略朝鲜的国策，以转移国内矛盾。木户把朝鲜看作"保全皇国基础，将来经略进攻之基本"，因此当政府以近乎命令的口气向朝鲜提出建交要求遭到拒绝时，他便决定以此为借口"鸣罪而攻其国土，以大张神州之威"②，于是"征韩论"鼓噪一时，甚嚣尘上。西乡隆盛和板垣退助等人也积极策动侵略朝鲜，甚至讨论和修订了侵朝的详细计划。但是大久保利通、木户孝允、岩仓具视等人出使欧美回国后放弃了原来外侵的主张，认为新政府政局未稳，当务之急是积极改革内政，发展生产，消除内部矛盾，不宜外征。这样进入19世纪70年代之后，明治政府内部围绕"征韩"问题分裂为"急进论"和"渐进论"两派，两派明争暗斗的结果最终以"急进论"的代表人物西乡隆盛等人的失势而告结束，这更激起了对新政权不满的没落士族的反抗情绪，各地武装叛乱风起云涌，其中以江藤新平林领导的"佐贺之乱"（1874年）和以西乡隆盛为首的"西南战争"（1877年）为最。

由"征韩"问题所引发的一系列政治斗争和军事政变，都对近代日本报纸的产生与发展产生了重大影响。与此相对应，当时的报纸也分裂为两大派系，进行了激烈的交锋，报纸在政治斗争中的作用逐渐被人们所认识。在这个过程中，活跃在报纸论战舞台上的多为曾在旧幕府时代担任官职并通晓外国事情的旧幕府官僚。例如《邮便报知新闻》的主笔栗本锄云③曾经担任幕府末期"外国奉行"④一职，《朝野新闻》的主笔

---

① 〔日〕井上清：《日本的军国主义》第二册，北京，商务印书馆，1958年，第6页。
② 木户孝允：《木户孝允日记》，转引自中塚明：《近代日本和朝鲜》，东京，三省堂，1979年，第22~23页。
③ 栗本锄云（1822~1897）：幕府末期外交官，明治维新后解甲归田，后积极鼓吹"自由民权运动"。
④ 外国奉行：江户时代末期幕府官职名，1858年《日美修好通商条约》签订后设置，主要负责与外国进行交涉的文书翻译工作，1868年废止。

成岛柳北①曾担任"骑兵头"②等等。他们代表着不同的政治派别,针对当时政治状况发表自己的政见,进行激烈的论辩。例如末广重恭③的《东京曙新闻》(1875年改名为《新闻杂志》)等报纸代表"急进论"的观点,其背后是对明治政府新政策不满的地方士族的支持;而以曾做过幕府时期翻译及明治维新政府大藏省一等书记官的福地源一郎为主笔的《东京日日新闻》则成为"渐进论"者发表主张的舞台,反映了政府主流派的意向。这样报纸渐渐背离最初所谓"上意下达、劝善惩恶"的启蒙报道本位主义,日本报界进入历史上所谓的"政论报纸"时期。

1871年废藩置县之后,大权落在了参议兼内务卿大久保利通、工部卿伊藤博文和大藏卿大隈重信手中,引起板垣退助等自由民权运动家的不满。1874年1月17日,板垣退助、副岛种臣、江藤新平等人联名提交了《民撰议院设立建白书》,批评以大久保为中心的"有司专制"④,呼吁建立民选议院,限制官僚专政,给人民以选举权。"建白书"是自由民权运动的发端,在社会上引起巨大反响。该"建白书"遭到了政府拒绝,但由英国人布拉克(John Reddie Black)⑤创办的《日新真事志》却利用外国人所办报纸不受"报纸印行条例"限制的有利条件,抢先披露了"建白书"的内容,在社会上引起轩然大波,赞成与反对开设国会的争论趋向白热化。报纸也纷纷参与到争论中来,围绕民选议院的开设分裂为"民权派"与"官权派",这样其"政论报纸"的色彩更加浓厚。

"民权派"的主要报纸除了上述《日新真事志》外,还有《邮便报知新闻》、《朝野新闻》、《横滨每日新闻》、《东京曙新闻》等报。另外在该时期自由民权派还创办了《采风新闻》(1875年11月创刊)、《评论新闻》(1875年4月创刊)、《近事新闻》(1876年6月创刊)等带有激进色彩的报纸,宣传天赋人权、自由平等等原理,并号召人民对专制统

---

① 成岛柳北(1837~1884):明治初期著名记者,随笔作家。曾担任幕府侍讲等职务,明治维新后曾漫游欧美,受西方自由民权思想影响颇深,1874年任《朝野新闻》社长。
② 骑兵头:江户时代末期新设官职名,隶属老中统治,负责对骑兵的管理。
③ 末广重恭(1849~1896):又名末广铁肠,明治时期著名记者,政治评论家,后成为民权运动活动家,曾当选为国会议员。
④ 有司专制:1871年由板垣退助等人向左院提交的《民撰议院设立建白书》里说"臣等伏察方今政权之归所,上不在帝室,下不在人民,而独归有司","有司"一词即来源于此,特指"官僚"。"有司专制"指的是当时政权不是由议会政治决定,而是由个别官僚决定的政治现状。
⑤ 布拉克(1827~1880):原英国海军士官,后来到日本,曾经做过《日本先锋报》和《日本公报》的主笔,后曾在横滨办过英文报纸 Japan Gazette 和照片杂志 Far East。1872年创办《日新真事志》,对日本近代报业的发展有一定贡献。

治进行抵抗和革命。由于这类报纸与政府的主张背道而驰，因此遭到了政府当局的严厉镇压，不得不以半公开或完全秘密的方式发行。与此同时，"官权派"也建立了自己的宣传阵地，其中代表性的报纸是被称为"御用报纸"的《东京日日新闻》。在政论性报纸兴起的时候，《东京日日新闻》创立者条野传平将辞去大藏省职务的福地源一郎招致麾下，担任该报主笔。该报之所以被称为"官权派"是因为除了福地与政府实权派人物木户孝允、伊藤博文及井上馨来往密切，并受到他们的影响之外，重要的在于福地本人所具有的渐进式近代化主张。他曾两次随同使节团赴欧美考察，欧美的民主政治给了他极大的影响，他的这些主张在当时《东京日日新闻》的政治、经济、社会、文学等评论上均有反映。"西南战争"时他作为随军记者亲临战场，他的"战地采录"引起朝野各界的关注。明治十年（1877）4月6日，福地在京都行在所受到明治天皇的接见，为天皇陈述战况，这在当时被看作是前所未有的"无上光荣"的事情①。

"西南战乱"平息之后，反政府阵营元气大伤，那些反动的士族感到靠武力已经无法同政府抗衡，于是反政府阵营的一些开明之士开始改变策略，转而依靠自由民权运动来反抗明治政府的非民主政策，试图通过促进民众的自由民权觉悟、开设国会、制定宪法等迂回战术来争取失去的权利。于是这一时期的"政论报纸"得以迅速发展，而反过来这些报纸又是推动"自由民权运动"的最有效的手段。如果说，"民主"、"自由"是"自由民权运动"的旗帜的话，那么这个时期的大多数报纸就是支撑这面旗帜的旗杆②。这同时也说明了报纸这一"传播媒介"在近代社会政治大变革中的作用以及和政治斗争的密切关系。

随着"自由民权运动"高涨，板垣退助等人除了积极呼吁设议院、开国会之外，还创立了日本最早的政党——爱国公党，发表要求公平的纲领，明确提出由人民选举的代表设立立法机关。1874年4月，板垣退助等人又在高知县成立了"立志社"，提倡天赋人权，主张建立议会。1875年2月以"立志社"为中心，40余名各地政治结社代表聚集大阪，成立全国性组织"爱国社"，主张将"民权论"与"国权论"结合起来，并在全国范围内展开了宣传活动。受此影响，日本全国各地的政治结社如雨后春笋般涌现出来。这些民间团体大都利用报纸宣扬自己的观点和

---

① 西田长寿：《明治时代的新闻与杂志》，东京，至文堂，1961年，第45页。
② 宁新：《日本报业简史》，北京，中国社会科学出版社，1980年，第24页。

主张，而报纸对这些团体的活动情况也都予以报道。除此之外，各团体还纷纷发行专属的机关报，如嘤鸣社的《嘤鸣杂志》和立志社的《土阳杂志》均为伴随政党创立而发行的机关报，政治团体与政论报纸之间的结合日渐紧密，政局的变动及各派力量的消长均能在报纸上得到反映。例如1881年围绕"北海道开拓使官有物廉价拍卖"①丑闻，政府内部意见不一，萨摩、长州两藩出身的参议表示支持，而大隈重信等人则表示强烈反对。7月26日，《东京横滨每日新闻》率先对这一事件进行了披露：

> 关西贸易商会首先计划向政府借款500万日元，在大阪设立一大商会，未果。此后商会中的重要人物开始将目光转向北海道，与开拓使约定一手接受北海道物产，凡北海道物产均需经此商会之手，决不可流出北海道之外。而且同意将位于东京日本桥区箱崎町的开拓使物产管理所以2万日元的价格卖与此商会，不久如此壮观无比的建筑将归于贸易商会手中。②

自7月27日起，《邮便报知新闻》分四次对此事进行了报道，此外《朝野新闻》、《东京曙新闻》也进行了揭露，连御用报纸《东京日日新闻》也表示反对，攻击藩阀政府的声音开始蔓延全国，报纸对这一丑闻的揭露进一步推动了自由民权运动的发展。

在这种情势之下，自由民权运动已经形成不可阻挡之势，明治政府被迫于1881年10月颁布天皇诏书，取消了上述"北海道开拓使官有物廉价拍卖"的决定，并向国民许诺1890年开设国会。报界将政府的表态视为舆论的胜利而欢欣鼓舞。

政府发布开设国会的消息之后，各派政治势力很快结成了大小政党，1881年10月，自由党在东京成立，推举板垣退助任总理，翌年3月以大隈重信为总理的立宪改进党成立。以上两党均主张把日本改造成为像英法那样的资产阶级国家。为对抗自由党与立宪改进党，1882年在伊藤博文等人的授意下，由福地源一郎成立立宪帝政党，提倡主权在君，呼吁

---

① 明治政府为开发北海道，于1869年设置北海道开拓使，由萨摩藩出身的黑田清隆担任长官，从1872年起，政府制定了十年开发规划，每年投资100万日元，到1881年实际投资已经达到1500万日元，由于1881年北海道被正式置于府县体制之下，黑田清隆便借机要求将北海道官营事业廉价拍卖给由同为萨摩藩出身的五代友厚和长州藩出身的中野梧一控制的"关西贸易商会"，拍卖价格仅30万日元，而且30年无息偿还。

② 《东京横滨每日新闻》1881年7月26日。

颁布钦定宪法，主张把日本建成像德国那样的君主立宪专制国家，被称为"御用政党"，日本由此进入"政党政治"时代。随着政党的出现，各政党也随之拉拢或创办了大量机关报作为宣传其主张的舆论阵地。

表 1-2　政党性报纸及其所属政党一览表

政党派别	报纸	主要编辑
自由党系统	朝野新闻	末广重恭
	自由新闻	马场辰猪、中江笃介、田口卯吉
	立宪政党新闻	古泽滋、草间时福
改进党系统	邮便报知新闻	矢野文雄、藤田茂吉、箕浦胜人、尾崎行雄、犬养毅
	朝野新闻	成岛柳北
	东京横滨每日新闻	沼间守一、岛田三郎、肥塚龙
	大阪新报	平野万里、五代友厚、本庄一行、加藤政之
帝政党系统	东京日日新闻	福地源一郎、冈本武雄
	明治日报	丸山作乐
	东洋新报	水野寅次郎
	大东日报	西川甫、羽田恭辅
中立派报纸	时事新报	福泽谕吉、中上川言次郎

根据伊藤正德《新闻五十年史》整理

从上表可以看出，当时位于东京、大阪的报纸中，坚持不偏不党立场的只有《时事新报》一家，而《朝野新闻》的社长成岛柳北隶属于改进党，主笔末广重恭则隶属于自由党，因此决定了该报夹在两党之间求生存的发展格局。

1881 年 10 月以后，几乎所有的"政论性报纸"都参与了某一政党的活动，与政党之间建立了密切的关系。其中有的报纸本身就是以政党机关报的身份创立的，如《自由新闻》、《土阳杂志》等；有的报纸直接被纳入政党体制之下，变身为政党的机关报，如《东京横滨每日新闻》等；有的报纸虽然没有公开表明自己属于哪一派别，但是其社长或者主要撰稿人与某一政党关系密切，遂成为该政党事实上的机关报，如《邮便报知新闻》、《朝野新闻》、《内外政党事情》等。政党利用隶属本派别的机关报发表声明、宣传主张，将其作为政治斗争的宣传工具，而各报则在政治论争中逐渐扩大自己的影响，争取更广泛的读者，而且还能在资金方面获得政党的支持，双方互相利用，各得其所。这个时期在日本新闻史上称为"政党报纸"时期。

二、"小报"的产生与发展

由于"政论报纸"大都作为各派政治势力的喉舌而互相论战，报道内容单一，读者层也大多限定在学者、官吏、知识分子等阶层，语言多采用庄重枯燥的汉文调子，艰涩难懂，再加上多数"政论报纸"因报道政治事件而受到政府的镇压，所以日渐式微。在"自由民权运动"的影响下，一些原先对政治并不关心的市井阶层也对信息有了更大的渴求，于是以社会中下层为发行对象的"小报"[①]应运而生。

据日本新闻史学家小野秀雄考证，日本最早的"小报"是创立于1869年的《开知新报》[②]，另外1873年创刊的《东京假名读新闻》和《每日平假名新闻》也是创立较早的"小报"，但是由于其内容与形式都不完备，未能获得读者的青睐而最终夭折。真正的"小报"是1874年11月2日创刊于东京的《读卖新闻》。《读卖新闻》由柴田昌吉、子安峻、本野盛亨三人创立，初任社长由子安峻担任，创刊时的印刷数量只有200份，但两三月后猛增至1000份以上，翌年5月1日起由隔日发行改为日刊。除此之外还有创立于1875年4月的《平假名插图新闻》和创立于1875年11月的《假名读新闻》，前者使用大量插图，简单明了，后来改称《东京平假名插图新闻》，继而于1876年改为《东京插图新闻》；后者使用假名标注，便于读者阅读。明治时期著名报社记者、狂歌诗人野崎左文在《明治文坛目睹记》一书中对上述三家代表性"小报"的特点进行了概括："读卖认真、亲切，插图（即《东京插图新闻》——笔者注）华丽、可爱，假名读（即《假名读新闻》——笔者注）诙谐、轻妙，各具特色，备受读者青睐"[③]，而这些特点也正是"小报"最终获取

[①] 本书所言"小报"并非严格新闻学意义上的定义，而是相对于日本新闻史上政党机关报等所谓"大报"而言的，它的特点是读者层以中下层为主，内容丰富，更趋大众化，价格低廉。

[②] 小野秀雄：《日本新闻发达史》，东京，五月书房，1982年。转引自西田长寿：《明治时代的新闻与杂志》，东京，至文堂，1961年，第54页。

[③] 转引自西田长寿：《明治时代的新闻与杂志》，东京，至文堂，1961年，第62页。

长远发展的重要因素。大阪最早的"小报"是创立于 1875 年 12 月 14 日的《浪花新闻》，它是完全模仿《读卖新闻》而创立的，但由于经营不善，于 1877 年 12 月停刊。此外最值得一提的便是于 1879 年 1 月 25 日创刊的《朝日新闻》，由于创立之始便充分认识到了新闻供给的重要性，该报获得了长远的发展。

这些"小报"的版面主要由布告（官方命令）、新闻（社会新闻，多为劝善惩恶之类的报道）、说话（浅显易懂的时事解说）以及禀告（报社启事及广告）等栏目构成，版面设计活泼而不流于卑俗，不但能够恰当勾起读者的好奇心，字里行间也能透露出启蒙读者的意图。由于经营得当，顺应民心，《读卖新闻》、《朝日新闻》等"小报"得到了飞速发展，成长为日后日本屈指可数的大报。

"小报"的读者层主要是中下层社会读者，所以"小报"主要有以下特点：（1）很少刊登社论及政治性评论文章，不关心政治；（2）与政治有关的报道极其简单，而民间流言、道听途说、花边新闻等报道较多；（3）记者多为戏剧作家，比较接近和了解中下层社会的实际情况，语言通俗易懂，符合读者的口味；（4）版面较小，形式活泼，图文并茂，价格低廉。

由于"小报"远离当时的政治斗争，所以一般不会受到当局的限制和镇压，由此赢得了越来越多的读者，获得了飞速发展。"小报"开设有社会、文艺、娱乐、商情、广告等栏目，已经初步体现出现代报纸"新闻大众性"的特点，这是"政论性报纸"所无法比拟的。

综上所述，"小报"与其他"政论性"报纸的区别主要表现在以下几个方面：

表 1-3 "政论性"报纸与"小报"的区别

区别项目	政论性报纸	小报
开本	大开本	小开本
社论	刊登社论，对政治、社会、文化进行议论	无社论，不关心政治
假名	社论、杂报、来稿及其他报道无假名标注	所有内容均标注假名

(续表)

区别项目	政论性报纸	小报
杂报	内容以政治、经济报道为主，避免刊登与花柳界、演艺界有关的报道	政治报道简单，主要刊登民间流言、道听途说、花边新闻
官令	原文刊登政府发布的命令	仅仅刊登与民众关系密切的内容
文体	社论、报道、来稿均采用书面体，以汉文调居多	内容均采用口语体
小说	不刊登小说	刊登小说连载
投稿	多为与政治有关的内容	多为与社会杂事有关的内容
价格	价格较贵，每份售价2钱以上	价格低廉，每份售价8厘至1.5钱
读者层	中上层知识分子、官吏、学者、男性	中下层市井百姓、妇女
销售方式	不进行叫卖，采用书店或邮局直接配送的方法销售	以叫卖方式销售，1879年以后被禁止
记者来源	多为政治家、法学家、洋学家、汉学家或者政府官员	多为剧作家、狂言作者、歌人

1877年的"西南战争"提供了新闻来源，制造了新闻需求，大大刺激了报纸的发展，报纸发行量猛增。据统计，1879年日本全国报纸累计发行量为3345万左右，而到1881年就达到6450万，增长了差不多一倍。其中"小报"发展态势比较平稳，发行量也稳中有升，并未像那些纯粹的政党机关报一样出现较大的起伏。根据东京府的统计报告，1881年《读卖新闻》的发行量为521.2万份，1882年为522.1万份，1883年虽然减少至477万份，但依然超过《朝野新闻》和《邮便报知新闻》两报同年发行量的总和474.5万份。就连当时东京势力最弱的小报《伊吕波新闻》1883年的发行量也达到108.9万份[①]，与著名的"政党性报纸"《自由新闻》的发行量相差无几。

该时期，数量众多的"小报"纷纷在日本各地创刊，如宫城的《仙台插图新闻》（1881年7月）、福井的《越阳插图新闻》（1882年7月）、和歌山的《弱山插图新闻》（1882年10月）、熊本的《熊本插图新闻》

---

① 以上数据参见西田长寿：《明治时代的报纸与杂志》，东京，至文堂，1961年，第113页。

（1882年11月）以及爱知的《爱知插图新闻》（1880年11月）、《名古屋插图新闻》（1884年1月）等等。下表是1876～1877年日本主要报纸发行量变动情况一览表。

表1-4 报纸发行量的增长情况一览表（1876～1877）[①]

单位：份

报名	1876年发行量	1877年发行量	日平均发行量
东京日日新闻	2933998	3285238	11000
邮便报知新闻	2143293	2393444	8000
朝野新闻	1178699	5319510	18000
新闻杂志（原东京曙新闻）	814976	1934368	6300
读卖新闻	4352544	5456723	18000
东京插图新闻	1030448	1848590	6000
假名读新闻	231533	1561120	4400
横滨每日新闻	194289	186888	600

从上表可以看出，尽管《读卖新闻》、《东京插图新闻》、《假名读新闻》三家"小报"创立时间较晚，但仅仅历经两三年的时间，其发行量已获得迅猛增长。就创刊于1874年的《读卖新闻》而言，1876年的发行量已跃居第一，到1877年更是达到545万份，超过当时号称东京四大报纸的《朝野新闻》、《东京日日新闻》、《邮便报知新闻》、《东京曙新闻》任一发行量。这表明在短短几年之内，"小报"的发行量扶摇直上，迎来了"小报"历史上的繁荣期。

但此后在"自由民权运动"的刺激下，原来很少参与政治的"小报"也开始卷入政党政治的漩涡，逐渐向政党靠拢，从而呈现出小报政论化、进而政党化的趋向。大多数"小报"除了继续刊登迎合庶民情趣的文章以及启蒙社论之外，也开始刊登政论文章以及政党主张，参与政治论争。例如《朝日新闻》在创立之初确定的是介于大、小报之间的中间路线，但1882年之后则经常刊登一些自由民权思想的文章。这样，大、小报之间的界限越来越模糊，"小报"开始向政党报纸发展。

---

① 宁新：《日本报业简史》，北京，中国社会科学出版社，1980年，第33页。

三、社会主义者创办的报纸

19世纪90年代，日本的资产阶级产业革命基本完成。在这个过程中，资产阶级同劳动人民之间的矛盾日益尖锐，资产阶级对外扩张的外交路线加重了人民的负担，一些具有社会主义启蒙思想的知识分子开始探讨日本社会的现实问题，在此背景下社会主义思想开始萌芽。

日本早期的社会主义先驱片山潜、幸德秋水、堺利彦等人就是通过报纸来了解并传播欧美各国社会主义思想的。日俄战争时期，日本社会主义运动有了进一步的发展。幸德秋水、堺利彦加入《万朝报》，对下层劳动人民的生活疾苦表示了极大的关注和同情，并高唱"反战论"，在社会上引起极大的轰动。但是由于"反战论"与当时日本整体社会环境格格不入，致使《万朝报》遭遇停刊危机，鉴于商业报纸的特点，黑岩周六①在日俄战争开战之前改变了立场，转而主张"开战论"。

由于《万朝报》的转向，内村鉴三、幸德秋水、堺利彦三人愤然辞职，联络志同道合者于1903年11月1日建立了社会主义团体——"平民社"，并于11月15日创办"平民社"机关报《平民新闻》，这是日本最早的社会主义报纸。该报在日俄战争开展之前一直主张"不战论"，并进行社会主义思想的启蒙宣传。在《平民新闻》的创刊词中，提出了建立社会主义的口号："为使人类共享平等之福利，须使社会成为共有生产、分配、交通的机关，其所经营的一切为社会全体所有"②。日俄战争爆发后，《平民新闻》先后发表了几篇反战文章，对日俄战争进行了猛烈抨击，并呼吁"只要吾人有口、有笔、有纸，就要大声疾呼反对战争"。1904年3月13日，《平民新闻》发表了《致俄国社会党书》，称"日、俄政府为达到其帝国主义的欲望，漫开兵火之端。然而在社会主义者眼中，人种无别，地域无别，国籍无别，诸君与我等同志也，兄弟也，姊妹也，断断无可争之理"③，号召日俄两国的社会主义者联合起来进行反帝斗争。1904年11月13日，在《平民新闻》创刊1周年之际，该报发表了幸德秋水和堺利彦合译的《共产党宣言》，这是马克思主义在日本传播的真正开端。为此，《平民新闻》多次遭到政府的取缔，并于1905年1月29日被迫停刊，"平民社"也于同年10月宣告解散。

---

① 黑岩周六（1862~1920）：又名黑岩泪香，曾担任《都新闻》主笔，并翻译了许多西方文艺作品，1892年创办《万朝报》。晚年曾参加"护宪运动"。
② 《平民新闻》1903年11月15日。
③ 《平民新闻》1904年3月13日。

1906年2月，以堺利彦为中心的社会主义者成立了"日本社会党"，并创立了机关报《光》。由于该党后来受到幸德秋水无政府主义的影响，主张采取所谓的"直接行动"，遭到政府镇压，"日本社会党"于1907年2月被取缔。后来社会主义者内部发生了分裂，分成幸德派和片山派。幸德派以《大阪平民新闻》为宣传阵地，而片山派则于1907年6月创办《社会新闻》，继续进行社会主义宣传活动。

　　日本的社会主义萌芽是在特殊的历史条件下产生的，在其产生之初便走上了曲折的发展道路。早期日本的社会主义者虽然为社会主义在日本的传播作出了巨大的贡献，但由于其历史局限性以及统治阶级的镇压而产生了分化。尽管如此，早期的社会主义者创办的报刊为日后社会工人运动的进一步发展以及日本共产党的创立等奠定了思想基础。虽然这些报纸存在的时间不长，但在日本工人运动史上以及日本报业发展史上都占有重要地位。

　　总之，日本近代报纸的产生与发展同"明治维新"是分不开的，"文明开化"政策加速了西方知识的传入，让当时的知识分子大开眼界，为日本报纸登上历史舞台奠定了社会基础。而日本报纸也沿着当时特殊的历史轨迹而不断发展，同时维新时期各派政治力量的明争暗斗以及对报纸的利用给报纸的发展提供了有利的政治条件。反过来，日本报纸在这一时期也大大推动了当时社会政治进程的发展，它们在传播西方文明、推动政治变革、沟通社会信息、促进思想交流等方面发挥了不可忽视的历史作用。

　　然而，日本近代报纸自产生伊始就与当时的政治斗争纠缠在一起。他们或因政治而兴盛，或因政治而衰亡，同时又反作用于政治的发展。从"政论报纸"到"政党报纸"的发展变化过程中，日本报纸经历了一场政治的洗礼，逐渐走向成熟。

第三节　日本近代报业经营方针的变革

　　19世纪80年代，明治政府的"殖产兴业"政策收到了显著成效，资本的原始积累基本完成，资本主义经济初显规模。与此同时，电报、电话等现代化通讯工具相继在日本推广和应用，邮政制度更加完备。马里诺尼轮转印刷机的引进大大加快了报纸的印刷速度，是日本报纸印刷史上的一次大革命，这都为日本报业的发展提供了物质基础。随着资本在经营中的作用越来越显著，日本近代报业的经营方针不断得以完善。

一、报道本位主义的确立

资本主义工业的发展为日本报业的商业化铺平了道路,在经历了"政党性"报纸的衰败以及"小报"的兴起和衍变过程之后,日本报业逐渐走上了"不偏不党"的发展道路,最终确立了以报道为本位的经营路线。

首先,各报社开始注重新闻报道的时效性。时效性是新闻报道的显著特征,也是报纸赖以存在的基础,为此报社纷纷采用先进的通讯工具和印刷技术来强化时效性。1881年明治天皇颁布"开设国会"诏书时,《大阪朝日新闻》就曾以利用电报率先报道全文而名噪一时。1888年会津盘梯山火山喷发,刚刚成立的《东京朝日新闻》立即向当地派出特派员,及时发回现场的详细报道,受到读者的极大关注。该报还率先引进了先进的轮转印刷机,加快了印刷速度,使得报纸的时效性大大提高。另外各报还在主要城市开设分社,派遣特派员,甚至向国外派遣特派员。1885年《天津条约》签订时,《朝日新闻》、《邮便报知新闻》、《东京日日新闻》都曾经向天津和上海派出了特派记者进行报道。

随着政党政治的衰落,那些靠政党资金支持运营的报纸失去了重要的资金来源,不得不进行改革,抛弃以前刻板、庄重的风格,想方设法扩大销售量。而随着教育的发展,庶民阶层的识字率不断提高,他们的求知欲也随之不断膨胀。这就要求报纸必须走大众化、通俗化的发展道路。为适应新的形势,报纸开始尝试导入资本主义经营方式,首先进行这一尝试的是《邮便报知新闻》。矢野文雄①曾于1884~1886年在欧洲各国活动了近两年的时间,他考察了欧美各国报业,并为欧美各国大众报纸的流行所吸引,遂于1886年回国后仿效欧洲资产阶级报纸的经营方式对《邮便报知新闻》进行了改革。9月16日他在该报发表了《改良意见书》,宣布将缩减报纸版面,降低报纸售价,改革报纸内容,完善报社机构,走通俗化路线。此举立竿见影,使该报的读者由原来的五六千人猛增到两万五千人。② 其他各报纷纷效仿,展开了争夺读者的激烈竞争,这是日本现代报纸确立的最明显的特征之一。

《东京日日新闻》也对经营方针进行了改革。福地源一郎于1888年离开报社后,继任社长关直彦提出了以下改革意见:(1)要坚持不偏不

---

① 矢野文雄(1851~1931),又名矢野龙溪,明治时期政治家,曾追随大隈重信参与"立宪改进党"的创建活动。主持过《邮便报知新闻》,后任《大阪每日新闻》副社长。
② 宁新:《日本报业简史》,北京,中国社会科学出版社,1980年,第44页。

党的办报方针，不依附于任何政党和权势；（2）股东或出资人不得干涉报纸的论调，实现资本和经营的分离。接着7月10日，关直彦又发表社论，对《东京日日新闻》的方针进行了阐释。

> 余将来所持之方针为完全独立，不偏不党，不为权力所拘束，不做政党政派的机关，以社会安宁和人民幸福为目的，伴随文明的进步，谋求国权的扩张，主张正义。故不管政府的政略处置以及民间的政说举动如何，凡是认为对国家和社会不利有害的事情，应毫无畏惧地议论并促请注意。①

从该社论可以看出，关直彦淡化了《东京日日新闻》在福地时代的"御用报纸"的色彩，开始走上报道本位的经营路线。此后，《东京日日新闻》开始刊登福地等人的连载文章，向读者介绍新思想和新知识，还聘请井上哲次郎②等名家担任名誉主笔。关直彦的改革十分成功，《东京日日新闻》成功转型，一年之后销量剧增，"迎来了前所未有的好运"③。

在这一时期雄厚的资本已成为报业自由竞争中决定胜负的关键因素。1888年，《朝日新闻》在社长村山龙平的主持下收购了星亨创办的《觉醒报》，并改名为《东京朝日新闻》出版发行，从而成功打入东京，并走上全国扩张的道路。村山也采取了降低售价的措施，并买断了铁路马车的使用权，免费让市民乘车。另外，该报还率先引进了马里诺尼轮转印刷机，大大加快了印报速度，降低了成本。1889年"大日本帝国宪法"颁布时，各报掀起了一场激烈的报道战。《朝日新闻》社长村山龙平拿到宪法全文之后，不惜花费高额费用，立即通过电报将其发送给《大阪朝日新闻》，《大阪朝日新闻》及时刊登了宪法公布的消息后，又发行了登有宪法全文的号外。此举轰动了当时的日本新闻界，也引起了其他报社的不满。当时在东京发行的17家报社联合起来对《东京朝日新闻》进行抵制，并要求其所属专卖店拒售该报。然而这场风波最终以17家报社的失败而平息。《东京朝日新闻》的经营方针加速了报界自由竞争的步伐，宣告了"报道竞争"时代的到来。

---

① 《东京日日新闻》1888年7月10日。
② 井上哲次郎（1856~1944），日本近代唯心主义这些的先驱，日本学院哲学奠基人，新体诗运动的倡导者，曾任东京帝国大学、东洋大学教授、文科大学校长、东京学士会会员、日本哲学会会长、贵族院议员等职。
③ 山本文雄：《日本新闻发达史》，东京，伊藤书店，1944年，第140页。

另外,这一时期的报纸上出现了广告,这也是现代报纸的重要特点之一。一方面是资本主义工商业发展的需要,另一方面也是报社自身的营利手法。广告业务发展最为迅猛的是福泽谕吉创办的《时事新报》。除在报纸上刊登广告外,该报还从事电线杆广告、屋顶广告业务,在劝业博览会上设广告塔等,并专门设置招揽广告业务的职员。这些措施使得《时事新报》的广告收入位居各报之首。

19世纪80年代后期,围绕修改不平等条约以及宪法颁布等问题,一度衰落的政党活动又有所抬头,特别是在首届议会召开期间,各党派又利用报纸来宣传自己的政治主张,因此在报纸通俗化的发展过程中,报纸的"党派性"又占了上风,再次形成"政党机关报"的发展格局。但是鉴于"政党性"报纸失信于民的历史教训,《时事新报》、《朝日新闻》等报纸都坚持了"不偏不党"的中立态度,以准确、客观的报道态度赢得了读者的信赖。例如1889年由陆羯南①创办的《日本新闻》就曾经对伊藤博文内阁的欧化政策给以严厉批判。陆羯南认为当时的日本报纸只不过是政权斗争的工具以及个别人谋求私利的跳板,他主张报纸不应偏于一党一派,不能贪图私利私欲,应该走独立路线,推动自下而上的国民主义的兴起。而德富苏峰创办的《国民新闻》虽然同意政府的欧化政策,但对政府的贵族主义表示了强烈的不满,从而提出了"平民主义"的口号。苏峰认为:"报纸的问题绝非限于政治经济,文学、宗教、美术所有社会问题、所有人事问题均应作为报纸的新闻。"② 他主张应该在平民主义的基础上来论述政治问题,这样才能充分理解不断发生的社会问题。

总之,通过这一时期的改革,日本报业在很大程度上压制了"党派性","不偏不党"的报道本位主义路线成为报社经营的主流理念,这是日本报纸走向"营利主义"的商业化路线的过渡期,对此后日本现代报纸的发展具有重要的意义。

二、营利主义路线的确立

随着对外侵略野心的不断膨胀,日本政府也逐渐将外侵主张付诸实践。甲午战争和日俄战争使日本获利颇丰,同时日本报业也借助这两次战争获得了巨大的发展,最终确立了现代报业的根基。

---

① 陆羯南(1857~1907):明治时期国权主义的代表性理论家,曾任太政官文书局官员,后因反对"欧化"政策而辞职。1888年创办《东京电报》,1889年改名为《日本新闻》。
② 德富猪一郎:《苏峰自传》,东京,中央公论社,1935年,第287页。

早在甲午战争爆发之前，日本各大报纸就开始鼓吹"爱国热情"和"国民精神"，极力主张政府应采取强硬的外交政策，同清政府进行决战。1894年6月9日，22家报社、杂志社在大阪召开"关西硬派报纸杂志社大会"，并通过了促成"以自主外交精神为君国尽瘁"的决议。《东京日日新闻》在社论中说"开战后若发生小的纷争则在军机上最为不可，如若开战则应进行大战"①。

甲午战争期间，日本报界几乎毫无例外地对政府采取了支持的态度，鼓吹"举国一致"、"奔赴国难"，竭力煽动国民的战争情绪。《时事新报》完全抛弃了中立态度，发表社论要求日本上下摒弃政治恩怨，支持政府进行战争，在战争完全结束之前"不应对政府的政略进行非难"②。此外，该报还呼吁国民捐款支持战争，社长福泽谕吉甚至捐1万日元巨款，以表示对政府的支持③。甲午战争爆发之后，各报社立即向前线派出从军记者，展开了激烈的报道战。据统计，当时共有66家报社派出从军记者129名，一些记者甚至同士兵一起亲临战线，每天报纸都充斥着大量战争报道。

日俄战争爆发前，除了《万朝报》、《东京日日新闻》和《东京每日新闻》之外，其他报纸都积极支持日本政府实行强硬的外交政策，而且《万朝报》和《东京每日新闻》在此后也都发生了转向，由"不战论"转为"主战论"。其中《万朝报》的转向最具代表性。1892年11月，黑岩周六创办《万朝报》时，便打出了"眼无王侯手有斧钺"的社训，主张不以权威为办报的基准，从而走上了不偏不党的路线。日俄战争前，该报仍然主张"不战"论调，但是由于日本在19世纪90年代完成了修改不平等条约的任务，摆脱了沦为半殖民地的危机，加上日本在甲午战争中大获全胜，日本全国上下充满了前所未有的自信，整个社会都处在对外扩张的狂热之中。在此社会背景下，《万朝报》的"不战论"的主张变得不合时宜，致使该报丧失了大量读者，甚至一度出现了停刊的危机。为了扭转这种不利局面，黑岩周六改变了报纸的立场，这样该报的销量又开始回升。

在上述两次对外战争中，日本之所以出现了"全体一致"的局面，并以"一致外对的情绪控制了全体国民"，不能不说报纸起了非常重要的煽动作用。该时期，奉行报道本位的商业性报纸已经成为影响日本整个

---

① 《东京日日新闻》1894年7月26日。
② 《时事新报》1894年7月28日。
③ 《时事新报》1894年8月14日。

报界的关键因素，社会上也开始从时效性和报道质量等方面来衡量报纸的优劣。之所以造成这种局面是因为当时日本社会对外扩张的野心急剧膨胀，人们渴望通过报纸及时、准确地获得战争的消息。另一方面，战争为报纸提供了信息来源，也刺激了日本资本主义经济的发展，各报的销售量实现猛增。

各报社为了适应新形势的需求，在激烈的竞争中取胜，不断推行改革，开始走上了"营利主义"的路线。

首先各报社不惜投入庞大资金，用以扩充通讯网络。各大报社在国内主要城市设立分社，配备通讯员，并开始不定期向国外派遣特派员，而地方报社也在东京设立分社。除此之外，《时事新报》、《朝日新闻》以及《大阪每日新闻》等都先后与路透社等国外通讯社签订购买新闻的合同。扩充通讯网络之举说明报纸更加注重报道的时效性，也成为决定报社命运的重要因素之一。

其次，各报还大搞技术革新，改进编辑手法，并竞相采用先进的印刷技术和设备。为了增加报纸的可读性和趣味性，各报费尽心思，尝试在报纸上刊登照片，并开始采用醒目的大号标题，以引起读者的注意。为争夺读者，各报还在版面安排以及文风上煞费苦心。先进印刷设备的引进大大提高了印刷速度和印刷质量，降低了报纸成本。

此外，各报社还对报社机构进行了扩充和改革。报社内部分工更加明细，分设编辑部、印刷部、庶务部和会计部，并将编辑部细化为政治、经济、社会等不同部门。

报社的上述种种改革都是立足于营利主义的商业化办报方针而进行的。此后报社的竞争越来越激烈，日俄战争之后各报纷纷发行晚报和地方版。这种竞争最终导致"弱肉强食"的局面，一些势力较大的报社凭借其雄厚的资本在竞争中取胜，而力量薄弱或经营不善的报纸则走上了停刊的末路，或者倒闭，或者被大报社合并。资本成为决定报社命运的决定性因素，而要扩大资本，就必须走"营利主义"的商业化路线。

三、报业经营方针的完善

1914年第一次世界大战爆发后，日本对德宣战。日本报界对政府的这一立场表示支持，并支持日本政府趁机夺取德国在山东的一切权益。

借助"一战"所攫取的"胜利"果实，日本由战前的债务国一跃而成为债权国，并逐渐发展成为名副其实的资本主义工业化国家。报业在这种大环境的熏陶下，逐渐被纳入到资本主义体制之下。

首先，为了适应新的形势，并在激烈的竞争取胜，各报社纷纷改革办报方针与经营方式。1911年《中外新闻》率先推行股份经营模式，此后各报社也相继建立起股份经营机制，报纸的"商品"化特征日益明显，报社也相应成为利益集团。据统计，到大正末年，《大阪每日新闻》拥有资本500万日元，而一些地方报社的资本也都在30万~100万日元之间①。随着股份制经营模式的建立，报社迅速确立了"报道第一"的商业化经营模式，各报之间的销售竞争更加激烈。

1923年9月1日，日本爆发了关东大地震。在这场地震中，除《东京日日新闻》、《报知新闻》以及《都新闻》之外，位于东京的其他报社全被烧毁，损失惨重。地震之后，一些实力雄厚的大报社立即投入灾后重建的工作中，他们重新购置印刷设备，兴建报社大楼，在短时间内恢复了报纸的出版。而一些实力较弱的报社如《时事新报》和《国民新闻》等则无力重建，或者从此衰落，或者被大报社兼并，退出了舆论宣传的历史舞台。

其次，实行综合编辑制度，发行地方版。随着经营方式的转变，报社内部的组织结构也发生了巨大的变化，分工更加明确，经营范围也逐步扩大。报社内部一般设编辑部和营业部两大门类。以前的报纸明确划分政治版、经济版和社会版，在编辑上彼此是独立的。由于政治版记者和社会版记者的视角不同，因此对于同一个问题，有可能在同一期报纸上出现观点完全不同甚至对立的文章。为避免此类问题的发生，各社设立了独立的编辑部，采用综合编辑制度，将各部门的稿件收集起来经过审查之后才决定是否刊登，这样就避免了上述弊端。综合编辑制还使得社会版的地位得以提升。以前的社会版主要刊登市井杂事或者警界新闻，往往被编排在第三版的位置，因此其地位往往得不到人们的承认。由于实行"报道第一"的方针，社会版的内容更加丰富，除了工人运动、妇女解放、思想问题等社会新闻之外，政治、经济问题也开始进入社会版记者的采访范围。各报派出的社会版记者成立了记者俱乐部，并得到政府部门的认可，社会版记者的地位大大提高。

为了让读者及时了解当天的新闻，扩大报纸的销量，报社开始陆续推出晚报，一些实力雄厚的报纸甚至一天发行三种版类的报纸。明治时期《报知新闻》等已经发行晚报，但从当时的社会形势来看，晚报的发行并非是必需的，只是报社为吸引读者的眼球而采取的一种经营方式而

---

① 山本文雄：《日本新闻发达史》，东京，伊藤书店，1944年，第265页。

已。但是到了大正时期，随着人们对新闻的需求量的增加，晚报逐渐成为社会发展的需求，一些有实力的报纸如《大阪朝日新闻》等开始发行晚报，向大阪近郊地区派送。同时为了扩大报纸的销量，争夺地方读者，各报加紧了向地方扩张的步伐。地方版的发行不但阻止了实力弱小的报纸向地方扩张的势头，同时也沉重打击了地方报纸。

第三，各报社还竞相采用更为先进的通讯手段。"一战"后，利用信鸽传递消息成为当时流行的通讯手段。与此同时，1923年《大阪朝日新闻》、《大阪每日新闻》、《时事新报》等同递信省进行交涉，获准在东京和大阪之间架设专线电话，从而大大加快了信息传递的速度。

此外，各报社还加强了通讯网的建设和普及。各大报社在全国各地设立分社，配备数量可观的通讯员。如当时《朝日新闻》在大阪的通讯员有327名，东京有200名。① 另外，这些报社还和"路透社"、"合众社"等欧美通讯社签订合同，接收外国专电，并向北美、欧洲、中国等地派出大量通讯员，进行国际采访报道，从而加大了对国际新闻的报道力度。此外各报还改进印刷技术，扩大广告版面，并开展"销售竞争"活动，使报纸的发行量大幅增长。到20年代中期，《东京日日新闻》的日发行量已突破60万份，其他各报均有不同程度的增长。

随着报纸企业化进程的发展，各报之间的竞争愈加激烈，日本报业的格局也发生了巨大的变化，而1923年的关东大地震则最终改变了日本报业分布的地图。由于《东京朝日新闻》和《东京每日新闻》的总社设于大阪，因此这两家报社的损失相对较小，地震之后他们迅速着手振兴大业，一举超过原来占据主要地位的东京报纸，使报纸的发行量突破百万大关，从而确立了报业"双雄"的地位。据统计，1924年日本全国所有报纸的日发行总量为650万份，其中仅《朝日新闻》和《每日新闻》两大报系就占据半数以上，这也是报业自由竞争带来的必然结果。这种垄断集中的倾向在1929年经济危机之后更加明显，一些势力薄弱的中小报社纷纷倒闭，而大报社则获得更大发展。至此，日本报业作为"报纸产业"完全纳入了资本主义体系，最终实现了企业化，并显示了其巨大的宣传作用。

综上所述，自日本近代报纸诞生开始到其纳入到资本主义体系为止的半个多世纪里，日本报纸经历了由幼稚到成熟的发展历程。在这个过程中，日本报界在政治斗争中的作用日益凸显，并成为影响和推动政治

---

① 山本文雄：《日本新闻发达史》，东京，伊藤书店，1944年，第274页。

发展的重要因素。这说明虽然日本现代报纸确立了"报道主义"和"营利主义"的商业化路线，但由于现代报纸脱身于视政党性为生命的"政党机关报"时期，再加上近代日本社会的特殊性衍变以及种种复杂的人事关系和经济关系，报纸不可能完全摆脱政党性的束缚，以至于在不同的历史时期，这些报纸分别同当时的党派和集团有着千丝万缕的联系，这是由日本报业的发展历史决定的。

第四节　日本报界的生存环境

明治时期，日本近代报纸登上历史舞台，并在此后的政治沉浮中扮演了重要的角色。报纸在政治斗争的作用得到社会的承认，政府也对报纸采取了相应的政策。日本报界从其产生之日起，日本政府就根据当时的社会状况以及统治需要，对其采取了或控制或利用的两面政策。日本报界的生存环境与日本政治的发展状况息息相关，并在很大程度上受日本政治状况左右。

一、"明治维新"时期宽松的办报环境

从日本报业发展的历史进程来看，在"明治维新"时期，日本报业迅速发展的原因除了"文明开化"政策的刺激之外，另一个重要的原因是当时报纸发行环境甚为宽松，只要具备一定的人、财、物等条件，"并不需得到官方许可就能随便发行报纸"[1]。

维新动乱时期名噪一时的报人是福地源一郎。他于1866年随幕使出访英法时，为英国记者敢于直言不讳的勇气所折服，回国后便决心创办报纸，"以痛论时事"[2]。1868年福地源一郎创办《江湖新闻》，并在该报上多次发表支持幕府的文章，痛陈新政府的弊端。他认为新政府的大权并没有回归天皇，而是落在了萨摩和长州两藩手中，明治政府只不过是改头换面的新幕府而已，从而言辞激烈地抨击了明治新政府。

当时堪与《江湖新闻》齐名的当推荷兰裔美国人王尔德（Eugene M. VanReed）于1868年创办的《横滨新报藻盐草》[3]。上野战争时期，

---

[1] 茶本繁正：《战争与传媒》，京都，三一书房，1984年，第29页。
[2] 福地源一郎：《新闻纸实历》，东京，民友社，1894年。转引自茶本繁正：《战争与传媒》，京都，三一书房，1984年，第29页。
[3] 《横滨新报藻盐草》报头"横滨新报"四字由汉字书写，"藻盐草"三字由假名"もしほ草"标记，有"随笔、杂录"的意思。

面对国势衰微、四民凋敝、国体混乱的日本国内状况，王尔德通过《横滨新报藻盐草》表达了自己的主张，并对明治政府提出了批评，他认为处于内乱状态的日本政府当务之急是早日平息事态，建立一个强有力的政府，否则干戈永无平息之日。

> 夫国必有一政府，其威力内足以服国民，外可以御敌辱，故国内万民应奉戴一政府。（中略）二百八十二位大名，其领地、兵卒、武器、城郭、军费、军舰等一切与军事有关的物资应集于政府之手，供全国使用，则新政府指日可待。①

王尔德主张建立中央集权国家制度，这在当时的舆论界可谓先知卓见。伊藤正德曾说过，认为王尔德是日本的爱国者或者认为他的主张百分之百正确可能有些言过其实，但是其创办的《横滨新报藻盐草》却从客观的立场出发，论述了日本获得独立的对策，在现代日本报业发祥期占有重要地位，它掀开了日本报纸史论的第一页，同时认为"这也是日本报纸进行政论的开端"②，从而对王尔德给予了极高的评价。

面对上述情况，新成立的明治政府再也不能坐视不管，任由报纸随意发表对自己不利的报道。1868年4月28日，明治政府发布布告称，"新著并翻刻书类在获得官许后方可刊行。近来种种书类随意刊行，以后所有未经官许者，严禁发售"③，但在上述布告中并未明确指定审查机关，再加上当时新政府羽翼未丰，势力还很薄弱，因此此举并未对当时的报纸产生太大的影响。

然而明治新政府进驻江户后，立刻取缔了所有"佐幕派"报纸，并以"国事犯"的罪名逮捕了福地源一郎，处以20余日的监禁，《江湖新闻》底版被没收，并被勒令停止发行。市政裁判所于6月5日发布布告，宣称："近来报纸以种种名目陆续发行，颇贪图财力，蛊惑动摇人心，今后未获官许的报纸一律取缔。上述通告发布期间，应将所有木版上缴，十日之内销毁。市政人员统一收缴，并上缴市政北裁判所，若有藏匿者，即为邪门歪道之事。"④ 接着又于6月8日公布了"太政官布告第

---

① 《横滨新报》1868年5月15日。参见茶本繁正：《战争与传媒》，京都，三一书房，1984年，第30页。
② 参见伊藤正德：《新闻五十年史》，东京，鳟书房，1943年，第9页。
③ 春原昭彦：《日本报业通史》，东京，新泉社，1987年，第19页。
④ 春原昭彦：《日本报业通史》，东京，新泉社，1987年，第19页。

451号",称"近日报纸类频繁刊行,其中祸患人心者不在少数"①,并明确规定报纸必须得到官方许可方能刊发,否则给予没收处分。

这样,庆应末年创刊的报纸相继废刊,一时江户市内竟难觅报纸踪影。幸存的报纸只有"尊皇派"的《内外新闻》②、享有治外法权的《横滨新报藻盐草》以及长崎发行的《崎阳杂报》③。

然而明治政府并非一味对报纸加以压制,为了调动舆论,更好地利用报纸宣传国策,明治政府采取了更为积极的策略,于1869年制定了日本历史上第一个"新闻法"——"报纸印行条例",主要内容如下:

第一条:各报必须有各自的名称。

第二条:有标题并获准出版的各报不必每期送检,只将当日发行的报纸呈官方两份备案即可。

第三条:每期报纸必须载明出版地点、年月日、编辑或出版人姓名及各期期号。

第四条:凡当局对报纸所刊登之事项如有审问,编辑须作出解释,否则即课以罚金。

第五条:所有天变、地异、物价、商法、政法(不许妄加批评)、军事(其说错误而不改者有责)、火灾、嫁娶、生死、学艺、游宴、衣服、饮食、诸种官报、洋书、译文、海外杂话等,凡无害者均可刊登。

第六条:赠答书牍或个人所作文书及杂说等均应注明姓名(诗歌中作者不祥者除外)。

第七条:严禁在报纸中诬告他人罪行。

第八条:对教法不许妄加说教。

附录

第一条:官权报纸由"开成学校"负责检查。

第二条:各府县出版的报纸则由府县裁判所实行检阅。

第三条:外国人出版的日文报纸由各地运上所④负责监督,每

---

① 春原昭彦:《日本报业通史》,东京,新泉社,1987年,第19页。
② 1868年4月创刊于大阪,是当时主要的"勤王派"报纸,8月停刊,期间共发行17期。
③ 1868年8月在长崎由政府当局支持创办,于1869年2月停刊,其间共发行13期。
④ 自江户末期至明治时期,在日本各开港地区设置的机构,负责对进出口商品的监督和征收关税,类似于海关。

事必报知裁判所。裁判所皆依据新规定的条例量罚。

第四条：开成学校专门监督东京出版的报纸。

第五条：东京出版的报纸若有违背条例者，由开成学校报告东京裁判所，由该裁判所对出版申请人进行询问并处罚。①

"报纸印行条例"是日本报业法的基础，此后日本政府制定的一系列报业条令多以此为蓝本。从上述规定来看，只要对当时的政治和法律不妄加评论，即可获准出版发行，因此，遭到停刊处分的"佐幕派"报纸如《中外新闻》、《远近新闻》、《都鄙新闻》、《内外新报》等相继获准复刊，另外《明治新闻》、《六合新闻》、《博问新报》、《开知新报》等一系列报纸创刊。虽然这些复刊或者创刊的报纸在形式上与幕末时期的报纸并无二样，但其中具有"佐幕"倾向的报道内容已经销声匿迹，他们开始站在新政府的立场上，讴歌明治新政府的政策，大量刊登维新变革的内容，并介绍欧美发达国家的先进文化。

明治政府实行的"全面镇压——再许可"的策略是由参议木户孝允提出的，它一举获得成功，不但消除了报纸对政府的批判，导致了"佐幕派"报纸迅速走向溃灭，而且使得政府更加巧妙地控制了当时的舆论。木户作为"维新三杰"之一，在"明治维新"中立下了汗马功劳，同样在制定上述报纸条例的过程中也起到了重要作用。除此之外，木户还亲自参与报纸的创刊。1871年木户资助山县笃藏创立《新闻杂志》，本来他想将该报发展成为政府的机关报，但他认识到"如果公然以机关报发行的话，反而会让一般民众对报道的性质产生怀疑，从而降低信用，削弱效果"，所以他采取了较为灵活的方式，允许报纸"对政府的政策多少有所批难"。② 他认为如果报纸能够刊登一些启发民智的报道并发行到偏远的藩地，"自然就会成为诱导人民之一端"③。

二、"自由民权运动"时期报业的统制政策

进入70年代之后，明治政府内部出现分歧，报纸也卷入其中，成为政论交锋的舞台，批判政府的文字时常在报纸的"社说"与"投书栏"中出现，让政府中的那些藩阀巨头们坐立不安。如前所述，英国人布拉克创办的《日新真事志》利用外国人所办报纸不受"报纸印行条例"限

---

① 参见伊藤正德：《新闻五十年史》，东京，鳟书房，1943年，第48~50页。
② 转引自茶本繁正：《战争与传媒》，东京，三一书房，1984年，第34页。
③ 转引自茶本繁正：《战争与传媒》，东京，三一书房，1984年，第34页。

制的有利条件,于 1873 年刊登了由井上馨和涩泽荣一撰写的暴露日本财政危机的意见书,第二年又报道了板垣退助等人撰写的《民撰议院设立建白书》,在社会上引起强烈反响,无疑是对新政府权威的一次挑战。同时该时期日本报纸要求言论自由,积极推动"自由民权运动"的发展。在如此峻急的环境下,明治新政府将国内局势的动荡归罪于报纸的报道,于是政府开始转变态度,逐渐放弃了此前所推行的宽松的言论政策,加强了对报纸的控制,甚至施以重典。

1873 年 10 月 9 日,明治政府修改了"报纸印行条例",重新发布了"报纸发行条目",其中增加了许多限制报纸出版发行的条款。增加的主要内容如下:

第九条:未经官方许可,不得私自发行报纸;
第十条:禁止诽议团体、国律以及因宣传主张外国法律而妨害国法;
第十一条:在刊登政事、法律等事项时严禁妄加评论;
第十二条:禁止乱登教法而妨害政法;
第十三条:禁止惑乱人心,诱导淫风;
第十四条:禁止以虚言诬陷他人;
第十五条:禁止私自刊登官员个人情况,即使生活琐事亦不得刊登。不能刊登有关外交文书,但业已公布且经长官同意刊登者不在此限。①

其中第十五条是 1873 年 4 月 10 日 "太政官布告第 131 号"新收录的内容,其他内容与 1869 年的"报纸印行条例"基本无异。虽然上述政策收紧了对报纸的控制,不再对报纸进行无限制的支持,但并未对违反处罚作出明确规定,对言论自由仍然留有一定余地。

1875 年 6 月 28 日,政府又对上述"报纸发行条目"进行了改订,发布了新的"报纸条例"。"报纸发行条目"的目的是实现政府对报纸的指导,而"报纸条例"的目的则是对那些刊登批判政府言论的报纸进行取缔,与"报纸发行条目"相比,内容更趋系统、完备,它详细规定了报纸发行人的责任细则,对报纸的发行手续作了种种繁杂、严密的规定,并首次明确了严厉的处罚规定,这使得政府对追究责任人的"过失"有

---

① 西田长寿:《明治时代的报纸与杂志》,东京,至文堂,1961 年,第 85~86 页。

章可循。其中第四条"所有人或社主及编辑或临时编辑均限为日本人"的规定完全切断了外国人利用治外法权批评日本政治而免遭处罚的退路，这一条对布拉克创办的自由主义色彩较浓的《日新真事志》打击颇大。为了彻底防止《日新真事志》继续发表对政府不利的报道，明治政府采取"釜底抽薪"之计，任命布拉克为"左院顾问"，从而割断了布拉克与《日新真事志》的关系，此后该报逐渐衰落，在新的报纸条例颁布之后，被迫于1875年底停刊。为了表达对政府言论统制的不满，布拉克曾于1876年1月6日创办《万国新报》，但最终因不符合报纸条例第四条规定，发行一期之后即被停刊。

另外，规定的处罚力度非常严厉，动辄即处以监禁和罚款，这是此前颁布的报纸条例所没有的。这表明，政府已经放弃了宽松的言论政策，转而试图以法律来压制言论自由。

与新的报纸条例同时公布的还有"谗谤律"。"谗谤律"是日本历史上最早的名誉法案，主要是防止报纸对官吏的侮辱与毁谤。该法令规定"无论有无事实，凡揭露公布毁坏他人荣誉者均构成谗毁，而非难他人行为并加以恶名进行公布者均为诽谤"，并对冒犯、诋毁皇族、官吏以及华族、士族、平民的行为分别制定了相应的处罚规定，例如"冒犯乘舆（天子的敬称——笔者注）者，处以3月以上3年以下监禁、50日元以上1000日元以下罚金"①。

通过这两个法案，政府实际上已经开始取缔言论自由，日本新闻界进入了所谓的"言论恐怖时期"，由于对"诽谤"的定义以及对法律条款的解释不够明确，面对这两个法案，报界皆感到无所适从。对此，《朝野新闻》的末广重恭作了如下评价：

> 明治八年六月政府颁布的报纸条例以及谗谤律对我们记者来说犹如晴天霹雳。与其后改订的条例相比，程度非常严峻，完全失去了自由，舆论被套上枷锁，我们就像被关进笼中的鸟，就像自由驰骋的野马被关进栅栏。维新以来，文字狱并未断绝，世人感到有必要通过报纸来矫正政治上社会上的弊害，然而突然设置法律对从事舆论的人们施以监禁罚款处置，甚为惊愕，有人甚至对此评论为重蹈秦始皇焚书坑儒覆辙。我们尤为迷惑的是什么是对现有法律的诽毁，什么是对官吏的侮辱，如果不经过充分考虑就动笔的话，则感

---

① 春原昭彦：《日本报业通史》，东京，新泉社，1987年，第34页。

到非常迷惑。于是各社报纸上往往没有社论，偶尔有文章刊登也是极其简短、毫无疑义的文字堆积。①

面对上述言论统制法案，各报记者开始联合起来，商讨对策。末广重恭于 1875 年 8 月 20 日在报纸上发表评论，对当局的做法提出了批评，几天之后甚至公开了反对该条例的匿名信，结果被罚款 20 日元，并被处以 2 个月的监禁，成为日本言论统制史上的第一个牺牲者。此后，《东京日日新闻》的甫喜山景雄、《邮便报知新闻》的栗本锄云、《朝野新闻》的成岛柳北等人陆续因触犯相关条例而受到了处罚。

明治时代，报社主笔、记者大多为才华横溢、具有独特见解和人格魅力的社会名流，他们深受社会各阶层的尊敬，特别是当时的读者层大多为知识分子，因此政府的言论统制对社会的冲击是比较大的。加之当时的报纸已经登上历史舞台，在政治生活中发挥了重要的作用，所以政府试图通过压制来控制报纸的做法是行不通的，这反而导致政府处于不利的境地，更加激起一些有识之士对政府限制言论自由的行径进行斗争。

福地源一郎曾用讽刺的笔调写道："条例的本意不过是禁教唆、防煽动、止诽谤，只要对现有法律没有只言片语的讨论，对政治不加辩解议论，则我们发布自己的自由思想与先前无异，绰绰有余"②，从而对政府的言论统制表达了愤慨。

1876 年 6 月 28 日，《东京日日新闻》、《邮便报知新闻》、《朝野新闻》、《读卖新闻》等报社的 22 名记者在"报纸条例"和"谗谤律"公布一周年之际，于东京浅草寺召开"新闻供养大施饿鬼会"，由成岛柳北在会上诵读了《祭新闻纸文》，其中写道："三千余万人民各自具备五官四肢，然皆蠢然如虫，口不能吐一言，笔不得草一论，唯以政府之令、官吏之言为最高无比道理加以尊奉而已。（略）我等操觚执简之士常对贤明政府的律令进行驳议，对贤明官吏的品行进行指责，自东京府下至四隅派遣精密侦探，采录众人过失，甚至进行诽谤、谗毁，更甚撰写毁坏政府、颠覆国家的文章四处传播，其罪责甚大，因此震怒赫然庙堂，触犯肃然法庭宪律而锒铛入狱。"最后文章指出，尽管新闻界人士"罪责深重"，然而"贤明政府以其仁慈不过监禁三年罚金千元而已"③，从而对政府妄图扼杀新闻自由的行径进行了揭露和讽刺。

---

① 参见伊藤正德：《新闻五十年史》，东京，鳟书房，1943 年，第 68 页。
② 参见伊藤正德：《新闻五十年史》，东京，鳟书房，1943 年，第 71 页。
③ 伊藤正德：《新闻五十年史》，东京，鳟书房，1943 年，第 74 页。

据统计，在 1875 年至 1880 年之间，因触犯言论统制政策而引发的"笔祸事件"达到 200 件以上。① 自 1876 年 1 月始，不到半年时间内，《评论新闻》就先后有 18 名编辑、记者入狱。但这并不能扭转政府的不利局面，攻击政府言论统制政策的言辞依然不绝于耳。鉴于此，政府又于 7 月 5 日颁布太政官布告，称"已经允许发行的报纸、杂志、杂报一旦被认定为妨害国家安全，内务应禁止或停止其发行"②，从而更加强化了对言论自由的压制。对此，《评论新闻》发文进行了猛烈批判，最终遭到禁止发行一日的处罚。

> 妨害国家安全固为天下大罪人，即使断然处以绞刑，谁也不会谓之苛酷。然我政府禁止其发行，岂能谓之宽仁政府？同时若世人认为国家安全即为官吏的安宁，那我们就无话可说了。③

当时与《评论新闻》同时遭到处分的还有《湖海新报》和《草莽杂志》。但这三家报纸并未因遭到打击而放弃自己的主张，而是重新变换名称，《评论新闻》改名为《文明新志》、《湖海新报》改名为《江湖新报》、《草莽杂志》改名为《莽草杂志》，继续发表对政府的批判。

此后，1876 年 12 月 4 日，政府又发布公告称，获得发行许可之后 30 日内没有发行的报纸以及休刊申请提交之后 50 日内没有再发行的报纸，将失去既得的发行权。但该公告中停止或禁止发行的规定只限于与政治有关的内容，并未涉及对破坏风俗的处罚规定。1880 年 10 月 12 日，"太政官布告第 45 号"规定：已经允许发行的报纸杂志杂报一旦被认定为妨害国家安全或者破坏风俗，内务省应禁止或停止其发行，从而将破坏风俗列入言论统制的框架之中。

自由民权运动兴起之后，各报社纷纷组织力量，或刊登介绍西方自由民权思想的文章，或延揽雄辩名家发表演说，向大众灌输自由思想，号召人们推翻藩阀政府，争取自由民权。在这其中也出现了一些言辞激烈的文章，最为著名的当属《东京曙新闻》的永田苏武发表的《国民自尊的精神》一文以及《东海晓钟新报》的创刊人前岛丰太郎发表的题为"事物的变迁"的演说。

---

① 伊藤正德：《新闻五十年史》，东京，鳟书房，1943 年，第 71 页。
② 春原昭彦：《日本报业通史》，东京，新泉社，1987 年，第 36 页。
③ 《评论新闻》1876 年 7 月 10 日。

1880 年 8 月 2 日，《东京曙新闻》临时总编永田苏武在报上发表社论，大力推崇"国民自尊精神"，主张实行立宪政治。在文中，永田首先对"国民自尊精神"作了解释，即一国人民的多数或者国民中的先进分子具有"万民平等"的觉悟，他认为要实现"最良至善"的政体——立宪政治，这种精神是不可或缺的。超越人民绝对权利的帝王、君主是历史的产物，是在权利夺取者的谋略和人民的"妄想"中建立起来的，并非"神权"、"天意"或者"天命神意"，而"万民同等"则意味着要从君主、帝王统治的观念中解脱出来，从而彻底否定了君主、帝王的神秘性、不变性和绝对性。

另外，他还认为"国民自尊精神"与君主、帝王的"野心"与"无理"是格格不入的。他说："所谓立宪政治的精神即为国民自尊的精神，具体来说，自尊就是自我尊重之义，大凡一国人民若承认万民同等，则其帝王、大臣宰相均为保护万民而设置的，即国家公用的臣仆，以上必然导致国民与君主帝王形成对峙，凛然保存、尊重自己体面的精神即为该精神，此精神与帝王的欲望、君主的野心是决不相容的。"① 他认为实现"万民同等"的结果必然会使君主、帝王、大臣、宰相等成为保护国民享权利的公仆。

在文章结尾，永田说"我日本人民亦固有同等天赋权利，享有尊荣地位。神武天皇肇始亦为日向一豪族，若想畅达民权，收获自由果实，首先应发挥自尊的精神"②。由此可知，永田通过论证自尊精神与君主权利的神圣性和绝对性之间的相悖，指出日本的天皇统治也不能排除在该理论归结的范畴之外。1880 年 8 月 19 日，政府以谗毁、诽谤天皇为名，对永田苏武处以两年监禁、100 日元罚款。

前岛丰太郎于 1881 年 10 月 8 日在静冈发表了《事物的变迁》的演说，主要内容如下：

> 说起天子来，世人皆怀有感激之情，但绝非如此……本来天子最初就是通过讨伐、打倒、推翻不听从自己意愿的人而最终将国家据为己有，因此一言以蔽之，为第一等大贼……天子的成功与蜂须贺小六的成功并无二样。小六通过掠夺众多财产，进而杀戮众多性命，并且以其战胜之功位居天下大名，时至今日，这些人的子孙又

---

① 《东京曙新闻》1880 年 8 月 2 日。
② 《东京曙新闻》1880 年 8 月 2 日。

官居华族……①

前岛在演说中慷慨激昂，旁征博引，强调无论是天皇还是天皇政治均属"变迁"之列，并号召人们团结起来支持开设国会，变革天皇政治。他彻底否定了当时人们对天皇尊崇敬畏的观念，并列举实例说明天皇与盗贼蜂须贺小六②的成名没有任何区别，甚至放言天皇是"将国家据为己有"的天下"第一等大贼"。基于此，政府以"对圣族盛业如此大不敬，遂成危害国家安危事件，甚至可能引发内乱"为由，按照"谗谤律"第二条规定，对前岛处以三年监禁、900 日元罚款。

鉴于当时对政府进行严厉批判的演讲活动层出不穷，明治政府开始着手制定集会条例。1880 年 4 月 5 日，明治政府颁布"集会条例"，对"关于政治事项的讲谈论议"以及政治演讲会实施取缔。该条例规定，政治性结社和演讲会必须事先向警察署登记，获得许可后方可进行；警察需要临席监视，必要时有权解散演讲会；禁止军人、警察、教员、学生等加入结社、旁听演说，更禁止参加任何户外政治活动。违反上述规定者即给予监禁或者罚款处分。6 月，又增加了禁止发表过激言论的演讲者在一定时间、一定范围内进行演讲的规定。同年 12 月，又赋予警视厅长官和地方长官政治结社解散权以及一年以内禁止他人进行演讲的权利。

1882 年 6 月，政府又对上述集会条例进行了修订，新增加的内容包括：政党结社必须经过事前申请；内务卿有权解散集会，并有权要求被取缔演讲者在全国范围内不得进行演讲；禁止政党、结社设立支部组织；禁止结社之间互相串联通信等等。尽管集会条例与报纸并没有直接的联系，但是 1883 年 4 月政府规定凡是受到禁止演讲处分的人不得担任报社的社主或者总编职务，给报纸的经营带来了直接的影响。由于演讲会和报纸是自由民权运动的主要宣传形式和开展方式，它们犹如自由民权运动的双翼，因此对演讲进行限制的"集会条例"必然也会对报纸产生重要影响。

1878 年至 1881 年，因为触犯言论统制政策而遭到处罚的情况如下：

---

① 静冈县民权百年实行委员会：《静冈县自由民权史料集》，三一书房1984年版。转引自 http://www006.upp.so-net.ne.jp/tsuru-hp/minnkenn/m-tennnoukann.htm。

② 蜂须贺小六（1526~1586），又名蜂须贺正胜，羽柴秀吉家臣蜂须贺正利之子，是秀吉的第一股肱之臣，传说其为野盗出身，后趁国内骚乱之际，攫取政权，成为大名。

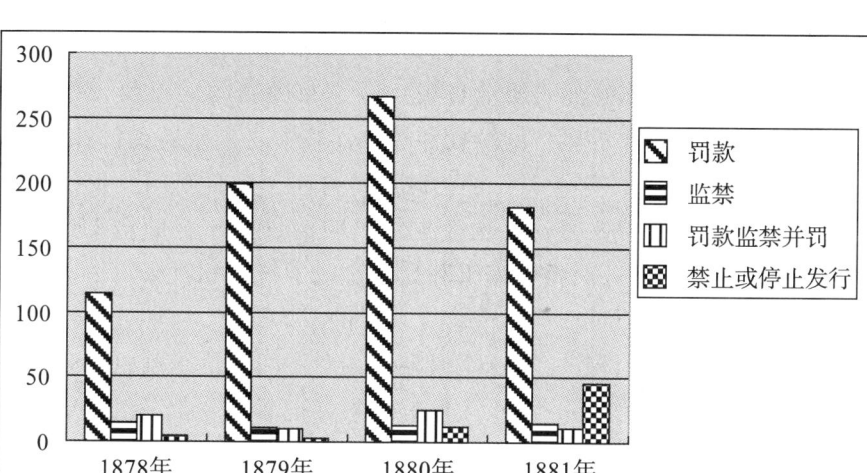

图 1-1　遭受处罚的报纸统计图（1878～1881）

根据西田长寿《明治时代的报纸与杂志》整理

对于这段时期日本报界的状况，小池洋次郎在其著作《日本新闻历史》中作了恰如其分的表述："明治二年，官始允许新闻杂志刊行以来，日尚浅年未久，于西于东，新闻杂志愈出愈盛，其数十百而犹不足也。虽然期间朝兴而夕亡，昨倒而今起，或触条例则罹法网，或犯逸谤律则科罚金。又蒙禁止者有焉，又命停止者有焉，纸面之改良，题号之更正等，沿革兴亡实可惊者多焉。"① 小池的话从侧面表明，当时日本的言论统制政策是极其严厉的，最终的结果便是导致报纸"朝兴而夕亡，昨倒而今起"。

三、"政党政治"时期的两面政策

明治政府在处理与报纸的关系的时候，也常常感觉到报纸"好像是一些或近或远地散布在政府周围的、不可捉摸的、有时甚至带有天然离心倾向的存在"②。这就使得政府对报界的风吹草动极为敏感，也使它不断地为夺取和保持舆论的主导权而费尽心机。

鉴于报纸强大的宣传作用，明治政府开始转变其策略，对报界采取了软化、收买、拉拢的怀柔政策，并收到了一定成效。首先，政府大肆收买民权派报纸，从而达到分化、削弱民权派报纸实力的目的。政府不

---

① 小池洋次郎：《日本新闻历史》，东京，严严堂，1882 年，第 81 页。
② 周光明：《日本步入近代化过程中的政府与新闻媒体之关系》，《国际新闻界》2001 年第 2 期，第 78 页。

但收买了《东京日日新闻》，将其转变为御用报纸，还通过种种手段加强了对《邮便报知新闻》、《明治日报》、《东京曙新闻》以及《朝野新闻》、《东京横滨日日新闻》的拉拢和控制，其中之一便是支付补助金。自 1882 年 5 月至 1885 年 4 月，明治政府每月向《朝日新闻》提供补助金 500 日元。1885 年 8 月，一次性支付《明治日报》补助金 15000 日元。除此之外，政府还对报社编辑和记者进行了拉拢和收买。一些报社记者出身的人后来有的进了"元老院"，有的成为政客，当上国会议员，有的甚至成为大臣、首相。在这个时期，在严厉的言论统制以及政府的怀柔政策的双重打击之下，极少人能够尽报社记者于一生，报社成了一些人窥测政局动向、问鼎政界的敲门砖。比如古泽滋[1]、岛田三郎[2]、矢野文雄、犬养毅、小松原英太郎[3]等人，早先都是报界的名人，深受读者喜爱，但后来都先后进入政界，担任要职。这在日本新闻史上是比较典型的现象，这从另一个侧面也说明了报纸这一大众传播媒介与政治之间的关系以及其在政治变革过程中发挥的重要作用。

　　除此之外，政府还暗中挑唆各政党报纸互相揭短，加剧政党之间的矛盾。1882 年，政府拉拢自由党的后藤象二郎说服板垣退助赴欧考察，并承诺费用由三井财团承担。然而政府却暗中将该消息透露给立宪改进党机关报《东京横滨每日新闻》和《邮便报知新闻》，从而制造出板垣退助之行是被政府收买所致的舆论。结果报道一出即引起自由党内部大哗，自由党机关报《自由新闻》主编马场辰猪[4]等人坚决反对板垣赴欧考察，反对无效之后，愤然退出自由党，而接替马场的古泽滋则早已和政府有了勾结。此后，《自由新闻》名誉主笔中江兆民也脱离自由党，自由党失去了重要的骨干力量，此举使得政府不但削弱了自由党的势力，还沉重打击了《自由新闻》。

---

[1] 古泽滋：明治时期的政治家。早年留学英国，归国之后积极参与"自由民权运动"，曾担任《自由新闻》主笔，后进入政界，历任大藏省、农商省、邮递省官员，并先后担任过奈良、山口、石川等县知事，1904 年被任命为贵族院议员。

[2] 岛田三郎：明治、大正时期政治家。曾任《横滨每日新闻》主笔，参与"立宪改进党"的创建工作，1890 年以后连续 14 次当选为国会议员，1894 年当选为众议院副议长，1915 年担任议长。

[3] 小松原英太郎：明治、大正时期政治家。早期从事记者和报纸编辑工作。1876 年曾因"笔祸"事件而入狱。1880 年进入政界，先后担任过驻德国使馆秘书、县知事、司法内务次官等职务，1900 年被任命为贵族院议员，1908 年任桂太郎内阁文部大臣，1916 年任枢密顾问官，曾担任《大阪每日新闻》社长。

[4] 马场辰猪（1850~1888），明治时期著名的自由民权运动家，早年曾跟随岩仓使节团赴英国留学，回国后担任过《自由新闻》主笔，著有《天赋人权论》一书。

然而政府的上述正反两方面的手段并不能从根本上遏制自由民权运动的发展，相反却促进了民权运动的高涨。1883年4月16日，政府发布"太政官布告第12号"，公布新的报纸条例，除了对1875年制定的"报纸条例"进行整顿之外，又增加了以下新的内容：

第一，不再要求公布编辑等人的姓名、地址、身份等信息，而是规定一律将其作为报社所有者对待。由于当时的报纸主要依靠著名的编辑、记者或者撰稿人来吸引读者并以此为卖点加以宣传，将报纸上著名记者、编辑的姓名隐去，不仅削弱了报纸的吸引力，还阻断了报纸与读者之间的关系。

第二，规定报社所有者、社主、编辑与印刷发行人必须为20岁以上的日本人，而且在被剥夺公民权以及禁止演说期间或者受到停止、禁止发行处分的人，不得担任报社的社主、编辑、印刷发行人。此举对报社成员资格进行了严格规定，从而一定程度上限制了受过处分的人再次踏入报界的可能性。

第三，规定时事评论性报纸杂志必须缴纳保证金。保证金金额各地不一，东京发行的报纸需缴纳1000日元，京都、大阪、横滨、兵库、神户、长崎等地需缴纳700日元，其他各地需缴纳350日元，月发行低于3期的报纸减半，而且此前已经发行的报纸要重新补缴。此举对那些经营状况不善的报纸来说无异于雪上加霜，也让那些计划创办新报而经济状况不佳者望而止步。据报道，到1883年5月18日为止的短短一月内，由于无力缴纳保证金，"东京府下的83家报纸杂志中，提出停刊申请的报纸达到32家"①，有的报纸不得不将发行所迁移到保证金相对较低的埼玉、神奈川等地。

第四，将禁止或停止报纸发行的行政处分权由内务省下放到各府县知事，此外陆海军卿、外务卿均享有对与其所管辖事项有关的报道进行取缔的权力。这样一来，对报纸进行干涉的范围进一步扩大，限制更加苛刻。

另外还规定如果刊登破坏政体、紊乱朝纲的文章，除了对作者处以1年以上3年以下监禁以及100日元以上300日元以下罚款之外，还将没收报社的所有印刷设备。由于一些实力较弱的小报无力购买印刷设备，不得不依靠印刷厂来印发报纸。上述规定颁布之后，由于担心印刷设备被没收，为降低风险，印刷厂大幅提高印刷费用，致使印刷成本突增。

---

① 《时事新报》1885年5月19日。

无奈之下，报社只好筹资购买新的印刷设备，但设备供应商又趁机哄抬价格。这样，加上向政府缴纳的保证金，大多数报社苦不堪言。

新的报纸条例进一步加强了对报纸的压制和控制，致使许多报纸被迫停刊，一些在自由民权运动中表现活跃的报纸也逐渐丧失了生气，报纸上再也见不到笔锋犀利的文章。

政府一方面加大对现有报纸统治的力度，另一方面也想方设法积极引导舆论导向，"官报"的创办即是这种努力的具体表现。1882年，政府授命参议山县有朋出面主持"官报"的筹备事宜，以压制自由民权论。1883年7月2日，在山县有朋的提议下，太政官文书局正式发行"官报"，山县在倡议书中说："纵观世间形势，新纸杂报皆以慷慨激烈为主，攻击政府，诽谤朝廷……政府应向大众广为传播其主义、旨趣"，而"官报"就是"政府公然发布的新纸，以阐明其主义政道"①。此外，在"官报"筹备的最后阶段，山县有朋确立了"官报为经，私报为纬"的办报格局。这里所谓的"私报"是指政府暗中资助报社而发行的半官方报纸，开始主要采取"政府购买"的方式，到后来特别是"官报"创刊后，政府除为其提供"助成金"外，还规定所有官吏必须阅读官报，这使得御用报纸《东京日日新闻》丧失了大量读者，遭受巨大打击，社长福地源一郎因此大失所望，最终辞去社长职务，离开该报。

1889年2月11日，"大日本帝国宪法"公布。其中在第29条中作了如下规定："日本臣民在法律范围内有言论、著作发行和结社的自由"。也就是说，这些权利是在宪法框架内的有条件的"自由"，政府有权通过法律随时取缔报纸的自由言论。而且在第76条中还规定："法律、规则、命令等现行法令无论使用何种名称，只要不与本宪法矛盾，均有效力"。也就是说此前制定的报纸条例、出版条例、集会条例等依然有效。

以"大日本帝国宪法"为基础，日本政府制定了数量众多的言论统制法案。1893年，第5次修订的"出版条例"以出版法的形式固定下来；1909年又将第4次修订的"新闻纸条例"制定为"新闻纸法"。这两个法案都详细规定了禁止刊登的事项，以及对违反此法者的行政、司法处分。在如此严厉的言论统制之下，大量报纸遭受处分，日本报界遭到了可怕的打击。

---

① 春原昭彦：《日本报业通史》，东京，新泉社，1987年，第56页。

表 1-5　对报纸及出版物的行政处分件数

年份	报纸法				出版法		
	安宁※1	风俗※2	停止发行	合计	安宁	风俗	合计
1918	478	35	7	520	28	329	357
1919	181	19	3	203	113	447	560
1920	327	12	2	341	97	1076	1173
1921	411	34	5	450	150	1170	1320
1922	70	28	4	102	88	764	842
1923	771	48	3	822	122	1272	1394
1924	267	32	6	305	79	822	901
1925	154	21	16	191	71	630	701
1926	251	44	13	308	161	717	878

表 1-6　对报纸及出版物的司法处分件数

年份	报纸法				出版法			
	安宁	风俗	其他	合计	安宁	风俗	其他	合计
1918	31	50	372	453	—	35	23	58
1919	22	25	105	152	3	51	28	82
1920	26	22	71	119	1	64	27	92
1921	26	20	66	112	2	76	28	106
1922	19	13	52	84	3	39	36	78
1923	44	13	82	139	—	42	42	84
1924	26	22	68	116	1	81	37	119
1925	18	15	116	149	1	97	48	146
1926	56	18	148	222	—	67	64	131

※1 指破坏社会安定；※2 指有伤社会风化。

来源：美土路昌一：《社会与报纸》，朝日新闻社，1929 年，第 151~152 页

1925年，日本政府又公布了旨在镇压革命运动、统制国民思想、压制言论自由的"恶法"——"治安维持法"。该法案规定："组织以变革国体或否定私有财产为目的的结社或者知情而加入此等团体者，处以10年以下徒刑或监禁"。1928年，政府又对"治安维持法"进行了修订，将最高处罚由10年改为死刑。修订后的"治安维持法"的内容遭到了议会的反对未能通过，但是政府随后却采用了颁布"紧急敕令"的方法强行公布。对此，日本宪法学者美浓部达吉在《朝日新闻》发表评论，批评此举"简直是对宪法的蹂躏，是权力的滥用"①。1929年3月5日，强烈反对此法案的议员山本宣治被右翼分子暗杀，日本的"黑暗政治"逐渐走上了法西斯道路。

修订后的"治安维持法"不但给政府提供了将新闻舆论逼入绝境的法律依据，还为言论统制机构的设立大开方便之门。此后，除了在各府县设立特别高等警察之外，还在陆军宪兵队设立了思想统制部门，加紧了对报纸等舆论的监督和控制。至此，战前的言论统制体制已经形成并渐趋完备。

四、战前报纸的反体制运动

日俄战争结束之后，日本对外走上了侵略扩张的道路，对内则加强了对民主、言论自由的控制和镇压，军国主义势力开始抬头。这一时期，随着现代报业的发展，日本报纸已经确立了以商业性经营为宗旨的营利主义路线，报纸在政治斗争中的地位得以提升和巩固。统治阶级充分认识到了报纸的力量，通过一系列言论统制政策和行政手段强化了对报界的控制和利用。但是作为一种大众传播工具与生俱来的使命感，报纸必然会为争取自主新闻报道的言论自由以及自身事业的发展而斗争，而且这些斗争又反过来会对政治社会产生一定影响。

（一）"反媾和运动"

日俄战争中双方损失都较大，在美国的斡旋下日俄两国准备在美国的朴次茅斯签订媾和条约。对于媾和的条件，日本的政界和舆论界都异常关心，纷纷提出了自己的主张。然而随着谈判的进一步发展，媾和条件渐渐明朗，日本不但没有得到预期的领土，甚至连战争赔款也化为泡影。《大阪每日新闻》首先披露了条约的内容，其他报纸也不断透露和谈进展情况。由于条约内容与日本各界当初预期的目标相去甚远，引起

---

① 《朝日新闻》1928年10月15日。

了民众的强烈不满。在此情况下，除了亲政府的《国民新闻》外，大部分报纸都对政府的软弱外交提出了严厉批评。

1905 年 9 月 1 日，《万朝报》发表评论对参加媾和谈判的日本代表提出了严厉批评，并号召人们对他们进行抵制。"他们归朝之日，所有市民要关门闭户。对那些使我们蒙受千古大辱的软骨汉表示欢迎是毫无血性、毫无公心、毫无义愤的丑奴所为"①。而当日的《邮便报知新闻》也发表社论，首次提出了"非媾和运动"的主张：

> 战胜国当局遵从战败国的命令，以万古不灭的屈辱淹没空前绝后的大胜。我使节一再让步，唯唯诺诺听从对方命令，卖君卖民，卖掉忠烈无比的军队，继而卖掉蒙受陛下重托的臣节，自取奇耻大辱。这与还辽失败相比，其耻辱可谓更甚几倍。故吾人敬告国民：不论是官是民，对陛下尽忠，以国民为友，一起奋起纠政府当局之罪，并努力使之行使拒绝批准的权能。此为国民唯一的道路。②

"非媾和运动"首先兴起于大阪。9 月 3 日在大阪中之岛公会堂召开了大阪市民大会，通过了废弃媾和条约、继续进行战争的决议。此后，运动在全国范围内展开。9 月 5 日，对《朴次茅斯和约》内容不满的群众在东京日比谷公园召开国民大会，遭到政府的阻挠。后来愤怒的群众捣毁了内务大臣官邸和《国民新闻》社，并袭击、烧毁了东京的大部分警察局，最终酿成"火烧日比谷事件"。

事件发生后，日本政府于 9 月 6 日发布戒严令，并发布紧急敕令，加强了对舆论的控制和镇压。该紧急敕令的主要内容如下：

> 第一条 如果报纸或杂志违反报纸条例，刊登冒犯皇室尊严，有损政体或扰乱朝宪的事项或者教唆暴动、煽动犯罪的事项，内务大臣有权禁止其发行并予以没收，且禁止以后发行；
> 第二条 对于依据前条规定受到停止发行处分的报纸、杂志，外务大臣认为有必要时，有权禁止同一人或同一社发行的其他报纸或杂志；
> 第三条 发行的报纸或杂志受到禁止发行处分的，处以 1 月以上

---

① 《万朝报》1905 年 9 月 1 日。
② 《邮便报知新闻》1905 年 9 月 1 日。

6月以下监禁，或20日元以上200日元以下罚款。(下略)①

该敕令放弃了大隈内阁时期的宽松的言论政策，恢复了内务大臣禁止报刊发行的行政权，此后政府便以"妨碍治安"为名对那些报道该事件的报纸和杂志进行了取缔，《朝日新闻》、《二六新闻》等均遭到禁止发行的处分。但是报纸并没有因此而妥协，11月11日，除《国民新闻》和《中央新闻》之外，东京各报社组成新闻联盟，呼吁全国各地报纸联合起来，敦促政府废除紧急敕令。一时间废除紧急敕令的舆论呼声响彻全国，迫使政府最终不得不于11月29日撤销上述敕令，日本报界取得了日本新闻界有史以来最大的胜利。

在"反媾和运动"中，报纸一直处于运动的领导地位，在全国性的舆论形成中起到了指导性的作用。报纸在政治斗争中的作用得以进一步显现，甚至超过了明治中期政党机关报时期所起的作用。这同当时社会经济、政治状况的发展以及报纸的普及有着密切的联系，也同当时报纸要求"言论自由"的状况分不开。

（二）"护宪运动"

1912年12月，第三次桂太郎内阁上台，日本军国主义势力不断膨胀，统制集团内部矛盾日益尖锐。在这种情况下，自由派资产阶级掀起了"护宪运动"，要求维护宪法，反对军国主义。对此，报界也作出了反应。1913年1月17日，以《万朝报》社长黑岩周六为首的报界人士召开了全国报社记者联合大会，提出了"拥护宪政、督励议院、扫荡阀族"、"弹劾桂内阁"的主张。1月19日《朝日新闻》发表社论说，17日成立的全国报社记者联合大会"可以看作是全国报纸杂志的示威运动，此举暴露出以桂公（桂太郎——笔者注）为首的官僚政治家和以山县公（山县有朋——笔者注）为首的长州军人政治家丧失人心"②。

然而桂太郎亦采取了相应的措施，他于1月20日召集东京各报社代表，表明了建立新政党的决心，并组织了"宪政促进记者团"同上述的记者联合大会进行对抗。桂内阁的此举更加激起了报界的愤怒。此后在名古屋和大阪先后召开了护宪大会及记者大会，要求打破阀族政治的呼声更加高涨。在报界的谴责和群众的打击下，桂内阁最终垮台。

继桂内阁之后，山本权兵卫内阁登台。山本内阁依然是藩阀内阁，

---

① 山本文雄：《日本新闻发达史》，东京，伊藤书店，1944年，第197页。
② 《朝日新闻》1913年1月19日。

他推行的依然是军国主义政策。1914 年 2 月，日本海军代表向德国定购军舰时接受巨额贿赂的"西门子事件"被《时事新报》曝光，后来一系列受贿丑闻相继被揭发，激起了群众的不满，导致了第二次护宪运动的兴起。群众与政府冲突不断，在冲突中《东京日日新闻》记者被警察打伤，引起了新闻界的愤慨，遂于 14 日举行集会，并推举黑岩周六等 12 名执行委员到内务大臣原敬的官邸提交决议书，要求内务大臣道歉。然而此时《东京朝日新闻》的一名记者在原敬官邸门外又遭到殴打，报界遂在 2 月 23 日召开全国记者大会，通过如下决议：

一、警察行凶残害良民，迫害报社及通信记者，内务大臣作为责任人歪曲事实，逃避责任是违法的；

二、警察一举囚禁数百良民，剥夺其自由，完全是踩躏人权、破坏宪政的行为。内务大臣当然不能逃避其责任；

三、内务大臣雇用无赖壮汉对于访问宅邸的记者曲解非难，无视其保安职责；

四、故吾人振奋国论，弹劾其罪状，必期待其下台。①

后来问题发展成为政府与新闻舆论机构的正面冲突，争取言论自由遂成为这次政治斗争的焦点。大阪、福岛、福冈等地纷纷召开记者大会，要求山本内阁辞职。同时议会内部也提出了弹劾原敬的议案，但由于政友会当时占据多数议席，政府对舆论界和反对派的意见不理不睬。最后记者大会不得不使出杀手锏，由黑岩周六直接向天皇递交请愿书，要求严惩责任人原敬。但山本内阁依然不为所动，甚至对报界采取了变本加厉的打压政策，有的报纸被禁止发行，有的甚至被没收底版。这更加激起了报界的愤慨，后来在舆论界和国会内反政府派的努力下，最终山本内阁辞职。

山本内阁倒台后，黑岩周六开始热衷于政治活动，他为拥立大隈重信内阁第二次上台而四处奔走，并最终如愿以偿。1914 年，新闻记者推举黑岩周六为代表，成立新闻记者俱乐部，开始参与政治活动。

大隈重信本来对报界就颇为倚重，这次斗争更是让他充分认识到了报界在政治斗争中的力量，于是他对报界采取了拉拢收买的怀柔政策。鉴于山本内阁的教训，为了获得报界的支持，大隈内阁宣布尊重言论自

---

① 伊藤正德：《新闻五十年史》，东京，鳟书房，1943 年，第 227 页。

由。他在地方长官会议上表示"言论、集会、结社的自由是宪法保障的重要权力,政府应采用适应社会现状的方法,尊重上述自由"①,而这里所谓的"社会现状"毫无疑问指的就是报纸当时在政治斗争中表现出来的巨大能量。此外,大隈内阁还向村山龙平、本山彦一、黑岩周六和德富苏峰等报界巨头授勋,受到报界的欢迎。在金钱和名誉面前,报界不再对政府提出严厉批评,就连一直对政府言辞激烈的《万朝报》也改变了论调,同政府站到了一起。

(三)"白虹贯日事件"

1912年7月,日本皇太子嘉仁继位,改年号为"大正",自此日本历史进入短暂而相对稳定的"大正时期"。在这一时期,日本军国主义情绪不断高涨,统治集团内部的矛盾也日益深化。在日本资本主义发展过程中,一个新的中间阶层即中产阶级在城市和农村形成。这一阶层在政治上反对当时的军阀官僚专制,要求实现政党政治,实施普选,提倡民主,在全国范围内掀起了大正民主主义的风潮。

1916年10月,在元老山县有朋的大力举荐之下,陆军元帅寺内正毅出任首相。然而寺内内阁成立之初便受到报界的批判,寺内上台被称为"宪政的逆转"。《信浓每日新闻》说"宪法和宪政既已存在,而不承认宪法的少数元老政治家齐聚一堂,按照自己的意见确定后继内阁的人选,这在立宪的大义上是绝对不可假借的"②,从而对寺内上台的程序表示了异议。当时寺内内阁被报界批判为"发霉的旧式官僚政治家"、"武断政治家的标本"③、"杜撰的、极端反动的武断的官僚内阁,无视民意的内阁"④ 等等。

1918年日本出兵西伯利亚,干涉苏俄革命。对于出兵问题,舆论界分成"强硬出兵论"和"出兵反对论"两派,他们都从各自的立场出发,对态度暧昧的寺内内阁采取了两面夹击。"出兵反对论"的急先锋是石桥湛山的《东洋经济新报》。石桥强调出兵西伯利亚是"完全没有意义的有害的举动"⑤,他说:"我们从开始就反对西伯利亚出兵,并反复陈述没有正当理由就出动军队有百害而无一益,对内无端伤害国家的军队和有为臣民,对外被作为好战国民、领土侵略者而受指责。然而寺

---

① 美土路昌一:《明治大正史言论篇》,东京,朝日新闻社,1930年,第268页。
② 《信浓每日新闻》1916年10月10日。
③ 《东京日日新闻》1916年10月6日。
④ 《大阪朝日新闻》1916年10月10日。
⑤ 《东洋经济新报》1918年4月25日。

内内阁不顾我们的主张依然断然出兵。"他呼吁"切实希望近期内即将出现的新内阁停止出兵"①。此外《大阪朝日新闻》、《财政经济时报》等认为"日本出兵西伯利亚没有理由",并且批评政府说:"从一开始政府的主张就不坚定,所谓自主出兵只不过是憧憬自主的名义,其中并没有什么光明正大的理由。一边努力与美国进行协调,一边出动无名之师只能说是趁火打劫。"②

卷入第一次世界大战以及出兵西伯利亚造成日本国内粮食短缺,加之地主、米商囤积居奇,致使米价飞涨,人民生活困苦不堪。1918年7月23日,富山县下新川郡鱼津町的渔民妻女拒绝外运本县产的大米,立即在邻镇引起连锁反应,最终发展为向官府和富豪要求发放救济米和降低米价的运动。此后"米骚动"迅速席卷全国,波及1道3府32县。政府出动军队进行血腥镇压,被捕群众达数万人,其中有2645人被判处各种徒刑。

日本各大报纸对"米骚动"进行了报道,并对寺内内阁提出了尖锐的批评。《大阪朝日新闻》主笔鸟居素川发表社论指出,"我们平日多次谴责当局的恶政,要求其进行反省,尽管如此他们依然不懂政治道德"③,并且以官僚专制思想致使生灵涂炭,以至于造成物价飞涨,引发"米骚动"。

日本出兵西伯利亚妄图干涉苏俄的阴谋最终以失败告终,再加上正值"米骚动"之际,国内舆论对日本政府的批评更加猛烈,寺内正毅内阁对舆论采取了非难打击的方针,不但对反对出兵的近60家报纸实行勒令停止出版发行的处分,同时还以"米骚动"是报纸煽动的结果为由,禁止报纸报道有关骚动的任何消息。寺内内阁压制新闻言论的政策引起了报界的极大不满,1918年8月15日,由东京各报负责人组成的"春秋会"召开评议员会议,批评政府的禁令是"压迫言论自由的行为"④,要求政府解除禁止报道的禁令。然而政府并不为所动,16日内务省发布公告,称"报纸煽动性、夸大性的报道给各地造成了恶劣影响"⑤,因此出于维持治安的考虑,不得已对这些报纸作出禁止发行的处分。

政府的行为引发了全国性的"言论拥护运动"。17日,来自神户、京

---

① 《东洋经济新报》1918年9月15日。
② 《财政经济时报》1918年第8期,第13页。
③ 《大阪朝日新闻》1918年8月14日。
④ 山本文雄:《日本新闻发达史》,东京,伊藤书店,1944年,第246页。
⑤ 美土路昌一:《明治大正史·言论篇》,东京,朝日新闻社,1930年,第272页。

都等地的53家报社的137名记者在大阪集会，发出了"拥护言论、弹劾内阁"的呼声。25日，全国86家报社的记者在大阪召开了"关西记者大会"，会上宣布"寺内内阁自成立以来压迫言论，最近达到顶峰"，要求"寺内内阁负起失政责任"①，立即下台并恢复言论自由。

《大阪朝日新闻》记者大西利夫对"关西记者大会"的盛况进行了报道：

> 元帅陆军大臣……寺内正毅阁下以威风凛凛的金丝缎之光祸患国民的时代已经过去，沐猴之冠得不到任何人的尊敬。国民深受涂炭之苦，如空仓之雀般饿极而泣。（中略）现在对号称金瓯无缺的我大日本帝国进行最后宣判的日子迫近。古人常说的"白虹贯日"之兆如同闪电一般默默地在挥动肉叉的人们头顶闪过。②

在报界的猛烈抨击之下，寺内内阁最终溃败，被迫总辞职，报界取得了胜利。但是上述报道却引发了日本报界的一场"大地震"。大西利夫在报道中使用了"白虹贯日"③一词，被政府以"阴谋推翻天皇统治，教唆暴力革命"为由起诉。结果，刊登这一消息的当天的报纸被禁止发售，发行人兼编辑山口信雄和记者大西利夫被监禁2个月。后来原敬内阁上台后，又以"紊乱朝宪，违反新闻纸法"为由起诉《大阪朝日新闻》，声称要永远禁止其继续发行。

在面临生死存亡的紧要关头，《大阪朝日新闻》社长村山龙平被迫辞职，鸟居素川、长谷川如是闲、大山郁夫、丸山千治等编辑也被迫退出该报社。这次危机甚至波及《东京朝日新闻》，以编辑局长松山忠二郎为首的十余名编辑宣布退出报社。继而《大阪朝日新闻》于12月1日在报纸上发表"改过宣言"，称"我社创立40余载，常尊崇皇室，鼓励国民忠爱精神"，然而"反省我社近年之言论颇不稳健，亦自知具有偏颇倾向，产生如此倾向，实与我社信条相悖"，并表示"我社自知过错，勇于悔改"④。此外，该报还表示在今后的报道活动中，"上下一心遵奉大誓，裨益立宪政治之完美，以之维护天壤无穷之皇基，图国家安泰国民

---

① 茶本繁正：《战争与传媒》，东京，三一书房，1984年，第173页。
② 《大阪朝日新闻》1918年8月26日。
③ "白虹贯日"一词出于《战国策·魏策四》："聂政之刺韩傀也，白虹贯日"，意为一道白光直冲向太阳，此为自然现象，后引申为有较大变革发生之前上天所降示的吉凶之征兆。
④ 《大阪朝日新闻》1918年12月1日。

幸福。应立足于不偏不党之地，持公平无私之心，以正义人道为本，实现稳健妥当的评论、确实敏速的报道。清新报纸报道，同时考虑报纸对社会的影响，树立忠厚之风"①。

鉴于《朝日新闻》社的上述一系列补救措施，兼任司法大臣的原敬首相于12月6日通知新任社长上野理一，可以免于"停止发行"的处分。至此，"白虹贯日"事件总算画上了句号。

"白虹贯日"事件是日本新闻史上最大的笔祸事件，言论自由受到严重的破坏。它是日本新闻发展史上重要的分水岭，自此之后，大多数报纸在报道政府以及政治事件时都宣称遵照所谓"客观报道"的原则，不再对政府进行勇敢的批判，只是将事实向民众进行传达而不添加记者个人或者报社的任何主观评论。这既是对政治的消极抵抗，同时又是报社明哲保身的手段。这也反映出诞生于特殊的政治环境中并与政治有着千丝万缕联系的报纸在批判政治、表达民主、争取言论自由的时候，不可避免地带有局限性和脆弱性。

综上所述，自1861~1931年的70年发展历程中，日本报界的生存环境随当时的政治状况而变化。当统治阶级需要借助报纸的宣传力量来巩固其统治地位时，就会对报纸采取较为宽松的政策；而统治阶级一旦感到报纸的宣传不利于自己的统治时，就会动用权力的力量对报纸实行打压和控制。也就是说，统治阶级总是对报纸实行控制和利用的两面政策，而反过来报纸则努力在政府的控制和利用的夹缝中求得生存。因此从一定意义上说，某个历史时期的报纸生存环境事实上就是该历史时期内权力架构的反映。简言之，日本报纸自诞生之日起就是权力博弈的舞台，报纸生存的空间永远不会出现权力的真空。

---

① 塚本三夫：《实录·侵略战争与新闻》，东京，新日本出版社，1986年，第123~124页。

第二章 战时日本报界的发展
（1931～1945）

在第一次世界大战中，日本大发战争财，一跃成为资本主义强国。然而大战结束后不久便陷入经济危机，社会矛盾错综复杂。在动荡不安的社会背景下，法西斯主义暗流涌动。为了转移国内矛盾，日本统治阶级也希望通过发动对外侵略战争摆脱经济危机的冲击，维护其摇摇欲坠的统治地位。1931年9月18日，日本发动了"九·一八事变"。事变爆发后，政府当局要求实行全民总动员，对帝国主义战争进行支持。在政治利益、经济利益以及民族利益的幌子下，日本大多数报纸实现了"转向"，放弃了反军反战主张，对军国主义侵略战争给予了支持和协助。

1937年7月7日，侵华日军挑起了"卢沟桥事变"，拉开了中日全面战争的序幕。8月13日，日军又进攻上海，制造了"八一三事变"，此后又于12月占领国民政府首都南京。但是日军的侵略遭到了中国军民的抵抗，战争陷入旷日持久的长期战之中。为了推动战局的发展，打破不利局面，日本国内开始推行总力战体制，政治、经济、文化等社会生活层面实现了战时化。在国民精神总动员的潮流中，日本报界也被纳入到战时体制中，成为总力战体制中的重要一环。日本国内的报刊、广播等舆论工具也开足马力，向国民展开了规模巨大的侵略战争的宣传。

1941年12月7日夜，日军偷袭美军在珍珠港的舰队，太平洋战争爆发。由于战线拉得过长，再加上长年穷兵黩武，造成了日本国内资源极度匮乏，日本陷入了战争的泥沼而不能自拔。1942年6月5日的中途岛海战成为战争的转折点，战局开始向着有利于反法西斯盟军的方向发展。面对如此困境，日本政府进一步加强了言论统制，试图将国内舆论统一起来，呼吁国民进行"本土决战"。太平洋战争时期，报纸完全转化为政府的战争宣传机器，成为日本对外侵略战争的"推进器"。

第一节 战时传播网络的构建

"九·一八事变"前,政府对报界的统制政策主要是"对大众传媒的特定内容进行直接的弹压、禁止、排除等"①,即以消极统制为主要内容。"九·一八事变"之后,迫于形势的需要,政府军部很快改变了其言论对策,在坚持原来的消极统制的基础上,加强了对新闻传播工具的指导和利用,从而将积极利用和消极统制有效地结合起来。1935年9月,日本军务局副局长池田纯久②在"当前陆军的非常时期政策"中说:"为把大众迅速组织起来,必须首先鼓动起汹涌澎湃的国民运动,使改造国家成为国民的自发信念。其根本方法就是利用报纸。(中略)我国原有各政党是具有报纸力量的。满洲事变③以来军部也曾利用新闻鼓动而得到成功,如这些眼前的明显事实所表示的,军部必须有计划地有成效地利用报刊新闻的宣传鼓动机能。"而其利用的方式是"创办有力报纸,作为统一舆论的理论斗争机关,作为新人才的动员机关,作为军部的思想宣传机关","应当努力使全国报纸每天大量刊载特种记事,在全体国民面前造成一种改造的大势"④。

战时日本政府主要从体制上和资材两方面加强对报纸的控制。在制度上,主要是通过完善统制机构和统制法令,在资材方面,则是牢牢控制了印刷纸张的配额,致使报界丧失了任何自主自立,成为总力战体制的重要一环。

一、言论立法构建战时传播的生存环境

言论统制法规是日本政府为加强对报纸等新闻媒体的统制而寻找法律依据的手段。战时日本政府制定的言论统制法规名目繁多,1945年日本投降后,盟军总司令部废除了日本在战前、战时制定的包括"新闻纸法"、"国家总动员法"、"新闻纸等揭载限制令"等限制言论自由的20

---

① 张昆:《十五年战争与日本报纸》,《日本研究》1991年第2期,第42页。
② 池田纯久(1894—1968),1935年8月任军务局副局长,12月任中国驻屯军参谋,1940年任奉天特务机关长,1942年任关东军副参谋长。
③ "满洲事变"为日方对"九·一八事变"的称呼,本书为尊重原文,在引用日方相关资料时依然采用"满洲事变"的表述方法,以下同。
④ 复旦大学历史系日本史组编译:《日本帝国主义对外侵略史料选编(1931~1945)》,上海,上海人民出版社,1975年,第129~130页。

余部法令①。这些法令、法规仅仅是日本政府制定的言论统制政策中的冰山一角,但从中却可以窥见当时思想言论界状况的严峻性。

(一)"九·一八事变"时期的言论统制法规

"九·一八事变"爆发后的1931年10月19日,关东军司令部制定了"满洲事变相关宣传计划"。该计划要求"满铁"、日本外务部门以及其他相关部门在宣传方面要保持密切联系,同时为了避免产生互相矛盾的情况,关东军还特别制定了下述条款:

(1) 通过集体或个人接触的方式向国内报纸通信员及杂志记者提供材料,或获得其对局势的理解;
(2) 主要通过接触的方式向外国报纸通信员及杂志记者提供材料,必要时特别要召集在支外国报社记者,向其介绍实情;
(3) 军部应努力拍摄能够成为报纸材料及杂志材料的有利的照片,并根据需要随时配发;
(4) 对于支那报纸,应设立特别联络人,以其为媒介向支那新闻提供材料。②

此外,政府还加强了对现有言论统制法规的扩充和利用。例如1932年10月内务省对"出版法"作了修订,以"破坏军队统制纪律"为由,正式将传单等印刷品列为出版法的适用对象。此外,政府还加强了对广播的控制和利用。自1924年日本广播事业诞生以来,广播就一直处于政府的有效控制之下。1926年3月,政府将分散于东京、大阪、名古屋的各广播电台合并为"社团法人日本放送协会",规定"日本放送协会"的事业计划以及收支预算等必须获得递信省的许可,并且节目内容必须在播放前日送交审查,审查按照"新闻纸法"和"出版法"的相关规定执行,从而实现了一元化指导。事变爆发后,日本政府一边积极推进广播的普及工作,一边加强了对广播内容的管制,禁止在节目中宣传极端思想、理论、运动以及带有此种倾向的消息,规定诏书或者敕语必须经宫内省同意才能播放,并规定不得录用对国家法令、行政方针以及会议决

---

① 塚本三夫:《实录·侵略战争与新闻》,东京,新日本出版社,1986年,第56页。
② 藤原彰、功刀俊洋:《资料·日本现代史(8):满洲事变与国民动员》,东京,大月书店,1983年,第212页。

议进行议论非议的人从事播音工作①。

然而政府并不满足于对现有言论统制法规的利用,而是在此基础上对言论统制实行了有组织的、系统化的、全面的改造。1933年3月,众议院通过了"关于思想对策的决议",并于同年4月设立直属内阁的思想对策协议会。该协议会在设立之后,相继制定了"关于教育宗教的具体方策案"、"思想善导方策具体案"、"思想取缔方策具体案"等法令。例如在"思想取缔方策具体案"中提出了"完善现行取缔法令,强化取缔政策,完成对不稳思想的预防镇压"的目标,并要求对"宣传煽动不稳思想的报纸杂志给予停止发行的处罚"②。这些法令的主要特点表现在:第一,对现有的个别法令中所呈现出来的不够完善的地方加以系统化的改造;第二,改变事后取缔的做法,强调建立事前预防性的对策。

1936年5月,政府制定"关于情报宣传的实施计划纲领",要求报纸、杂志以及各新闻团体、统制机构"按照确定的宣传方针和有组织的宣传计划"通力合作,在对内宣传上要将重点放在"统一国论、振奋国民精神"上,对外宣传则要在"扰乱敌国思想、获得中立国舆论的支持和援助"③方面下工夫。

此外,这段时期政府继续利用"新闻纸法"对舆论界实施了打压和控制。自1909年"新闻纸法"颁布之后,历经几次改订,对限制报道的内容作了更加详细的规定,涉及政治、经济、思想、皇室等社会生活的方方面面。在如此高压政策下,因违反政府的言论统制政策而受到处分的事件呈直线上升趋势。

表2-1 "九·一八事变"前后报纸杂志受处分一览表④

年份	总数	新闻纸法	出版法					
		报纸	单行本	出版杂志	宣传印刷品	图画	合计
1926	412	251	39	35	84	3	161
1927	547	331	44	23	147	2	216

---

① 内川芳美:《现代史资料(40):大众传媒统制(一)》,东京,みすず书房,1991年,第221页。
② 内川芳美:《现代史资料(40):大众传媒统制(一)》,东京,みすず书房,1991年,第256页。
③ 详细内容参见内川芳美:《现代史资料(40):大众传媒统制(一)》,东京,みすず书房,1991年,第627~641页。
④ 转引自前坂俊之:《太平洋战争与新闻》,东京,讲谈社,2007年,第35页。

（续表）

年份	总数	新闻纸法	出版法				
		报纸	单行本	出版杂志	宣传印刷品	图画	合计
1928	829	345	58	29	397	-	484
1929	1309	374	95	27	812	1	935
1930	2171	504	154	50	1456	7	1667
1931	3076	832	193	70	1980	1	2244
1932	4945	2081	217	227	2420	-	2864
1933	4008	1531	197	239	2041	-	2477
1934	1300	587	75	73	565	-	713
1935	1074	653	75	34	312	-	421

资料来源：内务省警保局《昭和十年间出版警察概观》

（二）全面战争时期的言论统制法规

中日全面战争爆发后，日本政府、军部强化、扩充了现有的统制立法，大力镇压与侵略战争、军国主义和法西斯主义唱反调的思想、言论，并试图将其连根拔除。从某种意义上讲，这是对战前传统言论统制方法的继续和延伸。

1937年，"新闻纸法"第27条开始发威。它规定"陆军大臣、海军大臣、外务大臣对于报纸可以发布命令，禁止或限制有关军事或外交的报道"①。为此，军部、警视厅向内务省图书课特派"担当官"，对报道的原文和照片实行事前检查。同时，照片也只有获得"陆军省许可"方能刊登。检查的方法亦更加多样，不仅对报道、评论的内容实行检查，甚至对编辑、报道方针亦实行取缔或指导。例如1937年8月，内务省警保局向警视厅特高部长、各府县警察部长发出的"关于时局的出版物取缔事项"通告以及陆军省、海军省制定的"新闻揭载禁止事项标准"、"新闻揭载事项许否判定要领"等，不但规定了检查的标准，也对编辑方针的标准作了详细规定，成为各媒体必须遵守的基本指针。

1938年4月，日本政府公布《国家总动员法》，主要对物资、劳动

---

① 《昭和十二年度执务报告》，外务省情报部，昭和十二年十二月。

力及资金等经济要素进行控制，以便集中所有力量推行战争，确立法西斯主义的战时体制。其中在"总动员法业务"中规定了"国家总动员上必要的情报和启发宣传的相关业务"，在第20条中则规定："在推行战时国家总动员过程中，政府认为必要时，可以通过制定敕令对报纸及其他出版物的刊登实施限制或禁止。政府对违反上述限制或禁止事项并对国家总动员产生妨碍的报纸及其他出版物，可禁止其销售和颁布或实施查封。这种情况下，可查封原版。"[①] 1941年，该法又经过大幅度修正，同时又增加了命令报纸和其他出版物转让、合并、结算的权利以及设置管制团体的权利。

除此之外，内阁情报部还根据战局的需要，先后8次出台了"新闻指导要领"，对报纸的报道内容、报道姿态以及论调作了严格的规定，要求报纸"向内外明示帝国毅然的态度，同时昂扬国论，特别是高度发扬国民志气"[②]，以应对日本所面临的危机。

中日全面战争爆发以后，尽管内阁情报部加强了对报纸等出版物的控制，并经常召集报纸编辑干部举行时局恳谈会，要求报界对政府的政策给予全力协助，但是政府依然不满于报界的态度，认为报界热衷于"挽回政党势力以及议会中的论战自由，试图猛然恢复原有的自由主义立场"[③]，并且报纸"以趣味本位的自由主义观念，夸大严峻的社会现实，以悲观的报道攻击政府"[④]，因此又于1940年2月制定了"新闻指导方策"，提出了从道义、法律、行政以及营业方面对报纸进行控制的具体方法，并指出，道义、法律和行政手段在目前具有一定的局限性，而"报纸的本质是以销售为第一要义的商品"，因此"报纸对策的根本在于压制报纸的营业"[⑤]。其具体方法有二：其一为控制印刷纸张的供给，设置"新闻用纸管理委员会"，对各报社的印刷纸张消费量进行限制；其二为"想方设法对占报社收入一半以上的广告收入进

---

① 内川芳美：《现代史资料（41）：大众传媒统制(二)》，东京，みすず书房，1996年，第ⅹⅵ页。
② 内川芳美：《现代史资料（41）：大众传媒统制(二)》，东京，みすず书房，1996年，第355页。
③ 内川芳美：《现代史资料（41）：大众传媒统制(二)》，东京，みすず书房，1996年，第261页。
④ 内川芳美：《现代史资料（41）：大众传媒统制(二)》，东京，みすず书房，1996年，第262页。
⑤ 内川芳美：《现代史资料（41）：大众传媒统制(二)》，东京，みすず书房，1996年，第262页。

行干预"①，从经济上进行打击，以实现对报纸的有效控制。

1940年8月，内阁情报部通过了"新闻统制具体案"，要求政府加强对报纸的统制，"确保政府拥有对中央有实力的报社的经营及编辑两方面的发言权"，同时强化地方报的地方特色，减少地方报的数量，宣称"随着国家统制力的强化，政治、经济、文化等均集中于中央，因此地方报纸的凋落为自然趋势"②。

1941年1月，政府又制定了"新闻纸等揭载限制令"，严禁报纸及其他出版物刊登"军机保护法规定的军事机密"、"有可能在外交上产生重大妨害的事项"以及"有可能对推行国策产生重大妨害的其他事项"等内容，并且规定总理大臣以及朝鲜、中国台湾、桦太以及南洋群岛各殖民地的长官享有对报纸实施"禁止销售及颁布，或者查封及原版查封"③的处分权。与此同时，陆军、海军、外务等相关部门还制定了"报纸刊登限制令"，对涉及军事、外交、内政等内容的报道进行取缔。

在上述种种法令、法规的限制下，报纸、杂志等出版物均被加上了二重乃至多重控制，因违反法令而受到禁止销售、删除以及警告处分的报纸、杂志数量连年增长。

表2-2　报纸、出版物等受行政处分情况统计表（1936~1940）④

		1936年	1937年	1938年	1939年	1940年
一般安宁	禁止	940	511	519	474	1162
	删除	223	210	120	274	673
	警告	1226	934	1063	2402	2700
	合计	2389	1655	1702	3150	4535
报道控制	禁止	—	231	85	36	36
	删除		29	10	6	4
	警告		1061	396	287	176
	合计		1321	491	329	216

---

① 内川芳美：《现代史资料（41）：大众传媒统制㈡》，东京，みすず书房，1996年，第263页。
② 内川芳美：《现代史资料（41）：大众传媒统制㈡》，东京，みすず书房，1996年，第272页。
③ 内川芳美：《现代史资料（41）：大众传媒统制㈡》，东京，みすず书房，1996年，第324~325页。
④ 转引自藤原彰编：《日本民众的历史（9）：战争与民众》，东京，三省堂，1975年，第104页。

(续表)

		1936年	1937年	1938年	1939年	1940年
省 令	禁止	—	—	37	113	48
	删除			2	33	14
	警告			110	719	813
	合计			149	865	875
风 俗	禁止	254	121	308	154	71
	删除	80	75	72	72	38
	警告	663	331	518	468	142
	合计	997	527	898	694	251
合 计	禁止	1193	863	949	777	1317
	删除	303	314	204	385	729
	警告	1889	2326	2087	3876	3831
	合计	3385	3503	3240	5038	5877

说明：1）资料来源：内务省警保局《出版警察报》。

2）报道控制从1927年4月开始实施。

3）"省令"是按照"新闻纸法第27条"规定由陆海军、外务省等下达的处罚命令，从1938年8月开始实施。

至此，政府或以指导为名，或以赤裸裸的行政命令，制定了一系列言论统制政策，给言论自由套上了沉重的枷锁。

（三）太平洋战争时期的言论统制法规

太平洋战争爆发之后，日本政府进一步强化了言论统制，不但频繁颁布严厉的言论统制政策，而且在该时期，政府的言论统制发生了质的变化，由消极的"言论统制"变为积极的"言论诱导"。

1941年12月8日，日本偷袭珍珠港并发表对英美宣战的当天，内阁制定了"对日英美战争的情报宣传方策大纲"，要求各报为确保战争的胜利，"同军人作战遥相呼应，对内外局势进行指导"。该大纲为舆论界指定了新的宣传基调，即太平洋战争是"确保皇国的权威与大东亚生存而不得已发动的战争；战争的原因是敌国利己主义的世界观所致"。并且要求各报"指出敌国战略上的弱点，同时坚持不懈地宣传敌国内部政治经济上的弱点,以增强我国国民自信,动摇敌国国民的自信力"①。换言之,政府将报界等舆论工具已经等同视之为完成战争不可或缺的战斗工具。

太平洋战争爆发的第二天,情报局第二课紧急召开有报社和出版社相关人员出席的临时会议,制定了新的舆论指导方针,要求各新闻单位"鼓吹我国处于绝对有利地位",并严禁散布"具有助长反军思想倾向的论调"②。

12月13日,日本政府又颁发了"新闻事业令",规定主管大臣可以根据战争发展的需要,通过命令要求报纸进行整顿、合并甚至停刊,并明确表示要对"报纸的编辑及其他新闻事业的运营实施统制指导"③。12月18日,政府又颁布了所谓的"言论、出版、集会、结社等临时取缔法",规定发行任何出版物必须经过行政官厅的许可,违反者即被处以1年以下监禁或千元以下罚款。通过这些规定,政府牢牢掌握了报刊创办的许可权。

为了最大限度地激发国民支持战争的热情,充分发挥报纸战争宣传的功能,政府开始禁止报纸刊登娱乐以及社会新闻,甚至取消了天气预报,版面上充斥着日军获胜的消息以及号召日本国民支持战争的告示。另外陆军省也公布了"新闻揭载禁止事项标准",逐条罗列了禁止报纸刊登的标准。这些标准归纳起来就是允许并鼓励刊登能够激起日本国民同仇敌忾感情的消息,严禁刊登任何对政府或军部不利的消息,否则便会遭到取缔和镇压。

随着战局的发展,日本国内的经济状况逐渐恶化,"国防生产力低下,国民储蓄亦呈现钝化征兆"④,面对日益严峻的形势,消极情绪开始在国民之间蔓延。在此背景下,情报局分别于1942年11月27日、1943年6月28日、1944年7月7日三次发布"现阶段舆论指导方针",宣称"战争胜败取决于战争意志的强弱"⑤,为取得战争的最后胜利,必须对

---

① 内川芳美:《现代史资料(41):大众传媒统制㈡》,东京,みすず书房,1996年,第367～368页。
② 三枝重雄:《言论昭和史——弹压与抵抗》,东京,日本评论新社,1958年,第134～135页。
③ 内川芳美:《现代史资料(41):大众传媒统制㈡》,东京,みすず书房,1996年,第376页。
④ 赤泽史郎、北河贤三、由井正臣:《资料·日本现代史(31):太平洋战争下的国民生活》,东京,大月书店,1990年,第197页。
⑤ 赤泽史郎、北河贤三、由井正臣:《资料·日本现代史(13):太平洋战争下的国民生活》,东京,大月书店,1990年,第202页。

那些"动摇国体信仰、阻碍战争发展的恶性言论进行严厉取缔"①,再次要求报纸刊登能够"昂扬国论"的报道。

1944年10月16日,议会通过了"决战舆论指导方策要纲",要求各舆论机构在面临"关系到皇国兴废的危急战局"时,必须"贯彻国体护持的精神,激起国民同仇敌忾的心理,振奋战斗的精神"②。1945年1月,议会又通过了"大东亚战争现阶段的舆论指导方针",确定了国内舆论指导和对外宣传的基本方针,要求舆论对内要"阐明战争目的,强调战争的正义性",揭露敌人"欲征服日本民族、统治世界的野心",并号召国民克服空袭下的生活困难,积极协助政府的战时政策;对外则要对被占领区人民开展宣抚工作,协助政府推行皇民化政策,灌输"大东亚的解放与复兴必须依靠大东亚战争才能完成"③的思想。

1945年5月,德国宣布无条件投降,轴心国集团开始瓦解,反法西斯战争的曙光即将到来,日本国内兔死狐悲厌战情绪不断蔓延。然而日本政府依然垂死挣扎,妄图通过"本土决战"来挽救残局。就在日本宣布无条件投降的前一个月,情报局又制定了"关于国民士气昂扬的启发宣传实施要领"。该要领首先分析了日本面临的战争形势,认为虽然形势对日本不利,然而日本与德国不同,"日本国体万邦无比",因此报纸等舆论媒体应该贯彻"放弃战争就会破坏国体、灭亡日本民族"④的思想,号召全体国民万众一心,从根本上消除战败思想的散播,争取本土决战的胜利。

总而言之,这一时期日本政府制定的舆论政策把鼓舞士气作为重点,并极力为侵略战争寻找"正义"的借口,宣称战争的目的是为了解放大东亚人民,从而迷惑国民,驱使他们为侵略战争服务。

二、机构设置催生战时传播的管理主体

言论政策要得以顺利推行,离不开一个强有力的言论统制机构。为更好地加强对全国报刊的统制和利用,日本政府不断完善言论统制机构,

---

① 赤泽史郎、北河贤三、由井正臣:《资料日本现代史(13):太平洋战争下的国民生活》,东京,大月书店,1990年,第203页。
② 内川芳美:《现代史资料(41):大众传媒统制(二)》,东京,みすず书房,1996年,第521页。
③ 内川芳美:《现代史资料(41):大众传媒统制(二)》,东京,みすず书房,1996年,第528~529页。
④ 内川芳美:《现代史资料(41):大众传媒统制(二)》,东京,みすず书房,1996年,第206~207页。

扩大规模，使其对每个细节的控制都变得易如反掌。

(一) 从情报委员会到情报局

1932年9月，政府在外务省设置了以外务省情报部长为干事长的非正式组织——情报委员会①。该委员会的方针是"统一、强化时局宣传"，"审议、研究宣传的方针、方法、手段"，并"研究准备非常时期或战时情报宣传机关的统一事项"②。由于该委员会为非正式组织，除了积极参与设立战时最大的国家通讯社——同盟通讯社之外，并无较大动作，但是作为最早的言论统制机构，其意义不容小觑。

1936年7月，内阁会议决定充实情报组织，成立了直属内阁总理的内阁情报委员会。该委员会由内阁书记官任委员长，各省次官以及主管情报事务的各部门官员担任委员，它不仅是情报统制的政策立案机构，也是情报统制政策的实施机构。其主要任务是"负责联络调整与各厅情报相关的重要事务"③。具体有三："联络调整国策遂行基础之情报；联络调整内外报道；联络调整启发宣传"④，而所谓的"内外报道"及"启发宣传"则为该委员会的两个主要任务。换言之，"内外报道"就是采用传统手法消极地控制言论报道，而"启发宣传"则是积极地诱导舆论，动员国民参与战争，这也是该时期言论统制政策的特征之一。

1937年9月，内阁情报委员会升格为内阁情报部。该情报部设"情报官"一职，一般由军人担任，这为以后的"军部主导型"言论统制埋下了伏笔。较之内阁情报委员会，内阁情报部的职责范围有所扩充，除了上述三条职能之外，又增加了"从事不属于各省的情报收集、报道以及启发宣传事务"，也就是说从联络调整的媒介一跃升格为具有独自管理权限的国家情报机构，其活动的特色主要表现为"积极统制言论"，直接参与指导"启发宣传事业"。

另外，值得一提的是该情报部还设"参与"一职，均由当时报界、通讯界以及广播界的重量级人物担任，例如绪方竹虎（《朝日新闻》主

---

① 该情报委员会的前身是外务省情报部长白鸟敏夫联络外务省和陆军部的局部级官员结成的"时局同志会"。此前，各部门的情报宣传活动均由部门自设的机构执行。即：外务省——情报部（外交国策推行方面的情报宣传）；陆军省——新闻班（军事普及宣传）；海军省——军事普及班（军事普及宣传）；内务省——特高课（防止共产主义情报宣传）。
② 塚本三夫：《实录·侵略战争与新闻》，东京，新日本出版社，1986年，第99页。
③ 内川芳美：《现代史史料（40）：大众传媒统制(一)》，东京，みすず书房，1991年，第642页。
④ 内川芳美：《现代史史料（40）：大众传媒统制(一)》，东京，みすず书房，1991年，第645页。

笔)、高石真五郎(《每日新闻》会长)、正力松太郎(《读卖新闻》社长)、古野伊之助(同盟通信社社长)等均名列其中。这就意味着此前作为政府统制、镇压对象的报界与政府的关系发展到一个新阶段——协调、互利的关系。

内阁情报部成立之后，随即会同陆军省、海军省以及外务省制定新的言论统制方针，对报纸及杂志进行积极的"内部指导"。所谓的"内部指导"实际上指的是"统一国论、举国一致，避免对内宣传的消极、悲观态度"，"避免对外宣传的辩解态度，积极说明我方态度及客观情况"①，从本质上看不过是政府控制大众传播媒体、操纵新闻舆论的代名词。除内阁情报部之外，陆军情报部、海军情报部、大本营陆军报道部和大本营海军报道部等也纷纷出台一系列法令，对报纸的版面、字体、标题等细枝末节的部分进行限制，致使报纸的报道染上了浓重的"战争色彩"。

根据战争的需要，内阁情报部于1940年12月又升格为内阁情报局，其职权范围亦同时得以强化，被改造成了对外思想战的中枢。内阁情报局机构庞大，由1官房、5部17课组成，共有专职人员144名，实为名副其实的一元化言论统制机构。其构成如下：

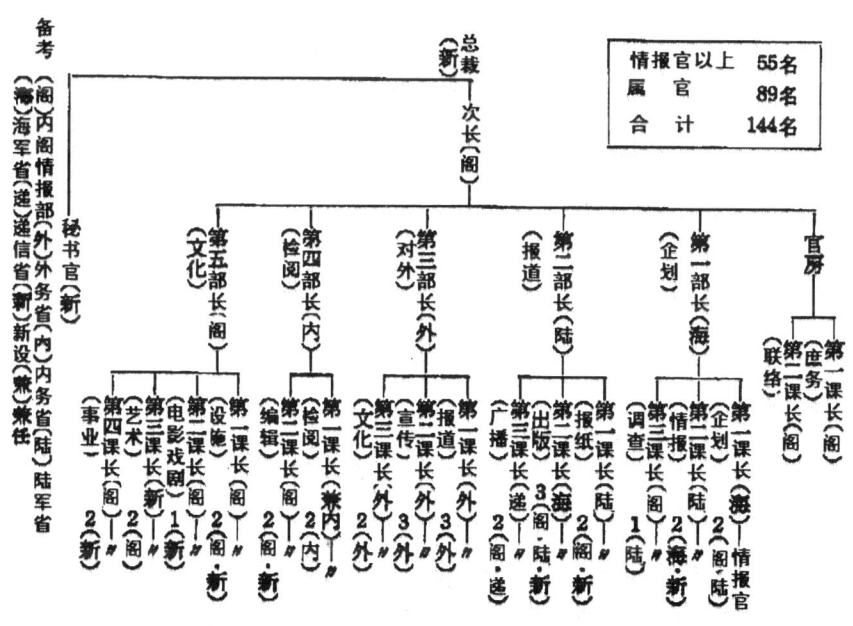

图2-1 情报局职员配置及系统图②

---

① 吉田裕、吉见义明编：《资料日本现代史（10）：日中战争期的国民动员》，东京，大月书店，1984年，第319页。
② 塚本三夫：《实录·侵略战争与新闻》，东京，新日本出版社，1986年，第105页。

内阁情报局总裁由内阁总理大臣提名，对内阁总理大臣负责，接受内阁总理大臣的管理，下设官房和 5 个部门。第一部负责内外舆论的策划、指导，各种情报的收集、整理以及内外舆论动向的调查；第二部负责对国内报纸、出版、广播等事业的指导、监督和管理；第三部负责对外报道、文化、宣传工作，是政府对外宣传的窗口；第四部负责对报纸、杂志、电影等进行指导和管理，并为各种新闻机构编辑、提供关于政府声明的宣传册；第五部负责国内文化设施、电影、艺术的指导与监督，并负责与各种活动以及有关团体进行联络。

根据内阁情报局官制的规定，情报局的职责有四：第一是"对作为推行国策基础的有关情报进行收集、报道以及启发宣传"，基本上继承了先前"内阁情报委员会"的职责；第二是将本来由内务大臣掌管的对报纸、杂志等出版物的取缔或者处分事项交由情报局来负责，"执行关于报纸等其他出版物的国家总动员法第二十条[①]中所规定的处置措施"；第三是对"广播事项进行指导、取缔"；第四是对电影、戏剧以及其他文艺团体的"有关国策推行基础的事项进行启发宣传的必要指导"[②]。此外还推动报纸、出版等行业"自发地"组织统制团体，实行记者、编辑的资格审查与登记制度，实施印刷用纸、资材的配给制。

从情报局的构成以及职责来看，它将原属递信省、外务省情报部、内务省警保局以及陆海军情报部的职责集于一身，实现了一元化的集权统治，成为战时国策宣传和对外思想战的最高统治机构。它凌驾于各有关宣传部门之上，使政府的言论统制更加体系化、细致化和有组织化。

内阁情报局对报纸进行统治的手段主要还是依靠所谓的"内部指导"。日本政府认识到要向国内外宣传日本的国策，单靠政府发布命令或布告强制推行是难以达到目的的，必须依靠报纸等宣传媒介的支持，才能"昂扬国论，最大程度涵养国民的意志"[③]，因此必须对各报社的新闻报道进行有效指导，避免出现与日本的内外政策相悖的声音。于是，情报局选定东京最具实力的 7 家报社[④]以及同盟通信社，制定了"东京八

---

① "总动员法"第二十条规定，政府在战时为进行国家总动员，在必要时可根据国家敕令就报纸和其他出版物的刊登事宜进行限制或者禁止。
② 内川芳美：《现代史资料（41）：大众传媒统制（二）》，东京，みすず书房，1996 年，第 276 页。
③ 内川芳美：《现代史资料（41）：大众传媒统制（二）》，东京，みすず书房，1996 年，第 355 页。
④ 这 7 家报社分别为：《东京日日新闻》、《东京朝日新闻》、《读卖新闻》、《报知新闻》、《中外新闻》、《都新闻》和《国民新闻》。

社指导要纲"，随时召集上述8家新闻单位召开编辑局长会议、政治部长会议、经济部长会议和社会部长会议，确定每一阶段的宣传方针和宣传基调。

虽说这些会议美其名曰"恳谈会"，但实际上情报局官员却往往在会上直接宣布禁止执笔和禁止刊登的命令，并要求舆论界对军国主义的行为给予支持和协助，毫无疑问，其实质是带有强制性的自上而下式的命令。

1941年2月26日情报局第二课召集《中央公论》社社长嶋中雄作和所有编辑人员，对该杂志社不积极协助国策给予批评，并要求《中央公论》彻底消除自由主义倾向。对此，嶋中认为军部命令国民服从的做法是军队式的思维方式，并指出"言论指导并不那么简单，在这方面我们才是行家，因此假以时日思想指导应该由我们来负责"①。嶋中的言论触怒了情报官铃木库三，他批评嶋中的主张是在宣传自由主义方针，称"任凭有这种想法的人在出版界横行，无论何时都会将国策置若罔闻"②，并要求《中央公论》转变态度，否则将立即捣毁杂志社。

1941年3月31日，情报局又向一些所谓"不合作"的报纸、杂志社下发通知，命令各单位提供"购买读者卡"，从而将言论统制的触角延伸到读者身上。有一些读者因此受到牵连，受到地方特高警察以及陆军的迫害。

1943年4月，内阁情报局的内部机构进行了调整，在总裁官房设置审议室，掌管"情报宣传的基本事项的企划及调整"③等相关事项。此外在第一部设置国民运动课，专门负责对国民运动有关的群众团体的指导、管理。11月，政府又对情报局机构进行了调整，除在审议室下设负责"舆论方针策定的联络调整"④的事务室外，还设立了战时资料室。战时资料室下设两个部门，第一课负责国内情报的收集整理、舆论思想的调查以及对内宣传业务，第二课负责收集整理对外宣传所必需的资料，实施对外宣传。

在日本本土受到空袭之后，为了在非常时期依然能够实施对舆论的控制，日本政府成立了由情报局、大本营陆海军报道部和内务省构成的

---

① 日本编辑联盟编：《言论弹压史》，东京，银杏书房，1949年，第101页。
② 畑中繁雄：《觉书·昭和出版弹压小史》，东京，图书新闻社，1965年，第18页。
③ 内川芳美：《现代史资料（41）：大众传媒统制（二）》，东京，みすず书房，1996年，第503页。
④ 内川芳美：《现代史资料（41）：大众传媒统制（二）》，东京，みすず书房，1996年，第507页。

"军官一体的报道联络机构"①,而该联络机构的日常事务仍由情报局负责处理。

1945年3月1日,日本政府解散"日本新闻会"②之后,将"日本新闻会"的职权全部交由情报局来行使。4月,内阁情报局又进行了最后一次重组,将陆军省报道部、海军省军务局以及外务省等部门的相关权限转移给了情报局。主要内容如下:

  1. 为开展军事相关报道和启发宣传,将现在由陆军省报道部、海军省军务局第四课负责的部分事务交由情报局办理;
  2. 在外交相关的新闻发布以及对外宣传方面,将现在由外务省及大东亚省所负责的部门事务交由情报局办理;
  3. 统管报纸、通讯社记者会;
  4. 强化、完善报道、宣传的地方机构。③

但是应该指出的是,在情报局享有上述权限的同时,陆军省报道部、海军省军务局以及外务省等情报部门依然存在并发挥着作用,"对于言论审查,情报局、内务省、警视厅、陆海军报道部都各自享有独立的权限,互相竞争"④。

总之,内阁情报局是统合战时所有大众传播媒体——从报纸、杂志等出版物以至广播、电影、唱片等,并对其实施检阅、指导、宣传的一元化国家情报统制机构。到日本战败为止,作为言论统制的最高统制机关,内阁情报局一直发挥着操控舆论的作用。

(二)大本营陆海军报道部

大本营是日本战时最高的军事机构,最初是在甲午战争中为了协调陆海军军令部的关系而设置的。在1893年5月19日颁布的"战时大本

---

① 内川芳美:《现代史资料(41):大众传媒统制㈡》,东京,みすず书房,1996年,第516页。
② "日本新闻会"是战时日本的新闻统治团体,是依据1941年政府出台的"新闻事业令"于1942年2月11日成立的,负责对报纸进行统治和管理、记者的登记和培训、新闻资材的调配和管理、记者俱乐部的运营和管理等业务,与情报局的业务多有重叠。1945年3月1日被解散,其业务内容合并到内阁情报局。
③ 内川芳美:《现代史资料(41):大众传媒统制㈡》,东京,みすず书房,1996年,第532页。
④ 清泽洌:《暗黑日记》,东京,东洋经济新报社,1954年,第175页。

营令"中,规定大本营为"在天皇之大麾下设置的最高统帅部"①,此后大本营在日俄战争中也发挥了重要作用。中日全面战争爆发之后,陆军省于1937年11月18日下达新的"大本营令",宣布重新设置大本营,除了仍然规定大本营是天皇统治下的最高统帅机构之外,还明确规定"大本营在战时或发生事变时根据需要设立"②,从而为大本营在非战时的设立确立了法律依据。

大本营成立之后,不但成为军事上的最高统帅机构,还设立大本营陆海军报道部,对舆论宣传进行控制。大本营陆海军报道部对舆论控制的主要手段是定期召集报纸杂志的负责人,召开"恳谈会"。1937年,大本营陆海军报道部召集《改造》、《中央公论》、《日本评论》以及《文艺春秋》四家杂志社成立了所谓的"四社会",后来发展成为"六日会",每月六日在陆海军报道部召开由现役将校及报道部部长参加的座谈会,对当下的舆论界的动向以及态度进行通报,并要求各报纸、杂志遵守军部制定的所有言论政策。此外,还要求各杂志事前提交编辑计划以供审查。对此,陆军报道部少佐平栉孝辩解说:"这并非意味着对编辑内容的干涉,而是为了便于提前预知各杂志的动向"③。

大本营陆海军报道部的另一个任务是根据战争推行的需要,同陆军省报道部、海军省军务局、内阁情报部以及外务省情报部等部门进行协调,制定并实施对内对外宣传报道计划,发布战况以及日本军部的声明,即所谓的"大本营发表"。

太平洋战争爆发之前,情报局掌握了舆论的主导权,大本营仅仅负责"作战报道"的相关业务,但是随着太平洋战争的爆发,对外宣传的中心开始向大本营转移。最初战况声明等是以陆军部和海军部各自的名义进行的,但从1942年1月15日开始不再区分陆海军部,而是统一使用"大本营发表"的名称。此间,大本营还几次提出议案,要求将陆海军报道部合并,以加强舆论监管。1945年5月,上述两报道部最终实现合并,并开始开展业务。

太平洋战争爆发后,大本营以追求新闻的正确性和保护战争机密为由,规定"禁止刊登任何未经大本营许可的报道",各报只能刊登大本营发布的消息,而不允许私自刊登记者编辑的新闻报道。在该时期,从内

---

① 稻叶正夫:《现代史资料(37):大本营》,东京,みすず书房,1996年,第28页。
② 稻叶正夫:《现代史资料(37):大本营》,东京,みすず书房,1996年,资料解说第21页。
③ 日本编辑联盟编:《言论弹压史》,东京,银杏书房,1949年,第121页。

容上来看，报纸上发表的消息除了"能够激发同仇敌忾心理的报道"之外，任何对日本不利的消息绝对禁止刊登。从流程来看，首先由相关部门拟定将要在报纸上发布的消息，然后根据消息的内容送交相关部门的最高负责人决定是否能够刊登，如果获准刊登则在记者俱乐部最后发布消息。

这样一来，新闻记者事实上被剥夺了自主判断和自由采访的权力，取而代之的则是千篇一律的"大本营发表"。战后，一名记者对"大本营发表"作了如下回忆：

> 我们的工作，说得极端一点就是将报道部的大本营发表由左到右机械地传达给国民。报道部长在朗读发表文稿的时候，我们将它记下来，然后送到报社。再有就是听取平出大佐①的讲座，并以此为参考撰写解说报道。其中不允许有任何的批判，即使发表文稿有矛盾也不能追究。②

从太平洋战争爆发开始到日本战败的 45 个月内，大本营共计发表通稿 846 次，再加上陆海军发布的"基地特电"，大本营平均每天发布消息达 2 次③。

大本营报道部不但从数量和内容上控制了各报的报道，甚至还对报纸的版面设计、字体大小等作了规定，事实上担负起报社"编辑部长"的职务，成为日本军部控制新闻舆论的强有力武器。

应该指出的是，大本营陆海军报道部同上述的陆军省报道部、海军省军务局以及外务省等情报部门均独立于内阁情报局体制之外，独立行使其对报纸等大众媒体的统制。

在如此众多的言论统制机构的重重控制和管理之下，当时的言论自由很难保证，事实上大多数报纸在如此缜密的控制下唯命是从，而不敢有半点越轨行为。

三、报界参与完善战时传播的结构内涵

战时，日本政府统制新闻的特征并非仅限于对报道、评论进行指导

---

① 平出大佐指的是当时任大本营海军报道课课长的平出英夫（1896～1948），出生于青森县，1927 年就任日本驻法国大使馆武官，1936 年转任驻意大利武官，1940 年起担任大本营海军报道课长，1945 年任北海海军军需管理部长。
② 冈田听：《战中·战后——新闻记者三十五年》，东京，图书出版社，1976 年，第 70 页。
③ 富永谦吾：《大本营发表的真相史》，东京，自由国民社，1971 年，第 12 页。

和管制，还对报社的经营规模实行多元化干预，通过一系列行政手段对报界进行整合，以达到最大程度的控制和利用。主要手段有控制纸张配额、合并报纸数量、征用印刷设备等。

（一）控制纸张配额

政府在确立了强有力的言论统制机构、颁布了一系列言论统制法令之后，还牢牢地控制了报界的生命线——纸张配额。控制印刷纸张的配额，对限制报业经营规模、控制报界舆论导向发挥着最大的效力。

随着报界发行量的增大，纸浆的需求量也逐渐增加。据统计，1926年日本纸浆需求量为56万吨，到1936年已达到92万吨，"卢沟桥事变"爆发之后则超过100万吨。虽然大部分纸浆由国产公司提供，但仍有一部分必须依赖进口。随着日本在国际上逐渐限于孤立，纸浆进口量锐减，再加上国产纸浆被挪用为人造绢丝工业的原料，于是政府不得不对报纸用纸实施供给限制。实际上，政府对印刷纸张加以管制并非只是基于以军需工业为中心的"物资动员计划"，更是内阁情报局对报纸进行控制的重要手段。

1938年6月23日，政府公布了33种限制消费的物品清单，纸张列入其中。7月，商工省制定了"报纸用纸消费限制方针"，要求全国51家报纸削减1成以上的报纸用纸量。于是《朝日新闻》、《每日新闻》等大报不得不缩小字体，由以往的13段制改为14段制，并大幅减少版面。在"卢沟桥事变"时期，一般的报纸大约发行16张左右，而到1940年7月仅仅剩下两页，到10月就改为每周发行3次了[①]。

1939年6月，商工省再度颁布"用纸限制令"，通过全国最大的造纸工厂"王子制纸"牢牢控制了纸张的配额，并开始实行印刷用纸的配给制。该措施效果明显，"事变爆发以来号外战几乎得以控制，这应归功于王子制纸之力"[②]。此一时期日本报纸用纸消费量呈现出下降的趋势。据"王子制纸"调查，战前印刷纸张最大的消费量出现在1936年，为69551万磅，1941年减少至52965万磅。而从主要报纸的早晚报合计版面数来看，在1938年7月还是5大张20页，到了1941年4月却减少到2张半10页[③]。

1940年2月，政府各部门会同企画院召开会议，要求加强对报纸、

[①] 法政大学大原社会问题研究所编：《太平洋战争下的劳动运动》，东京，劳动旬报社，1965年，第191页。

[②] 《日本新闻年鉴》1938年版。

[③] 苏进添：《日本新闻自由与传播事业》，台北，致良出版社，1990年，第62页。

杂志用纸的统制。陆军省报道部部长铃木库三认为"报纸是思想战的弹药,而将其作为自由主义商品放任自流实在是不理解思想战的行为"①,因此对政府"强化国内思想战态势"表示了极大的欢迎。

1940年5月,政府设立了直属内阁情报部的"新闻杂志用纸统制委员会",主要负责"报纸杂志用纸的一般统制方针及今后创刊的报纸杂志和现在发行的报纸杂志的用纸配给以及用纸量增加的申请"②事宜,从而使内阁情报部事实上掌握了印刷纸张分配权。从7月开始,政府开始实行第三次用纸限制,各报社的用纸量大减,各报纷纷减少版面数量加以应对。

随着国内物资的紧缺,1941年日本政府又进一步加大了印刷纸张供给限制,要求各报以1940年7月到1941年6月期间一年的发行量为基准,制定实际消费率,其中印刷纸张消费量在"年200万吨以上者为92%,年160万吨以上者93%,年120万吨以上者为94%,年80万吨以上者为95%,年40万吨以上者为96%,年20万吨以上者为97%,年10万吨以上者为98%,年5万吨以上者为99%"③。由于年消费量为100万吨以上者只有《朝日新闻》、《每日新闻》、《读卖新闻》等几家实力较大的报纸,大多数报纸的消费量都在5万吨以下,因此上述措施对那些发行量较小的报社来说并没有造成太大的冲击。从7月7日开始,《朝日新闻》将晨刊减为6页,晚刊减至2页,而《每日新闻》、《读卖新闻》等将晨刊和晚刊均减至4页。

政府除了从制度上和资材方面控制各报社外,还动员各相关机构对报界施压,迫其为军国主义侵略战争服务。"九·一八事变"后,由于认识到"情报宣传对内对外都是不容忽视的重大事情"④,政府便处心积虑地要求报纸为其服务,然而它多以消极统制为前提。陆军省主张"在任何情况下都要掌握舆论,封锁内外宣传",为此,政府一方面根据统制政策对那些所谓的"违规"报纸予以取缔,或禁止其发行;另一方面军部利用手中特权,动员"在乡军人会"及其他法西斯反动势力煽动民众发动"拒买运动",拒绝购买反军反战报纸,从而使这些报纸的销量大减,经济上遭受严重打击。

---

① 佐藤卓己:《言论统制》,东京,中央公论新社,2004年,第306页。
② 内川芳美:《现代史资料(41):大众传媒统制(二)》,东京,みすず书房,1996年,第264页。
③ 山本文雄:《日本新闻发达史》,东京,伊藤书店,1944年,第378页。
④ 《周报》1937年6月30日。

（二）报纸的合并

由于军部系统的日本电报通信社①（以下简称"电通"）和外务省系统的日本新闻联合社②（以下简称"联合"）在报道上经常因各自的立场不同而发生分歧，造成了日本国内舆论的严重分化和不统一。为了统一"国论"，1936年，"电通"和"联合"合并为"同盟通信社"③。此后，报纸也实行了全面整顿合并。1936年底，历史悠久的《时事新报》停刊，并被合并到《东京日日新闻》中，此举拉开了报纸合并的序幕。

这一时期报纸的合并主要分两个阶段进行。在第一阶段（1938年至1940年），政府以防止资源枯竭为由，对一些经营不善的小报进行整顿，没有触及《朝日新闻》、《每日新闻》、《读卖新闻》等大报以及地方报纸。1938年7月，政府开始着手整顿月刊和周刊小报，警视厅审查课对数量众多的小报进行了调查，命令那些强索订阅费和广告费的报社解散。1939年3月，根据"新闻纸法"，内务省提出了原则上不允许报纸创刊的方针，以控制报纸数量的增长。

随着中日全面战争的爆发，日本国内资源供应形势日益严峻，印刷纸张以及油墨的供应也日趋紧张。面对资源困境，各报社纷纷缩小版面，并依靠缩小字体来维持原有的新闻量。1940年1月，《朝日新闻》、《每日新闻》和《读卖新闻》三大报纸将版面改为15段制，其他各报也随后采取了同样的编排方法。这样日本政府通过减少纸张供应，牢牢控制了报纸的命脉。

为了集中人力、物力，加紧言论统制，压制反对呼声，最大限度地发挥报纸对战争的宣传作用，从1940年5月到1941年4月，政府实施了第二次合并，对为数众多的"恶德不良纸"、二三流的小报、地方报纸等进行了清理，并对全国的报纸进行了大规模的整顿合并，《读卖新闻》和《报知新闻》合并为《读卖报知新闻》，《大阪每日新闻》和《东京

---

① 1901年，光永星郎设立"日本广告株式会社"，开展广告代理业务，1907年光永设立"日本电报通信社"，将"日本广告株式会社"业务并入其中。设立之初，社长光永星郎对"电通"的性质作了如下规定："（1）不介入政治，建立一个独立公平的商业（民营）通信社；（2）为确保维持独立所需的收入，同时开展广告代理业"，后来接受军部资助。详情参考田原综一朗：《电通》，朝日新闻社1984年版。

② 日本新闻联合社由国际通信社和东方通信社于1926年合并而成，岩永裕吉任专务理事，古野伊之助任总支配人，由于他们笃信"任何国家的新闻业务在性质上都应是私人营利事业"，因此规定"联合"为独立的营利团体，后来接受外务省资助。详情参考有山辉雄、西山武典编：《国际通信社·新闻联合社关系资料》，柏书房2000年版。

③ 关于"电通"和"联合"合并为同盟的经过以及同盟战时开展的活动等情况，请参照本书第二章第三节"同盟通信社"的相关内容。

日日新闻》合并为《每日新闻》。而且由于"这种做法没有任何法律上的依据，强制性地让成为合并对象的报社同意"①，因此在表面上只能采取自发协助的形式。但是一旦有报社不接受合并或废刊的处分，政府就会停止向其供应印刷纸张而迫其就范，或煽动读者和广告业主停止购阅或刊登广告，甚至将其广告营业部门的职员以莫须有的罪名加以逮捕，或诉诸暴力手段，以到达统驭报纸、控制言论的目的。

这样，通过对印刷纸张配额的控制，从1940年起内务省根据"在对新闻事业进行整理时，可以通过命令要求新闻事业主进行事业的转让、接收或合并"②的规定，加紧推行"一县一报"制度。1940年9月，《朝日新闻》分别把在九州和名古屋的两个分社改成西部总社和东部总社，同时把《大阪朝日新闻》和《东京朝日新闻》合并统一为《朝日新闻》。到1943年，除东京、大阪两大城市外，各地均实现了"一县一报"。据统计，1934年日本共有报刊11690家，到1940年末减至8124家，到1941年4月则仅剩5190家，而到太平洋战争时期的1943年仅有54家③。

对美宣战以及随之到来的物资紧缺和言论统制的变本加厉，使报界的分布格局及其言论报道都发生了相应的变化。日本政府通过"新闻事业令"掌握了对报纸的发行、转让、废止等控制权之后，为了进一步加强对言论的控制和利用，日本政府在前期报业整顿的基础上，又发布命令通过"日本新闻会"来实施新一轮的报纸合并。

1942年6月，内阁情报局要求"日本新闻会"对东京、大阪、名古屋和福冈四地的报纸进行合并。根据此项指令，东京保留了《朝日新闻》和《东京日日新闻》，而《读卖新闻》和《报知新闻》合并为《读卖报知新闻》，《都新闻》和《国民新闻》合并为《东京新闻》，《中外商业新闻》、《日刊工业新闻》和《经济时事新报》等11家业界报纸合并为《日本产业经济》；大阪保留了《朝日新闻》和《大阪新闻》，而以《夕刊大阪》和《大阪时事》等为主体创立了《大阪新闻》，并将业界报纸合并为《产业经济新闻》；在名古屋停止发行《朝日新闻》和《每日新闻》，将《新爱知》与《名古屋新闻》合并为《中部日本新闻》；在

---

① 山本文雄：《日本大众传媒史》，诸葛蔚东译，桂林，广西师范大学出版社，2007年，第162页。
② 内川芳美：《现代史资料（41）：大众传媒统制㈡》，东京，みすず书房，1996年，第375页。
③ 法政大学大原社会问题研究所编：《太平洋战争下的劳动运动》，东京，劳动旬报社，1965年，第190页。

福冈保留了《朝日新闻》和《每日新闻》，并将《福冈日日新闻》和《九州日报》合并为《西日本新闻》；北海道的报纸也在全部解散之后进行了重组，11家报纸被合并为《北海道新闻》①。1943年1月起，《大阪每日新闻》和《东京日日新闻》合并为《每日新闻》。表2-3是1942年11月之前日本报纸合并的情况。

表2-3　战时普通日刊报纸整合状况（截至1942年11月1日）②

府　县	现存数量	整合数量	整理完否	报纸名称
北海道	3	34	近期完成	北海道新闻、日高每日新闻、江差日日新闻
东　京	7	20	未完	朝日新闻、东京日日新闻、读卖报知、东京新闻、日本时报、帝都日日新闻、大和新闻
京　都	1	22	完	京都新闻
大　阪	3	26	完	朝日新闻、大阪每日新闻、大阪新闻
神奈川	1	15	完	神奈川新闻
兵　库	1	50	完	神户新闻
长　崎	1	7	完	长崎日报
新　泻	1	17	完	新泻日报
埼　玉	1	4	完	埼玉新闻
群　马	1	9	完	上毛新闻
千　叶	1	11	完	千叶新闻
茨　城	1	8	完	茨城新闻
栃　木	1	11	完	下野新闻
奈　良	1	5	完	奈良日日新闻
三　重	1	15	完	伊势新闻

---

① 塚本三夫：《实录·侵略战争与新闻》，东京，新日本出版社，1986年版，第254页。
② 内川芳美：《现代史资料（41）：大众传媒统制(二)》，东京，みすず书房，1996年，第495~496页。

（续表）

府县	现存数量	整合数量	整理完否	报纸名称
爱知	3	31	告一段落	中部日本新闻、东亚新闻、热田新闻
静冈	1	41	完	静冈新闻
山梨	1	7	完	山梨日日新闻
滋贺	1	16	完	滋贺新闻
岐阜	1	7	完	岐阜合同新闻
长野	1	40	完	信浓每日新闻
宫城	1	13	完	河北新闻
福岛	1	23	完	福岛民报
岩手	1	10	完	新岩手日报
青森	1	9	完	东奥日报
山形	1	12	完	山形新闻
秋田	1	6	完	秋田魁新报
福井	2	9	近期完成	福井新闻、▲新福井日报
石川	1	6	完	北国每日新闻
富山	1	6	完	北日本新闻
鸟取	1	3	完	日本海新闻
岛根	1	2	完	岛根新闻
冈山	1	8	完	合同新闻
广岛	2	13	告一段落	中国新闻、○吴新闻
山口	1	14	完	关门日报
和歌山	1	17	完	和歌山新闻
德岛	1	3	完	德岛新闻
香川	1	1	完	香川日日新闻
爱媛	1	21	完	爱媛合同新闻
高知	1	3	完	高知新闻

(续表)

府　县	现存数量	整合数量	整理完否	报纸名称
福　冈	3	44	完	西日本新闻、朝日新闻、大阪每日新闻
大　分	1	32	完	大分合同新闻
佐　贺	1	2	完	佐贺合同新闻
熊　本	1	4	完	熊本日日新闻
宫　崎	1	9	完	日向日日新闻
鹿儿岛	2	3	告一段落	鹿儿岛日报、▲大岛日报
冲　绳	1	6	完	冲绳新报
合　计	64	675		

注：▲表示近期预计将要停刊的报纸；○表示重新印刷的报纸

除了对报纸进行强制合并、缩小报界规模之外，政府还以"物资动员计划"为名，对报纸的经营层面进行控制。首先，继续加强对印刷纸张、油墨等资源的控制。太平洋战争爆发之后，战局渐渐向着对日本不利的方向发展，日本国内物资供给的形势更加严峻。基于此，日本的全国性大报发行地方版时，版面开始大幅减少，从1942年开始，大部分报纸的早报和晚报合并为4页，而到1943年，每周四的早报只发行2页。为了减少版面以及发行量，政府甚至不再允许新订户订阅两份以上的报纸，从而牢牢控制了报纸的经济命脉。

其次，剥夺广告版面，控制广告内容。广告是报纸的主要收入来源，也是报纸发挥社会传播功能的重要手段之一。1940年7月7日，日本商工农林省颁布了所谓的"七七禁令"，规定未经许可，不得生产或者销售"主管大臣所指定的物品"，从而对消费资材的生产、流通和广告进行了严格的限制。这样，消费资材生产的缩小，使得捉襟见肘的国民生活更加窘迫，日本资源贫乏的缺点暴露无遗。虽然各报社想方设法以缩小字体、间距，增加批数来弥补纸张不足带来的冲击，但报纸广告的总行数依然呈现剧减的趋势。1937年9月，大阪发行的报纸每天有2页以上的广告版面无法刊登，而到了10月份，堆积起来等待发排的广告达20万行以上①。据"电通"调查，1937年全国104家主要报纸的广告总行数约为25770万行，1941年减为15283万行②。从广告的内容来看，由于药品、化妆品以及药品等被列为非生活必需的奢侈品，所以其广告量剧减。

表2-4 东京、大阪及全国报纸广告行数的变化（1936～1941）

年度	报纸数量	广告行数（单位：行）	增减百分比（%）
1936年	东京8家报社	39561854	——
	大阪4家报社	19821129	——
	全国103家报社	246949820	——
1937年	东京8家报社	42600147	7.680
	大阪4家报社	20663811	4.251
	全国104家报社	257669891	4.341
1938年	东京8家报社	40009382	-6.082
	大阪5家报社	23424140	13.358
	全国98家报社	254018600	-1.417
1939年	东京8家报社	35102483	-12.264
	大阪5家报社	21929852	-6.379
	全国85家报社	229336944	-9.716
1940年	东京8家报社	30495104	-13.126
	大阪5家报社	18126831	-17.342
	全国85家报社	209524249	-8.639
1941年	东京7家报社	20720212	-32.054
	大阪5家报社	12829285	-29.225
	全国79家报社	165282530	-21.115

资料来源：《昭和十七年新闻总览》第6部第3～4页

---

① 山本文雄：《日本新闻发达史》，东京，伊藤书店，1944年，第380页。
② 苏进添：《日本新闻自由与传播事业》，台北，致良出版社，1990年，第63～64页。

第三，广告被纳入到"国民精神总动员"活动中。1940年国民精神总动员本部成立之后，政府实现了对运动的一元化指导，"国民精神总动员"在各个领域内全面展开。一些广告主通过购买广告版面，刊登"宣扬国威！"等好战口号来表示对"国民精神总动员"的支持，美其名曰"献纳广告"，这使得广告版面也被打上了战争的烙印。"献纳广告"是在"爱国心"的幌子下出现的，但其实质却是隐藏在其背后的"看不见的手"操纵下的产物。

此外，合并的风潮还波及日本在东南亚的占领区的报纸。1942年10月20日，陆军省颁布"南方陆军军政地域新闻政策要领"，认为报纸对于"原住民的教化、日本文化的渗透以及现地邦人的启发等"具有重要意义，因此要求在南方占领地区加强新闻统治，"废除以前的自由企业，在当地军部的统辖管理下，委任内地大报社运营"①。海军省亦于1942年12月8日颁布"南方海军军政地方新闻政策要领"，其内容与上述陆军省颁布"要领"基本相同。基于上述两大"要领"的规定，大报社具体负责区域为：《每日新闻》负责菲律宾、西里伯斯（现在的苏拉威西）；《朝日新闻》负责爪哇、南婆罗洲（现在的加里曼丹岛）；《读卖新闻》负责缅甸、斯兰；同盟通信社及其他合作报社负责马来、昭南岛、苏门答腊、北婆罗洲。

遵照上述规定，《朝日新闻》、《每日新闻》等大报以及同盟通信社在占领地区纷纷出版新的报纸，以对抗当地原有的报纸。《朝日新闻》编辑出版了《爪哇新闻》，《每日新闻》出版了《马尼拉新闻》等，"同盟"则编辑出版了《昭南新闻》和《苏门答腊新闻》等。此外，"同盟"还在中国的华北地区创办了《东亚新报》，并在军部的支持下，将当地的华语报纸强制合并。据统计，自1942年10月至战败期间，军部共在海外20个城市发行52种报刊。②

在上述报纸合并浪潮中，政府采用了多元化的强制性手段，主要目标是实现所谓的"一县一报"，以达到全面有效控制报纸舆论的目的，从而在物资日益紧张的形势下最大限度地发挥报纸对战争的动员、宣传和教化功能。这样，日本的报业格局发生了新的变化，形成了以大报为中心的报业体系，从而强化了"统一国论"的舆论宣传体制。

---

① 转引自浅野健一：《天皇的记者——大新闻的亚洲侵略》，东京，三A出版，1997年，第10~11页。

② 浅野健一：《天皇的记者——大新闻的亚洲侵略》，东京，三A出版，1997年，第10页。

(三) 联合经营、共同印刷

由于印刷纸张采用配额制度，报社不得不大幅削减广告版面，广告收入也随之减少。为了弥补广告缩减带来的损失，各报社不得不在销售方面下工夫，如厉行定价销售、取消专卖店的补助金、提高售价等。为此，《东京朝日新闻》、《东京日日新闻》和《读卖新闻》三家大报结成"三社会"，缔结"三社地方协定公约"，约定废除不正当竞争，取消扩张政策。通过该政策，三大报社的销量实现了稳步增长，而"三社协定"也成为日后共同销售、共同配送制度的雏形。

1944年夏，美军开始轰炸北九州，此后一些大城市相继遭到毁灭性打击，日本国内交通中断，全国各地陷入极度混乱。报社在轰炸中也在劫难逃，许多报社的设施和印刷设备遭到毁灭性破坏，报纸的正常出版发行受到影响。在此情况之下，叫嚣着"本土决战"的统治阶级为了"确保读者必有一报可以阅读"①，防止出现新闻报道的完全真空状态，于1945年3月制定了"关于应付战局的报纸在非常状态下的暂行措施要纲"，其主要内容就是要求各报实行联合经营和共同印刷。

"措施要纲"指令除东京、大阪、福冈及其周边地区②外的全国性报纸同地方报合并，并且这些报纸停止向地方发行，而须以地方报纸为母体，将其发行配额计入地方报纸之中，这就是所谓的"联合经营"。同时为保证地方报纸的宣传质量，在人力、物力、财力上给予地方报纸全力支持，将中央各大报纸的印刷设备、骨干人才以及纸张配额均转移到地方报社之中。与此同时，要求没有合并的全国性报纸（东京5社、大阪3社、福冈2社）实行共同印刷，从而将剩余的印刷设备"一部分转移至东京都、大阪府和福冈县内的安全地区，建立共同印刷的预备工厂，一部分转移到印刷设备恶劣的地方报社中"③，用以支援地方报社。

---

① 内川芳美：《现代史资料（41）：大众传媒统制㈡》，东京，みすず书房，1996年，第531页。
② 具体指千叶、埼玉、神奈川、神户、奈良、和歌山、京都、滋贺及山口各县。
③ 内川芳美：《现代史资料（41）：大众传媒统制㈡》，东京，みすず书房，1996年，第532页。

表 2-5　联合经营前后报纸发行量的变化①

报纸分类		联合经营前	联合经营后
全国性报纸	东京朝日新闻	1128000	500000
	东京每日新闻	1313000	678000
	大阪朝日新闻	1464000	821000
	大阪每日新闻	1372000	692000
	读卖报知	1716000	834000
地方报纸	上毛新闻	25000	236000
	茨城新闻	28500	241000
	信浓每日新闻	87000	286000
	伊势新闻	30700	132700
	爱媛新闻	52700	135000

从上表的数据可以看出，中央报纸的发行量锐减，势力受到沉重打击，而一些地方性报纸则是联合经营政策的受惠者，他们在吸收了中央报纸的发行份额和设备、人才之后，其发行量猛增，质量也有较大程度地提高。这一措施客观上为战后地方报纸的复苏打下了坚实的基础。

此外，为鼓舞士气，掀起更加狂热的对外侵略意识，日本政府还直接控制报纸发行的"战时版"。1944 年 3 月，根据"日本新闻会"和内阁情报局的合作方案，指示由《每日新闻》、《读卖新闻》、《中部日本新闻》、《西日本新闻》和《大阪新闻》5 报发行"战时版"，《朝日新闻》也于 5 月开始发行该报"战时版"《前线朝日》。"战时版"的主要阅读对象是"铳后"各工厂、矿山、农村的工人和妇女群众，目的是将战争进展、战况等消息传达给后方的国民，"以英美人的残忍性为例，特别是要暴露他们在此次战争中的暴虐行为，激起同仇敌忾的感情"②。然而当时"日本新闻会"并没有为各报增加相应的印刷用纸配额，而是要求各报停止发行晚报，用由此节省下来的纸张来刊行这些新增版面。然而，由于资源状况日益严峻，为保证正常版面的出版发行，这些"战时版"

---

① 引自山本文雄：《日本大众传媒史》，东京，伊藤书店，1944 年，第 179 页。
② 内川芳美：《现代史资料（41）：大众传媒统制㈡》，东京，みすず书房，1996 年，第 524 页。

并没有维持多长时间就被取消了。

随着战局的进一步恶化,联合经营的非常措施也逐渐失去了功效。在美军的空袭下,不断有报社遭到毁灭性破坏。1945年5月25日的空袭中,《读卖报知》和《东京新闻》两家报社化为灰烬,此后这两家报社不得不与《朝日新闻》、《每日新闻》和《日本产业经济新闻》等共同发行报纸。但是后来空袭由大城市转向了地方中小城市,地方报也遭到了破坏。据统计,从1945年年初到日本投降为止,在全国仅剩的54家报社中有39家在空袭中受损,其中23家报社毁于战火之中①。

第二节 战时日本报界的"转向"

"九·一八事变"在中日战争历史上是一个重要的历史分界点,它既是15年侵略战争的开始,也是军部抬头、天皇制法西斯体制真正形成的开始。同时它对日本的新闻舆论界来说更是一个生死攸关的转折点,是日本报界的分水岭。事变爆发后,在所谓"言论牢狱"的状况下,日本报界的论调为之一变,丧失了一切批判功能,只是一味地屈服、妥协和迎合,最终沦为军部法西斯主义的战争宣传工具。

一、"九·一八事变"之前的报界

20世纪20年代,日本的法西斯势力开始抬头,日本国内政治处于一种动荡的状态之中。尽管如此,伴随着日本近代化发展起来、并推动了日本近代化发展的日本报纸却在大正民主运动思潮的影响下,坚守新闻专业主义的阵地,对当时军部鼓吹的对外侵略主张以及政府的专制主义统治进行了批判。

(一)石桥湛山与《东洋经济新报》

"九·一八事变"之前,尽管政府制定了一系列言论统制政策,法西斯极右势力也不断扩张,然而由于受大正民主运动思潮的影响,以长谷川如是闲、大山郁夫、石桥湛山②等为代表的一批进步的报业人士展开了反对专制主义统制和军国主义扩张的活动。

石桥湛山主持下的《东洋经济新报》曾对日本的内外政策发表过系

---

① 山本文雄:《日本大众传媒史》,东京,伊藤书店,1944年,第180页。
② 石桥湛山(1884~1973):1908年任《每日新闻》社记者,1911年转入《东洋经济新报》社,历任总编辑、主编和社长,写过大量反对日本军国主义侵略扩张的文章和经济评论。第二次世界大战后转入政界,1956年12月当选为自由民主党总裁,并出任内阁总理大臣。

统的主张。首先,对于日本政府向中国提出的"二十一条"提出了严厉的批评,"吾辈对于我政府当局及国民对于外交的态度不堪忧虑,其一为露骨的领土政策,其二为轻薄的举国一致论,其结果只能是为帝国百年埋下祸根","朝野一致恫吓支那,又以守备兵换防为名增派几个师团的兵力,实为轻率的威胁支那的高压手段"①。

1922年2月4日,中日两国在英美等国斡旋下,在华盛顿会议外签订了《解决山东悬案的条约》及其附约,恢复了中国对山东的主权,使得日本在华势力受到一定程度的抑制。对于该条约,国内舆论一片批判之声,然而《东洋经济新报》却认为这是"改变日本帝国主义政策的绝好机会",日本应该放弃朝鲜、台湾等殖民地权益,"此为最好且唯一的道路,例如放弃满洲,放弃山东,放弃其他一切我国对支那的压迫。"②

其次,《东洋经济新报》还对当时的军备扩张政策提出了批评,对华盛顿会议上签订的《限制海军军备条约》表示欢迎,主张在国防上改大军备主义为有效的小军备主义。"只要不克制列国的帝国主义欲望,就无法防止军备竞赛,同时如果能够合理克服这个欲望,各国都不会保持超过警察意义的军备,因此我们希望各国自觉采取撤销军备的方针"③。

在外交上,《东洋经济新报》主张实行真正的门户开放和机会均等,坚持不干涉别国内政的方针。该报在社论中呼吁日本应取消对中国、西伯利亚以及墨西哥等地的干涉。

> 在太平洋及远东地区,问题的焦点在于支那、西伯利亚和墨西哥。只要各国在这些地方为获得权利和领土而相互竞争,世界就决不会实现和平,太平洋就永远免不了成为军备竞赛的战场。我们希望即将召开的会议(华盛顿会议——笔者注)能够确立杜绝此竞赛的方策。而杜绝的唯一途径就是根据凡尔赛会议上承认的民族自决主义,给支那、西伯利亚和墨西哥人民以及和这些地区的人民处于同样境遇的其他人民政治经济上完全的自主权,绝对停止对他国的干涉。特别是应立即撤销各国在支那的租界治外法权、关税限制等。另外各国此前在支那取得的一切权利乃至领土也应根据支那国民的希望,归还给该国。总而言之,对于支那、西伯利亚和墨西哥以及与其境遇相似的所有国土,只要存有容他国干涉的余地,必然会引

---

① 《东洋经济新报》1916年5月5日。
② 《东洋经济新报》1921年7月23日。
③ 《东洋经济新报》1921年7月23日。

起各国竞争的开端，就不能消除嫉妒和排挤。因此我们主张对于上述国土，应该绝对排除强国的干涉。①

另外，该报还主张政治上实行普选制，经济上实行自由开放，教育上废除官学特权等等②。

总之，无论在什么社会情况下，石桥湛山领导的《东洋经济新报》都坚持了反军国主义、反帝国主义的立场，践行了作为舆论的社会批判和监督功能，这均在以后的历史中得到了证明。

(二) 裁军与侵犯统帅权问题

《朝日新闻》在"白虹贯日"事件中曾遭受重创，并发表了"悔过宣言"，表示无条件拥护天皇以及立宪政治。接替村山龙平担任新社长的上野理一甚至向当时的首相原敬发誓"此后决不再犯如此过失"，并"彻底贯彻 12 月 1 日发表的精神"③ 即"悔过宣言"的内容。此举引发了报社内部记者的极大不满，记者大庭景修说："坚持不畏强权、独立而进行谠议公论的东西两朝日均在大正七年 12 月 8 日上午 11 时宣告终结"④，并愤而辞职。

尽管如此，受大正自由主义思想影响颇深的《朝日新闻》依然对法西斯势力的抬头表示了担忧，发表了一系列反对军国主义的文章。伊藤正德曾经对《朝日新闻》直言不讳的言论风格给予了较高的评价，他说"朝日以自由主义战士成名、兴社，其传统亦得以流传下来。进步的、激进的思想倾向……是其生命线"⑤。《朝日新闻》大力主张实行普选，除在报纸上刊登支持普选的社论报道之外，还在全国各地召开普选启蒙演讲会，后来《每日新闻》也加入进来。此举波及地方性报纸，对普选运动产生了极大影响。

1930 年 1 月 21 日，美、英、法、意、日五国代表在伦敦出席新一轮海军裁军会议，最终签订了《限制和削减海军军备条约》，缩减了日本海军辅助舰的数量。《朝日新闻》对伦敦裁军会议给予了充分的肯定，并对《限制和削减海军军备条约》的签订表示欢迎，称该条约"是一个好

---

① 小仓政太郎:《东洋经济新报言论六十年》, 东京, 东洋经济新报社, 1955 年, 第 76 ~ 77 页。
② 石桥湛山:《石桥湛山全集》第一卷, 东京, 东洋经济新报社, 1971 年, 第 375 页。
③ 塚本三夫:《实录·侵略战争与新闻》, 东京, 新日本出版社, 1986 年, 第 125 页。
④ 塚本三夫:《实录·侵略战争与新闻》, 东京, 新日本出版社, 1986 年, 第 125 页。
⑤ 伊藤正德著:《新闻生活二十年》, 东京, 中央公论社, 1933 年, 第 149 页。

条约，对新协定表示欢迎，并热切期望唤起世界人们对裁军的真正觉醒"①。然而，裁军条约却遭到了海军军令部、在野党政友会以及法西斯激进分子的强烈反对。他们搬出《大日本帝国宪法》的相关规定②，以滨口雄幸内阁批准签署裁军条约的行为侵犯了天皇的统帅权为由，企图推翻滨口内阁。《朝日新闻》对反对势力假借"统帅权问题"干涉政治的做法提出了强烈的批判。1930年5月1日《朝日新闻》发布社论说：统帅权问题与立宪政治格格不入，"是立宪政治的癌症"，并对海军军令部和政友会表示了强烈不满，"海军军令部长所执掌的国防用兵大权无论如何解释，也不会成为宣战讲和的大权和缔结条约的大权。政友会应该从政党政治的立场出发，与民政党一起借此机会来消除这个立宪制度的癌症。"③

同日，《每日新闻》也发表了社论，对海军军令部提出的所谓"侵犯统帅权"的主张进行了批判。

> 海军军备的限制及缩小相当于宪法所规定的"军队编制及常备兵额"，与统帅权并无直接关系。假使把它看作与统帅权相关的事项，宪法第55条中对国务大臣的辅弼范围并没有设置限制，既然这样我们相信这当然也属国务大臣的职责。然而将本不属于宪法机关的军令部长视为与国务大臣享有同等甚至更高职责的存在，并且认为无视军令部的反对意见就是侵犯统帅权，这简直就是谬论。军令部长是大元帅的机关，而非决定国家政治意志、约束行为的国家机关。④

该报在社论中还说："明治以来的历史事实上给了军阀过多的势力，因此军部的权力好像是受宪法保障似的这种错觉现在支配着一部分人的头脑"，这样"帷幄上奏就不恰当地被扩大，相当于各省大臣的陆海军大臣凭借这个方法凌驾于阁议之上，助长恶弊"⑤，从而对参谋本部、海军军令部依仗强大势力和"帷幄上奏"特权干预政治的做法提出了激烈的

---

① 《朝日新闻》1930年4月23日。
② 《大日本帝国宪法》第11条规定："天皇统帅陆海军"；第12条规定："天皇确定陆海军的编制及常备兵数量"；第13条规定："天皇负责宣战、讲和以及诸般条约的缔结"。此外还规定，天皇的统帅权由陆军参谋总长、海军军令部长辅佐行使。而且凡是军事活动均与政府和议会无关，参谋总长和军令部长直接向天皇上奏，即"帷幄上奏"。
③ 《朝日新闻》1930年5月1日。
④ 《每日新闻》1930年5月1日。
⑤ 《每日新闻》1930年5月20日。

批判。

20世纪20年代以来，日本军部提交的军费预算呈连年增长的趋势，《每日新闻》对沉重的军费负担提出了批评，称"裁军问题比统帅权的问题更能减轻国民负担"①，"经济界苦于严重的不景气，农民渴望救济，失业者为明天的粮食而发愁。对于国民目前的生活，政府仅仅支出数百万元，实施救护。军部当局的要求与经济困难相比，任何人从常识来看都是不妥当的"，"连吃的东西都没有却建立军队，修建军舰，这并不是国防"②，从而对军部不顾民力扩充军队的做法提出了质疑。而且该报还直言不讳地指出，"军人不应干预政治，应取消武官大臣制"③，要求恢复文官制度。

《大阪朝日新闻》批判军部、反对战争的态度也是非常明朗的。该报在1931年4月19日的社论中说："若将军制改革之大事业一任军部处理，则在吾国策上将产生极大之不虞"④，强烈要求实行裁军。

与此同时，以《朝日新闻》为代表的部分报纸还对政府在对待"满蒙问题"上的强硬外交提出了质疑，要求"重新考虑使用武力究竟有多大作用"⑤。日本的"满蒙政策"由来已久，早在德川幕府时期，佐藤信渊、吉田松阴等人就提出了"征服中国"、"海外雄飞"的论调，主张要征服中国，应先从"满洲"下手。1887年，日本参谋本部第二局局长小川又次撰写了《清国征讨策案》，提出"满洲另立一国"的主张，标志着"满蒙"政策初步形成。辛亥革命后，中日之间冲突频发，"大陆政策"的推行遇到阻力，主张将"满蒙"从中国领土分离出去的"满蒙分离论"在日本国内甚嚣尘上。大部分国内舆论支持政府采取强硬措施，以维护所谓的"满蒙生命线"。然而，《大阪朝日新闻》却告诫政府不要在中国东北行使武力："应正确疏导军部之昂奋情绪，防止意外出轨之行为"⑥，建议运用外交手段解决"满蒙问题"。

"九·一八事变"爆发之前，尽管在政府和军部内围绕"满蒙问题"的争论开始浮出水面，部分舆论在"满蒙问题"上复写了政府当局的意志，但是仍有一些代表性大报没有随声附和，而是对政府的内政、外交政策提出了批评，甚至以实际行动表示对军部的反抗。

---

① 《每日新闻》1930年5月1日。
② 《每日新闻》1930年10月28日。
③ 《每日新闻》1930年7月1日。
④ 《大阪朝日新闻》1931年4月19日。
⑤ 《朝日新闻》1931年8月13日。
⑥ 《大阪朝日新闻》1931年9月17日。

二、"九·一八事变"后报界的"转向"

1931年9月18日，日本关东军制造了"九·一八事变"，并在短短几个月内迅速占领了中国东北80万平方公里的土地。同甲午战争、日俄战争以及"一战"时期一样，日本报界不但放弃了对军部的批判，还转而对军部的行动给予舆论和行动上的支持。

（一）报纸的"转向"[①]

1931年9月19日，《东京朝日新闻》以"奉军炸毁满铁线，日支两军起战端"为题，对"九·一八事变"作了如下报道：

> 【奉天十八日发至急】本日午后十时半，暴戾之支那兵炸毁位于北大营西北之满铁线，并攻击我守备队，故我守备队被迫应战，以大炮轰击北大营之支那兵，并占领北大营。[②]

其他各报的报道基调大同小异，均认为事变是由中国军队的挑衅引起的。此后，报界的论调急转而下，不但对日军的侵略行为予以认可，而且开始给予全面支持。《东京日日新闻》此前一直主张政府采取强硬政策来解决"满蒙问题"，事变爆发后更是对"不失时机地采取措施"的关东军表示了"满腔的谢意"[③]，并再次希望政府坚持强硬态度。而同日出版的《朝日新闻》发表社论重申了引起中日两军冲突的原因在于中国军队企图炸毁南满铁路，因而"我守备队立即采取打击手段是当然之处置"[④]，从而对关东军的行动给予了正式承认，这已经与该报此前所主张的通过外交途径解决"满蒙问题"的意见大相径庭。

除了对日军的侵略行为给予承认和支持外，各报还为日本的侵略行为进行了辩护，试图为其寻找"合法性"的借口。《每日新闻》从"满蒙特殊权益论"的论调出发，反复强调了日本关东军此次行动的"正当性"，认为日军的行动是合法的"正当防卫"。

[①] "转向"在日本历史上一个具有特定意义的概念，它特指20世纪30年代信仰共产主义的人士在法西斯高压政策下转变立场。本书中的"转向"指的是在日本军国主义的言论统制政策下，日本报纸等宣传媒介放弃反战、反军国主义的主张，并对侵略战争进行宣传和美化的历史过程。

[②] 《东京朝日新闻》1931年9月19日。

[③] 《东京日日新闻》1931年9月20日。

[④] 《大阪朝日新闻》1931年9月20日。

满洲是我特殊权益的存在之地,这由历史事实和条约所证明,并得到了世界列强的承认。支那军队缘何对我国作出如此暴戾之举,令人费解。我国所坚持的主义精神只有一个,即拥护我国权益,保持我帝国的威信和名誉。此次我们军队的行动完全没有超出此精神之外。我国过于重视与支那的友谊,而容忍支那怠于履行条约义务的行为。我国国论近来强调对此进行清算。因此,若将此事件作为解决过去悬案之端绪,必将为两国将来带来亲善与和平。①

《东京朝日新闻》也在社论中反复强调日本维护所谓"满蒙生命线"的"正义性",认为"对日本事关重大的满蒙权益受到侵害、践踏时,日本即使豁出性命也要加强防卫",这是"严肃无比的事实",而"由于一部分暴戾的支那军队破坏满铁线路,所以造成了日军奋起行使自卫权"②,继而又为日军的行动寻找"正当理由":"日本对满洲没有任何领土野心,这次事变完全只是为保护百万国人和20亿投资而行使的自卫。"③

由此可见,当时的报界在"九·一八事变"之后,其论调发生了变化,对军部的要求开始给予支持。可以说,"正是'九·一八事变'后立即出现的'奇妙的'、'全体一致的'论调,使得这种倾向日后得以日益强化",这也是日本报界在战时呈现出"举国一致"舆论状态的开始。④

对于报界的这种转变,时任外务省情报部长的白鸟敏夫在远东国际军事法庭的供述词中曾作了如下陈述:

1931年9月18日的满洲事变对币原外相及所属外务省官员来说犹如晴天霹雳,受到猛烈冲击,一时竟不知所措。按照对待突发事件的惯例,政府决定了不扩大并迅速地实现现地解决事件的方针,并随即将此公布于众。我主管的情报部奉外相之命,全力开展了支持事件和平解决的舆论动员。但连过去一般情况下被认为是同情外务省的报纸,此次亦与伦敦裁军会议时迥然不同,未与我们保持步调一致。伦敦裁军会议时,在报纸的支持下,政府不顾国内的强烈反对仍得以在条约上签字,这种气氛的变化几乎发生于一瞬之间。

---

① 《每日新闻》1931年9月20日。
② 《东京朝日新闻》1931年9月20日。
③ 《朝日新闻》1931年9月25日。
④ 挂川富子:《舆论宣传的统制与对美论调》,见细谷千博等编:《日美关系史(4)》,东京,有斐阁,1972年,第126页。

由于报纸及舆论站到了强力政策的一边,所以外务大臣及其部下深感运用外务传统极为困难。①

从白鸟敏夫的供述中可以看出,当时报界的"转向"是出乎政府意料之外的,而"由于报纸及舆论站到了强力政策的一边",所以当时在该问题处理上与军部持不同意见的政府很难推行其"不扩大并迅速地实现现地解决事件的方针",这也从一个侧面说明当时报界舆论的影响力是非常大的。

而《大阪朝日新闻》记者森恭三对当时报社内部气氛的转变也作了描述,他说"满洲事变爆发当时,我初出茅庐在大阪担任经济部记者,那时我感觉大阪朝日新闻社内的空气是对关东军持批判态度的,但不知不觉就减弱了。是不是报社方针发生了转变,像我这种处于报社最底层的人是不得而知的。我想报纸已开始对潮流妥协。"②

事变爆发后,南京国民政府向国联提起诉讼,要求日本撤兵。《每日新闻》于9月23日发表社论,回应了南京政府的要求,认为日本为维护其在"满洲"的利益,"在满洲配备临时兵力是正确且正当的行为",事变发生的原因在于"奉天政府无视条约的背信弃义行为,支那官民对我国的诬蔑行为,经济上对我国加以迫害的行为",而"南京政府的要求没有提出任何保障,故撤兵之要求断难接受。撤兵必须以事件的解决为前提。"③ 而《朝日新闻》也多次强调事变爆发的原因在于中国侵犯日本在"满蒙"的权益,日本出兵无非是为保障权益而做出的"无奈之举"。

10月中旬,《朝日新闻》内部统一了对"九·一八事变"报道的口径,决定放弃此前反复强调的裁军主张。10月19日,大阪宪兵队向军部中央提交了一份秘密报告,从中可窥见其上述动向。

大朝、大每两社对时局之态度决定事件之报告(通牒)

一 大阪朝日新闻社此前于社论及其他报道中,从国家财政经济立场出发,常强调裁军论。特别是编辑局长高原操、论说委员兼调查部长藤田进一郎、经济部长和田信夫等,此色彩最为浓厚,因而备受注目。日支冲突(即"九·一八事变"——笔者注)局面展

---

① 《满洲事变与报纸(白鸟敏夫宣誓供述书)》,转引自内川芳美:《现代史资料(40):大众传媒统制(一)》,东京,みすず书房,1991年,第217~218页。
② 森恭三:《我的朝日新闻社史》,东京,田畑书店,1981年,第20~21页。
③ 《每日新闻》1931年9月23日。

开,国家面临紧要关头之际,暂时搁置了裁军主张。该社为决定对当下时局之方针,自十月十二日午后一时至夜八时,召开主要领导大会……各部长集合协议之结果,作为大阪朝日新闻社今后之方针,虽如从来强调裁军,但当国家处于重要关头,作为日本国民,支持军部、统一国论乃为当然之事。故决定收敛对现在之军部及军事行动的发难批判,而应积极支持之。

二 大朝之姊妹报纸东京朝日亦持同样方针。为此,下村副社长于十三日上京。

三 大阪每日亦于十三日召开会议,决定了今后舆论之方针,视支那为敌国,对支那人之氏名不使用敬称。①

根据上述秘密报告,我们不难看出,《大阪朝日新闻》、《东京朝日新闻》以及《大阪每日新闻》不但完全终止了对"军部及军事行动的发难批判",反而开始"极力支持"军部及其军事行动。

(二)"日本新闻协会"的"转向"

不仅如此,战时新闻自治团体"日本新闻协会"也采取了支持军队行动的方针。"日本新闻协会"于1913年4月8日成立,设立之初该团体宣称其为"超越一切政党政派的新闻机构的代表性公共团体",并且在成立大会上提出了"修改新闻纸法第19条和第23条;取消报纸印刷纸张关税;降低电报、电话费用;降低报纸运输费用及新闻通信的邮费"② 等要求。然而随着国际局势的变化,特别是在1930年皇族东久迩宫稔彦王就任总裁后,"日本新闻协会"的主张便渐渐发生了转变。东久迩宫在就任仪式上希望新闻协会"齐心协力发挥其重大的社会及国际势力,为了国家而加倍努力"③。此后,"日本新闻协会"开始放弃其"超越政党政派"的中立立场,积极介入政治,为日本的国策开展宣传活动。

"九·一八事变"爆发后,作为新闻自治团体,"日本新闻协会"积极"在关于国家生死存亡的问题上开陈意见,将兴起国论作为本协会的义务"④。1931年11月12日,"新闻协会"理事长光永星郎拜谒陆军大

---

① 藤原彰、功刀俊洋:《资料日本现代史(8):满洲事变与国民动员》,东京,大月书店,1983年,第94页。
② 日本新闻协会:《日本新闻协会二十年史》,东京,日本新闻协会,1932年,第4页。
③ 日本新闻协会:《日本新闻协会二十年史》,东京,日本新闻协会,1932年,第29页。
④ 日本新闻协会:《日本新闻协会二十年史》,东京,日本新闻协会,1932年,第68页。

臣官邸,向"满洲派遣军"转交了慰问信,并表示作为舆论机构,要担负起"巩固举国一致信念"的重任,为"膺惩支那的皇军"提供舆论支持。

  (前略)满蒙权益是基于我明治大帝的皇谟,以巨大的国力和数十万同胞的鲜血获得的,是帝国臣民的生命线,当然要誓死拥护,以图发扬国威。而近来支那傲慢无礼,无视国际正义,踩躏我权益,以至神人共愤。帝国应借此机会促其反省。而要发扬皇军武威,布皇威于八纮,必须仰仗皇军各位的忠诚奉公。
  支那的傲慢无礼既已引起神人共愤,那么帝国国民应举国一致,燃起膺惩支那的热情。我等从事言论宣传的机构应尽己微力,巩固举国一致的信念,并努力援助为膺惩支那的傲慢无礼而出征的皇军。在这点上,敬请放心。①

11月14日,"日本新闻协会"发表声明说:"日本帝国遵守国际规约,以国际正义为准则,以国际协调为国是。(中略)日本在满蒙无领土野心,亦无排他垄断之心,只是为了保障条约中明确规定的十万人鲜血和二十亿资本的权益。(中略)我们在满洲的行动不属于非战条约和九国条约所涉及的范围,这仅仅是行使日本的自卫权。自卫权的行使与否是关系到日本帝国存亡的问题。"② 声明再次重弹"满蒙权益论"的论调,并重申了日军出兵的"正义性"。

1932年1月上海事变爆发之后,光永星郎于2月18日又分别拜会了陆军省和海军省的相关官员,并向出征上海的军队递交了慰问信,表示"我等言论机构首先要巩固举国一致的决心,为出征皇军的后援作出努力,为各位出征皇军消除后顾之忧"③。

"九·一八事变"爆发之后,南京国民政府向国际联盟提起诉讼,1932年2月,国联派出调查团前往日本、中国东北地区进行调查。日本政府为在调查团到达之前造成既成事实,遂于3月1日成立"伪满洲国",并于9月15日宣布正式承认"满洲国"。对于日本承认"满洲国"一事,各报社都表示了肯定的态度。1932年12月19日,全国120家报社发表了一个共同声明,支持"满洲国建国"。日本新闻协会也发表了所

---

① 日本新闻协会:《日本新闻协会二十年史》,东京,日本新闻协会,1932年,第70页。
② 日本新闻协会:《日本新闻协会二十年史》,东京,日本新闻协会,1932年,第68~69页。
③ 日本新闻协会:《日本新闻协会二十年史》,东京,日本新闻协会,1932年,第71页。

谓的"满洲国建国贺电","代表加盟的 197 家报纸通讯社,以满腔赤诚"① 对"满洲国"的建立表示祝贺。

可见,日本报界已将自己置于政府"言论机关"的位置,并主动地无条件支持政府的任何决议。他们通过对国联的批判来向国民论证"维持生存"的合理性,并进一步通过国联的让步,从反面论证其侵略的合法性。所以,报界对国联决议的批判,构成了其煽动排外主义热潮的重要一环,也是其开展战争宣传的具体表现。

对于"九·一八事变"后日本国内舆论的动向,军部给予了高度的关注。就在事变爆发两个月后,参谋本部第二课制定了"昭和六年秋末情势判断及对策",称"因我陆军的努力,国内舆论本春之后逐渐好转,至事变爆发后推动国民情绪达到高潮,对军部的信赖也大为增强"②,从而对日本报界的"转向"给予了肯定,并对其效果表示满意。从该报告中可以看出,报界的"转向"完全符合了军部的期待,使得事变爆发后的对外侵略的国内舆论占据上风,并由此获得民众的信赖,这也是报界追随军部的重要证明之一。

三、难能可贵的反战言论——《赤旗》

当然,并非所有的报纸都主动迎合军部法西斯势力,为了舆论所尊崇的"言论自由"准则和以营利为目的的自由竞争的权利,仍有一些报纸表示过一定的反抗。例如菊竹六鼓主持的《福冈日日新闻》和桐生悠悠③主持的《信浓每日新闻》都曾发文痛斥法西斯军人的暴行,并对当时大多数报纸发生"转向"提出了严厉的批评④。就连一些最终屈服于强权政治的报纸如《朝日新闻》等也曾发表过类似的批判文章。在这些反战言论中影响最大的当属日本共产党旗下的机关报《赤旗》。

(一)《赤旗》的创刊

在中国共产党成立一年以后的 1922 年 7 月 15 日,日本共产党作为共产国际的日本支部正式成立,此后便开始领导了一系列斗争。(然而受

---

① 日本新闻协会:《日本新闻协会二十年史》,东京,日本新闻协会,1932 年,第 74 页。
② "昭和六年秋末情势判断及对策",见《自昭和六年九月十五日至昭和六年十二月十日满洲事变作战指导关系(别册其一)》,转引自佐藤胜矢:《对满洲事变勃发当初军部的新闻对策及论调的认识》,载《日本大学大学院综合社会情报研究科纪要》2005 年第 6 期,第 347~358 页。
③ 桐生悠悠(1873~1941):本名桐生政治,日本自由主义者,著名记者,至死反对军国主义,曾先后在《每日新闻》、《朝日新闻》等报社任记者,后任《信浓每日新闻》主笔,晚年发行私人杂志《他山之石》。
④ 详情参阅本书第六章"战时体制下的新闻人物"第三节"战时报界的反抗者"相关内容。

当时日本国内政治环境的影响,加之早期日本共产党人宣传意识的欠缺,日本共产党在成立之初并没有创建作为宣传阵地的机关报。①)

《赤旗》的创刊与当时日本的国际国内形势有着密切的联系。从国际上来看,"十月革命"后社会主义运动的开展如火如荼,中国的大革命也在此时达到了高潮,而曾经作为日本殖民地的中国台湾和朝鲜也都掀起了反殖民主义的热潮。从日本国内来看,由于受到金融危机的影响,日本的财政体制受到冲击,工人、农民掀起了反对资本主义的激烈斗争。这些都加速并催化了日本国内的阶级矛盾,同时也要求日本共产党开展更加广泛的群众运动,打造一个强有力的宣传阵地的要求也就应运而生。

1928年2月1日,《赤旗》创刊。在该报报头的显著位置,标注了"日本共产党中央机关纸"的字样,日本共产党委员长渡边政之辅撰写的《创刊词》开篇亦对《赤旗》的历史地位作出了明确定位,即"日本共产党的中央机关报",同时明确了该报的任务。

> 日本共产党将通过持有"赤旗"的所有革命群众、贫农,向最广泛的群众宣传我党的革命政策。……我们的《赤旗》是诸君自己的机关报。因此,诸君的所有革命斗争都要更加迅速、敏锐地反映到该机关报上。我们的"赤旗"就是在无产阶级大军进攻中飘扬在前锋的军旗。②

然而《赤旗》的创刊并非是一帆风顺的,当时的政治环境决定了它在创刊之初就处于"非法"状态。对此《创刊词》也对《赤旗》所面临的生存环境作了分析,指出该报"处于资产阶级及地主的反动政治下,是作为非合法报纸秘密印刷、发行的"。而创刊号的《编辑后记》中也做了如下说明。

> 一、期待已久的中央机关报今日创刊,这是全体党员的喜事。将其变成一份具有指导性的报纸也是全体党员的义务。党的活动的宝贵经验今后将反映在机关报上,希望将其办成一份名副其实的日本共产党中央机关报。
>
> 二、在今日的政治局势下,本报不得已处于非法状态。机关报

---

① 1925年日本共产党曾经公开出版一份报纸《无产者新闻》,但其并非为日本共产党的机关报,加之当时严厉的言论统制政策,该报屡次被禁,因此它并没有完成其应有的宣传使命。
② 《创刊词》,《赤旗》1928年2月1日第1期。

是我们的武器,我们应提高警惕,防止该武器落入敌人之手。关于这一点,首要的是完成文书配布组织,希望全体党员向着此方向努力。①

从《发刊词》内容来看,日本共产党对《赤旗》的成立给予了极高的厚望,并赋予了高度的历史使命,而《赤旗》同样也忠实地回应了日本共产党的政治诉求——以向民众宣传党的主张并公开显示日本共产党的存在为己任。

但从《赤旗》的发行渠道来看,由于其处于秘密印刷、发行的"非合法"状态,因此发行渠道比较单一,只能依靠党员之间的秘密传递,"本报的发行量极少。因此要对每一份加以最大限度的利用,由一人之手传与他人,让革命群众和农村大众广泛阅读,让他们团结在我党的旗帜下。"因此,在创刊之初,编辑部反复在报纸上发文呼吁党员积极参与报纸的发行工作,并要求党员投稿,以实现"诸君自己的机关报"的目标。在印刷厂遭到破坏的情况下,《赤旗》仍然坚持手工刻板印刷,并鼓励党员"对报纸上刊登的出自党中央之手的文章进行复制和散发,并进行转载"②。

从《赤旗》的发行周期来看,创刊号明确规定每月1日、15日定期发行两期,并且在第2期上提出了早日发行日刊的目标。但由于日本政府当局的阻挠和破坏,其发行周期并不固定,缺期发行的情况较多。如本应于1928年4月1日发行的第5期因为"受到统治阶级的暴压"③而提前至3月22日发行。而1930年6月15日发行的第33期几乎全部被日本政府当局没收,此后一直到1931年1月25日第34期方才复刊,此间一直处于停刊状态。

(二)《赤旗》的反战报道

日本政府当局发动侵略战争后,《赤旗》用了极大篇幅对战争进行了报道,"坚决反对帝国主义战争"成为这段时期《赤旗》的主题和最响亮的口号。

1931年10月5日,《赤旗》发表长篇社论对"九·一八事变"爆发进行了报道。

---

① 《编辑后记》,《赤旗》1928年2月1日第1期。
② 《关于赤旗的复制》,《赤旗》1929年3月25日第27期。
③ 《编辑后记》,《赤旗》1928年3月22日第5期。

首先，该报旗帜鲜明地指出"九·一八事变"的本质是"帝国主义战争"。报道揭露了"日本政府、陆军当局及一切资产阶级报纸"的阴谋，指出"九·一八事变"是"为维护帝国在满蒙的权益所采取的最小限度的自卫"的说法不过是"赤裸裸的谎言"，而对于当时的主流报纸所宣称的事变是由中方"积极策划"的说法，《赤旗》也进行了反驳，称其为迎合帝国主义的"虚假宣传"。

其次，报道分析了日本发动事变的原因，称日本帝国主义"不仅仅是为了获得新的销售市场、投资市场和资源"，而是试图通过占领"满洲"达到"武力干涉苏维埃联盟"的目的。并列举了十条理由一针见血地指出日军的军事行动既非偶然，也非突然，而"实际上是经过精密策划而实行的"。该报在社论中明确了事变的性质是"帝国主义战争"，是"日本资产阶级为从前所未有的经济恐慌中摆脱出来，挽救其必然的没落而采取的有计划的战争"。

最后，报道对帝国主义战争蔓延的严峻形势提出了警告，称"屠杀世界无产阶级的帝国主义战争绝非明日之事，已经在满洲地区发生"，因此应该奋起反抗，但对于反抗的形式，《赤旗》认为应该发挥日本共产党强有力的组织功能，"仅仅靠一张传单来反对满洲出兵、反对战争是不够的"，必需"将日本帝国主义的一切阴谋向每个工人、农民进行揭露，并巧妙地组织反对帝国主义战争的革命性群众行动"，进而颇有远见地指出"战争必将导致内乱"，最后提出了"反对帝国主义战争"[①]的口号。

10月20日，《赤旗》用两个版面报道了"九·一八事变"的进展，并从国际局势出发分析了事变的原因、影响，进而提出了"保卫中国革命"的主张。该报道深刻剖析了日本在中国东北地区建立"伪满洲国"的原因："日本军队占领满洲，从资本主义国际法的角度来看并不合适，而且在外交上也不高明，因此就想出了'建立满洲独立国'的法子。"报道也看到了事变后在中国共产党领导下兴起的风起云涌的反日浪潮，称"中国的反帝国主义运动将反对日本帝国主义作为第一口号"是正确的，但不应局限于此，而应着眼于国际局势"将帝国主义列强的势力从中国驱逐出去"。最后报道号召日本工人农民积极声援中国革命，并要求将活动落到实处，"要争分夺秒地开展罢工、街头示威、拒绝运送武器和军需品、立即释放政治犯等具体活动"[②]。

---

① 《与满洲的帝国主义战争斗争到底》，《赤旗》1931年10月5日第55期。
② 《中国新革命崛起，保卫中国革命》，《赤旗》1931年10月20日第56期。

《赤旗》对日军不断扩大在中国东北地区的军事行动进行了批判，称"满蒙事实上已处于日本军队的统治之下，而关东军司令部则成为事实上的满蒙统治中心"，从而揭露了日军所谓"有限自卫"的谎言。而对于"满洲国"，该报认为其实质是"日本帝国主义军事独裁下的'独立政府'"，并一针见血指出，无论如何加以粉饰，"独立政府是日本帝国主义资产阶级策划成立的，是驱逐张作霖、张学良等旧军阀后建立的新军阀'独立政府'"，虽然其独立于国民党政权之外，但却"隶属于日本帝国主义，是榨取满蒙地区日、中、朝、蒙工人农民的政权"[①]。

面对不断扩大的侵略战争以及日本国内蔓延的战争热潮，《赤旗》相继发表了大量社论予以剖析，并反复提出反战主张。

第一，《赤旗》对事变爆发后各主流报纸支持战争的做法提出了批判，称"最近的资产阶级出版物——报纸、杂志、书籍全部大肆宣传煽动忠君爱国主义、排外主义。不仅出版物，广播、电影、讲演会等等凡统治阶级所拥有的所有机构都朝着同一方向发展"[②]。该报列举了主流媒体的几条罪状：第一，充斥着"日军勇敢的活动"、"天皇军队的威力"、"日军的正当行为"等虚假报道；第二，发动捐款、捐物等活动，煽动爱国主义、排外主义；第三，电影、戏剧等娱乐机构创作战争题材作品，鼓吹忠君爱国主义。该报进一步指出"前线的直接军事行动如果没有国内的精神援助是不可能实现的"，因此《赤旗》认为这些宣传的归着点就是试图将"强盗战争正当化"[③]，对战争的进展起着不可忽视的推动作用。

第二，《赤旗》对反战过程中的一些"错误的做法"提出了批评。

首先，针对全国协议会青年部中央书记局发表的反战檄文中提出的"拒绝召集令"的做法，该报明确表示了反对，指出此举"至少在现阶段是错误的"，其理由如下：

> 排斥战争，并非是无产阶级的斗争口号。工人农民必须拿起武器，必须拥有向资产阶级地主射击的枪支，我们不是和平主义者。我们必须采取积极的斗争方法，摒弃消极的斗争方法。拿起武器，学会使用方法，向广大的士兵群众宣传该将枪口对准谁，因此我们

---

① 《在华帝国主义国家间矛盾激化，存在苏维埃同盟进行武力干涉的危险》，《赤旗》1931年10月26日第57期。
② 《当前的问题》，《赤旗》1931年12月13日第60期。
③ 《强化反战斗争》，《赤旗》1931年12月13日第60期。

必须加入军队。拒绝召集令只会招致逮捕、杀戮。上述的排斥战术是与我党及共产国际、工会国际的方针相违背的。①

对于这些应招入伍的士兵,《赤旗》要求日本共产党党员加强组织建设,"以应招入伍士兵为中心建立一个组织",同时加强与士兵的联系,"将工厂、农村的事情传达给他们,并从他们那里获知战场的情况",因为"这种紧密的联系是将内地的阶级斗争渗透到军队内部的重要途径"②。

其次,对于应征入伍踏上战场后的行为,《赤旗》也给出了相应的建议,要求勇敢作战,"虚无的行动和语言并非共产主义者应采取的态度,只有成为一个勇敢的、值得信任的人,才能获得士兵群众的信任"③,从而带领士兵整体加入赤卫军,与赤卫军携手反战。

从上述资料来看,《赤旗》是极力主张"应征入伍"的,因为不但可以避免杀戮的危险,还能掌握斗争的武器,并且能够将阶级斗争渗透到军队中。这一点从某种意义上讲是符合当时日本国内局势的,但也应该看到其仍具有一定的冒险性和局限性,带领士兵整体加入赤卫军的目标也是不切实际的。

第三,《赤旗》对反战的具体做法提出了具体的建议。该报认为开展反战思想的宣传是必要的,但更应开展具体的有组织的群众性活动。具体如下:1. 通过罢工、游行等方式,拒绝运送军队、军需品和军用飞机;2. 通过罢工、怠工等方式,停止军需品工厂的生产;3. 在军队内建设强有力的革命组织,将帝国主义军队改造为革命军队;在军队内开展阶级斗争。

纵观《赤旗》对"九·一八事变"的报道,我们可知:第一,报道揭露了日本军国主义的侵略本质,并从国际局势及日本国内状况出发全面分析了事变爆发的原因;第二,报道虽然提出了一些反战措施,但缺乏可操作性,暴露出当时日本共产党组织能力较弱的事实,这与当时日本共产党的生存状态密切相关。

(三) 评价

在当时极其严峻的言论统制环境以及日本国民的战争狂热被煽动起

---

① 《如何反对帝国主义战争》,《赤旗》1931年12月13日第60期。
② 《如何反对帝国主义战争》,《赤旗》1931年12月13日第60期。
③ 《如何反对帝国主义战争》,《赤旗》1931年12月13日第60期。

来的社会状况下，以《赤旗》为首的这些报纸能够提出反对和批判的声音，实属难能可贵。但是在当时的社会状况下，这种反战观与当时的战争狂热和尊皇论格格不入，因此并没有获得大众的支持。

而且这些报纸对强权政治的反抗，其出发点并不尽相同。一部分报纸是出于维护其所尊崇的"言论自由"准则和以营利为目的的自由竞争的权利，如《福冈日日新闻》与《信浓每日新闻》等。他们不畏法西斯恐怖政策，勇敢地用舆论武器揭露日本帝国主义的侵略本质，同法西斯统治进行斗争。他们以自己的实际行动捍卫了新闻专业主义的客观性与独立性，在日本新闻发展史上留下了不可磨灭的印记。

还有一部分全国性的商业报纸也对政府的言论统制政策提出了批判与反对。然而我们应该看到的是，这些报纸的反抗并非是出于对言论统制政策本身的反抗，而是出于对其经营上的利害关系的考虑。例如在政府通过报纸统合政策之后，《读卖新闻》、《每日新闻》等大报甚至联合起来进行抵制。《读卖新闻》社长正力松太郎甚至表示"即使豁出性命也要反对"①。这是因为当时的《读卖新闻》无论是规模还是发行量均逊于《朝日新闻》和《每日新闻》两大报纸，正力担心实行统合政策之后，《读卖新闻》会陷入不利的境地，甚至有破产的可能。而对于政府的印刷用纸分配制度，正力也表示了激烈的反对，原因不过是对《读卖新闻》分得的配额大大低于上述两家报纸而表示不满。然而当《读卖新闻》和《报知新闻》实行合并之后，《读卖报知》的读者量猛增，正力也就放弃了反抗的主张。这也从另一个侧面表明当时的日本新闻舆论界并非是铁板一块，它仍然具有一定的生存空间，而唯一不同的是在自身利益和社会责任②面前如何抉择的问题。

此外需要指出的是，那些抵抗文章在报纸整个报道内容上所占的比重微乎其微，而且其出发点也并非是反军、反战，充其量是表达对政府剥夺报道自由的不满而已。而那些抵抗报纸的数量更是凤毛麟角，而且都是地方报纸，不但发行量只有有限的几千份，而且发行范围也仅限于某个地区，甚至如《赤旗》等报纸在当时是作为非法出版物存在的，不但无法公开发行，就连印刷都是采用手工钢板油印的方式，根本无法与《朝日新闻》、《每日新闻》等全国性大报抗衡。加之这些报纸最终受到

---

① 日本编辑联盟编：《言论弹压史》，东京，银杏书房，1949年，第152页。
② 这里所讲的社会责任并非是日本军国主义者提倡的"社会责任"，即为侵略战争的推行进行宣传的使命，而是新闻学上所谓的"社会责任"，即以公平、公正的新闻专业主义来发挥"社会木铎"的责任。

查封或废刊的严厉处罚，根本无力扭转报界转向的大趋势。而《朝日新闻》等大报不但牢牢占据中央舆论的中心位置，还向地方发行，其发行量占全国报纸发行总量的大半。以1941年为例，当年日本全国报纸共有355家，平均日发行总量约为1078万份①，《朝日新闻》的日发行量约为350万份②，《每日新闻》的日发行量也为350万份③，《读卖新闻》的日发行量约为160万份④，仅这三家大报的发行量就占全国总发行量的80%左右。由此可见，巨大的发行量使得大报拥有绝对的话语权，大报的论调对舆论导向以及报界的发展趋势起着决定性作用。

综上所述，"九·一八事变"爆发之后，在峻急的国内政治以及社会环境的强压下，日本报界一步步迷失了方向，"在'五一五事件'时有90%的报纸已停止抵抗，而到'二·二六事件'时则100%放弃抵抗"⑤，新闻专业主义在强权政治面前逐渐妥协。（见本书第三章）

四、报界战时体制的确立

"战时体制"是统治阶级为应对战争而制定的一种临时性过度体制，目的是强化包括政治、经济、社会、文化等所有领域对战争的服务功能，它具有广泛性和强制性。为营造"总力战"的战争氛围，日本军国主义分子在全面扩大对华侵略战争之后，在全国范围内建立并完善了战时体制。其中，包括报纸在内的传播媒介也被纳入到战时体制之中，并最终确立了适应国家战时体制的新体制。

报界战时体制是日本国家战时体制的重要组成部分，是日本报界主动迎合统治阶级意志、为侵略战争鼓动、宣传的产物，也是巩固日本统治阶级话语权的宣传工具。报界战时体制的确立主要包括以下三方面内容。

（一）调整报道机制

为适应战时体制，各报社纷纷进行了机构改革，加强编辑权限，设

---

① 东洋经济新报社编：《昭和国势总览》（第三卷），东京，东洋经济新报社，1991年，第223页。
② 安田将三、石桥孝太郎：《朝日新闻的战争责任》，东京，太田出版，1995年，第236页。
③ 每日新闻130年史刊行委员会编：《〈每日〉的3世纪——从报纸透视激流动荡的130年》（别卷），东京，每日新闻社，2002年，第97页。
④ 山本文雄：《日本新闻发达史》，东京，伊藤书店，1944年，第365页。
⑤ 和田洋一：《战时下的传媒》，转引自城户又一：《讲座现代传媒》，东京，时事通信社，1975年，第127页。

置了包括主笔、编辑总长以及各编辑局长在内的编辑会议，负责制定报社的编辑方针。1940年8月，《朝日新闻》实行了"新体制"，提出要贯彻报纸报道的独立性，以保证编辑内容不受报业资本的干涉。但这里所说的"独立性"其出发点并非是追求新闻舆论的客观公正、不偏不党的特性，而是相反以"独立性"的口号防止报业资本干涉其为军国主义战争宣传鼓噪的"独立性"。同年9月，《每日新闻》也设立了"编辑指导会议"，负责制定该报的编辑方针。

与此同时，为避免出现与军部论调不一致的"误报"，各报社除了要接受内阁情报局、陆海军报道部等言论机构的严格审查外，还在自己内部设置报道审查课，对新闻报道进行严格自我审查。这样，处在多重机构的审查监督之下，报纸报道的内容完全军国主义化。这个时期的报纸以"振兴国民精神"为目标，"传播日本真意，宣传日本誓死建设大东亚新秩序的伟大使命，开展笔头外交，进行笔的战争"[①]，全力为军国主义宣传服务。

为了充分发挥报纸在舆论、社会风气上的重大作用，各报社与政府的论调保持了高度的一致。1937年7月11日，日本发表出兵华北声明的当天，首相近卫文麿召集东京都内报社和通讯社的代表、干部约40人至首相官邸"恳谈"，要求言论界对军部的行动给予协助。各报社立即行动起来，调整报道机制以适应战局的发展。面对纸张缺乏的形势，为不减少报道内容，报界不惜牺牲广告篇幅，力求报纸的所有内容都能体现国家立场和指导国民的精神，以实现报纸作为"社会木铎"的使命。《朝日新闻》通过缩小字体、增加段数、减少广告版面并让位于新闻报道、压缩标题、凝缩报道内容等措施来应对纸张短缺危机。

对报社来说，最重要的收入来源是报纸销售收入和广告收入，其最理想的比例是双方各占一半。由于各报不断削减广告版面，广告收入所占比例持续下降，1938年各报"报纸销售收入和广告收入的比例为6比4，到了1941年变为7.5比2.5"[②]。

为了支持军队进行"长期圣战"，日本各地府县相关部门效仿内阁情报局做法，每月定时召开有报社记者、通讯员参加的舆论指导座谈会。1939年10月12日，富山县知事向内务省、外务省以及内阁情报部等部

---

① 平田外喜二郎：《战时新闻读本》，大阪每日新闻社、东京日日新闻社，1940年，第16页。
② 朝日新闻社社史编修室：《朝日新闻七十年小史》，东京，朝日新闻社，1949年，第276页。

门提交了关于该县召开舆论指导座谈会情况的报告。其中在"关于时局下言论机关的根本态度"一段中作了如下阐述：

> 报纸在人类社会生活上是必要的机关，发挥着重要的作用，其报道能够对舆论和社会风教产生巨大影响，对此各相关单位都给予了充分认识。现今我国为完成长期圣战的目的，举国上下坚持不懈地奋斗，不仅是在国内，在对外关系上，报纸的重要性更加显著。因此，县下各日刊报纸决定放弃原来的营利本位，一步一步接近其公共性的文化指导机关的本来使命，这是十分可喜的现象。而地方通讯员及各有关方面人员仍有部分依然维持旧态势，在报道通讯之外募集广告，或者在报道军事通讯和经济通讯时不经意间泄漏军事机密或为地方逆宣传所利用，因此各编辑当局会更加谨慎，各通讯员也给予十二分注意并积极协助。①

从上面报告中可以看出，富山县对报界放弃营利主义路线为战争进行宣传报道的态度表示了欢迎，并对"维持旧态势"的做法提出了批评。这表明报界无论从主观愿望还是外界的要求上，都已经开始积极地和政府站在了一起，扮演起军国主义宣传机器的角色。

从日本对英美宣战之日起，为防止"可能给敌军提供某些参考"，各报决定取消天气预报栏目。与此同时，内阁情报局和大本营报道部也向各报社、通讯社下令禁止刊登除大本营发表的通稿之外的报道以及"对我军不利的一切事项"②。此后全国报纸报道内容格式化，报道论调千篇一律，失去了报纸本来的社会功能，成为军部大本营的"机关报"。

此外政府以"收集正确情报，粉碎谣言宣传"③为理由，派"特高"人员进驻各报社。各报社为了配合政府的言论政策，完成报纸在战时的宣传使命，对报社内部机构进行了改革。在日美开战的报道上领先于其他报社的《东京日日新闻》在开战当日下午召开会议，主笔高田元三郎要求社员"要做好长期战的心理准备，沉着冷静地应对"④。从第二天开始，该报就对编辑部进行了调整，取消了原先的部课制，设置报道班

---

① 吉田裕、吉见义明：《资料日本现代史（10）：日中战争时期的国民动员①》，东京，大月书店，1983年，第334页。
② 三枝重雄：《言论昭和史》，东京，日本评论新社，1958年，第133页。
③ 前坂俊之：《太平洋战争与新闻》，东京，讲谈社，2007年，第386页。
④ 《东京日日新闻社社报》1941年12月26日。

(政治、经济、社会、摄影等 6 部)、编辑班(编辑、校阅、审查、资料等 5 部)、外信班(欧美、东亚、外电网、俄罗斯 4 部)和联络班(电信、电话、航空、信鸽等 6 部)。其中编辑班下设审查部,负责在稿件提交各有关部门进行审查之前进行自我审查,以防出现与大本营报道不符的内容。而《朝日新闻》为了扭转其在开战报道上的落后局面,强化了报道阵容。从1942年2月起在东京本社编辑部内设立前线指导本部,并且在前线设立前线总局,以加强对前线战况的报道力度。同时报社内部也进行了改革,进一步削弱了资本对编辑方针的干涉,以保证能够按照政府的言论政策进行报道。随着战局的发展,《朝日新闻》社又对内部机构进行了相应调整,在东京总社设立编辑总局,实现了东京、大阪、西部三社编辑的一体化。同时废除了1940年设立的"中央调查会"①,新设"战时资料研究委员会","负责从新的角度收集战争相关资料并进行研究"②。

各报还取消了设在美英等国的海外通信网络,仅仅保留了设在中立国以及轴心国的分支机构。"为应对大东亚共荣圈建设的宏伟大业"③,自1943年1月1日开始,《大阪每日新闻》社将旗下的《大阪每日新闻》和《东京日日新闻》合并为《每日新闻》发行,并将编辑中枢转移到东京。而《东京朝日新闻》和《大阪朝日新闻》则早在1940年就实现了统一,以《朝日新闻》为报头继续出版发行。

(二) 自我规制与整顿

"九·一八事变"爆发之后,政府逐渐强化了言论统制体制,与此同时,日本报界也开始对军部的言论发表支持论调,并鼓吹所谓的"爱国精神",走上了自我规制的道路。

对于报纸的自我规制以及对军部的盲目追随,包括外务省在内的政府部门表示了相当的不满。1933年7月,日本法相小山松吉在议会演讲中说"最近社会不安定是由于报纸不能畅所欲言造成的",此言获得包括首相斋藤实在内的各大臣的赞同。而对于报纸不能畅所欲言的理由,《国民新闻》论说委员长谷川光太郎作了如下解释:"从五一五事件开始我

---

① "中央调查会"的前身是绪方竹虎于1934年9月在《朝日新闻》内部成立的"东亚问题调查委员会",负责"收集、整理、保存、调查有关东亚的资料",其真正目的在于"协助国策",1940年在报社内部机构改革中改组为"中央调查会"。
② 朝日新闻社社史编修室:《朝日新闻七十年小史》,东京,朝日新闻社,1949年,第297页。
③ 每日新闻130年史刊行委员会:《〈每日〉的3世纪——从报纸透视激流动荡的130年》(上卷),东京,每日新闻社,2002年,第885页。

们就陷入无法坦率发表自己想法的境地。这并非是由于他人实施言论压制，也没有人会因为你发表如此言论而叱为不合时宜，而是因为自己感觉有些事情必须有所顾忌。"①

在长谷川看来，当时报界不能畅所欲言的主要原因并非是言论统制等外在强制力的存在，而是其主观选择使然，也即报界的自我规制使得舆论主动放弃了话语权。1933年版的《日本新闻年鉴》称报界在事变爆发之后便开始"与国民一道同非常时期战斗"，最终"固守苍白的、令人可怕的沉默，现如今正处于同统制分道扬镳的十字路口"，从而将"九・一八事变"之后的舆论界形容为"半身不遂的言论"②。而所谓的"同统制分道扬镳"并非意味着同言论统制的对抗，而是超越政府的言论统制、主动追随军部的自我规制行为。

报界的自我规制除了表现为对军部的无原则支持外，还表现为对所谓"非国民言论"的批判。1932年2月4日，贵族院议员、《大阪每日新闻》社顾问新渡户稻造③在接受报社记者采访时对军部的独断专行进行了批判。然而在日本军部还未采取相应的措施之前，报界就率先作了大肆报道和评论。《海南新闻》在社论中称"军部为祖国在满洲旷野抛头颅、洒热血，尽职尽责"，对军部发动侵略战争表示了颂扬，接着便对新渡户的发言进行了指责，称其为"不谨慎，不合常识"④。而《日本新闻》则称新渡户为破坏国论统制、否认日本精神的惯犯，并批判他的言论是"作为日本国民不能置若罔闻的非国民的粗鄙之言"，并呼吁报界要"确信国家行动，不允许有丝毫动摇"⑤。

从上述两家报纸的评论来看，其共同点都是以"非常时期"为理由，主张报界放弃发表针对国策的批判文章，而应顺应潮流，进行自我规制。

中日全面战争爆发之后，首相近卫文麿向《东京朝日新闻》、《东京日日新闻》以及同盟通信社等寻求舆论支持，同盟社长岩永裕吉当即表示舆论界将"举国一致支持政府的方针"，此后报界便掀起了"暴戾支那

---

① 前坂俊之：《太平洋战争与新闻》，东京，讲谈社，2007年，第158~159页。
② 《日本新闻年鉴》1933年版。
③ 新渡户稻造（1862~1933），日本著名的国际政治活动家，农学家，教育家。出生于日本岩手县盛冈市，札幌农学校（今北海道大学）毕业。曾担任贵族院议员、《大阪朝日新闻》社顾问、国际联盟副事务长，也是东京女子大学的创立者。著作有《武士道——日本人的精神》一书。
④ 《海南新闻》1932年2月7日。
⑤ 《日本新闻》1932年2月11日。

膺惩"的高潮,"连一向以言论自由为传统的朝日新闻也成为日本主义最为热烈的鼓吹者"。对此,1938年版的《日本新闻年鉴》作了如下评论:

> 对国内问题的批判转眼间便销声匿迹,爱国精神的发扬和围绕事变的评论占领了报纸的论坛,舆论得以正确指导、结晶并被统一,这是过去任何战争中所未见的日本报界的一大特色。这次事变中,完美的言论统制是自发进行的。①

无疑《日本新闻年鉴》对上述报界的状况是持赞扬的态度的。这段话向我们透露了两个信息:第一,日本报界在国内舆论统一过程中,对煽动所谓的"爱国精神"、引导舆论起了重要作用;第二,这个过程是自发进行的。换言之,报界的自我规制塑造了国家舆论统一的局面,同时也推动了言论统制的强化和发展。

1942年"日本新闻会"成立之后,为完成"报纸作为国家国民公器"②的历史使命,各报社根据"日本新闻会"制定的报社统制政策,或同其他报社进行合并,如《读卖新闻》与《报知新闻》合并为《读卖报知》等;或对各分支机构进行合并,如《朝日新闻》"为协助国家目的",将位于名古屋的中部本社的报纸印刷发行业务全部合并到大阪本社中。合并的结果造成了报纸数量的剧减,同时也方便了政府对报纸的控制和利用。

(三)为思想战摇旗呐喊

战时体制确立后,日本报界的编辑方针和论调发生了重大的变化,报界开始配合军部当局的论调,不遗余力地宣传"膺惩暴支"的正当性,对形成举国一致的国民意识起了重要作用。

1937年8月24日,议会通过了"国民精神总动员实施要纲",其中在关于"实施方法"的条目中,"要求各种言论机关给予协助"③。8月25日,报界对"实施要纲"的内容进行了全文报道,并号召"各执行机关及公司、银行、工厂、商店等各自树立自己的典型,同时利用广播、

---

① 《日本新闻年鉴》,1938年版。
② 内川芳美:《现代史资料(41):大众传媒统制㈡》,东京,みすず书房,1996年,第366页。
③ 吉田裕、吉见义明:《资料日本现代史(10):日中战争期的国民动员①》,东京,大月书店,1983年,第46页。

文艺、音乐、演剧、电影等强化后方活动，爱护资源，彻底认识时局，集中全体国民的精神"①。

8月30日，《东京日日新闻》发表社论，对日军发动全面侵华战争给予了肯定和支持，并对当下日本国民对战争的态度表示了不满，说"要达到我国这次出师的目的，需要那些我们每天报道的前线将士们的奋斗，当然也非常需要国民的努力。但是恐怕现在国民的紧张程度还不及日清、日俄两役"。因此，呼吁国民集中精力，"将所有国民的机构以及努力发挥最大效率"②，实行国民总动员。

从9月3日开始，政府召开临时议会，讨论"国家总动员法案"的具体内容。在此之前，报纸对法案的内容给予了极大的关心，《报知新闻》于9月2日发表文章号召"将人、物和精神全部动员起来"。文章在开头便指出"要取得战争的胜利，必须彻底实行完全的国家总动员"，接着便列举了德国在一战中失败的教训："物资匮乏，人心极度疲敝，赤化思想趁虚而入，最终导致铜墙铁壁般的德意志魂烟飞灰灭"。鉴于日本当前也面临相同危机，因此日本无论面临何种困境，"都不能丧失根本的传统精神，即'日本立足于正义人道，目标是实现东洋的和平，将皇道散布于世界'"③。

随着中日战争的全面爆发，日本逐渐陷入到长期战的泥沼之中不能自拔，导致日本国内资源匮乏、悲观情绪蔓延。在这种状态下，1941年11月，《大阪朝日新闻》业务局长刀祢馆正雄发表《报纸报国之秋》一文称：

> 在此次前所未有的大事变下，国内的对立争斗才是最可怕的。若全体国民一致团结的力量非常强大的话，则无所畏惧。凭借一亿一心、全民亲和、共同努力向前迈进的话，则万事能成。要实现一亿一心、团结强化民心就必须普及那些真正支持国策、指明国民前进方向的好报纸。无庸置疑，这才是适当且有效的方法。④

刀祢馆正雄认为，虽然战争不知道何时才能结束，但是如果齐心协

---

① 《东京日日新闻》1937年8月25日。
② 《东京日日新闻》1937年8月30日。
③ 《报知新闻》1937年9月2日。
④ 引自山中恒：《报纸去美化战争吧！——战时国家情报机构史》，东京，小学馆，2001年，第15~16页。

力、举国一致的话就会胜利,因此他号召报界必须进行改造,创办支持国策、激励国民的"好报纸"。反之,那些对国策进行批评,对国民的疑问和批判进行报道的报纸则为"坏报纸"。

《每日新闻》社顾问上田正二郎在《今后的报纸——战时报纸与读者的心理准备》里写道:"举国体制下,和平产业诸工厂已将人、机械全部用于军工生产。报社应真正从昔日旧梦中醒来,成为思想战的弹丸。报社不同于一般工厂,只有新闻人的头脑改变了才能即时奉公。全国报社应尽早脱离从前那种被和平产业部门禁锢的时代,换言之,报社是杰出的军需工厂。早晚发行的报纸成为思想战的弹丸,发挥了巨大的作用。……油墨是汽油,笔是枪剑,新闻人的战场是版面。一定要把整个报纸的版面化作战场,争取胜利,不能失败。"①

上田认为报社是总力战的一个重要环节,他极力主张报社应该成为激励前线战士、激励后方百姓的重要精神武器,而新闻的定义也应因战争而改写。

1941年,"日本新闻联盟"编辑委员会向政府提交了"关于言论报道统制的意见"。其内容如下:

> 战时吾等报人应将报纸作为思想战之武器,将报社记者视为思想战战士,关于言论报道,应一致协助国策指向的方向基准,对外进行国际宣传战,对内进行国论启发指导战,以此来发挥其本来技能。然而此前往往偏于单一的遵从上级指示,加重了报纸的官方色彩和程式化,或偏于消极的取缔,抹杀了新闻报道的客观性,致使言论萎缩沉闷,明显降低了报纸作为思想战武器的效果。因此,在一体化的指导和协力上还未完善。②

从上文可以看出,代表日本报界的"新闻联盟"不但完全丧失了对政府言论统制政策的批判功能,反而主动要求政府强化体系化的一元化统制,从而把自己定位为"思想战战士"。这表明此时报界已经完全屈服,并逐渐走向对战争主动协助的道路。

太平洋战争时期,各报还对处于新闻新体制下的报纸重新进行了自我定位。《朝日新闻》在面向报社内部员工发行的《朝日新闻社社报》

---

① 上田正二郎:《今后的报纸——战时报纸与读者的心理准备》,札幌,综文社,1943年,第3~4页。
② 塚本三夫:《实录·侵略战争与新闻》,东京,新日本出版社,1986年,第242~243页。

中表达了"以报纸为武器打败英美"的决心,提出报纸在战时体制下的最大使命是"激发国民士气,掀起国民对英美的敌忾心理,指导他们为赢取大东亚战争的胜利而努力"①。接着该报又对今后报纸的报道基调做了规定,主张报纸必须要同政府的口径保持一致,向国民传达政府的所作所为以及国策主张,"牺牲一切,为赢得胜利而发行报纸"②。与之相对应,报社记者也被赋予了"报道战士"的身份,成为战争宣传的主体,"全体报社从业人员都必须强化作为皇国新闻人的自觉,确立皇国新闻观"③。

《读卖新闻》也对战时体制下日本舆论的作用作了分析。该报认为要取得战争的胜利,除了充实军备、增加生产之外,最重要的就是要"强化一亿国民的团结",而且增强军事力和生产力也有赖于国民的团结,而"达成国内一致的有力武器则是决战下言论报道的指导"。对于言论报道的具体方针,该报认为原则上要做到"上情下达","彻底让国民周知政府意图",同时还要"通过旺盛润达的言论报道昂扬国论,振奋国民士气,对大东亚共荣圈、中立国以及其他各国人民进行彻底宣传"④。

由此可知,在报界新体制下,报纸自觉以激发国民士气为己任,最大程度上迎合了战时体制下政府对报纸的要求。换言之,报纸在建设报界新体制的过程中,给自己贴上了战争宣传机器的标签。

第三节 战时体制下的新闻团体

战时体制确立之后,为了更好地统一舆论,在政府主导下,报界成立了一些自治团体,以加强对报界的自我统制和管理。这些新闻团体表面上声称不受政府控制,不为政治所左右,但实际上都暗中接受政府情报部门的监督,并从政府获得一定的特权。换句话说,政府正是通过赋予这些新闻自治团体一定的权利来实现报界的自我管理和自我约束,以达到利用舆论宣传战争的目的。

一、同盟通信社

通讯社指的是在一国或世界各地采集、撰写和播发新闻,供报纸、

---

① 《朝日新闻社社报》1943年1月10日。
② 《朝日新闻社社报》1943年12月27日。
③ 前坂俊之:《太平洋战争与新闻》,东京,讲谈社,2007年,第402页。
④ 《读卖新闻》1943年2月17日。

期刊、广播电台、电视台、政府机构和其他用户采用的组织①，是专门搜集和供应新闻稿件、图片和资料的新闻发布机构。它有着不同于其他媒体的特点：（1）以国际社会为主要活动舞台，从事国际新闻的收集与发布；（2）向其他媒体提供收集到的新闻，扮演着"新闻批发站"的角色。正是上述这两个特点使得通讯社比其他媒体与国家的关系更加密切。

同盟通信社（以下简称"同盟"）是在外务省、陆军省、海军省的斡旋下，于1936年1月正式成立的日本战时国家通讯社，1945年10月解体。在其短短10年的发展过程中，同盟的触角遍布日本、中国、东南亚甚至欧美等地，最盛时期共有员工5500余名，对军国主义侵略战争起到了极大的宣传和煽动作用。

（一）同盟成立的背景

第一次世界大战中，德国军事家鲁登道夫提出了"国家总体战"的军事理论，他认为未来战争是国家总体实力的较量，要取得战争的胜利，必须进行国家总动员，要求国民团结和"规律节制"，实现思想统一化。由此而衍生的"总力战"、"宣传战"等概念备受日本外务省和军部的推崇，为此外务省专门成立了"外务省情报部"，陆军省则成立了"陆军省新闻班"，负责新闻宣传工作。这些政府机关均宣称以"完善和发展通讯社"为主要任务，其中外务省情报部给国际通信社以及东方通信社②提供了大量资金，而陆军省新闻班则为日本电报通讯社（简称"电通"）提供了巨额"通信购买费"，将其变为自己的"御用通讯社"。从通讯社本身来讲，他们也希望从国家机构获得补助金，以缓解他们严峻的财务状况。而作为通讯社的主要"顾客"，报社也希望能够以低廉的价格获得所需的新闻，因此他们对政府扶持通讯社的做法也表示欢迎。

"九·一八事变"爆发后，由于军部一意孤行，不断扩大在中国的侵略活动，在国际上逐渐陷入孤立的境地。在这个过程中，日本政府痛感对外宣传的重要性，认为日本之所以被孤立是由于世界各国对日本的误解，因此为了"普及公正报道，对内指导国民思想，兴起健全舆论，对外启发

---

① 关于通讯社的定义，各国有不同的表述，本文采用《大不列颠百科全书》的观点。参见 http://www.britannica.com/eb/article-9055605/news-agency。

② 国际通信社成立于1914年2月，设立之初因为世界三大通讯社的"联环同盟"协定而只能通过路透社获得新闻。东方通信社于1914年10月在上海成立，社长为"支那研究所"所长宗方小太郎，是为了对抗中国的排日运动在外务省的斡旋下设立的，1920年改称"新东方通信社"。1926年，国际通信社和东方通信社合并为"日本新闻联合社"，简称"联合"。

海外舆论,增进国际谅解"①,要求设立大型通讯社的呼声越来越高。

在同盟设立的过程中,外务省、军部和通讯社三者扮演了主要角色,他们都认识到了情报在"一战"中所起的重大作用,因此试图建立一个信息网络遍及世界各地且能够与欧美通讯社比肩的大型国际通讯社。但是就建立通讯社的目的来看,三者不尽相同。外务省希望将通讯社建成一个外交政策的对外宣传机关,军部则希望其发挥"对外宣传"和"舆论统制"的功能,而通讯社本身则希望借此打破"路透社新闻垄断体制"②,建立新闻自主管理体制。

由于军部系统的"电通"和外务省系统的"联合"两大通讯社在报道上经常因各自的立场不同而发生分歧,造成了日本国内舆论的严重分化和不统一。鉴于此,外务、陆军、海军三省的情报负责人提出了合并"电通"和"联合"两家通讯社的提案,但是遭到了"电通"以及《福冈日日新闻》等八家地方报社的强烈反对,致使该计划一时搁浅。

在这期间,陆军省充分认识到如果一味对"电通"给予支持就无法实现建立新通讯社的目标,也就丧失了对情报控制的主导权,于是在1935年6月24日召开的外务、陆军、海军"三省委员会"上表明了赞成两社合并的态度,从而为同盟的成立彻底扫清了障碍。同年11月7日,政府正式下达"命令书",认可了同盟的成立。这样,在政府的压力以及古野伊之助等"赞成派"的多方游说下,最终"电通"等反对派接受了政府的提案,"为了同盟的利益,废止并决定今后不再开展报纸通信、经济通信及新闻照片相关事业,并且将上述各事业客户及其他业务转让给同盟"③。

1936年1月1日,同盟开始对外开展业务,但由于此时"电通"还未同意合并方案,因此只不过是名称的变更而已,其业务仍然是"联合"业务的延续。1936年4月,"电通"和"联合"共同签署了合并合同,6月1日,社团法人同盟通信社正式成立。这是此后日本政府对报纸、电影、出版业等实施一系列统制政策的开端。

---

① 内川芳美:《现代史资料(41):大众传媒统治(二)》,东京,みすず书房,1996年,第557页。

② 所谓"路透社新闻垄断"指的是英国路透社推行的"媒体帝国主义"。世界上最早成立的哈瓦斯(法国)、沃尔夫(德国)、路透(英国)三大通讯社自1866年展开竞争。为了确认既定事实和各自的垄断范围,1870年1月17日签订了"国际通信社协定",即"联环同盟"协定,亦称"世界分割协定"。协定确定了各社的采访和发布新闻的范围,并规定互相交换所采集到的新闻,同时还禁止其他一些实力弱小的通讯社自由采访和发布新闻。到1934年该体制被废除之前,三大通讯社之外的其他通讯社一直处于从属地位。

③ 通信社史刊行会编:《通信社史》,东京,通信社史刊行会,1958年,第447页。

(二) 同盟与政府、军部的关系

因为掌握了同盟的主导权，也就意味着掌握了情报宣传政策的主导权，所以在同盟成立的交涉过程中，围绕对同盟的主导权问题，外务省和陆军省之间展开了激烈的较量，最后陆军省抢占了先机，成为该组织的实际支配者。同盟与政府军部的关系主要表现在以下几个方面：

第一，接受政府情报部门的指导。1936年11月9日，在同盟成立大会上，首相广田弘毅在贺词中说同盟"完全是由报道界人士组成的公益法人，是权力和财力都无法使之动摇的真正独立自治的公共机关……其报道应遵守正确公平以及权威性的原则"①，从而将同盟置于国家机构的框架之外。接着，发起人日本新闻联盟理事长田中都吉也强调了同盟的性质："在同盟设立过程中虽有政府介入，但即便如此，也不会有转化为政府御用机关的可能。我们必须在独立不羁的舆论王道上阔步前进"②，将同盟定性为不受政府控制的独立自主的报道机构。

然而早在1935年6月的"三省委员会"上，同盟就被定性为"国策推行的机构，而且为对抗外国通讯社，完成使命，应时常体现政府的根本方针，以国家本位进行活动"③，并决定对同盟进行"必要的指导"。在11月7日下达的"命令书"中也明确规定："未经主管大臣认可，不得合并或解散"④，而且同盟的人事任免须经主管大臣许可，还要及时向主管大臣汇报会议情况及决议。这说明同盟在成立之初就被政府牢牢控制，而且随着日本战时体制的确立，逐渐被纳入到国家机构的框架之内，其本质是服务于战时体制的国家通讯社。

同盟设立之后，政府指定内阁情报委员会负责同盟的管理以及补助金的发放工作。在1936年6月的内阁会议上，确定了"内阁情报委员会"的任务之一是"对内外报道进行联络调整"，具体做法就是"鉴于社团法人同盟通信社设立的主旨，情报委员会应协助相关各厅实现该社以国家立场为基础的健全发展，并发挥其功能"⑤，从而确立了对同盟的指导方针，明确了政府与同盟之间的关系是指导与被指导的关系。

---

① 内川芳美：《现代史资料（41）：大众传媒统治㈡》，东京，みすず书房，1996年，第551页。
② 通信社史刊行会编：《通信社史》，第442页。
③ 里见修著：《通讯社——同盟通信社的兴亡》，中央公论新社2000年版，第121页。
④ 内川芳美：《现代史资料（41）：大众传媒统治㈡》，东京，みすず书房，1996年，第540页。
⑤ 内川芳美：《现代史资料（40）：大众传媒统治㈠》，东京，みすず书房，1991年，第644页。

1937年9月，内阁情报委员会升格为内阁情报部，进一步加强了对同盟的控制和指导。1939年2月，在内阁情报部颁布的"同盟的成立及业态"中，又进一步明确了同盟与政府的关系："同盟通信社作为社团法人，其设立必须获得外务大臣和递信大臣的许可，在民法上要接受两大臣的监督，其业务运营要服从内阁情报部的指挥。"① 也就是说，所谓的"独立自主"，只不过是在政府监督和管理下的有条件的独立自主而已。

1940年12月内阁情报部升格为内阁情报局后，又对同盟与政府关系作了如下规定："对于同盟通信社的指导与监督，由内阁总理大臣和递信大臣共同实施，而内阁总理大臣的指导监督由情报局负责，情报局努力对该社进行指导、扶助和扩展"②，从而将同盟正式置于自己的统制之内。

因此，从本质上来看，同盟是日本政府对内实施新闻统制，对外开展舆论宣传的产物，它承担着对内制造舆论，对外宣传国策的重任，其"国家通讯社"的特点自设立初始就非常明显。

第二，从政府获取"助成金"。为充分发挥同盟的宣传功能，1936年9月，内阁情报委员会制定了资助同盟的基本方针，"为充分发挥国策功能，政府对其事业进行各种资助，特别是给予充足的助成金"③。"助成金"这个名称包含着对同盟开展的协助国策推行活动进行资助的意义，其在内阁预算书上的正式称呼为"外交通信特别设施费"。而这部分经费属于非公开的"机密费"，主要用于扶助事关国家命运的重要设施的建设和运营。

同盟从政府获得"助成金"一事属于机密，但在当时被传得沸沸扬扬，属于公开的秘密。为掩盖政府与同盟之间领导与被领导的关系，政府和同盟双方均采取了极其低调的姿态，甚至在提交预算报告时也煞费心机，尽量避免使用能够引起双方关系联想的词语，从而巧妙地将双方隐藏起来。至于"助成金"的数额，政府规定"原则上分三期，每期提供50万日元"④，但实际支付给同盟的数额远非如此。

---

① 内川芳美：《现代史资料（41）：大众传媒统治㈡》，东京，みすず书房，1996年，第232页。
② 内川芳美：《现代史资料（41）：大众传媒统治㈡》，东京，みすず书房，1996年，第287页。
③ 内川芳美：《现代史资料（41）：大众传媒统治㈡》，东京，みすず书房，1996年，第547页。
④ 内川芳美：《现代史资料（41）：大众传媒统治㈡》，东京，みすず书房，1996年，第559页。

表 2-6 同盟通信社"助成金"占总经费的比例

单位：千日元

年度	助成金	总经费	所占百分比（%）
1936 年	1110	3447	32.2
1937 年	2000	5982	36.8
1938 年	2300	6818	30.8
1939 年	3160	8383	37.7
1940 年	3960	10365	38.2
1941 年	5310	12970	40.9
1942 年	7588	18894	40.2
1943 年	9823	27491	35.7
1944 年	11764	45661	30.1
1945 年	14165	56712	25.0

资料来源：通信社史刊行会编：《通信社史》

从上表可以看出，1936 年在同盟设立之初，其活动经费仅为 3447000 日元，到 1945 年同盟解体时，其活动经费已达 56712000 日元，在 10 年之间上升了 16 倍，而国家给同盟的补助金也上升了 13 倍。这是因为同盟设立后提出了"日之丸飘扬之处即有同盟"的口号，因此随着日军在侵华战争中战线的不断扩大，同盟在海外的活动范围以及活动频率也随之不断扩大，同盟将自己定位为"思想战的中枢机关"，这是其参与战争宣传的一个佐证。

1940 年同盟社长古野伊之助向当时的内阁总理大臣米内光政提交了"助成金"申请书，其主要内容如下：

> 同盟通信社作为国家的代表通讯社，鉴于其崇高的使命和担负的重大责任，自创立以来便顺应时局发展，坚持不懈地扩充强化报道机构，通过严正公平、迅速及时的报道，致力于启发国内舆论，努力提高国外对我国的认识。特别是在支那事变之际，在广阔的占领地区建立了牢不可破的自主无线通信网，处理事变时在推行国策

以及推动皇军前线工作中做出了不小的贡献。但是如您所知，同盟与世界一流的通讯社仍然无法比拟。（略）基于上述理由，特申请昭和十五年度补助金三百九十六万日元。①

在同盟提交的申请书中，开始部分便以"国家代表通讯社"的地位自居，并以辅助政府推行国策为由向政府寻求资金资助。而政府在支付给同盟"助成金"的同时下达"指示书"，对同盟在该年度的目标以及开展的业务内容提出了具体的要求：

一、该社应贯彻其本务，发布更加严正权威的报道，教导全国报纸，努力昂扬顺应国策的阔达言论。

二、海外关于欧洲局势的报道对我国国论影响甚大，因此应适时提供严正公平的欧美信息，不为外国宣传所迷惑而发生偏倚。②

从"指示书"的内容来看，第一条规定了同盟对内宣传的内容，即通过新闻报道来领导全国报纸的舆论导向，为推行国策提供舆论支持；第二条则规定了同盟的对外宣传的内容，同海外媒体对日宣传进行对抗，消除国际舆论的消极影响。同日，古野回信回应了政府的要求，表达了同盟的立场："面对当前困难局面，痛感同盟使命的重大，定将遵守指示事项，作为国策推行机关的一翼，不负政府的期望"③。

从某种意义上说，这种所谓的"指示书"实际上是政府向同盟下达的命令，而同盟提交的"受领书"实际上是对上述命令的服从，这些文书无论是行文上还是语气上都表明了政府与同盟之间的上下级关系。

从上述资料中可以看出，为了最大限度发挥同盟的对外宣传以及鼓吹国策的功能，政府满足了同盟提出的"助成金"申请要求，而同盟对于政府作出的指示也给予了积极回应，主动将自己置于国策推行机关的位置。因此，虽然同盟设立之初对外宣称"在独立不羁的舆论王道上阔步前进"，是一个不受政府控制的独立自主的报道机关，但实际上却最终演变为一个以协助国策推行为己任的唯命是从的报道工具。

---

① 有山辉雄、西山武典编：《同盟通信社关系资料》第六卷，东京，柏书房，1999年，第123～125页。

② 内川芳美：《现代史资料（41）：大众传媒统治㈡》，东京，みすず书房，1996年，第263页。

③ 有山辉雄、西山武典编：《同盟通信社关系资料》第六卷，东京，柏书房，1999年，第148页。

这样，在政府为同盟注入大量资金之后，同盟的规模得以迅速扩大，最终确立了与路透社等世界知名老牌通讯社比肩的地位，但是另一方面同盟因为受政府"助成金"的掣肘，经济上无法获得独立，始终难以摆脱政府的控制，从而走上了鼓吹战争、愚弄国民的道路。

第三，享有使用无线电的垄断权。政府除了在资金上给予同盟以支持之外，还在政策上给予很大程度的倾斜，其中最重要的是赋予同盟无线电使用的垄断权。1935年12月28日，递信省制定了"国际放送电报规则"，规定从翌年1月1日起，只有同盟有权利用无线电报向国外媒体机构发送或接收信息，其他任何媒体机构都不得从事这类业务，从而废除了此前"电通"与美国美联社之间签订的新闻交换协议，这也是"电通"最终被迫同意与"联合"合并的重要原因之一。

中日战争全面爆发之后，同盟以及各大报社纷纷向中国派出人数庞大的"前线报道班"，"同盟超过1000名，朝日、每日约1000名，读卖有500名"①，各报社之间展开了激烈的报道竞争。1940年，政府以防止泄漏军事机密为由，开始着手整顿无线电报的使用状况，严禁各报社使用自备的无线通信设备，只能通过军部指定的通讯机构来收发新闻，而军部指定的唯一通讯机构就是同盟。此举遭到了各报社的强烈反对，也加深了报社与同盟之间的矛盾，《朝日新闻》、《每日新闻》和《读卖新闻》三大报社甚至发表联合声明，拒绝在报纸上刊登同盟提供的消息。

然而政府依然继续采取对同盟的扶植政策，自1943年3月开始禁止中国大陆以及南方各地的所有报纸使用无线通信设备。这样，报社在接收东京本社的消息或向本社发送消息时，不得不通过同盟转发。最终，上述三大报社也因为同盟专享无线电报使用权而放弃了对同盟的抵抗，同盟则认为这种做法不但满足了各大报纸收发信息的要求，也维护了同盟对于无线通信的垄断权，"受到三社的欢迎"②。但实际情况并非如此。据同盟南方总社副社长岩本清回忆，由于同盟独享无线设备以及通信权，"使得人们都认为古野是新闻统制的头目，无论走到哪里，都很难和报社的人们搞好关系"③。

（三）战时同盟的活动

在同盟提出了"日之丸飘扬之处即有同盟"的扩张路线后，随着日

---

① 伊藤正德：《新闻五十年史》，东京，鳟书房，1943年，第441页。
② 通信社史刊行会编：《通信社史》，东京，通信社史刊行会，1958年，第938页。
③ 岩本清：《别册新闻研究》第12期，东京，日本新闻协会，1981年，第109页。

本侵略战线的不断扩大,同盟在占领区的活动范围以及活动内容都随之不断扩大,"在最高峰时恐怕是世界上无与伦比的"①。同盟在战时的主要活动如下:

第一,扩充强化报道机构。中日全面战争爆发后,同盟社长古野伊之助提出了"报道报国"、"正确迅速"和"大同结盟"三原则,要求同盟"向推行国策而迈进"②,与此同时,同盟也开始迅速扩充其在国内外的报道机构。

同盟在设立之初便设置了完善的组织结构。同盟以最初加盟的100余家报社和日本放送协会为母体,在国内设置东京总社以及5个分社,下设44个支局,100多个通讯站;在"满洲"地区设立新京分社,下设3个支局和17个通讯站;在中国及其他东亚地区设置3个总局和28个支局,在欧美地区设立20多个支局和27个通讯站。东京本社分工更加明细,共设有总务、编辑、通信、调查和经济5局,分别负责不同的业务活动。

1938年1月,同盟对其在华机构进行了调整,将原来的北京分社升格为"北支总局",下设天津、济南、青岛、张家口、厚和(呼和浩特)、石家庄、太原七个分社;将上海分社升格为"中南支总局",下设南京、汉口、杭州、广东和香港五个分社。1940年8月,"中南支总局"又被细化为"中支总局"和"南支总局"。1941年12月,同盟在中国的机构分布为:北支总局(下设天津、济南、开封、石家庄四分社)、中支总局(下设汉口、南昌、蚌埠、青岛、除州、保定、太原、南京、杭州、苏州十分社)、南支总局(下设厦门、海口两分社)和独立分社香港分社。这样同盟的机构几乎遍布当时所有的日本在华占领区。

太平洋战争开始后,同盟又在其南方占领区设立了多家分社。1944年,为强化其海外报道体制,同盟又对海外分社进行了改组,在南京设立了统辖中国各地分社的"中华总社",在新加坡设立了统辖南方各分社的"南方总社"。截止到1944年12月,"中华总社"下辖北支总局(下设12分社)、中支总局(下设7分社)、南支总社(下设4分社),"南方总社"下辖新加坡、西贡、马尼拉、雅加达、兰贡、马卡萨6分社、13个支局。

---

① 通信社史刊行会编:《通信社史》,东京,通信社史刊行会,1958年,第581页。
② 有山辉雄、西山武典编:《同盟通信社关系资料》第六卷,东京,柏书房,1999年,第317页。

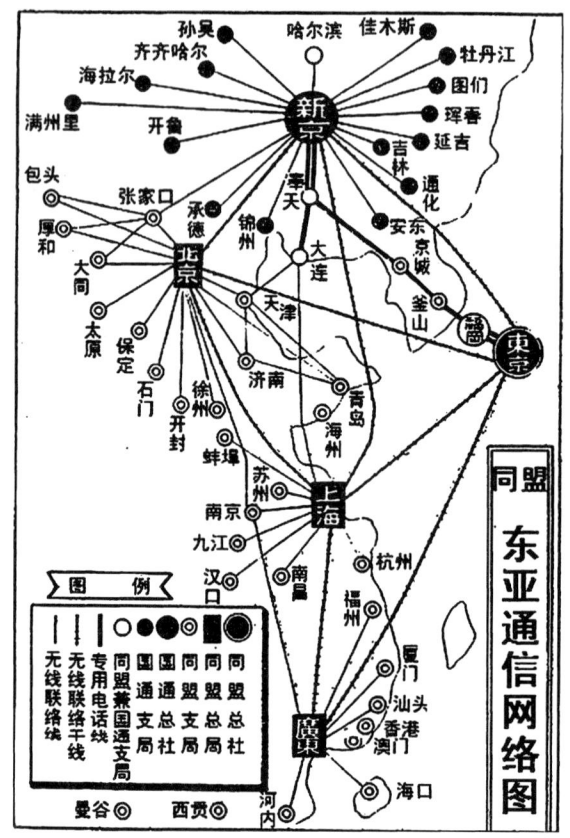

图 2-2　同盟东亚通信网络图

资料来源：同盟通信社编：《同盟的组织与活动》，1999 年。

第二，开展对外宣传活动。"卢沟桥事变"爆发后，同盟便倾其人力、物力对事变进行了报道，日军所到之处必然有同盟派出的"前线班"通讯员随军采访。"前线班"成员大多由文字记者、无线电工程师、摄影记者、联络员等数人组成，他们设立支局或者简易野战支局，收集总社或者其他分社传来的信息，并将其传达给前线的士兵。松方义三郎①在 1938 年 10 月的"同盟通信社报"上撰文说："在这次事变中方知，新闻与粮食和弹药一样都是战争中必不可少的……新闻就是同盟，无论是在绥远奔驰的卡车上，还是在山西的山坳里，或者在徐州城

---

① 松方义三郎（1899～1973），又名松方三郎，明治时期首相松方正义之子，日本著名新闻记者。1923 年京都大学毕业后即作为新闻记者周游欧洲。1928 年至 1934 年任职于"满铁"东亚经济调查局。1934 年任同盟香港支社社长，1942 年至 1945 年任伪满洲国通讯社（国通社）社长。

内,……同盟的新闻都会传到那里"①。

此外,为了"排除试图阻碍东亚和平的敌对外国通讯社的妄动",同盟还积极开展对欧美宣传,与欧美通讯社进行对抗。1940年同盟在其出版的小册子"国际宣传战"中不但将重庆政府以及中国共产党发布的消息全部认定为"妖言惑众的宣传",同时还将路透社以及美联社等英美通讯社的报道也认定为"敌对宣传"。"控制着世界上大部分通信机构的盎格鲁-萨克森财阀在世界各地进行殖民投资,支那是其中最大的投资对象。这对欲进入支那的日本来说是根本难以容忍的。他们推行援蒋抗日的政策,并对日本的新闻置之不理并非无缘无故,最甚者即为路透。路透的亲支倾向早就有之,事变以来尤其显著。不但夸大、歪曲事实,甚至捏造毫无根据的报道。"② 于是,同盟便将对抗英美"敌对宣传"、"向世界宣传日本及东亚新闻和主张"③ 作为其主要任务之一。

同盟开展对外宣传的另一个主要内容是在占领地开展所谓的"宣抚"工作。上述同盟向日本政府提交的1940年度"助成金"申请书中,列举了几个申请理由,其中之一便是"为皇军的当地工作作了不少贡献",这从另一个侧面也证明了同盟在战时对军部的支持。概括起来,同盟在中国开展的活动主要有扶植通讯社,对现存报纸进行整理、合并。

1938年2月,"中华联合通讯社"(简称"中联社")于上海设立,同盟对其进行了指导,设立了广告部和销售部,并在杭州、苏州、南京等地设立分社。中支派遣军报道部长马渊逸雄于1939年10月提交的一份名为"中支报道宣传业务概况"的报告中说,"中联社"是在"军队的指挥下"由中方成立的,而且在经营上"维持与我同盟通信社的表里一体的关系",后来虽然归属于"宣传局的伞下,实际的指导依然由军队报道部掌握,依然维持着与同盟通信社的表里一体的关系"④。也就是说,"中联社"虽然表面上是中方成立的向华语报纸提供新闻的通讯机构,而实际上却"向各地华语报纸提供亲日反共色彩的新闻报道资料",是日本派遣军"宣抚工作"的一环,也是同盟在华协助军部的重要工作之一。

1940年5月,内阁总理大臣近卫文麿在向同盟下达的"指示书"

---

① 通信社史刊行会编:《通信社史》,东京,通信社史刊行会,1958年,第496页。
② 同盟通信社调查部编:《国际宣传战》,东京,高山书院,1940年,第116~120页。
③ 通信社史刊行会编:《通信社史》,东京,通信社史刊行会,1958年,第488页。
④ 粟屋宪太郎、茶谷诚一编:《日中战争·对中国情报战资料》第三卷,东京,现代史料出版,2000年,第258页。

中,要求同盟"对支那新政府的国家代表通讯社中央电讯社进行指导帮助"①。"中央电讯社"于1940年5月1日正式成立之后,同盟与之签订了协议,在新闻供给以及人员配置上互相合作。

在军队的支持下,同盟还对占领地区的报纸进行了整顿。同盟北京支局局长佐佐木健儿在同盟社长古野伊之助的授意下,将华北地区的日文、汉文报纸进行了整顿,并"按照军部的意愿对这些报纸进行收购合并,创立了《东亚新报》,于1940年7月7日发行。后来又合并了华语报纸,创刊《华北新报》"②。而且这两家报社的主要负责人均由和同盟渊源颇深的日本人担任。当时华北地区发行的日文报纸主要有《北京新闻》、《京津日日新闻》、《山东每日新闻》等十几份,佐佐木为合并这些报纸四处活动,尽管遇到不少阻力,但最终依靠军队的武力威胁,这些报纸几乎都主动停刊,合并到《东亚新报》中③。同盟在华北对报纸的整顿合并之举被称为"国内一县一报计划的典范"④。

总而言之,通讯社是新闻流通的重要渠道,被称为"消息的总汇"、"供应新闻的大动脉"。也就是说,基于"国际信息网"这个特性,国家赋予了通讯社"对外报道宣传"的使命,而对于"新闻供给"这个特性,国家则赋予了通讯社控制新闻来源的"舆论统制"的使命。特别是对于同盟来说,既可以独享无线使用权,又能从国家得到相当数额的补助金,因此在开展活动的时候,同盟必须时刻意识到其"国家代表通讯社"的身份以及国家的存在。可以说,国家与同盟之间存在的这种相辅相成、互惠互利的关系决定了同盟与国家之间必须保持步调一致。换言之,战时同盟的最大特征就是其活动具有浓厚的政治色彩。

二、日本新闻联盟

战时日本政府除了建立和完善一元化言论统制机构内阁情报局,对新闻媒体实施直接统制之外,还暗地支持和推动新闻媒体建立自治机构,以"新闻自治"的名义对新闻媒体实施间接控制,而且这种统制方式更具有隐蔽性和欺骗性。"日本新闻联盟"即为战时新闻自治团体的代表。

---

① 内川芳美:《现代史资料(41):大众传媒统治(二)》,东京,みすず书房,1996年,第264页。
② 通信社史刊行会编:《通信社史》,东京,通信社史刊行会,1958年,第492页。
③ 青岛发行的《青岛新报》和《山东每日新闻》在海军省的庇护下免遭停刊厄运。
④ 通信社史刊行会编:《通信社史》,东京,通信社史刊行会,1958年,第492页。

（一）日本新闻联盟的成立

日本政府确立了全民总动员的战时体制之后，要求各个领域建立为之服务的新体制。为适应这种新的形式，各报对其经营方针和机构进行了相应的调整，但由于各报社之间依然是相互竞争的个体，这对国内舆论的统一造成了一定的障碍。为了消除各报社之间的对立，更好地服务于战时体制，在同盟通信社社长古野伊之助的倡议下，报界于1941年5月28日成立社团法人日本新闻联盟。新闻联盟在成立之初宣称是舆论界的自治统制团体，其理事长和理事均由各报社社长担任，但实际上掌握实权的参与理事则全部由内阁情报局官员以及内务省警保局官员担任，是政府一手操纵的御用新闻团体。

在"新闻联盟规则"中，将新闻联盟的目的确定为"作为新闻事业的自治统制团体，促使新闻事业的进步发展，完成国家的使命"，具体任务有三：

一、在言论报道的统制方面对政府进行协助；
二、对报纸的编辑及经营的改善进行调查；
三、调整报纸用纸及其他资材的比例。①

新闻联盟的核心机构是理事会，它由理事、参事和政府派遣的参与理事构成。理事会下设编辑委员会和业务委员会，分别由选举产生的14家理事、监事单位（报社或通讯社）各派遣两名理事组成，负责编辑和营业方针的确定。虽然加入或者退出"新闻联盟"完全是自愿行为，但是由于作为理事、监事的14家报社均为全国势力较强的报社，其报纸发行量占全国总发行量的80%以上，再加上有政府部门的相关人员参与，所以其决定对整个报界来讲具有相当大的发言权。而且"新闻联盟"在政府当局的授意下，还仿效德国纳粹的"新闻记者法"，制定了日本的"记者规章"，要求每一位记者都必须"明誓确保国体"，"明确国家使命"，方可有资格登记。

理事会每周召开三次会议，对全国报纸的发行状况以及新闻统制问题进行协商。从10月中旬开始，设置小委员会具体协商制定全国报纸统制方案。该小委员会由理事长田中都吉、理事古野伊之助和情报局、警保局官员构成，协商的结果是吸收全国报社资本，成立"单一共同会社"来运营，具体做法是对全国各报社的发行量、有形财产以及营业成

---

① 伊藤正德：《新闻五十年史》，东京，鳟书房，1943年，第446页。

绩进行综合评价，并将股价作为出资资本，换算成相应的股份。

但是上述意见却引起报社彼此之间展开激烈的对立。资本雄厚、规模庞大的《朝日新闻》、《每日新闻》和《读卖新闻》三大报极力反对，并提出了新的方案。而素来备受三大报纸压制的其他各报却反对上述三报提出的合并方案，并全力支持"单一共同会社"的积极管制方案与之抗衡。最后在理事长田中的斡旋下，提出了下列新方案：

（1）报社均为法人组织，其股份或者出资仅归社内职员（包括现任股东）所有；（2）在报社经营上承认适当的利润，其分配限于一般国策公司所容许的范围；（3）报纸发行均实行许可制，其核心人物的选任需具有一定的资格条件，并且不可兼营其他营利事业；（4）强化社团法人新闻联盟，将其改造为统制机构，同时将官厅权限转交新闻联盟，以有助于报纸的统制整理；（5）在国内外组织一个"新闻共同会社"，以提供新闻联盟运营上所必需的资金；（6）将报纸视为国家公器，同时尊重其个性特色，发挥其创意和经验，同时在用纸以及其他资材的配给上提供方便，在租税负担上享受特殊待遇。①

从上述内容可以看出，该方案是一个折中方案，但最后的赢家仍然是实力雄厚的大报社，该方案最终获得双方的同意。

（二）日本新闻联盟的活动

新闻联盟成立之后，主要协助内阁情报局负责印刷纸张的分配，实行共贩制度②，管理"记者俱乐部"。

首先，控制印刷纸张的供给。如上所述，随着战局的不断发展，日本国内的资源供给越来越紧张，商工省和报纸杂志用纸统治委员会相继颁布了压缩印刷纸张供应的命令。新闻联盟成立之后，纸张分配的任务由内阁情报局负责，新闻联盟理事会具体实施，每年5月31日新闻联盟理事会需向政府报告印刷纸张的分配基准。由于纸张是关乎报纸生存的重要资材，因此理事会在制定分配基准的时候通常会引起各报的不满。但在理事会的斡旋下，各报社最终同意了以近三四年来的发行量为基准进行分配的方针。但是各报的发行量并非是公开透明的，其中难免存在虚报行为。鉴于此，新闻联盟理事会成立"监事社"，首先要求各报社自行提交发行量报告书，然后组织人员赴各地调查。一旦发现虚报、瞒报，

---

① 山本文雄：《日本新闻发达史》，东京，伊藤书店，1944年，第375页。
② 1941年12月1日，"新闻共同贩卖组合"成立，各报社长期以来采取的专卖制被废除，实行"共贩制"，即共同运输、共同配送、共同收款。

即大幅削减其配额。该措施成效显著,各报的印刷版面逐渐减少,发行周期越来越长。

其次,实行报纸统一销售制度。面对日益严峻的纸张紧缺形势,新闻联盟理事会在控制纸张配给的同时,不得不考虑新的对策,以从根本上遏制报社之间日益激烈的销售竞争。于是"共贩制度"即统一销售制度的提案便渐渐浮出水面。新闻联盟业务委员会于1941年8月开始征求各报社意见,并着手制订具体方案。但《东京日日新闻》、《读卖新闻》和《报知新闻》等东京大报以"报纸不同于一般商品,不适宜于共同销售"①为由表示反对,并提出应缔结反对不正当竞争的协定。但地方报纸均对"共贩制度"表示欢迎,并对持反对意见的报纸提出了批评,说"大报长年蚕食地方,如今却回避共贩制度,在国策上不足为谋"②。同时决定如果东京的报纸不同意该制度,可以将其排除在外,在全国其他地区推行。在政府有关部门的斡旋下,一些持反对意见的报社不得不作出让步,同意加入共同销售体系,"将分属各社的销售网络完全分离,设立一个统一的一元化销售机构"③。"共贩制度"的特色在于地方分权,能够消除中央集权的弊端,防止大报的垄断行为,从而为地方报纸的发展提供了一定的空间。

尽管实行"共贩制度"也带来一些负面影响,例如各报截稿时间不统一,为了实现共同运输,不得不推迟报纸的发行时间,从而损害了报纸的速报性等等。但从另一方面讲,该措施达到了预期的新闻统制的目的,可以说是日本报业史上"最大的变革,各报社摒弃自我意识,协助国策,堪称划时代的记录"④。

第三,管理"记者俱乐部"。"记者俱乐部"的诞生与日本议会制度的诞生有着密切的关系。在1890年日本召开第一届帝国议会之际,东京各家报社记者自发组成"采访议会记者团",向政府施压,要求享有对政治信息的知情权,采访议会活动,这就是"记者俱乐部"的雏形。最初的"记者俱乐部"只是设在官厅建筑正门旁边耳房内,记者受到的待遇与进出官厅的车夫马夫相差无几。但是随着报纸及新闻记者社会地位的提高,"记者俱乐部"所在的场所也从官厅的角落逐渐转移至政府权力

---

① 伊藤正德:《新闻五十年史》,东京,鳟书房,1943年,第455页。
② 伊藤正德:《新闻五十年史》,东京,鳟书房,1943年,第455页。
③ 1942年《新闻总览》第2部第8页。转引自山本文雄:《日本新闻发达史》,东京,伊藤书店,1944年,第384页。
④ 伊藤正德:《新闻五十年史》,东京,鳟书房,1943年,第458页。

当局中心部位,由"监视权力动向"、"向权力当局索要信息"的机关,逐渐转变为与政府合作、为政府传播相关信息的机关。

新闻联盟成立之后,新闻联盟编辑委员会开始着手对原属各官厅的"记者俱乐部"进行改组,按照"一个官厅一个俱乐部"的原则,建立新的、统一的俱乐部。新的"记者俱乐部"原则上只能限定为新闻联盟的理事单位,而且记者的入会和退会必须获得官厅和新闻联盟的许可。被纳入到新闻联盟组织系统下的报纸、记者俱乐部,按照情报局和各官厅的"内部指导"、"恳谈"等各种形式的"国策"要求,从事新闻报道。

"记者俱乐部"改组之后,为了加强对各报记者的统制,控制舆论方向,日本新闻联盟又实施了记者登记制度,并定期对记者进行培训,以便更好地为国策服务。

1941 年 12 月 13 日,"新闻事业令"公布,其中包括设立新闻管制团体的内容。1942 年 1 月政府指定 104 家报社为会员,命令设立新的管制团体。2 月 5 日,日本新闻会取代了新闻联盟,全面接管了新闻联盟所承担的业务。日本新闻联盟虽然实质上是日本政府控制新闻舆论的"傀儡"组织,但仍然还保留了"一社一票"的决议权,但取而代之的日本新闻会却是地地道道的强权管制机构。

综上所述,日本新闻联盟其表面上虽为报纸自治团体的组合,内部却安排拥有最终决定权的政府、军部高官担任要职,奉行政府提案,尊重政府意向,竭力协助政府推行控制新闻、压制新闻的高压政策,因此从本质上看,绝非为报业利益而与政府抗争的组织。其唯政府马首是瞻的心态表明,日本新闻联盟不过是政府的"御用机关"而已。

三、"满洲国通信社"与"满洲弘报协会"

"九·一八事变"的爆发让中国东北地区成为世界瞩目的焦点,各国通讯机构云集于此,展开报道竞争。为对抗西方通讯社,掩盖其侵略本质,日本政府遂开始在东北地区建立和扶植新的通讯社,其中最重要的当属"满洲国通信社"和"满洲弘报协会"。

(一)"满洲国通信社"

"九·一八事变"时期,我国东北地区顿时成为世界各国关注的焦点,备受多方舆论关注,各国也纷纷在此设立和派驻通讯机构以及新闻媒体。自认为与我国东北地区关系密切的日本更是将新闻触角延伸至此。除了中国和西方国家的通讯社外,日本的两大通讯社"电通"和"联合"在此地活动更为频繁,此外《朝日新闻》和《每日新闻》等报社也纷纷向此地派驻大批记者。特别是国际联盟所派的李顿调查团到达东北进行调查期间，沦陷后的中国东北顿时成为国际信报的中心。李顿调查团以及西方舆论的报道自然不利于日本帝国主义掩盖其血腥的侵略罪行，从某种意义上讲，日本由此处于舆论的下风。

为了扭转舆论上的不利局面，控制和引导舆论导向，统一宣传口径，日本政府出笼了"一国一通讯社"的政策，不但在日本国内积极推进通讯社合并之事，还试图在"满洲"地区将原先由中国人创办的通讯社和报社进行强制合并。由于当时日本国内陆海军和外务省之间就通讯社合并一事存在矛盾，故"满洲"地区的合并工作在时间上远远先于日本国内地区。在"联合"社长岩永裕吉的提议和板垣征四郎的支持下，1932年2月1日"满洲国通信社"（简称"国通社"）正式成立。

从"国通社"成立的经过来看，其军方背景非常浓厚。无论是前期的准备还是中期的推进以及后期的管理，都有军部的直接参与，就连其成立草案也是由关东军参谋部第四课"按照军部的意志"提出的。而第四课"虽然有一些可自由开展的工作，但均在军部的命令下行事"[①]，换言之虽可自由开陈意见，但主导权却掌握在军队手中。

由此，"国通社"表面上是一个独立的通讯机构，但却直接隶属关东军司令部，实质上不过是日本国内通讯社在中国东北地区开设的分支机构，其目的是通过它来垄断中国东北地区的新闻通讯机构与新闻事业。"国通社"的任务是为"满洲国"境内汉、日、英、俄、朝鲜等各种文字的报纸及无线电台提供新闻稿件，并强迫尚未停刊的几家中国人经营的报纸使用其新闻稿，甚至还强行规定所登载新闻的内容、标题或版面，从而从新闻源上控制了该地区的新闻事业。

为进一步严格控制"满洲国"的新闻事业，日本政府还推行了所谓"日满通讯网一元化"政策。1937年4月12日，"国通社"与同盟签订合作协议，双方约定在人员和信息方面实现全面合作，即"国通社"人员到达日本后被视为同盟社人员，而同盟社人员到达伪满后被视为"国通社"人员，两社人员按所在地区受两社领导，开展业务；"国通社"在伪满发表的新闻拿到日本或其他外国算作同盟社的新闻，反之同盟社在日本发表的新闻到了伪满就变成了"国通社"的新闻。可见，"国通社"不过是同盟在中国东北地区的总代理，而同盟则为"国通社"的业务开展提供帮助，两者异名同体，实属一丘之貉。

---

① "满洲国"通信社：《国通十年史》，长春，"满洲国"通信社，1942年12月，第19页。

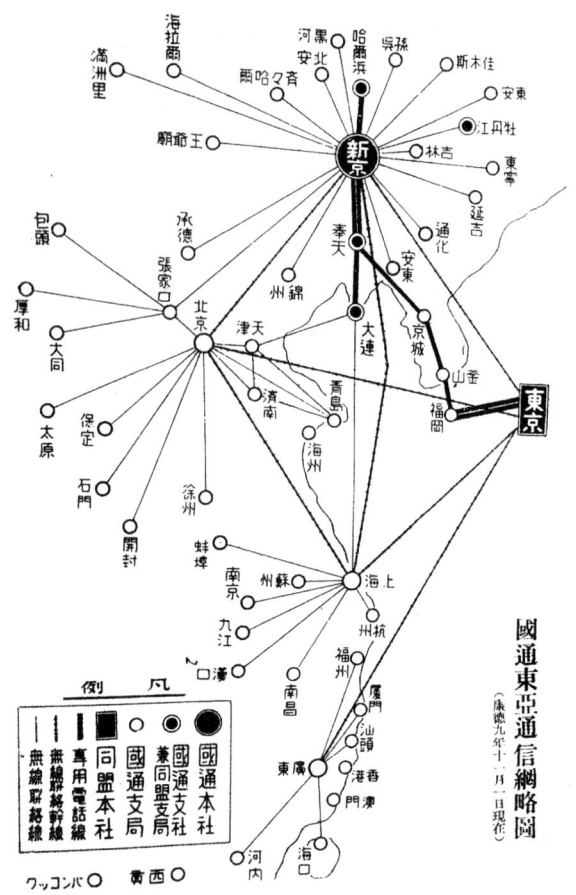

图 2-3　1942 年"国通社"东亚通信网略图

资料出处:"满洲国"通信社编:《国通十年史》

"国通社"在伪满处于垄断地位,它建立了囊括全伪满的新闻报道网。到 1940 年,"国通社"已设有 6 个支社、24 个支局、3 个通讯部和 9 个通商部。它通过这些遍布伪满地区的下属机构采集伪满境内的新闻。同时,又通过同盟社的关系,利用同盟的海外通讯网和与同盟社签订合作协议的外国通讯社,如英国的路透社、美国的美联社、合众社、法国的哈瓦斯社、德国的德意志社、意大利的斯泰劳尼社、苏联的塔斯社等的联系,形成国际通讯网。"国通社"每日用汉、日、英、俄四种文字向各地报社和伪官厅、军宪机关、伪公共机关、银行、公司等发送新闻稿件 2~4 次,对日军统治伪满地区的新闻事业发挥了重要作用。

(二)"满洲弘报协会"

日伪当局虽不断颁布各种文化专制法令,并动用宪警对报刊进行检查和取缔，但仍难以完全达到控制言论的目的。虽然可以通过强权对报刊实施取缔或合并，但又不可能像通讯社那样合成"一国一报"，因此只有通过强化统制来控制报刊动向。为此，关东军决计施行"高压言论统制"。日伪政府于1936年4月7日发布"满洲弘报协会组织章程"，并于9月2日成立了"满洲弘报协会"。该协会是伪满国务院弘报处的一个隶属机构。弘报处是伪满最高的宣传机关和情报机构，下设多个组织，如"满洲映画协会"、"满洲放送协会"、"满洲观光联盟"等，分管电影、广播、旅游等各部门。"满洲弘报协会"是一个完全由日本人操纵的官方组织，是兼营通讯社和报纸的托拉斯，也是垄断伪满新闻通讯的"新闻王国"。它把伪满洲国的新闻报道、言论和经营三方面统一起来，实行严格的新闻统制。"弘报协会"的成立是日本政府在伪满推行的第一次新闻整顿。

"弘报协会"不仅政治上有靠山，而且经济上有雄厚的基础。它成立时有资金200万元，到1940年拥有的资金已达800万元。其资金主要来自伪满政府拨款和"满铁会社"、"满洲电信电话会社"的资助①。"满铁会社"之所以成为"弘报协会"的主要出资者，原因在于它在伪满地区的日本宣传舆论界中处于执牛耳的地位，它试图通过自己的雄厚实力统制全伪满的新闻事业。为此，"满铁"不但投资创办报社，或者为报社提供资助，而且派长期替"满铁"经营宣传舆论机构的原日本陆军中将高柳保太郎出任"弘报协会"的第一任理事长。高柳上任不久，即与伪满国务院弘报处签订备忘录，确立了"弘报协会"作为伪满政府重要事项代行发布机关的地位。

可以说，"弘报协会"是日伪当局对伪满地区报界进行一元化统治的产物。其成员除"国通社"外，还包括当时伪满地区的一些主要中外报纸。"弘报协会"推行"一地一报"的方针，对伪满各地报社进行兼并和整理。初期被兼并的有8家报社，即日文报社《满洲日日新闻》、《奉天日日新闻》、《哈尔滨日日新闻》、《满洲新闻》；汉文报社《盛京时报》、《大同报》；朝鲜文报社《满鲜日报》；英文报社《满洲每日新闻》等。此后，通过陆续吞并和收买，到1940年末，"弘报协会"的"加盟社"已达19个②。这些"加盟社"在业务上和资金上都受到"弘报协会"的控制。

对于暂时不宜兼并的报社，"弘报协会"就用"大报吃小报"的办法，对其进行整理合并。1937年8月，"弘报协会"把奉天的《大亚公

---

① "满洲国"通信社：《国通十年史》，长春，"满洲国"通信社，1942年12月，第55页。
② 《满洲年鉴》1938年。

报》、《民报》、《奉天公报》、《民声晚报》、《奉天日报》合并于《盛京时报》；同年10月，把大连的《满洲报》、《关东报》并入《泰东日报》，把长春的《满洲商工日报》并入《满洲新闻》。当时东北共有40余家报社，通过一系列兼并和整理，最后有3/4的报社被置于"弘报协会"麾下，其发行量占整个伪满地区报纸发行总量的85%[①]，整个伪满的新闻通讯几乎全部控制在"弘报协会"的手中，剩下的几家"非加盟社"如奉天的《醒时报》等力量微乎其微，根本无力与"加盟社"抗衡，只是因为不问政治，仅刊登社会新闻才得以苟延残喘。

表2-7 伪满弘报协会兼并收买报纸情况[②]

报名	发行地	文种	被兼并收买的报纸	兼并收买的时间
满洲新闻	新京	日	满洲商工日报	1937.10
			大新京日报	1938.6
东满新闻	延吉	日	间岛新闻	1938.8
东满时报	延吉	中	延边晨报	1939.8
哈尔滨日日新闻	哈尔滨	日	牡丹江商报	1939.7
安东新闻	安东	日	原安东新闻	1939.7
			国境每日新闻	1939.7
东满日日新闻	牡丹江	日	哈尔滨新闻	1939.12
			民声晚报	1937.7
			民报	1937.1
盛京时报	奉天	中	大亚公报	1937.7
			奉天公报	1937.7
			奉天日报	1937.7
泰东日报	大连	中	满洲报	1937.7
			关东报	1937.7
齐齐哈尔新闻	齐齐哈尔	日	北满洲日报	1939.4
三江日日新闻	佳木斯	日	佳木斯新闻	1940.5

---

① 《满洲年鉴》1941年。
② "满洲"弘报协会：《满洲的报纸和通信》，长春，"满洲"弘报协会，1940年，第4~6页。

(续表)

报名	发行地	文种	被兼并收买的报纸	兼并收买的时间
哈尔滨新闻	哈尔滨	俄	哈尔滨公报	1937.10
满鲜日报	新京	朝	间岛日报	1937.11
满洲日日新闻	奉天	日	大连新闻	1935.8
			奉天新闻	1937.8
			奉天日日新闻	1938.12
大连日日新闻	大连	日	满洲日日新闻大连支社〔改名〕	

"弘报协会"在兼并整理其他报社的同时，还极力加强其内部的业务建设。首先，通过统一各报社记者报酬，提高报社人员待遇，刺激记者工作的"积极性"，培养了一批忠于"弘报协会"的记者。其次，实行记者交流制度。在一定期间内，各报社可以向对方报社互派记者，使记者熟悉各种报纸的业务，以提高其"从业素质"。再次，利用"电电会社"是其股东的有利条件，建立起专用电话线和图像传送设备，很快实现了用电话直接向各报社发送新闻稿件，不仅提高了新闻传播的速度，而且新闻照片的传播也在一定程度上大大增强了伪满地区报纸的宣传力度，为日军在伪满政策的推行摇旗呐喊。

综上所述，"九·一八事变"爆发之后，日本报界的生存环境较之战前更加恶劣，其论调也随之发生了转变，由此前反军反战的舆论斗士一步一步地向军国主义靠拢，并建立起报社自身的战时体制以回应军部、政府对舆论的要求，最终沦落为军国主义战争的宣传机器。

当然，报界的"转向"并非一蹴而就的，是一个渐变的过程，这个过程是日本报界逐渐丧失其应有的批判和监督功能的过程，是日本报界参与战争、宣传战争、推动战争发展的过程，是日本报界对政治屈服、迎合和协力的过程。而这个过程是在政府的强权推动和报界自身的利益诉求下得以实现的。

第三章 战时日本报界的政策传播

侵华战争爆发之后，日本政府当局以"总力战"思想为指导，政治上推行一元化的战时统治体制，经济上厉行旨在增加生产的国家总动员政策，在宣传方面则强化战争宣传，加强思想和舆论控制，并按照战争所需引导舆论导向。在这个过程中，作为被统制对象的报界并非单纯地按照政府的命令、要求进行消极的宣传，而是积极地配合日本政府当局的政策调整，实施积极的政治传播。

所谓"政治传播"就是存在于政治行为主体与客体之间的、以达到特定目的和取得特定效果为价值取向的、以符号和媒介为途径的使政治信息得以流动的过程。① 政治传播中最为重要的载体是媒体，媒体对大众生活有着强大的渗透力和影响力。随着人类社会的进步和发展，媒体的地位越来越重要，作用也越来越广泛。特别是在战争这个特殊的社会历史进程中，媒体的政治传播功能表现尤为突出，作用更加重要。

尽管在侵华战争时期日本的广播、电影等新媒体已经登上历史舞台，并对报纸产生了一定的冲击，但是便于携带、便于阅读、不受时间空间限制、便于保存等先天优势使得报纸依旧保持了强势媒体的地位，再加上报纸常常发表一些具有深度的分析文章，能够引导受众挖掘新闻报道背后潜在的含义，对舆论导向的发展起着重要的决定性作用，这使得报纸不但深受普通读者喜爱，也颇受统治阶级的青睐，成为战时日本政治传播最重要的工具。

政治传播的范围体现在经济、政治、文化和社会的方方面面，但它在国家政策方面表现最为明显，它能够在一定程度上促进形成特定的政治背景，使政治朝着统治阶级所喜好的特定的方向发展，这也是战时报界政治传播的重要目标之一。本章拟从战时日本报界对外交、思想、政治三方面的宣传报道来分析战时日本报界的政治传播状况。

---

① 李宏、李民等：《传媒政治》，北京，中国传媒大学出版社，2006年，第33页。

第一节 报界的"满蒙政策"报道及实践

日本的"满蒙政策"由来已久，早在德川幕府时期，佐藤信渊、吉田松阴等人就提出了"征服中国"、"海外雄飞"的论调，主张要征服中国，应先从"满洲"下手，然后再向中国北京、南京、华南等方面进军。如此"数十年间中国全数底定"①。1887年，日本参谋本部第二局局长小川又次奉参谋本部长山县有朋之命撰写了《征讨清国策案》，其中提出要使"满洲另立一国"，并对"满洲"的领域进行了设定，即包括"东三省以及兴安岭以东、长城以北之地"，并由日奉"监视之"。小川的主张得到山县有朋的支持，并成为山县有朋在1890年制订"大陆政策"的政策基础②。《征讨清国策案》的提出，标志着"满蒙政策"的初步形成。它具有以下特征：第一，侵略目标的确定性和不可变性；第二，侵略手段的军事性和强占性；第三，侵略过程的长期性和不间断性。纵观日本推行"满蒙政策"的历史，大致可将其划分为两个阶段，即：征服"满蒙"期（1894～1931年）和统治"满蒙"期（1931～1945年）。③日本报界的"满蒙政策观"基本上复写了政府当局的意志，而围绕"满蒙政策"的报道则与当局的政策遥相呼应，这也成为报界沦为战争宣传工具的一个有力的佐证。

一、"九·一八事变"前后报界的"满蒙政策观"

日本在制定"大陆政策"的过程中，在很大程度上是将经济利益放在其考量首位的。例如山县有朋1889年组阁担任总理大臣后，便在其《外交政论略》中露骨地指出："大凡为国，不能保护主权线和利益线，则不能为国。……维持一国之独立，仅仅守卫主权线已绝非充分，还必须保护利益线"④。而作为"大陆政策"核心的"满蒙政策"更是日本经

---

① 尾藤正英、岛崎隆夫：《日本思想大系（45）：安藤昌益·佐藤信渊》，东京，岩波书店，1982年，第436页。
② "大陆政策"指的是日本政府制定的旨在占有朝鲜、染指中国大陆的侵略政策。1890年12月6日，山县有朋在国会上发表"施政方针"，标志着日本"大陆政策"的形成。关于"大陆政策"敬请参照米庆余著：《近代日本的东亚战略和政策》（人民出版社2007年版）第二章"'大陆政策'与日清战争"相关内容以及沈予著：《日本大陆政策史（1868～1945）》（社会科学文献出版社2005年版）的相关内容。
③ 薛子奇、于春梅：《近代日本满蒙政策的演变》，《北方论丛》2003年第1期。
④ 大山梓编：《山县有朋意见书》，东京，原书房，1966年，第196～197页。

济扩张的产物。日本报界自"满蒙问题"出现伊始就对其给予了较大的、持续不断的关注①，关于"满蒙问题"的报道频见报端。"九·一八事变"前后，随着"满蒙问题"关注度的提升，日本报界的"满蒙报道"更为频繁。综合这些报道的观点，可以看出这段时期日本报界的"满蒙政策观"主要表现在以下三方面。

第一，"满蒙生命线论"。辛亥革命之后，中日之间的冲突事件频发，"大陆政策"的推行遭遇阻力。此时报纸对日本政府当时奉行的依靠外交途径解决"满蒙问题"的做法多有不满，批评其为"软弱外交"，不唯如此，同时还大力强调"满蒙"之于日本的重要性，公开宣称"满蒙在日本国防上及国民经济生存上是极其重要的"②，由此主张日本政府应该担负起维持该地区治安的重任，并称日本政府在该地区的"保境安民"政策"并非是干涉中国内政，而是为了保护该地区和居民的和平与幸福"③。为此报纸大肆鼓吹"分离满蒙"论调，指出"满蒙本来是不同于支那本土的地方，这无论是从历史上来看，还是从地理上来看都是如此"④，因此大力主张将"满蒙"地区从中国领土分离出去。

日本在中国东北地区推行侵略活动的指挥中心是"南满洲铁道株式会社"（简称"满铁"），它成立于1906年，到1945年日本战败投降为止的近40年里，对中国东北地区的政治、经济、文化等事业造成了巨大的破坏。"满铁"在中国东北地区肆无忌惮的扩张遭到了东北民众的强烈反抗，由此掀起了轰轰烈烈的"收回国权"运动，而东北军阀张作霖试图趁机摆脱日本的控制，遂于1924年成立了自营自建铁路的领导机构和执行机构——东三省交通委员会，开始筑建东北铁路网。从1925年以后，张作霖以"自行筹款"的方式陆续建造了吉海线（吉林——海龙）、打通线（打虎山——通辽）等铁路，对打破日本长期控制东北铁路干线和垄断铁路运输的局面，起到了重要作用。对此日本深为不满，认为张作霖修筑的铁路是"南满铁路平行线"，严重影响了其在"满蒙的权益"，对"满铁"的经营造成了一定冲击，遂多次向张作霖提出警告和抗议，并最终于1928年6月4日制造"皇姑屯事件"将张作霖炸死。张作霖死后，其子张学良子承父业主政东北，继续同日本政府对抗。

---

① 对于征服"满蒙"时期，即"九·一八事变"之前报界对"满蒙问题"的报道不在本书的考察范围之内，只作简要叙述。本书仅对"九·一八事变"前后报界的"满蒙问题"报道进行考察。
② 《满洲日日新闻》1921年4月13日。
③ 《满洲日日新闻》1928年7月27日。
④ 李相哲：《日本人在满洲经营报纸的历史》，东京，凯风社，2000年，第261页。

日本报界对张作霖和张学良不与日本合作的对抗态度提出批评，并抓住时机大肆鼓吹所谓的"满蒙危机"论调。《大阪朝日新闻》在社论"我满蒙政策——面临破绽危机"中指出，"满铁是我满蒙政策的核心，同时也是我国在满蒙的特殊地位的根本。支那方面对具有特殊地位、意义重大的满铁以及以满铁为中心的我国满蒙铁道政策的攻势性压迫日渐严重。这种形势在东北四省的王者张学良访问南京之后极度恶化，我满蒙政策已经面临着无法收拾残局的危机"[①]。该报还对日本政府仅仅提出警告和抗议的"软弱外交"提出质疑，认为应该采取强硬措施以维护日本权益。1931年1月12～17日，《大阪朝日新闻》又连载了特派员武内文彬的报告《问题的中心——重新认识满蒙问题》，向日本国民详细介绍了张学良父子推行的铁路政策的进展，并对"满铁"由此遭受的"损失"进行了大肆渲染，危言耸听地指出："在满蒙，支那方面采取的压迫满铁的政策动摇了以满铁为根基的我满蒙政策的大树，使我们面临着可怕的破产危机。"[②]

1931年1月23日，前"满铁"副总裁松冈洋右在众议院发言称"满蒙问题是关乎我国存亡的问题，是我国的生命线"[③]，从而正式提出了"满蒙生命线"的主张。与此同时，陆军也开始着手准备对中国东北地区的侵略。1931年5月关东军导演了"万宝山事件"[④]，借以挑起中国民众和朝鲜民众之间的冲突，此后又以"中村事件"[⑤]为借口增兵中国东北，为发动侵占东北三省的战争制造舆论。此时的报纸更是加紧鼓吹"对支强硬论"，要求采取"断然的对满政策"。《东京日日新闻》在报道了"中村事件"之后，发出"日本在满生命线危险"的警告，并敦促政府采取强硬措施维护日本在"满蒙"地区的权益。两个月后，"九·一八事变"爆发。

第二，"满蒙强硬论"。"九·一八事变"爆发之后，日本报界展开

---

① 《大阪朝日新闻》1930年12月1日。
② 《大阪朝日新闻》1931年1月12日。
③ 松冈洋右：《变动的满蒙》，东京，先进社，1931年，第224页。
④ 万宝山事件：1931年4月，一批被日本帝国主义剥夺了土地的朝鲜农民流落到长春境内的万宝山，在日本军部的挑唆下，非法截流筑坝，与当地居民发生利益冲突。日军以保护朝鲜人为借口出动大批军警，挑拨中朝关系，使中朝关系走向恶化。
⑤ 中村事件：1931年6月，日本关东军中村震太郎大尉和井杉延太郎两人化装成蒙古人，与一名蒙古人和一名俄罗斯向导在外国人禁入的大兴安岭索伦一带作军事调查，被中国东北军兴安屯垦公署第三团团副董昆吾发现并扣留，在证据确凿情况下，团长关玉衡下令秘密处决中村震太郎。日本借机宣称东北军士兵因谋财害命而杀死中村，威逼中国交出关玉衡，并在日本民众中煽风点火，用"中村事件"和"万宝山事件"诬陷中国"损害日韩移民"。

了前所未有的报道战，除了报道事变爆发的进展外，为关东军的军事行动提供舆论支持、营造排外思想、呼吁民众拥护成为报界在此时期着力渲染的重点。概而言之，报界主要从以下两个方面对军部的行动进行了支持。

首先，从现实的角度鼓吹"满蒙生命线"理论。各报极力强调"满蒙"在日本经济、国防上的重要性，称"满蒙"不但是日本的出口市场，还是日本的原料供给地，同时还是日本过剩人口的吸纳地，因此"满蒙"是事关日本国家生死存亡的"生命线"。《大阪朝日新闻》在社论中称：

> 就我国财界来说，除英国停止金本位制以外，现在有一个重大经济衡动的原因，这就是满洲事件的经济关系。这个问题就世界关系来看毋宁说是轻微的问题，但就我国来说，则具有特殊的重要性。①

从该社论可以看出，《大阪朝日新闻》将"满蒙"的经济地位提升至与英国停止金本位相同的高度，从而论证了"满蒙生命线"的重要性。

其次，试图从历史上寻找"证据"，以证明"满蒙权益"的正当性。《大阪朝日新闻》在9月20日发表的《满蒙与我特殊权益》文章中说，"满蒙"是日本人在日俄战争中用生命换来的，是绝对不能弃之不顾的。接着又于9月24日的社论中说："第一，南满铁路是日俄战争的战果之一，有许多条约保证归于日本之手，不应将其视为普通财产；第二，满铁是万国通商的公路，不允许有一刻之障碍，支那官兵肆意破坏，危及日本在满权益，行使自卫权理所当然"②。换言之，该报认为"满蒙权益"是日俄战争后日本通过条约获得的胜利果实，因此日本有权对任何针对"满蒙权益"的破坏行为进行还击。但该报却忽视了一个事实，即所谓"满蒙权益"以及日俄战争后签订的条约都是非正当的。

报纸不但对关东军的侵略行为给予了承认，而且还继续坚持一贯的"对满强硬论"，要求"谴责支那的非法行为，在支那幡然醒悟之前决不

---

① 《大阪朝日新闻》1931年9月27日。
② 《大阪朝日新闻》1931年9月24日。

能手软"①,并"再次热切期望政府坚决采取强硬措施"②。《大阪朝日新闻》虽然呼吁"应该警惕军部采取超出必要之上的自由行动"③,但其出发点并非是反对军部出兵,相反却认为关东军的行动是"理所当然的紧急措施"。该报还强烈反对国际联盟的介入以及此后国际联盟通过的一系列决议案,称"决不允许局外人胡乱指责"④。《满洲日日新闻》将日本出兵说成是对"支那为政者的不谨慎和失信所采取的第一阶段的自卫政策"⑤,是不得已而为之的"消极的出兵",而日本政府要保护日本在"满蒙"的特殊权益,必须采取"第二阶段的积极的自卫政策",从而强烈要求军部积极扩大武力干涉。

1932年1月3日,《大阪朝日新闻》在号外上再次发表了措辞强硬的文章,对军队的行动提出了赞扬,宣称关东军的"光荣牺牲"是"尊贵的",并要求国民"加深感激、铭记在心"。

> 如果要真正建设安全和平的王道乐土,在充分形成农、工、商业的经济发展之前,绝不能放松军队警备的力量。在满民众三千万,其保护第一要靠军队的力量。在这次行动中光荣牺牲的将士人数颇多。其牺牲在某种意义上,比起日俄战争时更加尊贵。国民在这一点上,更要加深感激,铭记在心。⑥

在这里报纸公开要求军队采取强硬措施,以建设"和平安全的王道乐土"。当然,这里所谓的"王道乐土"只是"三千万在满民众"的"王道乐土",它是以牺牲中国东北地区全体中国民众的利益为代价的。

报纸还坚决反对国际社会对日本"满蒙政策"的干涉。1932年1月8日,《东京朝日新闻》发表社论,对英、美、法等国家试图干涉"满洲"问题提出了抗议,并主张"如果从外交上对我施加压力,则必须断然拒绝"。该报还将日本美化成"保卫满洲"功臣。"如果日本在日俄战争中不牺牲20亿经费和10万生灵,则今日满洲必将成为红色的满洲;如果在过去四分之一世纪里日本不投入20亿投资,则今日满洲早已不存

---

① 《东京日日新闻》1931年9月27日。
② 《东京日日新闻》1931年10月1日。
③ 《大阪朝日新闻》1931年9月20日。
④ 《大阪朝日新闻》1931年9月26日。
⑤ 《满洲日日新闻》1931年9月26日。
⑥ 《大阪朝日新闻》1932年1月3日。

在"①,从而从侧面论证了"满蒙权益论"的正当性。

第三,"日满不可分"论。报纸在叫嚣"日本武力正当化"和"满蒙分离论"的同时,进而提出了"日满不可分"的主张,试图将"满洲"作为日本生命线的地位变成既成事实,充分暴露了其扩张领土的野心。

1931年10月15日,日本驻国际联盟代表芳泽谦吉大使发表谈话,表明了"日满不可分"的态度,再次重申了"满蒙问题"是事关日本生死存亡的主张。日本各报对芳泽的谈话给予了全文报道,并表示了赞同意见,称"该主张是日本九千万人的迫切主张",由于"支那缺乏独立性和统一性,而且满洲政权不够稳固,缺乏防御力"②,因此日本通过"正当的努力和合法的手段"保障日本在"满蒙"的权益是"理所当然"的。此外,报纸列举了日本在"满洲"的投资,并诡称日本在"满州"的产业活动"帮助了支那的发展",因此理应获得尊重。由此得出日本在中国东北地区的侵略活动具有正义性和正当性的荒谬结论。

在阐述"日满不可分"主张时,为消除国际舆论的指责,报界还特意声明日本在"满洲"并无领土野心,当然这不过是此地无银的说法而已。《读卖新闻》称"帝国政府于满洲并无领土欲求,我所期待的是帝国臣民安居乐业,以资本与劳力获得参加地区开发机会,拥护自国及自国臣民所享有之权益为政府当然之职责,故应排除对满铁之危害行为"③。

此外,报纸还针对欧美国家对日本有领土野心的指责提出了辩护。"日本增加领土有何益处呢?徒增麻烦而已,这一点稍有思考便知。日本具有领土野心的想法是由还未从欧罗巴殖民地帝国主义美梦中醒来的人们的旧式思想生出的妄想",而日本追求的"不过是维护满洲的权益而已"④。也就是说报纸认为日本出兵的目的只是行使所谓的"自卫权",攫取领土的野心不过是欧美列强的无理指责而已。

综上所述可以看出,所谓的"日满不可分论"与"满蒙分离论"是遥相呼应的,后者是前者的前提和基础,前者则是后者的归宿和目的,同时这两者也是"满蒙生命线"论的延伸,最后的归结点都是要求政府

---

① 《东京朝日新闻》1932年1月8日。
② 《满洲日日新闻》1931年10月16日。
③ 入江得郎等:《新闻集成·昭和史的证言(5):满洲事变和军部法西斯》,东京,本邦书籍,1983年,第284页。
④ 《满洲日日新闻》1931年10月1日。

采取"满蒙强硬论",以武力来扩大日本的侵略权益。

二、对"满洲国建国"的报道

"九·一八事变"爆发之后,南京国民政府向国际联盟提出诉讼,请求国联调停中日之间的争端。国际联盟于9月22~30日、10月13~24日和11月16日至12月10日分别召开三次会议,讨论中日之间的争端问题。期间,关东军依然不顾国际舆论的反对,继续扩大对中国的侵略,还在天津和上海等地阴谋策动事变,与"满洲"的军事行动遥相呼应。由于日军在上海的行动威胁到列强的在华权益,引起列强的强烈反对。在此情况下,国际联盟于1932年2月3日派出以英国人李顿为首的调查团前往日本、中国东北地区进行调查。日本政府为在调查团到达之前造成既成事实,遂于3月1日策动成立伪满洲国,以扶植傀儡政权的形式加强对"满蒙"地区的统治。

日本各报对"满洲国"的成立表示了极大的热情。首先在"满洲国"筹备期内,为消除中国民众的抵抗情绪,并取得欧美列强的谅解,各报积极配合政府当局为"满洲国"的成立作舆论上的准备。报纸从所谓的"满洲国特殊性"的观点出发,称"满洲地区表面上是支那领土,而实际上却是完全处于领土之外的特殊地区"①,这为"满洲国"的"合法性"提供了理论依据。

对于日本与"满洲"的关系,报纸认为日本通过日俄战争与"满洲"建立了特殊的关系,"此后随着支那的动乱以及日本的政治、经济努力,日满关系更加紧密,直至今日日本国和满洲成为不能分割的关系"②,再次鼓吹"日满不可分"的论调,并积极推动"满洲国"的建立。

"满洲国"成立后,各报又开始大肆鼓吹"满洲国"所谓的"正当性"。《满洲日日新闻》称建立"满洲国"是为了帮助"恶政统治下的当地人民","新国家以道德和仁爱为根本原则,以实现王道乐土为目的"③,从而对"满洲国"的建国理念给予高度评价。

由于斋藤实内阁上台后并没有立即对"满洲国"给予承认,这引起了军部和国内舆论的强烈不满,在军部、法西斯势力和舆论的推动下,外相内田康哉于1932年8月在议会上正式提出承认"满洲国"的动议,

---

① 《满洲日日新闻》1931年10月16日。
② 《满洲日日新闻》1931年10月20日。
③ 《满洲日日新闻》1932年3月11日。

并表示"举国一致，即使国家化为焦土也要贯彻此主张"。报界对内田措辞强硬的声明表示了赞赏和鼓励，认为"内田外相的演说自始至终贯彻了彻头彻尾的承认论，而且所言直截了当，丢掉了此前外务大臣的外交辞令式的调子"①，并极力主张承认"满洲国"是全体国民的意志，"只有予以承认才能使事态得以安定"，因此无论李顿调查团得出什么结论，"都不能无视既成事实"②。日本政府最终于9月15日宣布正式承认"满洲国"。对此，日本报界一片赞誉之声。1932年12月19日，全国120家主要报社发表"共同声明"，表示将无条件支持政府通过的任何决议。声明全文如下：

共同声明

满洲的政治安定是维持远东和平的绝对条件。而满洲国的独立及其健全发展，是维持该地区安定的唯一最好途径。以保卫东洋和平为自己崇高使命，且与自己利益攸关的日本，决议举全国国民以支援满洲国之举，为理所当然。不仅日本，祈望世界和平的文明诸国均应承认满洲国，并有义务协助其成长，这并不夸张。

然而，国际联盟诸国中，现尚欠缺对现实的研究，因此不能认识到东洋和平的唯一途径。我等希望我们的当局者从整体上把握此等国家的理念，同时如同满洲国的俨然存立之际，无论在何种情况、何种背景下提出解决方案，我们以日本言论机关的名义，在此明确声明，均应接受。

1931年12月19日

日本电报通信社　东京朝日新闻　大阪朝日新闻社　都新闻社　报知新闻社　中外商业新闻社　读卖新闻社　时事新报社　东京日日新闻社　大阪每日新闻社　国民新闻社　新闻联合社等（共120家）③

综上所述，日本新闻舆论通过对国际联盟的批判以及对"满洲国建国"的鼓吹，营造了日本依靠武力解决"满蒙问题"的"正当性"的舆论氛围，不遗余力地向外界传达了日军扩大侵略战争的"合法性"，从而引导民众对军部的侵略行为给予支持。事实表明，报社的这种做法确实

---

① 《东京朝日新闻》1932年8月27日。
② 《东京朝日新闻》1932年8月26日。
③ 《东京朝日新闻》1932年12月19日。

收到了很大的成效。这表明报界已经沦为军国主义的同盟军,军队承担着武力侵略的任务,而报界则担负着为侵略寻求合法化以及煽动民众排外情绪的任务。

三、对"满洲移民"的报道

在"满蒙生命线"框架下,政府当局除了极力强调"满蒙"在日本经济、国防上的重要性之外,还把"满蒙"定位为"日本过剩人口的吸纳地"。日本的"满蒙对策"不但表现在政策上扶植"满洲国"傀儡政权,军事上实行殖民统治,文化上实施文化侵略,同时为了"奠定大和民族发展的基础"①,使"大和民族"在"满洲"发挥其"先锋的作用",实现永久霸占"满洲"的目标,还积极实施"满洲移民"计划。从1932年到1936年,日本先后向中国东北地区实施"武装移民"② 5次,近万户。1936年8月25日,日本政府又实施了"百万户移民"计划,这一计划被确定为广田弘毅内阁"七大国策"和"满洲国"政府的"三大国策"③之一,企图以此来解决国内的政治、经济危机。截至1945年日本战败、"满蒙政策"破产为止,移民到"满洲国"的日本人达155万人,其中"开拓民"即所谓的农业移民大约是27万人,占移民总数的17%左右。④

在推动"满洲移民"计划实施过程中,关东军、拓务省等都是移民政策的制定者和实施者,而报界对"满洲移民"计划也给予了极大的热情,不但倾注全力进行了大量报道,还通过举办座谈会、讲演会等形式进行了宣传,对"满洲移民"政策的实施发挥了不可忽视的推动作用。

1936年10月8日,《大阪朝日新闻》召开"满洲、北支视察座谈

---

① 满铁经济调查会编:《满洲农业移民方策(1935年)》(立案调查书类第2编第2卷第1号),第316页。

② 日本对东北地区移民主要分为三个时期:第一个时期是"移民试点"时期(1906—1931年);第二个时期是"武装移民"时期(1932—1936年);第三个时期是"国策移民"时期(1937—1945年)。所谓"武装移民"指的是"屯田兵制移民",也即全副武装的亦兵亦农的具有军事性质的移民。而其他普通移民的主体虽为农民,但规定必须携带武器,因此仍然具有军事武装性。关于"满洲移民"可参照:"满洲"移民史研究会编:《日本帝国主义下的满洲移民》(龙溪书舍1976年版)等相关著述。

③ 所谓广田弘毅内阁"七大国策"是指:1.充实国防;2.革新改善教育;3.整顿中央、地方税制;4.安定国民生活;5.振兴产业和发展贸易;6.确立对满的重大政策,即移民政策和鼓励投资等;7.整顿改善行政机构。"满洲国"政府的"三大国策"是指:1.北边振兴计划;2.产业开发五年计划;3."百万户移民"计划。

④ 关于"满洲移民"的数字,不同文献有一定的出入。此处采用满洲开拓史刊行会编:《满洲开拓史》,满洲开拓史刊行会,1966年,第437页。

会",介绍了"满洲"和华北地区"满洲移民"的状况,称"九·一八事变"后推行的移民政策中,无论是依靠政府补助实现的移民,还是依靠自给自足推行的移民都获得了成功。同时该报还认为即将推行的"20年内百万家族500万人移民计划"是"在借鉴过去几年实行的移民经验的基础上制定的宏伟计划"[①],因此一定也能够取得成功。

在"满洲移民"实施过程中,日本政府把儿童作为开拓"满洲"未来的生力军。拓务省管辖下的"满洲移住协会"于1937年向"满洲国三江省"饶河派遣了百名青少年,"鉴于成绩良好,遂制定满洲开拓少年义勇军10年计划",并计划在"满洲"未开垦地设立开拓训练所,"以民族协和精神为基础,培养从事农地共同经营和产业开发的年轻战士",被报界称赞为"迈出了满洲建设的有力的第一步"[②]。1938年"满洲农业移民协议会"决定向"满洲"地区派出500名少年义勇军,以充实"满洲移民"的力量,被《信浓每日新闻》赞为"汹涌澎湃的移民热潮"。该报还对少年义勇军提出期望,要求他们在"满洲旷野建设第二故乡"[③]。此后各地陆续向"满洲"地区派出数量众多的少年义勇军,少年义勇军的规模逐年扩大。据《东京朝日新闻》报道,1939年度"满蒙开拓青少年义勇军计划"将派出32000名青少年赴"满洲"接受训练[④]。福井县按照日本政府的要求,于1938年派出500名"满蒙开拓青少年义勇军",《福井新闻》对义勇军的招募活动进行了连续报道,称"移民热激起青少年的热情",申请加入义勇军的青少年人数大大超过计划数量,"满蒙开拓战士志愿者已达4倍"[⑤]。但实际情况并非如此。据统计,福井县1938年派出的"满蒙开拓青少年义勇军"只有315名,离计划人数500名相差很多,因此《福井新闻》所谓的"志愿人数超过4倍"的说法不过是虚假的宣传而已。

随着单身男性移民"满洲"及青少年义勇军开拓团成员大量涌入"满洲"地区,结婚问题成为政府关心的头等大事。为了维持"满洲移民"规模的稳定性和可持续性,政府开始呼吁年轻女性加入"满洲移民"的行列,这些女性除了协助男性从事农耕之外,还有一个重要任务就是响应"生吧!繁殖吧!"的号召多生孩子,并悉心培养"满洲移民"

---

① 《大阪朝日新闻》1936年10月11日。
② 《东京日日新闻》1937年11月9日。
③ 《信浓每日新闻》1938年1月21日。
④ 《东京朝日新闻》1939年3月6日。
⑤ 《福井新闻》1938年2月18日。

的接班人。据报道,"出生的第二代移民人数在第一次与第二次移民团中分别达到了 300 人,在第五次移民团中,新娘仅仅到来一年,第二代人数就增至 200 人"①,可见女性移民在保证"满洲移民"人口增长方面发挥了重要作用。"大陆新娘"成为维持"满洲移民"规模、保持"满洲移民"政策可持续性的重要力量,关于女性"满洲移民"的报道也频见报端。

1938 年 11 月 2 日,《中外商业新报》刊登了一位女飞行家响应政府"大陆新娘"的号召,放弃国内优厚条件奔赴"满洲"同"满洲移民"结婚的报道,并指出"只有女性进入大陆才能实施真正的开发",称"无论男性如何浴血奋战,没有女性的参与绝非是完整的大陆开发"②,从而掀起了新一轮女性"满洲移民"高潮。

《东京朝日新闻》也对"大陆新娘"给予了持续的关注。该报说"九·一八事变"后,随着"为了东亚协同体的共同理想而移民至满洲国旷野的日本人数渐渐增多",男女比例逐渐失调,"需求大陆新娘的呼声日渐高涨",因此呼吁女性加入到"满洲移民"中来,并向政府建议开设"女子拓殖指导者讲习会",向女性传授必需的生活常识,以培养大量"大陆新娘"③。

《国民新闻》于 2 月 25 日发表了"大陆新娘现地报道"的文章,对已经移民到"满洲"地区的"大陆新娘"的"开拓者的雄姿"进行了报道。针对应征"大陆新娘"人数过少的现状,文章极力放大"满洲移民"的优点,并对女性在"满洲开发"过程中的作用给予了较高评价,称女性是"传播日本文明生活方式"、促进当地人建设新的生活方式所不可或缺的重要力量。文章认为由于大量"满洲移民"的涌入,现今的"满洲"已非日本殖民地,而是以移民至此的日本人为主导的王道乐土,因此"为建设满洲的这片王道乐土,女性应自觉参与到满洲建设事业中来"④,将日本文明传播于此。

此外,为推进"满洲移民"政策的实施,各报还积极配合政府呼吁各界向"满洲"地区投资。《大阪朝日新闻》对"满洲"的投资环境作了介绍,称"向满洲投资就是定期存款,好处多多",并且认为投资是"顺应国策"的行为,无论是否能够获得经济利益,"都必须考虑国家利

---

① 《朝日新闻》1938 年 6 月 7 日。
② 《中外商业新报》1938 年 11 月 2 日。
③ 《东京朝日新闻》1939 年 11 月 15 日。
④ 《国民新闻》1939 年 2 月 25 日。

益前去投资"①。另外，为满足"满洲"开发过程中对不同技术人才的需求，该报还呼吁各行各业都应有人移民"满洲"，并鼓励国民按照"满洲"建设需要改换职业，以实现"满洲雄飞"②。

随着战局的恶化，日本国内的物资状况也随之恶化，为增加"满洲"的粮食生产，政府开始派出具有丰富农作经验的农民组成"满洲建设勤劳奉仕开拓特别班"赴"满洲"指导农业生产。《名古屋新闻》对此举给予了肯定，称不但能够"帮助满洲增产"，还"有助于加深母村和分村之间的联络"③。

总之，"满洲移民"计划也不过是日本推行"满蒙政策"的手段之一，而报纸以爱国主义和国家利益为借口，煽动不明真相的日本国民背井离乡，到"满洲"开辟所谓的"第二故乡"。这些移民在国内基本都是处在社会底层的贫民，他们听信政府和报纸的鼓动宣传，满怀希望，"在欢呼声中来到广阔天地挥动铁锹建设新生活"，然而实际情况却与报纸的宣传大相径庭。报纸原来宣传说"满洲移民"将获得最好的土地和生产工具，而实际上"分配给义勇军和开拓团的土地不光是未开垦的土地，还包括强制掠夺的当地农民的土地，一部分失去土地的农民变成了被称为'匪''贼'的武装组织"④，常常对"满洲移民"的日常生活进行骚扰。因此报纸所谓的"加深与当地住民关系"的说法只是宣传而已。可以说，报纸对"满洲移民"计划的推行起了重要的宣传和推动作用。

综上所述，报界对"满蒙政策"持赞同、追随和积极推动的态度，并积极为其侵略性辩护，试图用正义的外衣掩盖其侵略本质，这也从一个侧面体现了报纸对战时日本外交政策的态度。1940年1月4日，《福冈日日新闻》发表的社论《政治独立性与社论》是对其最好的诠释。该社论首先强调了政治独立性的重要性，并指出日本通过"九·一八事变"、退出国际联盟以及"卢沟桥事变"，成为一个拥有完全政治独立性的国家。而中国在欧洲列强的侵略下丧失了政治独立的必要条件——经济独立，陷入不完全的政治独立状态，因此日本不能坐视不管，日本发动的是一场为了拯救中国于生死存亡边缘的"圣战"，并称"促使欧洲诸国进行反省是圣战日支事变爆发的原因"⑤。可见，报纸是将日本定位为

---

① 《大阪朝日新闻》1936年10月11日。
② 《朝日新闻》1940年11月8日。
③ 《名古屋新闻》1940年4月28日。
④ 〔美〕法兰克·吉伯尼编：《战争——日本人记忆中的二战》，尚蔚、史禾译，见《〈朝日新闻〉读者来信汇编》，北京，中央编译出版社，2003年，第126页。
⑤ 《福冈日日新闻》1940年1月4日。

中国的救世主来加以渲染的，可谓颠倒黑白。

四、对国际联盟"满蒙决议"的报道

"九·一八事变"爆发后，中国政府实行不抵抗政策，于9月21日向国际联盟提出调停诉讼。日本的传媒也闻风而动，围绕国际联盟的决议展开了规模空前的舆论宣传。

国际联盟于1931年9月30日做出了第一次决议，在承认中国军队承担主要责任的前提下，要求日本撤兵。但是日军非但没有撤兵，反而于10月8日以"支那军猛烈轰击我飞行队"为由，"于8日午后2时组织编队，再临锦州上空，以支那兵营为目标进行了猛烈轰炸，给予巨大打击"①。事件发生后的10月9日，中国驻国际联盟代表要求国联就此事展开调查。10日，联盟理事会议长向日本发出了第二次通告，再次敦促日本撤兵。12日，日本政府通过驻国联代表芳泽谦吉拒绝了联盟的要求。10月16日，国际联盟要求美国作为观察员参加理事会议，但日本以"违反国联宪章，在法律上不能成立"为由表示了强烈的反对。《读卖新闻》马上作出反应，称"帝国政府对美国政府为维持世界和平所作的努力表示谅解，也决不抱任何疑念，然而国际联盟让非国际联盟代表出席理事会②，参加议事之举未曾有先例。不仅如此，联盟规约所有条约对此亦无预想，因此理事会邀请美国代表不仅会变更联盟理事会的构成，不免亦与规约相抵触"③。

然而，国际联盟并未采纳日本的反对意见。10月18日，有美国作为观察员身份参加的国际联盟理事会通过决议，认为中日纷争适用于巴黎和会时制定的"不战条约"，并警告中日两国要以和平手段解决所面临的问题。然而日本各界对国联的警告极为不满，新闻舆论也对此展开了猛烈抨击。《读卖新闻》发文重申了"九·一八事变"是日本行使自卫权的正当行为的论调，称"我国于满洲的这次措施完全是国家自卫权的发动，无论过去还是现在全非战争行为，故不承认与不战条约相抵触。另外，政府已屡次声明，日本于满洲亦毫无领土野心，这与九国公约亦无抵触"④。并且，日本还屡屡以退出国际联盟进行威胁。

---

① 《时事日日新闻》1931年10月9日。
② 国际联盟成立时的理事会由英、法、意、日以及9月26日加入的德国组成。美国虽为成立国际联盟的创始国，但由于美国政府没有批准《凡尔赛条约》，美国也就没有参加国际联盟。
③ 《读卖新闻》1931年10月17日。
④ 《读卖新闻》1931年10月19日。

10 月 23 日，国际联盟通过决议案，要求日本于 11 月 16 日之前必须完成撤军。对此，芳泽谦吉在会议上表示了强烈的反对，表示"予于规定期限内撤兵恕难同意"，并向国联提出异案。24 日国联否决了日本的提案，以 13 票对 1 票通过了第二次决议案。这样日本在国际上处于完全不利的境地，日本国内外也将此作为日本外交的失败。于是，日本国内新闻舆论更加紧了对国际联盟的攻击和批判。

《朝日新闻》认为国际联盟的决议违反了尊重条约的原则，"以日本撤兵作为日支交涉的先决条件，乃是忘记了攸关联盟生命的第一大原则，即尊重条约的原则"①，因此是错误的。10 月 26 日的《国民新闻》则以"联盟威信完全扫地！芳泽大使努力落空，日本主张遭到蹂躏"为题，报道了上述决议的表决过程，并表示理事会决议案没有法律效力。"24 日国际联盟理事会要求日本限期撤军的决议案已以十三票对一票予以表决，而由日本代表芳泽提出的修正决议案表决的结果也是以十三票对一票否决，并决定于下月 16 日再次召开理事会。但是，联盟决议须全体一致通过才能生效。因芳泽代表投反对票，所以未能达到全体一致。因此，理事会野蛮的毫不讲理的撤兵决议案当然不能成立。"②

此外，各报以及"日本新闻协会"还担负起对外宣传的重任，专门为海外媒体撰写稿件，以阐明日本的立场。"日本新闻协会"于 11 月 14 日向国际联盟以及一些海外媒体发去声明，认为中国"无视并蹂躏日本在满蒙的权益，不但压迫日本同胞，且威胁其生命和财产安全"③，因此导致了"满洲事变"的爆发。接着声明再次强调了日方在"满洲事变"中的"正义性"，称事变纯粹是"日本自卫权的行使，是关乎日本帝国生死的问题，即便是赌上国运，也要向这个生死攸关的问题迈进"④。《朝日新闻》向《伦敦时报》和《纽约时报》发去题为"对联盟理事会的期望"的评论文章，声明"联盟要求日本撤兵是绝对错误的"⑤。此外，应美国报纸的邀请，《每日新闻》社长本山彦一在美国 25 家报纸上发表文章，阐述"满洲事变的正当性"。

日本报界对国际联盟"偏袒"中国的做法也提出了尖锐的批评。《东京朝日新闻》以"帝国政府断然抗议，国联成支那宣传机关"为题，

---

① 《朝日新闻》1931 年 10 月 24 日。转引自丁果：《九·一八事变与朝日新闻》，载《外国问题与研究》1988 年第 3 期。

② 《国民新闻》1931 年 10 月 26 日。

③ 日本新闻协会：《日本新闻协会二十年史》，东京，日本新闻协会，1932 年，第 68 页。

④ 日本新闻协会：《日本新闻协会二十年史》，东京，日本新闻协会，1932 年，第 69 页。

⑤ 《朝日新闻》1931 年 11 月 17 日。

表达了对国联的不满。

> 对于满洲事变,国际联盟秘书处至最近其越权态度更加露骨,不仅心安理得地重复其轻率不诚意的处理结果,今日的秘书处俨然已成为支那政府的宣传机关。鉴于此,帝国政府严厉谴责其行为的不当,认为有必要促其反省。遂于九日通过驻法大使芳泽、帝国驻联盟秘书处代表泽田向联盟秘书长德拉蒙德提出更严肃的抗议。要点如下:
>
> 一、联盟秘书处不加批判地听信支那方面的通报,并仅以此为基础,在未对事件真相进行正确讨论的前提下,直接通过最高机构对日本屡次进行干涉处置。特别是秘书处关于日本军的盐税征收问题的行动就是一个好的例证。尽管毫无事实根据,秘书处仍听信支那方面的反宣传,对日本作出强硬处置。
>
> 二、尽管现在联盟理事会正处于休会阶段,支那代表施肇基仍不断将对本国有利、而对日本不利的信息通报秘书处。而秘书处直接以秘书长的名义向各理事国传达。上述行动使联盟成为支那的宣传机关。
>
> 三、联盟秘书处职员往往站在于日本不利的立场上发表意见。即利用盟约第十五条①对日本施加压力,向日本投掷笔舌炸弹,使日本外交处于不利境地。联盟的所有这些行动破坏了自己的使命,日本政府决不能容忍。
>
> 四、国际联盟卫生部长现正在上海。他自满洲事变发生以来一直和支那政府财政部长宋子文一起在欧洲和亚洲的无线电台间协助支那进行广播宣传与外交指导。这些行为,作为联盟职员来说是不能容许的。②

该报甚至将所有罪责归咎于国际联盟,认为"联盟的短见和浅薄的对支同情,致使支那一味依赖联盟。正是由于国联回避直接交涉,招致威胁东亚和平的不自然情势,其罪在国联"③。

---

① 国际联盟盟约第十五条规定:国际联盟会员国间发生断绝外交纠纷,并依据第十三条规定提交仲裁时,会员国约定应由联盟理事会审理该事件,纠纷当事国任何一方可将纷争通告秘书长,并委托审理,秘书长应作好进行充分调查审理所必需的一切准备。
② 《东京朝日新闻》晚刊1931年11月6日。
③ 《朝日新闻》1931年10月29日。转引自丁果:《九·一八事变与朝日新闻》,《外国问题与研究》1988年第3期。

日本政府以国际联盟做出的"满蒙决议"不成立为由，拒不执行撤兵决议，反而继续增兵锦州，觊觎黑龙江，并在特务头子土肥原贤二的精心策划下，在天津制造暴动，阴谋拥立清朝废帝溥仪建立伪满洲国傀儡政权。在此情况下，国际联盟召开了第三次联盟理事会议，再次敦促日军迅速实现撤军，并同意日本向中国东北地区派遣调查团的提议。

11月24日，国际联盟理事会将上述决议案通知日本。由于国联在决议案中撤回了限期日本撤兵的主张，并且同意了日本要求派遣调查委员会的提案，日本国内舆论将此看作是日本外交的胜利。《朝日新闻》等日本报纸对国际联盟的此项决议表示满意，认为"联盟终于步入了正道"①。

但是，报界对国际联盟的好印象并没有维持多久。由于国际联盟议长于11月27日向中日两国政府发表警告，要求停止交战状态，再次使得国际联盟成为日本报界的攻击对象。《读卖新闻》发表文章批评国联此举为"越权行为"，并称由于此举侵犯了日本的自主权，所以日本对此警告完全可以不予理睬，"而且在该警告中，要求关东军司令官彻底避免锦州方面的战斗行动，这侵害了军队的统帅权"，所以"帝国政府应断然抗议此警告"②。

由于日本当局不顾国际联盟决议拒不撤军，反而进一步加紧了侵略中国的步伐，威胁到各列强的在华利益，引起各国的强烈不满。李顿调查团于7月4日来到日本与斋藤实首相商谈未果，遂离开日本到中国东北地区进行调查，并在北平写出报告书，10月2日报告书正式公布。报告书肯定东北是中国领土的一部分，其主权属于中国，对事变经过和伪满洲国也有某些公正和客观的叙述，但是总体上模糊是非、混淆黑白，充分暴露了西方帝国主义国家对日本侵略中国东北的绥靖政策。尽管如此，由于报告书认为日本在中国东北地区的军事行为完全是侵略行为，否定了"九·一八事变"以来日本对"满蒙问题"的主张，因此其内容还是引起了日本国内舆论的强烈不满，日本报界马上作出反应，对报告书进行了猛烈抨击。

首先报纸在报告书的出台程序上大做文章，认为该"报告书中在对帝国政府的公正态度以及自卫的军事行动极端错误的观察之下而做出的结论随处可见"，"调查团在结尾部分对如何解决纷争提出了劝告。调查

---

① 《朝日新闻》1931年10月27日。
② 《读卖新闻》1931年11月27日晚刊。

团本来的使命是调查并报告支那、满洲的实情,向联盟审议提供正确的认识。而提出解决方案则会给联盟一种既成概念,是明显的越权行为,日本全然没有受此束缚的理由,因此应采取无视的方针"①。

其次报纸对报告书的内容进行了批判,说"报告书认为满洲国是日本建立的,这是相当程度上的臆断"②。而且由于报告书"不承认事变爆发当时我军的行动是自卫手段,不认为满洲国新国家的产生是自发运动的结果,而断定是由日本文武官宪的行动建立的"③,所以报告书是"无视现实的错误"④ 的报告。

此后,日本政府采取了与国际联盟对抗的方针,无视国联做出的决议。1933年3月27日,为彻底摆脱国际联盟的约束,日本宣布退出国联。此后,日本国内对国联展开了更加猛烈的批评。《读卖新闻》认为"国际联盟从其实体来看,不过是欧洲联盟",是为保障欧洲列强的权益而设立的,而对于"李顿报告书"则认为其从头到尾"都是空洞理论的罗列,在事实上根本不能成立"。并断言由于欧美各国对"东洋实际情况缺少确切认识",更不了解"日支纷争问题所具有的历史复杂性",因此始终采取了与日本对立的态度。最后该报得出结论,认为"联盟已成空虚的殿堂"⑤,失去了其存在的意义。

综上所述,日本报界对国际联盟的态度是视其对日本是否有利而改变的。如果国联决议批判日本的军事行动,那么报纸就会对国联进行恶毒攻击;而若国联决议不妨碍日本在中国的军事行动,则对国联表示满意。而日本报界对国际联盟态度的转变也是当时日本政府当局和国内舆论对国际联盟态度的真实反映,它表明日本报界与处于上游的政府之间保持了论调的高度一致,同时也通过舆论导向影响着处于下游的普通民众的对外意识。

第二节　报界与战时思想统治

战时日本政府当局对国内舆论的诉求是希望借媒体力量形成一种全民一致的"国家观念",推行全民参与的"总力战",这就决定了任何与上

---

① 《东京朝日新闻》1932年10月3日。
② 《东京日日新闻》1931年11月19日。
③ 《大阪朝日新闻》1931年11月19日。
④ 《东京朝日新闻》1931年11月19日。
⑤ 《读卖新闻》1933年3月28日。

述目标相悖的思想、言论、行为必将成为被取缔和被镇压的对象。报界既是政府思想统制的实施对象，同时又是政府推行思想统制的舆论宣传工具，这使得报界必须沿着政府设定的舆论基调开展活动。报界的双重角色的定位在有关思想镇压的报道中表现得最为明显。

一、对思想统制事件的报道

20 世纪 30 年代，随着法西斯主义思潮的泛滥，一些秘密的法西斯团体通过暗杀等极端手段促进了政府法西斯化进程的发展，日本国内政治社会动荡不安。在此背景下，对左翼思想进行打压和取缔成为日本法西斯政府当局的当务之急，而打压的对象不但包括日本共产党等进步团体，还包括那些与军国主义"唱反调"的左翼人士、自由主义者、知识分子和舆论界人士，甚至连大学的学者也难逃厄运。

（一）"泷川事件"

1932 年 10 月 28 日，京都帝国大学法学部教授泷川幸辰在中央大学发表题为"通过《复活》看托尔斯泰的刑法观"的演讲。演讲中，泷川对托尔斯泰所主张的"对犯人不应施以报复性惩罚，而应从人道主义出发给予同情和理解"观点表示了肯定，但演讲内容却被司法省和文部省认定为马克思主义的危险思想而受到警告。

恰在此时，东京地方法院法官尾崎陞等人被政府以违反"治安维持法"为由逮捕，由于尾崎本人是日本共产党员，右翼分子紧紧抓住这次所谓的"司法官赤化事件"，叫嚣在司法领域对"赤化思想"进行取缔。此后的一年内，全国各地法院有 9 名法官被逮捕起诉并被判入狱。国士馆教授蓑田胸喜、贵族院议员菊池武夫以及政友会议员宫泽裕等人则将矛头直指学界，蓑田胸喜在右翼报纸《日本》上发表文章称"司法官赤化的原因是东京·京都帝大法学部教授的赤化引起的"。对此，宫泽裕作了更明确的说明，认为"司法官赤化事件的原因在于东京帝大法学部教授美浓部达吉、牧野英一、末弘严太郎和京都帝大法学部教授泷川幸辰四人"[①]，并要求文部大臣鸠山一郎将上述四人从学校清除出去。

1933 年 4 月，由于泷川幸辰教授在其著作《刑法讲义》、《刑法读本》中对"通奸罪"只适用于妻子一方的法律提出批评，他的这一主张也被指责为共产主义学说，内务省命令禁止上述两书出版发行，文部省则向京都帝国大学施压，要求学校开除泷川幸辰等人。

---

① 引自前坂俊之：《太平洋战争与新闻》，东京，讲谈社，2007 年，第 176 页。

面对政府的上述要求，京都帝大法学部教授会发表声明，称该事件"并非泷川氏个人的问题，而是威胁到了完成大学使命所必需的研究自由"①，全体教授因此提出辞职以表抗议，法学部学生则以提交退学申请的形式表达了对教授会的声援，但是教授会决议并未得到学校当局和其他学部的支持。鸠山一郎对教授会的声明不以为然，他发表措辞强硬的谈话称，"教授们提出辞呈可以随时准许，即使关闭学校也在所不惜"②。1933 年 5 月在各种压力下泷川仍被迫停职，接着京都帝大总长小西重直也被迫辞职，随着强硬派的继任校长松井元兴的上任，事件迅速得到了平息。

各报对"泷川事件"中京都帝国大学与文部省的对立作了详细报道。《大阪朝日新闻》批判了"试图清除异端的文部省当局"的做法，称此举是"对以学问研究为终极目的的大学的镇压"。与此同时该报也对校方的做法提出了批评，说"帝国大学疏于对学生批判力的培养，从而孳生多名左翼学生"，并要求大学"不能仅仅追求学问研究的自由，还必须担负起大学所应承担的社会使命"。很显然在该报看来，大学的"社会使命"无非是培养与国家统治思想相一致的人才，而追求学问研究自由与该使命则是背道而驰的。但同时该报还对文部省当局的强硬做法提出了辩护，称迫使教授辞职是作为行政官厅的文部省当局对大学提出的一种警告，"官学以国库开支，受国权拥护，因此培养与国家统治原则不相容的思想是理应受到镇压的"③。

《大阪每日新闻》也对文部省迫使教授辞职的做法提出了反对意见，并以森欧外著作被禁但并没有剥夺其陆军军医总监职务为例，称可以禁止这些教授传播"危险思想"，但"不一定非要影响到其教授职务"④。然而该报把重点放在了对泷川教授的批判上，它承认泷川教授的演讲及著作具有共产主义倾向，并认为作为大学讲坛上的最高权威人物，"从今日之世态及青年的思想倾向来看，泷川教授的思想和教学方法我们不敢苟同"⑤，从而又对文部省的做法表示了认同。该报的态度看似前后矛盾，但实则不然，它反对的只是文部省形式上的做法，赞同的则是文部省主张的内容。

---

① 《大阪朝日新闻》1933 年 4 月 13 日。
② 《大阪朝日新闻》1933 年 5 月 8 日。
③ 《大阪朝日新闻》1933 年 5 月 12 日。
④ 《大阪每日新闻》1933 年 5 月 21 日。
⑤ 《大阪每日新闻》1933 年 5 月 20 日。

由此可以看出，报界虽然对文部省的做法略有微词，但多为一些无关痛痒的批评，其最终矛头还是指向了校方以及泷川教授本人。换言之，报界在政府当局能够容忍的范围内行使了批判功能，但其最终还是保持了与政府论调的高度一致。

（二）"天皇机关说"

继"泷川事件"之后，对学术界"赤化思想"进行镇压的另一个事件便是美浓部达吉的"天皇机关说"。

美浓部达吉（1873～1948）是日本著名的宪法学家、行政法学家。他于1920年开始任东京帝国大学法学部教授，并首次在学界提出了"天皇机关说"，1932年美浓部被敕选为贵族院议员。"天皇机关说"主张统治权属于作为法人的国家，天皇只是作为国家最高机关行使统治权，天皇权力应限定在宪法约束的范围内。美浓部达吉认为，在君主制国家里，"君主和臣民同在国家之内，是构成国家的要素。或以为仅有臣民构成国家，君主是在国家之外而统治国家的；或以为君主即国家，臣民在国家之外依国家而受统治；无论如何，此种种说法都与国家为团体的思想不相容。"①美浓部达吉强调，国家的意志和目的必须体现君主和臣民的共同愿望，仅以一方统治一方的体制是与团体观相违背的。

"天皇机关说"并没有否定天皇的存在，只是对日本的"国体"作了新的解释，非常合乎当时民主政治的要求。但是右翼势力却对该学说横加指责，认为其侵犯了天皇的神圣权威，是"对国体的变革"。而且由于"天皇机关说"与军部的一贯主张即天皇神圣不可侵犯相抵触，因此也遭到了军部的批评，在乡军人会当即编写了《关于大日本帝国宪法解释的见解》小册子，与"天皇机关说"抗衡。该小册子称"恭惟我国受天孙降临之赐，成为万世一系天皇之国……宝祚之隆，与天地并享无穷……今如国家之统治权不在天皇，或如认天皇为机关，此诚万世无比之大错矣"②。

1935年2月19日，贵族院议员菊池武夫在谈及"泷川事件"时引用了美浓部达吉著作的言论，对美浓部进行了攻击，称其为"明显的叛逆者"、"非国民"和"学匪"。2月28日，在乡军人出身的江藤源九郎向东京地方法院检事局告发美浓部，称其"将现人神天皇称为机关是大不

---

① 美浓部达吉著：《宪法学原理》，汤唯点校，欧宗裕、何作霖译，北京，中国政法大学出版社，2003年，第101页。

② 帝国在乡军人会本部编：《关于大日本帝国宪法解释的见解》，东京，军人会馆本部，1935年，第1页。

敬"。3月、4月份全国共有151家右翼团体发表声明要求禁止发行"天皇机关说"相关著作,并向校方施压要求开除美浓部的职务。

与"泷川事件"不同的是美浓部没有受到任何声援,就连一向标榜自由主义的报纸也采取了明哲保身的旁观态度,舆论的主导权完全被右翼掌握。面对菊池武夫的攻击,美浓部达吉在国会中进行了辩解,并对"天皇机关说"进行了说明。1935年2月26日,《东京日日新闻》对美浓部在国会的发言进行了报道,"条理清楚,阐明观点,全场肃静,约一小时的雄辩结束后,贵族院响起了不多见的掌声"①,同时隐约对美浓部表达了同情,称美浓部为维护自己的学说而进行辩护的行为表达了"作为学者的良心",但从第二天的社论开始,不但再也找不到丝毫同情的语气,反而颠覆了此前的论调,对美浓部展开了批判。2月27日,《东京日日新闻》发表了德富苏峰的文章,称"笔者无论从哪种意义上来讲都不会赞同'天皇机关说'。如果稍微读一下日本国史,就绝对不会得出这种结论。暂不论如何解释,单'天皇机关说'这个词语,作为日本臣民的读者就不应该使用",并且断定"日本国民有99人都会与笔者同感"②。

由于战时德富苏峰力倡"皇室中心主义",主张"忠君爱国"的尊皇思想,因此对"天皇机关说"的批判尤为激烈。3月13日,苏峰继续在报纸上发文对美浓部进行了批判。"我日本帝国自肇国以来是唯一特殊、无与伦比的国家,是世界人类史上的一大存在。无视此事实而对日本大雅不惭地高谈阔论的学者只能令人吃惊。所谓的不知天高地厚就是指的他们(美浓部达吉)这些人吧"③。

除了德富苏峰之外,还有很多人对美浓部展开了批判,但正如《东京朝日新闻》论说委员关口泰所言,"攻击美浓部博士宪法学说的人中,百分之百的人都没有读过博士的法政著述"④,因此大部分人都不是针对学问本身进行批判,而是为了维护日本所谓的"万世一系"的国体而已。如同土井晚翠⑤所言"攻击美浓部博士的人们都是狂热的忠君爱国

---

① 《东京日日新闻》1935年2月26日。
② 《东京日日新闻》1935年2月27日。
③ 《东京日日新闻》1935年3月13日。
④ 转引自前坂俊之:《太平洋战争与新闻》,东京,讲谈社,2007年,第200页。
⑤ 土井晚翠(1871~1952),日本著名诗人。1897年毕业于东京帝国大学英国文学部。在校期间即参加了《帝国文学》杂志的工作,作为"大学派"诗人而活跃于文坛。1899年发表处女诗集《天地有情》,一举成名,与岛崎藤村并驾齐驱,引起世人的注目。代表诗集有《晓钟》(1901)、《游子吟》(1906)等。第二次世界大战后获文化勋章。

者"①，或是持不同政见者。

(三) 对"陆军小册子"的报道

1934年10月10日，陆军省新闻班公开出版《国防的本义及其强化的提倡》一书，通称"陆军小册子"。该书开宗明义第一句话是"战争是创造之父、文化之母"。其基本内容主要有：一是"按照国防目的将国家所拥有的国防要素进行组织运营"，在"政略、思想、武力、经济诸部门"强化以国防为本位的各种机构，促进各项国策的实施；二是稳定后方，尤其要救济农村，"使士兵无后顾之忧"；三是实行思想统制，"对于建国理想和皇国使命具有深刻认识和坚定的信念"，"培养舍己献身的崇高牺牲精神"，"彻底发扬尽忠报国精神"，铲除极端国际主义、个人主义和自由主义；四是实行"积极军备"，建立"足以支持国家积极发展的武力"；五是消除自由竞争，强化"资源开发、产业振兴、贸易促进、国防设施的充实"，推行战时统治经济。②

从上述内容可以看出，该小册子是军部法西斯扩张理论的系统表述，它竭力主张按照法西斯"总力战"思想建立"高度国防国家体制"即法西斯极权主义体制。小册子一经发表，立即引起各方关注，当月就发行二次共21万册；次年2月又第三次发行，数量更多。再加上日本报界也对"陆军小册子"内容给予转载和报道，其普及度和发行量更是惊人。小册子之所以引起如此大的反响，是因为陆军首次对国家建设提出了见解，并公然表明介入国策的态度。

小册子发行第二天，除《朝日新闻》保持沉默外，其他各报均对其进行了大幅报道③。《东京日日新闻》在朝刊中对小册子的内容给予了报道，称小册子阐述了"陆军应对非常时局的国防国策"，要求政府和国民给予足够的重视。10月3日，该报又用大量篇幅报道了各政党对小册子的反应。由于除军部外社会各界大部分对小册子持反对态度，陆相林铣十郎遂就该事件向首相冈田启介寻求谅解，并发表声明说"小册子除了向国民贯彻国防思想的重要性之外并无他意，并非要立即执行"④。

---

① 参见前坂俊之：《太平洋战争与新闻》，东京，讲谈社，2007年，第200页。
② 参见陆军省新闻班：《国防的本义及其强化的提倡》，东京，陆军省新闻班，1934年，第40~57页。
③ "五一五事件"之后，由于军部逐渐控制了舆论的控制权，一些大报因为担心受到打击，其社论的论调也日渐失去了锋芒。在许多情况下，尤其是有关军部的负面报道，经常采取沉默的态度，不予报道或评论。在"陆军小册子"事件中，《朝日新闻》内部在是否刊登问题上意见不一，最终没有进行报道。事后《朝日新闻》因此受到陆军当局的警告。
④ 《东京日日新闻》1934年10月5日。

10月6日，由于对小册子内容报道不够及时而遭到陆军当局警告的《东京朝日新闻》发表社论，对小册子的内容进行了报道与评价，认为其"具有对现代国防军备进行广泛解说的启蒙价值，特别是能让人感到对国家现状的忧虑情感。在这个意义上，作为朝野国策研究的资料，该提案应该受到重视"①。

《东京日日新闻》虽然没有直接针对"陆军小册子"发表社论，但从另一个侧面对小册子的主张——实行积极军备给予了支持。在论及日本的"国防与财政"时，该报说："陆海空军的国防费最近出现异常膨胀，占据了国家预算中不小的份额，这是国际秩序使然，也是伴随着我国对外政策的推行所采取的不得已的政策，这一点任何人都不应有异议"。对于因增加军费支出而影响到民生的问题，该报极力主张要隐忍，"将来要确保真正的和平和国家的安泰，应该忍受现在的苦痛"②。

当然并非所有的报纸都对小册子持赞同态度。1934年10月13日，石桥湛山主持的《东洋经济新报》发表题为"作为国防要素的武器的作用——评陆军省新闻班发表的册子"的文章，对小册子进行了批评。

> 该册子是失败之作，如果它不是陆军省所作，那么恐怕根本就不值一看。所谓"战争是创造之父、文化之母"并非我国传统思想，而是西洋的舶来品。……将其作为我陆军的指导哲学是轻率之举……我皇道精神应尽可能增进国际间的相互辅助关系，为创造人类生活的理想状态而努力……如果是毫无责任的军事批评家的理论则另当别论，但这是陆军省制作的小册子，应当进行反省。③

可以看出，虽然该报对小册子持批判态度，但这种批判是从感性出发的，它并没有揭示出小册子鼓吹战争、试图干预政治的侵略本质。而且这些言论"屈指可数，寡不敌众"④，并没有改变当时报界的舆论导向。

二、对法西斯恐怖事件的报道

20世纪30年代，日本法西斯军阀内部分化为以东条英机等人为首

---

① 《东京朝日新闻》1934年10月6日。
② 《东京日日新闻》1934年10月7日。
③ 《东洋经济新报》1934年10月13日。
④ 前坂俊之：《太平洋战争与新闻》，东京，讲谈社，2007年，第201页。

的"统制派"和以荒木贞夫等人为首的"皇道派"两大派别。前者主张运用合法形式,让内阁听命于军部,实现法西斯军事独裁;后者则主张使用政变、暴动乃至暗杀等恐怖手段来实现军部对内政外交的发言权。虽然两派的手段有所不同,但其目标都是一致的,即都是建立军部法西斯独裁。随着日本法西斯势力的泛滥和猖獗,一些秘密的法西斯团体开始蠢蠢欲动,他们不满政府当局的政策,便采取了各种极端手段以促进政府法西斯化的进程,其中最著名的便是"五一五事件"和"二·二六事件"。这两次事件都对日本政治进程产生了重要影响,促进了日本法西斯体制的建立。

(一)"五一五事件"的报道

"九·一八事变"的爆发让本已蠢蠢欲动的法西斯势力更加活跃,而政府提出的依靠外交途径解决的"软弱政策"让对军部多有期待的极右势力非常不满,他们开始策划政变,试图建立军人政权来推行法西斯统治。1931 年 10 月右翼团体"樱会"① 密谋策划军事政变,最终因为计划提前泄露而使政变胎死腹中。但事变后"皇道派"头子荒木贞夫上台,使法西斯势力得以加强。

1932 年 2~3 月间,日本右翼恐怖团体"血盟团"② 策划了一系列暗杀事件,枪杀了原大藏大臣井上准之助和三井财团首脑团琢磨。5 月 15 日,法西斯军人又制造了"五一五事件",袭击首相官邸,打死首相犬养毅,又向警视厅、政友会本部、三菱银行等多处投掷手榴弹,并散发"告国民书",试图迫使政府成立军人内阁,强化军国主义体制。"五一五事件"后,日本成立了以海军大将斋藤实为首的"举国一致内阁",从而结束了政党政治的历史。此后,日本加紧了迈向国家法西斯化的步伐。

"五一五事件"发生后,《东京朝日新闻》于当日连续发行多次号外,介绍了事变发生的经过。但由于第二日,内务省向全国警察机构发出通知,要求取缔与"五一五事件"事实相关的报道,大部分刊登报道的报刊因此受到相应处分。据统计,仅《朝日新闻》、《每日新闻》、《读卖新闻》和《报知新闻》就有 89 篇相关报道遭到禁止,142 篇受到警告

---

① 樱会:20 世纪 30 年代初日本法西斯团体,1930 年 9 月由桥本欣五郎等人发起,其成员多为陆军大学出身并在军部任职的年轻军官,主张成立军人政权,以武力解决内政外交。1931 年 10 月中旬,阴谋发动军事政变未遂,被解散。

② 血盟团:20 世纪 30 年代日本右翼恐怖组织,1931 年由法西斯日莲宗僧人井上日召发起,成员以农村青年和学生为主体,主张采用暗杀等极端手段在日本建立"君民共治"的法西斯制度。1932 年先后刺杀了井上准之助、团琢磨等政界、财界要人,后警视厅将所有成员逮捕。

处分。①

尽管如此，对于军部势力肆虐干涉政治的做法和法西斯主义的横暴，当时一些有正义感的新闻人士表示了强烈的不满并进行了猛烈的抨击。5月16日，《大阪朝日新闻》发表社论对法西斯暴行表达了愤慨，称"一国总理大臣在帝都之中，在白天化日之下的官邸被刺杀，毫无疑问这是前所未有的不祥事……身穿陆海军军服却干出如此暴行，实在难以言喻。其粗暴狂态，无论是对于我们的固有法律还是军律，断乎是立宪政治下的极端恶劣行为"。该报认为"这次的团体暴举，无论其含有何种动机，从拥护国家宪法的角度出发，应严惩其行为"②，并大声疾呼，要求坚决杜绝此类恐怖事件的发生。

第二天，该报又发表社论称"血盟团"的暗杀行为不但造成了政治局面的混乱，还给人们的心理带来难以言表的冲击，"在国家多难之际，出现恐怖时代是最可憎的事情"，尽管"国民对现在既成政党的堕落完全失去了信心，但是对于除了议会政治和政党的形式之外，用暴力等非法行为获得的政治，大多数国民也是难以持信任态度的"③，从而旗帜鲜明地反对通过暴力手段改变政治进程的做法，强烈谴责了恐怖事件和军部法西斯的暴行。

另外对"五一五事件"持强烈批判态度的还有《福冈日日新闻》，该报的菊竹淳发文称，"以政治改革为借口虐杀老首相的行为说明他们只是想导致国家混乱溃灭"，并一针见血地指出，恐怖活动的目的不过"是为了达到自己的政治野心"④ 而已。

"五一五事件"既是日本政党政治宣告结束、法西斯政治上台的分界线，同时又对舆论界产生了重要影响。除了上述极少数报纸之外，大多数报纸或保持沉默，或发表了一些无关痛痒的报道，甚而对凶手的动机表现了同情。

《东京日日新闻》于16日发表社论对暴徒的行为给予了批评，称"杀戮之风不能许可。如果社会任由凶恶之徒跳梁，则治安、秩序皆无，必然导致社会自身的破灭"，然后话锋一转，又对其目的表示了同情，称"我们对此等事件的发生表示痛心。的确对我国现状表示不满的大有人在，试图依靠恐怖主义在短时间内肃清整个社会的想法是极其单纯的，

---

① 前坂俊之：《太平洋战争与新闻》，东京，讲谈社，2007年，第136页。
② 《大阪朝日新闻》1932年5月16日。
③ 《大阪朝日新闻》1932年5月17日。
④ 《福冈日日新闻》1932年5月16日。

动机的单纯尚可原谅"①。接着第二天该报又发文继续对政党政治进行了批判,"国内不安事件的发生是因为政治中心缺乏权力和威信,因此我们认为必须巩固政党政治的本体。罪行需要由法律制裁,但是产生罪人的环境单靠一纸法律是无济于事的,这一点国民应该深思"②,从而将恐怖事件发生的原因归罪于政党政治的混乱。

《东京朝日新闻》虽然在 17 日的社论中对"血盟团"的行为给予了批判,但最终还是将批判的矛头转向了政党政治。"政党政治的弊害近年尤甚,这已是不争的事实。因此青年人士作为忠良的国民,无论采用何等非常手段,都是出于打破这种局面的纯情考虑,但是采用直接行动或者从根本上破坏立宪政治,以至玉石共焚,结果适得其反,是坚决不能允许的"③。可以看出,该报极力强调暗杀活动动机的正义性,透露出为这次事件的主谋进行辩护的立场。

《读卖新闻》的论调大同小异。在 17 日的社论中说:"今日环视我国现状,失业者遍布城乡。无论怎么说,生活不安是社会不安的本源,只要不改变现状就无法杜绝这种罪行。这次事件就如同滞留在古井中的沼气爆炸一样,那些没有给予足够重视的政治家也有罪"④。除此之外,《都新闻》、《报知新闻》、《国民新闻》等也发表了内容大致相同的评论。

事后陆相荒木贞夫曾经向各报作了如下通报:"参加本次事件的都是年轻人,揣摩这些纯真的青年采取如此举措的心情,不禁热泪盈眶。无论是为了名誉还是为了私欲,都不是卖国行为,我相信他们真的是为了皇国。"⑤ 由此可以看出,报界的论调同军部的观点是相同的,他们大都把主要矛头指向了政治的腐败,认为法西斯暴徒的行为不过是消除政党政治弊端的手段,甚至将其视为"忠良国民"。这种混淆是非的报道态度反而助长了法西斯分子的气焰,加速了日本法西斯化的进程。

(二)"二·二六事件"的报道

1936 年 2 月,由于政友会在国会选举中落败,引起法西斯分子的极度不满。2 月 26 日,一批"皇道派"法西斯军官发动政变,袭击内阁,杀死内务大臣斋藤实、教育总监渡边锭太郎和大藏大臣高桥是清等人,并提出建立军人政府的要求,制造了"二·二六事件"。事件发生后,在

---

① 《东京日日新闻》1932 年 5 月 16 日。
② 《东京日日新闻》1932 年 5 月 17 日。
③ 《东京朝日新闻》1932 年 5 月 17 日。
④ 《读卖新闻》1932 年 5 月 17 日。
⑤ 转引自前坂俊之:《太平洋战争与新闻》,东京,讲谈社,2007 年,第 139 页。

天皇支持下,"统制派"军人采取严厉措施平息了叛乱,将参加叛乱的17名"皇道派"军官处死,从而确立了"统制派"在军内的统治地位。1936年3月广田弘毅上台组阁,标志着日本法西斯独裁统治的确立。

事件爆发之后,《朝日新闻》派出大量记者前去搜集信息,并以最快的速度印刷了号外准备发行。上午八时,内务省即向各报社发出紧急通知,要求各报禁止刊登任何相关报道。同时宪兵本部也向各报社干部施加压力,命令报社只能刊登政府当局发布的消息,除此之外严禁独自报道,如有违反便课以严惩。然而此时各报社的号外基本上已经发行完毕,这引起了政府的极大不满。

"二·二六事件"中,除了政府要员外,一些曾对军部颇有微词的报社也成了暴徒袭击的对象。由于《朝日新闻》等报纸曾经在裁军问题上对军部进行了批判,引发了法西斯分子的强烈不满,因此暴徒袭击了《朝日新闻》社、《每日新闻》社和《报知新闻》社,除了捣毁报社的大量设施外,还强迫报纸发表所谓的"决起趣意书",要求对其行动进行支持,并赤裸裸地恐吓,说"如果反对,则会反复来报社促使你们反省"①。

《东京朝日新闻》社的铅字印刷设备虽然受到军队一定程度的毁坏,但并不影响报纸的出版,即便如此,时任该报编集局长的美土路昌一认为发布详细报道一定会与军部产生摩擦,但若对事件熟视无睹,发布一些无关痛痒的报道也背离了舆论的使命,于是干脆放弃了当日晚报的发行。而《东京大势新闻》、《大和新闻》等均因担心发表与事件有关的新闻会带来危险,也没有对此予以报道。②《东京夕刊新报》在晚报上刊登了事件的详细经过,但随即遭到停止发售的处分。《报知新闻》预定以整版篇幅对叛军的"决起趣意书"进行全文报道,然而付印之前受到有关部门的压力,不得不将排好的版面扯下,另行组版已经来不及,只能空白发行。《时事新报》没有正面对事件进行报道,但却刊登了"股票交易所停止交易"的新闻,暗示重大事件的发生。

27日凌晨,军部发布了戒严令,在军人会馆设置戒严司令部。虽然各报社都在戒严司令部配备了记者,但戒严司令部却通过广播发布重要消息,并强化了对报纸的控制,禁止各报社刊登陆海军谈话以外的一切报道。当天大部分报纸都应戒严司令部要求,刊登了陆军省对事变的说

---

① 塚本三夫:《实录·侵略战争与新闻》,东京,新日本出版社,1986年,第195页。
② 春原昭彦:《日本报业通史》,东京,新泉社,1987年,第200页。

明，声称事变的目的是"在内外甚为危急时刻，清除元老、重臣、财阀、军阀、官僚政党等破坏国体的元凶，以明确大义，维持彰显国体"①。28日，各报刊登了戒严司令官香椎浩平的谈话，对戒严令的实施进行了说明，称"戒严令的实施是为了维持帝都附近的全部的治安，保护重要设施，同时为防止赤色分子等势力的妄动"②。该谈话内容不但未对反乱分子进行任何批判，反而试图将民众的注意力转移到防止"赤色分子"上来。

事变发生后的第四天，政府、军部的新闻管制有所松动。《东京朝日新闻》发表了题为"一亿臣民一致的义务"的社论，对该事件进行了评述。"26日凌晨，帝都发生不祥之事，震惊国内外。事至如今，毋须多言，相信以此为契机，安泰国体、刷新政治必将成为全体国民的第一要务。"文章最后指出："拥护国体是一亿臣民应举国一致分担的责任"③。该社论中的"事至如今，毋须多言"似乎表明了在军部打击下报界的无力，但纵观社论通篇依然没有对叛乱士兵进行任何指责和批判，反而希望借此事件"安泰国体，刷新政治"，但到底是走政党政治道路还是法西斯专政道路，该报态度并不明朗。

3月1日，该报又发表社论对政府和军部在事变后的处置措施表示了认同。"反乱已经完全归于平静，圣虑得以安定，国民上下祈念得以实现，人们在万乘之下再次享受明朗阳光，对于当局，表示衷心的敬意。……皇军并没有互相攻击，而是未发一弹、未伤一兵得以圆满解决。作为皇国精神的发扬显现，国民应该不胜感激"④。该篇社论对"统制派"军人勘定叛乱的做法提出了表扬，并否认了军部内部的矛盾。"二·二六事件"发生后，《东京朝日新闻》内部曾经召开会议讨论报社的论调，最后会议决定支持广田内阁，因此可以说该社论是上述决议的反映。

《东京日日新闻》自3月1日开始针对"二·二六事件"发表了3篇社论。在3月1日的社论中，《东京日日新闻》首先对"皇道派"军人的责任进行了追究，称"采用非常手段试图变更国家政治的做法出现在皇军内部，因此担任要职的军职人员应承担责任"。接着话锋一转将责任转嫁给国民，"让这些纯真的青年将校为忧国之志而采取行动的理由存

---

① 三枝重雄：《言论昭和史》，东京，日本评论新社，1958年，第92页。
② 三枝重雄：《言论昭和史》，东京，日本评论新社，1958年，第92页。
③ 《东京朝日新闻》1936年2月29日。
④ 《东京朝日新闻》1936年3月1日。

在何处？……修正缺陷，使社会正义在社会上显现是今后国民的重大使命"①，并呼吁国民进行自我反省。

"二·二六事件"的相关报道评论是战时日本报界实现"转向"的标志性事件，"二·二六事件的直接后果是导致朝日新闻开始对所谓的'自由主义'进行控制。本来应该大张旗鼓加以报道的事件，只是因为具有'自由主义'的印象而尽可能地低调报道，或者报道一些无关紧要的内容"②。这并非是《朝日新闻》特有的现象，而是当时整个报界舆论报道的真实写照，它标志着日本报界由此前反抗与屈服并存的状态转入了完全屈服，进而向主动迎合发展的状态。1937年版的《日本新闻年鉴》对当时报界的状况作了如下叙述：

> 27日午后6时半，配备于各官厅记者俱乐部的记者不得不被撤回。这是因为在戒严令下，万一生命安全受到威胁，各当局不能保障新闻记者的生命安全，而且报社也自知存在危险，因此要求他们撤出来自由行动。
>
> 东朝、东日、读卖三社对二·二六事件采取了极其慎重的态度，……极力避免（发表社论），尽可能以平静态度来应对。这是首都三大报社一致的态度，值得关注。
>
> 四日间处于混乱之中的报道机构的行为是昭和新闻史上值得大书特书之处。（中略）所有的报道几乎都按照当局的要求采取了慎重态度。③

在"二·二六事件"的报道中，就连"五一五事件"时期对军部持猛烈批判态度的《福冈日日新闻》也保持了沉默。该报在3月2日之前没有发表任何关于事件的社论，在3月3日首次发表的社论中称"自27日以来至今日，本报几乎处于停业状态"，并对其在此次事件中的表现进行了道歉，与此同时也对其保持沉默的做法进行了辩护，称"那是法规控制下所导致的迫不得已的后果，当然或许卑怯在某种程度上也起了些许作用"④。

"二·二六事件"发生后，也有一些报纸对军部进行了批判，比如

---

① 《东京日日新闻》1936年3月1日。
② 塚本三夫：《实录·侵略战争与新闻》，东京，新日本出版社，1986年，第92页。
③ 转引自前坂俊之：《太平洋战争与新闻》，东京，讲谈社，2007年，第252页。
④ 《福冈日日新闻》1936年3月3日。

《帝国大学新闻》发表"二·二六事件之批判"的文章,对叛乱军人枪杀大量"对国家命运有重大影响的人物"进行了批判。此外,曾任《信浓每日新闻》主笔的桐生悠悠立即发文表达自己的悲愤之情。他说当时日本的状况是"比起国体明征来,更优先于军敕明征。对于'五一五事件'的犯人,一部分国民表示了盲目的雷同的溢美之词,而这次也不例外。而如果提前告诫军部不要进行盲目的行动,是能够预测到其危害的。虽然我们平时对军部和政府苦言相劝,但却屡遭禁止发行的厄运。国民至此虽已醒悟,但是为时已晚。"①

在当时的社会状况下提出上述批判言论是难能可贵的,但是由于它跟当时业已煽动起来的战争狂热和法西斯狂热相背离,再加上数量寥若晨星,态度也并不坚定,所以并没有产生太大的影响。

三、战时报界言论镇压事件

法西斯的新闻理论认为,"新闻自由"的概念只是一种政治口号,新闻只有在和国家目标一致的范围内才有自由,否则只能是纸上谈兵。据此他们将新闻机构改造成为其侵略政策的翼赞机关,并告诫新闻界只有站在国家立场(即军国主义立场)上,新闻才可以是自由的。因此日本政府除了从体制上和法律上来加强对报纸的控制之外,还通过其掌握的特高警察等专政工具加强了对报纸的镇压。太平洋战争爆发之后,日本政府对新闻舆论的控制更加严格,随着军国主义的迫害和恐怖事件的增多,日本的言论自由丧失殆尽。

战时言论镇压事件中最著名的是"竹枪事件"和"战时宰相论"。在这两次事件中,政府都动用了警察组织,对当事人进行了迫害,最终达到剪除异己言论的目的。

(一)《战时宰相论》

1941年10月至1944年7月,东条英机任首相时更加紧了对报界的控制,屡屡向新闻界滥施淫威,手段十分毒辣。1943年元旦,《东京朝日新闻》刊登了中野正刚②的文章《战时宰相论》,试图借此向当政者献

---

① 《他山之石》1936年3月9日,转引自茶本繁正:《战争与传媒》,东京,三一书房,1984年,第286页。
② 中野正刚(1886~1943),极端法西斯主义分子。早年曾经做过《朝日新闻》社记者,1916年担任《东方时论》杂志社主笔、社长,1928年任《九州日报》社长。1920年起,连续八次当选为众议院议员,1929年任邮政省政务次官,此后倾向激进法西斯主义,1937年曾出访德国和意大利,醉心崇拜希特勒和墨索里尼,极力煽动日本在亚洲扩张。1943年因《战时宰相论》激怒东条英机,后策划推翻东条内阁而被捕,释放后剖腹自杀。

策,以挽救日本在各战场的颓势。

首先,他要求首相要融入国民的爱国热情之中。"非常时期要求首相绝对要有铁腕。各人的能力是有限的,作为首相要真正具有威力,必须与国民的爱国热情产生共鸣,应时而鼓舞,时而激励。"接着,中野以鲁登道夫为例说明了融入大众的重要性,"鲁登道夫等人与前线的士兵在一起的时候是非常具有威力的,但是一旦游离于国民感情,导致国民怨声载道,就会变得胆小起来。"

接着他又搬出"皇室中心主义"的观点,说日本是由世界上独一无二的皇室统治的,天皇是最高统帅,首相辅佐天皇进行统治,这就要求战时首相"尽忠至诚"、谨慎廉洁。他将诸葛亮奉为战时首相的典型,认为首相不应贪图虚名,而应尽心尽力为君主推荐人才,担负起发扬国威的责任。中野还引用了中国南宋著名将领岳飞的名句"文臣不爱钱,武臣不惜死,天下太平矣",强调首相应该忠诚廉洁,只有忠诚才能保持谨慎,而只有谨慎,才能保持廉洁之风。在中野看来,"赏罚分明来自于忠诚,故能不偏不倚,充满温情",只有这样才能拥有真正的威力。

文章同时指出,"国家不会因经济而灭亡,也不会因战败而灭亡,而是因为领导人丧失自信,国民失去自我才会导致亡国",从而建议战时日本领导人应该强化必胜的信心。最后,中野以日俄战争时期桂太郎首相的用人为例,要求东条内阁要具有宽阔的胸怀,任人唯贤,"不拘一格降人才"①。

中野正刚作为一名极力煽动日本对外扩张的极端激进法西斯主义分子,在文章中是不可能发表反军、反战内容的,文章的出发点并非是否定军部独裁政权,而是希望当政者能够有所作为,以此来挽救日本所面临的不利局面,从而更加有效地推行对内统治、对外侵略的路线。正如日本学者所言,从中野正刚的政治经历以及政治思想来看,《战时宰相论》更像是一篇激励东条英机的文章,其批判东条的色彩并不明显②。而且这篇文章在发表之前经过各方面的层层审查,只字未改获得通过。但是,它还是激怒了东条英机。

东条英机看到这篇文章之后,认为有损于他的"自尊心",于是他亲自命令内阁情报局禁止当天的《朝日新闻》发售。同时他还以中野正刚"总是做出一些反对政府的言行,在战争时期这些言行构成了利敌罪"

---

① 《东京朝日新闻》1943年1月1日。
② 参见保阪正康:《东条英机与天皇的时代(下)——从日美开战到东京审判》,东京,文艺春秋社,1988年,第75页。

为由,于 10 月 21 日起诉并拘留了中野。但是东条内阁并没有充分的理由对中野治罪,10 月 26 日中野正刚在获释回家后剖腹自杀,以示对东条英机的专横的强烈抗议。

对于中野正刚的《战时宰相论》,各大报纸基本上都不约而同地选择了沉默,直到 1943 年 10 月 27 日,《每日新闻》才刊登了中野正刚自杀的消息,但文章只是对中野的经历作了叙述,没有任何评论性字眼。战败后,日本的一些报纸逐渐开始对该事件进行了回忆性的报道,如《朝日新闻》在 1945 年 10 月 10 日发表题为"打倒东条内阁,反对非法镇压"的文章,揭露了中野自杀的真相,但此时距离该事件已经过去了两年多的时间,而且已是战后民主改革时期,报界的外在生存环境及内部的报道机制已经与战时迥然不同。以上事实说明,在太平洋战争时期的言论统制制度下,日本政府不但在政策上加紧对舆论的控制,而且还从实际行动上对舆论进行扼杀。

(二)"竹枪事件"

1944 年,日本在太平洋战争中不断失利,日军节节败退。2 月,美军攻下日本海军联合舰队司令部所在地特鲁克岛。由于该岛是日本此前所定"绝对国防圈"①链条上最重要的一环,具有十分重要的战略地位,被日本海军视作保卫日本本土的天然屏障。因此该岛的失陷意味着日军的失败已成定局。但是东条英机仍然试图垂死挣扎,他在内阁会议上发表演说,叫嚣"国民奋起",大本营报道部也推波助澜,不断发表日军胜利的虚假消息,蒙骗国民。

2 月 23 日,《每日新闻》用整版篇幅报道了东条内阁炮制的《非常时宣言》。该宣言强调"皇国正处于生死存亡关头",因此为保卫国家,必须拿起竹枪,以必胜的信念进行本土决战。

所谓"竹枪"就是用竹子做的用来冲刺的简易武器,它更适应于原始战争中近搏战的作战方式,在现代战争中,其杀伤力是难以与枪炮相抗衡的。因此东条内阁的"竹枪宣言"不过是一种精神胜利法,遭到了《每日新闻》等报纸的批判。就在该报同日的版面上,刊登了记者新名丈夫的一篇述评,大标题是"战争至此,决定胜负的已不是竹枪,而是飞机、军舰",强烈主张增强日本的海空力量。文章首先分析了当前日本

---

① 1943 年 9 月 25 日召开的大本营政府联络会议上制定了"基于今后应采取的战争指导大纲战略方策",其中设定了所谓的"绝对国防圈"的范围,包括千岛群岛、马利亚纳群岛、特鲁克岛、西部新几内亚岛等,其目的是绝对确保维持战争所必需的战略资源供应地和补给线。

面临的局面，指出日本要取得太平洋战争的胜利，就必须依靠海军的力量。

> 太平洋攻防决战并非是在日本本土沿岸展开的，而是围绕对远隔数千海里之外的基地的争夺展开的。敌人一旦进攻本土沿岸，则万事皆休矣。（中略）敌人用飞机来进攻，而我们却用竹枪应战，这是无法取胜的。（中略）决定帝国存亡的是我海洋航空兵力的快速增强所带来的战力的集结程度如何。①

该报在当日的社论中也针锋相对地对军部倡导的"竹枪主义"提出了批评，并尖锐指出，面对不知何时才能结束的不利局面，"光靠必胜的信念是无法取得战争胜利的"②。

当时有一个不成文的规定，即各报社首脑撰写的稿件不需审查即可发表，而作者新名丈夫时任《每日新闻》政经部首脑，因此正是利用了这个"君子协定"，这篇文章在言论统制日益严峻的情况下才得以面世。

从一定意义上来讲，上述两篇文章客观上分析了日本所面临的现状，受到读者的一致好评。再加上文章主张增强海军力量，这让一向在同陆军的明争暗斗中处于下风的海军大加赞赏，海军报道部的田中中佐说"该述评说出了全体海军想说的话，在海军内部博得最高的赞赏"③。

然而，当时陆军和海军之间正围绕"本土决战论"和"海上决战论"闹得不可开交。这篇文章激怒了陆军，最为生气的当属东条英机。他认为这篇文章是在讨好海军，贬低陆军，并以"竹枪不能取胜的主张是反战思想"④为由要求陆军报道部对《每日新闻》进行严厉处分，并辞退记者新名丈夫。内务省随后发出通知，禁止销售刊登此文的报纸并对该报进行查封。

然而《每日新闻》不但没有按照陆军报道部的要求辞退新名丈夫，反而在当日出版的晚报头版上又发表了由记者清水武雄撰写的题为"一步也不容许后退"的社论，文章说：

---

① 《每日新闻》1944年2月23日。
② 《每日新闻》1944年2月23日。
③ 前坂俊之：《太平洋战争与新闻》，东京，讲谈社，2007年，第405页。
④ 每日新闻130年史刊行委员会编：《〈每日〉的3世纪——从报纸透视激流动荡的130年》（上卷），东京，每日新闻社，2002年，第880页。

对于试图消灭日本、称霸世界的敌人盎格鲁萨克森的野心，我们应该在日本生死存亡之际奋起。敌人一旦来袭我神州大地，我们要想免遭囚房之辱，只有患难与共，以祖先之血为皇土殉身。而且敌人现已对本土防卫的重要阵地发起侵攻，大逞淫威。以我们血肉之躯守卫具有光辉历史和传统的皇土的时刻已经来临。①

鉴于日本当前面临的不利局面，社论在充分肯定必须进行战争的基础上，最后提出了应对之策，主张应迅速扩充海军航空兵力，在太平洋上同美军决一死战，从而对东条等人主张的"本土决战"再一次提出了反对意见。

《每日新闻》的态度再一次激怒了东条英机，他认为"竹枪作战是陆军的根本作战方针，如果不对每日新闻进行取缔，就是贬低了陆军的作战"②，因此他以文章侵犯了军部的统率权为由，命令内阁情报局以"传播和制造战败情绪"的罪名查封并没收了当天报纸，甚至要求《每日新闻》停刊。鉴于《每日新闻》的影响力，内阁情报局次长村田五郎认为不必要通过赤裸裸的行政命令，"只要停止纸张供应即可使其停刊"，同时劝说东条，"日本舆论代表之一的报纸因发表'那样的报道'而遭到停刊的话，就会引起舆论非议，也会成为外国的笑柄"③。

在各方面的压力下，东条最终并没有达到全面封杀《每日新闻》的目的，但他却把怒气全部聚集到了记者新名丈夫身上，下令相关部门对新名丈夫给予严惩。后经海军方面的多方辩护与救援，新名才幸免一死，但是仍然受到征服兵役的处罚，并被陆军派往战争最为激烈的冲绳和硫磺岛作战。

纵观《每日新闻》的上述两篇文章，从内容上看虽然对陆军的作战方法提出了批评，但其出发点并非对战争本身进行直截了当的批判④，而是希望通过增强海军兵力来获取侵略战争的胜利，其目的与陆军并不相悖。"竹枪事件"暴露了当时陆海军之间存在着尖锐对立的事实，同时该事件也表明当时报界的生存状况是极其恶劣的。

---

① 《每日新闻》1944年2月23日。
② 每日新闻百年史刊行委员会：《每日新闻百年史》，东京，每日新闻社，1972年，第200页。
③ 内政史研究会编：《村田五郎氏谈话速记录·第3回》。转引自安田将三、石桥孝太郎：《令人吃惊的朝日新闻太平洋战争报道》，东京，リヨン社，1994年，第248页。
④ 日本读卖新闻战争责任检证委员会：《检证战争责任——从九·一八事变到太平洋战争》，郑钧等译，北京，新华出版社，2007年，第124页。

综上所述，以东条英机为核心的军队右翼势力为推动侵略战争的进程，主张实现"高纯度"的国民意识形态，这就要求排除任何对立思想和主张，以达到对思想、舆论的一元化控制。在此背景下，尽管"竹枪事件"和"战时宰相论事件"的出发点并非是反对战争，相反是积极为战争出谋划策，是为了更好地推进侵略战争的发展，但是由于他们的主张同当时当政者的主张存在着分歧，所以最终成为被打压的牺牲品。这两次事件是战时法西斯主义分子对内实行高压政策，妄图压制思想言论的具体表现，同时也是当时统治阶级集团内部矛盾的集中反映。

第三节 报界的"大政翼赞体制"报道

第二次近卫内阁上台后，确立了所谓的"近卫新体制"，试图建立一个全国性的国民组织，以确立强有力的一元化政治指导体制。同时还加强了组织化建设，1940年10月"大政翼赞会"成立，1942年4月以众议院议员为主要成员的"翼赞政治会"成立，这两个组织都具有明显的法西斯主义色彩，由此确立了政府、"大政翼赞会"和"翼赞政治会"三位一体的全国性法西斯独裁体制——"大政翼赞体制"。此后，在东条内阁的推动下，"大政翼赞体制"得以进一步强化。"大政翼赞体制"是战时日本法西斯的独裁专制体制，也是日本战时体制的最高表现形式。

"大政翼赞体制"的目的是推行和强化"总力战"体制，实现对国家所有要素的统治和管理。报界既是该体制的管理对象，也是该体制的宣传工具，报界对"大政翼赞体制"的报道贯穿于该体制的始终。

一、赞"大政翼赞体制"的发端

1939年后半期开始到1940年，日本国内物资开始出现严重不足，"国民总动员"逐渐走上了末路，国民的反对呼声也越来越高。面对危机四伏的社会状况，平沼、阿部、米内三届内阁均束手无策。1940年6月24日，近卫文麿以"强化政治体制"为由采取了以退为进的策略，向首相米内光政辞去枢密院议长职务。对此，报纸认为尽管近卫的辞职理由不合常规，但这也"表明近卫公今后的意图颇为积极"[①]。

7月7日，近卫在举行记者招待会的时候对其提出的新体制理念作了简要说明。《读卖新闻》对近卫的谈话内容作了报道，称新体制的目

---

① 《东京朝日新闻》1940年6月25日。

标是实现"高度政治体制",并认为"新体制运动渐露端倪,其成行颇值得期待"①。《东京朝日新闻》则认为在德国取得压倒性胜利的背景下,仿照德国的纳粹制度建设日本的政治新体制"无论从哪种意义来看都具有切实的必然性"②。随后报纸对近卫新体制的进展一直给予了高度关注。

7月9日和16日,陆相畑俊六两次拜见首相米内光政,要求对"以近卫公为中心的新政治体制运动"③给予协助,并暗示米内应主动辞职。在各方压力下,米内内阁于16日宣布总辞职,从而为近卫的新体制运动扫清了道路。报纸对米内的辞职表示了欢迎,称其"为强力政治新体制的推进迈出了新的一步",并对这次政局变动给予了较高评价,认为"在同感当下局势的严重性和重要性"的基础上,陆相畑俊六的逼宫"积极地走到了政治前面",因此"无论是政治上还是思想上,这次政变的意义特色非常重大"④。

7月17日,重臣会议一致推选近卫文麿担任新首相。《大阪朝日新闻》发表社论对近卫辞去枢密院议长职务一事表示了赞扬,称此举是近卫为推动新体制运动的发展而做出的舍弃个人利益的"壮举",而其当选为新首相则为新体制运动的推行"迈出了具体的第一步",并希望近卫内阁确立与日本"国体本意相适应的新体制以及适应肇国理想的世界政策"⑤。同时报纸还呼吁各政党解散并积极参与到近卫内阁的新体制中来,称政党政治繁荣的时代一去不返,"新体制的成立已经是不容置疑的既定事实",因此"既成政党应自动解散,为政治新体制开辟道路"⑥。

7月22日,近卫文麿第二次组阁,并于26日通过《基本国策要纲》,宣布对"国民牺牲的不均衡进行修订",并"彻底贯彻执行厚生措施",以消除国内的不满情绪,但同时仍然要求国民"忍苦十年"⑦、革新生活体制。

近卫上台之后,便开始着手建立和完善新体制。1940年8月23日,"新体制准备委员会"成立,"近卫新体制"正式拉开帷幕。该委员会委员由当时政界、财界和舆论界重要人物担任,其中同盟通信社社长古野

---

① 《读卖新闻》1940年7月8日。
② 《东京朝日新闻》1940年7月13日。
③ 《读卖新闻》1940年7月17日。
④ 《东京朝日新闻》1940年7月17日。
⑤ 《大阪朝日新闻》1940年7月18日。
⑥ 《读卖新闻》1940年8月7日。
⑦ 《东京朝日新闻》1940年7月27日。

伊之助、《东京日日新闻》会长高石真五郎、《读卖新闻》社长正力松太郎、《朝日新闻》主笔绪方竹虎等主要报社负责人均名列其中。

"新体制准备委员会"于28日召开第一次筹备会，会上近卫文麿发表讲话，对新体制的指导理念和组织大纲作了说明，并提出了"协调统帅与国务的关系、强化政府内部的整合及效率、确立议会翼赞体制"①的目标。《东京朝日新闻》在社论中对近卫讲话作了高度评价，称"要发挥建设世界新秩序的指导性功能，就必须高度发挥国家国民的总体力量"，建立"高度国防国家的体制"，并对当时存在的一些反对声音进行了抨击，称近卫的新体制构想"并非总理一人恣意所为，历史的必然趋势和当下内外局势的必要说明别无选择余地"，因此近卫讲话是"具有历史意义的声明"②。

综上所述，报界对待近卫文麿第二次组阁是持欢迎态度的，并起到了推动的作用，而对近卫提出的"新体制构想"更是充满期待，为"大政翼赞体制"的建立和发展提供了充分的舆论准备。

二、助"大政翼赞体制"成长

在"新体制准备委员会"的筹备下，1940年10月12日，"大政翼赞会"成立。翼赞会具有完善的组织机构，在中央设立本部，总裁由首相近卫文麿亲自担任，地方设立支部，支部头目由各府县知事担任，同时还在基层广泛设立"部落会"、"町内会"和"邻组"等末端组织，试图把全体国民都纳入到翼赞体制中。"大政翼赞会"的成立标志着"大政翼赞体制"的开始。

日本国内舆论对"大政翼赞会"的成立给予了充分关注，各报均以大量篇幅进行了报道。《朝日新闻》以"大政翼赞的臣道实践"为题，介绍了翼赞会成立的过程。《报知新闻》称翼赞会的成立是"向着新体制的确立迈出的具有历史意义的一大步"③。《读卖新闻》则称大政翼赞体制是"全国国民的运动"，并标榜翼赞会的成立"从根本上全面刷新了原有的国民组织"，"是次于大化新政、明治维新的我国历史上罕见的国政革新"④，从而将"大政翼赞会"的成立赋予了影响日本历史进程的历史意义。《东京日日新闻》则对翼赞会的性质进行了阐述，称其为"与

① 《读卖新闻》1940年8月29日。
② 《东京朝日新闻》1940年8月29日。
③ 《报知新闻》1940年10月3日。
④ 《读卖新闻》1940年10月13日。

政府表里一体的、具有强烈政治性"①的精神运动机构。《读卖新闻》则强调了翼赞会的政治性，称翼赞会是国民精神运动的新的表现形式，由于"我们国民今日所追求的是依靠强有力的政治来完成高度国防国家的目标"②，因此国民精神运动的实施也必须要有强有力的政治保障。在该报看来，这种强有力的政治保障无疑是靠"大政翼赞会"来完成的。

"新体制准备委员会"前后经过6次会议，最终确定了新体制的纲领草案，其基本内容为："基于肇国精神，推动大东亚新秩序的建设，进而确立世界新秩序；彰显国体本义，革新庶政，发挥国家总力，完善国防国家体制；万民各司其职，齐心协力，完善大政翼赞的臣道。"③从纲领草案的内容来看，新体制的目标无非是通过国家总力战的形式完成所谓的大政翼赞的"臣道"，即通过战争建立所谓的"大东亚新秩序"，这同近卫内阁所推行的政策是完全一致的。尽管如此，在翼赞会成立仪式上，总裁近卫文麿宣称"本运动的纲领是尽全力实践大政翼赞的臣道，而臣道的实践并不需要纲领和宣言"，并以此为由拒绝宣读翼赞会的宣言纲领，这表明了近卫内阁试图凌驾于新体制之上并随意扩大解释的野心。近卫此举非但没有招致舆论的谴责，反而引来一片赞叹之声，被报界赞为"彻底的臣道观"④，并对近卫所谓的"气魄"大加赞赏。

为增加生产，实现建设高度国防国家的目标，日本政府确立了"国民勤劳新体制"，要求各界通过增加劳动时间、强化劳动强度、刺激劳动积极性等方法实施产业报国运动，以此来完善"大政翼赞新体制"。报纸对"国民勤劳新体制"表示了欢迎，宣称"勤劳是皇民的责任"，并称赞勤劳新体制在日本"劳动运动史上具有划时代的历史意义"⑤。

为配合新体制的推行，《东京日日新闻》还面向全国募集"新体制标语"，试图通过精神口号的力量凝聚全民参与的热情。该报最终从3万多份应征作品中选出了"给人留下深刻印象、鼓舞振兴百折不挠日本精神"的6条标语，"作为全国国民大步迈向总进军的口号"⑥。

虽然"大政翼赞会"具有强烈的政治性，但其从形式上来看它并不是一个政治结社，这也决定了其缺少对议会进行指导和操控的法律依据。

---

① 《东京日日新闻》1941年1月7日。
② 《读卖新闻》1941年1月8日。
③ 伊藤隆：《近卫新体制——通向大正翼赞会之路》，东京，中央公论社，1983年，第162页。
④ 《读卖新闻》1940年10月13日。
⑤ 《东京日日新闻》1940年11月9日。
⑥ 《东京日日新闻》1940年11月10日。

为将议会纳入到新体制中来，实现对政治的操控权，1940年12月11日，在"大政翼赞会"的操纵下，成立了"议员俱乐部"，翼赞会的400多名议员全部加入其中，使得议会发展成为翼赞议会，而"议员俱乐部"也因此成为议会的实际运营机构。报纸对"议员俱乐部"的成立进行了肯定性报道，认为"议员俱乐部"的成立"刷新了各议员的时局认识，历史性的翼赞议会取得了辉煌成就"①。

由于"大政翼赞会"是一个凌驾于宪法之上的超然政治团体，因此对于"大政翼赞运动"和"大政翼赞会"是否违宪的问题，议会内部自始至终就存在着争论。对此，近卫文麿在议会上以特殊的战时环境为由多次强调了"大政翼赞会"的合法性，《东京日日新闻》也发表文章对近卫的主张表示了认同，明确宣称"翼赞会并不违反宪法"②。

在"大政翼赞运动"中，近卫除了取缔一切政党之外，还成立了一些外围的翼赞组织以加强对政治的控制力。1941年2月，为将青壮年统一到高度国防国家建设中来，"大政翼赞会"在各地设立了"翼赞壮年团"。《报知新闻》对"翼赞壮年团"的成立进行了报道，称"壮年团"为"大政翼赞运动"提供了人才储备，"今后可以从中选拔积极的、具有献身精神的'翼赞尖兵'人才"③。

1941年7月16日，第二次近卫内阁以"强化国内体制、刷新内阁构成"为由提出总辞职，紧接着又成立了第三次近卫内阁。《东京日日新闻》发表社论对新内阁的使命进行了展望，并号召各界对新内阁给予协助。"无论是政府、军部还是经济界，一亿国民应该团结起来，在各自的岗位不断进步，这样任何外患都不足为惧"④。《朝日新闻》对新内阁的特征进行了分析，认为新内阁清除其他政党的行为并非排除异己之举，而是将不符合国情的旧政党势力清理出去，"强化了近卫——平沼轴心"⑤，而且认为与前两次近卫内阁相比，第三次近卫内阁的政治性格"更加明确，具有更大的力量"⑥。

然而第三次近卫内阁并无没有按照舆论所预期的方向发展，也没有

---

① 《朝日新闻》1940年12月25日。
② 《东京日日新闻》1941年2月6日。
③ 《报知新闻》1941年2月21日。
④ 《东京日日新闻》1941年7月19日。
⑤ 1939年1月，近卫文麿辞职后，平沼骐一郎继任新首相，全盘继承了近卫内阁的基本政策。后在第二次、第三次近卫内阁中均担任国务大臣等要职，因此这段时期的政治格局可称为"近卫——平沼轴心"。
⑥ 《朝日新闻》1941年7月19日。

达到预期的目标,三个月后即宣告解体。尽管如此,《朝日新闻》仍然对第三次近卫内阁给予了高度评价,称"内阁宿命的长短并不意味着内阁所起政治作用的轻重",并认为这届内阁的内外政策是"最近其他内阁所无法比拟的,具有重要意义"①。

三、挽"大政翼赞体制"败局

第三次近卫内阁总辞职后,1941 年 10 月 8 日东条英机受命组建新一届内阁。对于东条内阁,当时的报界像对待第三次近卫内阁那样充满了极高的期待,称东条是能够"克服艰难时局的'适才'"②,希望东条内阁能够领导日本国民"起来应付非常时期,并给予反对轴心的诸强国以巨大打击","在所有国家活动中,确立真正的国防国家体制"③。鉴于近卫内阁无力打开日美谈判的僵局,难以应付陷入泥潭的侵华战争而宣告总辞职,因此报纸认为东条内阁当务之急"应该迅速确定国策推行的方法,制定并强行推行必要的政策"④。

东条上台后,对"大政翼赞会"进行了改革,使得"大政翼赞体制"得到了进一步强化,发展成为日本战时法西斯体制的最高形式。1941 年太平洋战争爆发之后,日本政府当局抓住这次机会,试图通过扩大对外战争的方式消除国民之间日益膨胀的不满情绪,以转移国内矛盾。在第七次御前会议上,参谋总长杉山元就表达了上述意图。他说:"充分利用战果不但可以激励以死奔赴国难的国民志气,而且这种国民志气在生产各部门以及消费和其他国民生活的方方面面都能得以展开"⑤。为此,日本政府当局强化了对国民的引导和统治。在 1942 年 1 月 2 日召开的内阁会议上,日本政府决定废除"兴亚奉公日"⑥,改为"大诏奉戴日",要求所有国民在"邻组"等遍布全国的翼赞外围组织的领导下于每月 8 日诵读对英美的宣战诏书,以培养对英美等国家的敌忾情绪,从而坚定开展侵略战争的决心。《读卖新闻》称"大诏奉戴日"活动是"完成举国战争的源泉"⑦,并对各地开展的"大诏奉戴日"活动进行了

---

① 《朝日新闻》1941 年 10 月 17 日。
② 《报知新闻》1941 年 10 月 19 日。
③ 《读卖新闻》1941 年 10 月 19 日。
④ 《朝日新闻》1941 年 10 月 19 日。
⑤ 参谋本部编:《杉山笔记》(上),东京,原书房,1967 年,第 381 页。
⑥ 在国民精神总动员中,为将全体国民统一到战争中来,日本统治当局规定自 1939 年 9 月 1 日起,将每月 1 日定为"兴亚奉公日",当日禁止娱乐活动,废除"奢侈"行为等。
⑦ 《读卖新闻》1942 年 1 月 2 日。

报道。

1942年4月30日,东条内阁举行了所谓的"翼赞选举"。在这次选举中,由"翼赞政治体制协议会"推荐的466名候选人中,381人当选为议员,占议员总数的80%以上。议会上东条内阁提出的所有议案和预算均得以顺利通过,军部法西斯势力藉此在实际上控制了议会。对于此次选举中采用的"推荐制度",报纸不但没有进行批判,反而赞扬其获得"巨大成功",并对此次选举的意义进行了总结,认为"翼赞选举"最终实现了"清新人才的选拔、翼赞议会的建设和举国态势的确立",而完成上述目标的保证就是"具有划时代意义的推荐制度"①。《读卖新闻》则发表社论要求将"推荐制度"加以发扬。该报先是对多政党的存在带来的权利争斗而引起内耗的做法进行了批判,认为"翼赞选举"后确立的新体制如果不能消除政党斗争与生俱来的"弊端"的话,"翼赞选举的意义和特色就将化为泡影"②。换言之,该报主张通过"翼赞选举"建立一元化的政治体制,以保证战时内阁制定的任何政策都能够得以顺利实施。从这一点来看,该报上述主张可以说正中东条内阁的下怀。

为建立战时独裁的政治体制,东条内阁力邀政界、财界和舆论界人士加入"新体制准备委员会",讨论拟定新的政治结社——"翼赞政治会"的纲领和规约。《朝日新闻》在"翼赞政治会"正式成立之前就对其进行舆论上的宣传,宣称各团体和派阀的矛盾斗争削弱了战时政治的凝聚力,"这次总选举的结果明确表达了国民的志向,翼赞政治会是经历了这段历史过程后产生的,无论是宣言、纲领还是规约,都排除了旧的政党观念和自由主义的做法,完全立足于日本立场,性格鲜明"。因此"翼赞政治会"是"团结举国政治力量,完成大东亚战争"的前提,是"日本政治的新起点"③。5月20日,"翼赞政治会"正式成立。《朝日新闻》又发文说"翼赞政治会"的成立实现了"大同团结","首次确立了彻底击灭英美的强韧的政治体制"④。

然而,"翼赞政治会"非但没能挽救东条内阁以及日本的命运,反而加速了日本军国主义走向覆灭的步伐。随着战局的发展,"大政翼赞体制"逐渐走上崩溃的道路。这时报界的注意力开始由宣传对外战争转移到国内生产方面,报纸不断呼吁国民扩大生产、增加储蓄,"填补物资生

---

① 《朝日新闻》1942年5月3日。
② 《读卖新闻》1942年5月3日。
③ 《朝日新闻》1942年5月15日。
④ 《朝日新闻》1942年5月21日。

产统制的缺陷，确保更加合理的战时经济生活"①，并要求将国民的仇敌心理和战争情绪转化为生产动力，"这不仅是政府的任务，也应是每个国民的意志与实践问题"②。1944年10月国民运动中央本部开展了"一亿愤激歼灭美英运动"，其基本目标是重新激起全体国民的战争情绪，促使国民自觉为军需及粮食生产和国土防御而"奉公"。《日本经济新闻》认为国民运动的主体是国民，而国民的"实践精神"则是完成国民运动的保证，因此"在每个工作岗位上将对英美敌人的愤怒转化为增产的实践活动，自然就能达到国民运动的目的"③。

由此可见，在"大政翼赞运动"前期，报纸主要着力渲染"翼赞会"的政治功能，并为建立一元化的政治体制寻找理由，而在后期，随着"大政翼赞运动"的衰落，报纸开始大力宣传增产、储蓄等"实践精神"，试图利用仇敌心理和排外情绪来挽救"大政翼赞体制"的没落。

综上所述，日本政府在制定和推行战时政策的过程中，非常重视报纸等传播媒介的宣传功能，而报纸也对政府的政策给予了充分的报道，对政策的制定和推行起了推动作用。1941年5月27日，近卫文麿召集当时日本的28家主要报社社长开会，对报纸在新体制建设过程中的作用寄予了厚望并给予了极高评价，称"报纸是建立新体制的垂范"④。在这种利用与被利用的较量中，报纸作为战争宣传机器的功能也逐渐得以强化。

---

① 《读卖新闻》1944年6月2日。
② 《朝日新闻》1944年7月14日。
③ 《日本经济新闻》1944年10月19日。
④ 《读卖新闻》1941年5月28日。

第四章　战时日本报界的战争宣传

战争是国与国之间冲突的最极端表现，也是国家政治斗争的最高形式。在战争这个特殊时期，交战双方为争取国内国际的支持与同情，往往会在国际关系、国内政策等影响战局走向的诸方面作出一些特定的调整，以争取战争的主动权，赢得战争的最后胜利。这些政策调整往往涉及国民生活的方方面面，表现在政治上就是推行高度集中的政治体制，尽力消除所有与战争推行相悖的政治力量和政治纷争；表现在经济上则是实施战时经济政策，垄断国民经济命脉，最大限度地动员财政金融力量，以确保战争所需；表现在宣传领域就是国家对媒介控制的加强以及新闻从业者自觉地以国家利益为最高目标的价值取向。

战争爆发后，无论是交战各方还是国际社会，都会将目光聚焦战场，了解战争状况、分析战争走向成为人们的信息欲求，现代传媒承担起了这个责任，成为战争宣传的主要手段。报界充分利用了"媒体化事实"与国民认知的关系，借助信息传播的优势，依托"元价值"① 理念，引导公共舆论，诱导民众意识自觉朝战争合理性、必要性的肯定方向发展，成为战时政府当局推行对外战争的"吹鼓手"。

侵华战争爆发之后，日本各报社立即建立起强大的报道网络，派出大量记者，完善报道体制，开展了激烈的"报道战"。每天大量的战争报道从前线传到报社，而拥有巨大发行量的报纸则把这些消息传达给后方的国民。可以说报纸的战争报道是处于后方的国民了解战争的窗口，也是政府引诱国民支持战争、参与战争的宣传工具。

---

① 所谓"元价值"指的是具体价值的一般凝结物，不是被价值这个价值领域中最一般的概念所能包含的概念，而是比价值概念更基本的概念，它是在人类历史发展过程中形成的并为大多数民族所共认。肯定性的"元价值"是纯粹的好、始终如一的好，本元的、本质的好，无条件的无须证明的好，例如人道主义、民族复兴、反恐怖主义、自由、民主等肯定性的"元价值"理念，是根植于世界多数民族、人民之心的。而否定性的"元价值"则相反，例如恐怖主义、独裁等。参见程岭、程刚：《西方大众传媒的战争宣传策略浅析》，载《军事记者》2008年第8期，第60~61页。

第一节 "九·一八事变"时期的战争宣传

"九·一八事变"爆发之后,日本报界开动宣传机器,展开了战争宣传。为战争编织正义外衣、诱导民众的战争意识、煽动排外主义思潮在这一时期成为日本舆论宣传的重点。

一、歪曲报道事变原因

"九·一八事变"是由日本军部当局一手精心策划的,它是日本帝国主义长期以来推行对华侵略扩张政策的必然结果,也是其企图把中国变为其独占的殖民地而制定的计划中的一个步骤。然而日本报界却混淆是非,在军部、右翼团体及在乡军人会的压力下,在明知事实真相的前提下却轻易放弃"公平、公正"的原则,从而使得报道内容的真实性、客观性原则让位于所谓的"国家利益"原则,"这对言论机关来说是致命的犯罪"①。

1931年10月9日,日本宪兵队司令官外山丰造就派往中国东北的《大阪每日新闻》记者野中成童②的言论动向向军部提交了如下秘密报告:

> 关于大阪每日新闻特派满洲事变记者的言行事件之报告(通牒)
> 大阪每日新闻门司支局记者野中成童于满洲事变爆发之际由大阪每日新闻门司支局特派,于9月22日自门司出发至奉天、铁岭、鞍山及其他事件中心地勤务。10月2日回到门司后,其对友人所叙述的下述关于满洲事变的言论,引起我们注意。
> 一 因满洲事变而被派往现场,及至了解其真相,感到极其无

---

① 安田将三、石桥孝太郎:《朝日新闻的战争责任》,东京,太田出版,1995年,第235页。
② 关于该处记者姓名,不同史料记载略有出入。据《关于大阪每日新闻特派满洲事变记者的言行事件之报告》(参见藤原彰、功刀俊洋:《资料·日本现代史(8):满洲事变与国民动员》,大月书店1983年版,第86页)记载,记者的名字为"野中成童"。池田一之在《报纸媒体的思想·行动从国家的道路选择时进行的考察〔上〕》(参见《政经论丛》第54卷,第260页)一文中则使用了"野中成章"的说法,疑为"野中成童"之误。但1931年12月出版的昭和七年版《日本新闻年鉴》中记载的大阪每日新闻社记者名单中,门司支局中有叫"野中盛隆"的记者。后来据池田一之委托《大阪每日新闻》大阪本社人事部调查,此处记者的名字应为"野中盛隆"(参见池田一之:《记者们的满洲事变·日本媒体的转换点》,人间之科学社2000年版,第43~48页)。为尊重资料的原始性,本书采用"野中成童"的说法。

聊，终以无法认真工作，便不待社命既已归来。

二　满洲军队除新闻班外，另外组织宣传班，极力利用日本报纸，努力进行有利宣传。

三　铁道破坏似乎是日本军以炸弹自己爆破而嫁祸于支那方面，从而占领支那兵营。（后略）①

从上述秘密报告中可以看出，当时的报社是了解事实真相的，也清楚炸毁"南满"铁路也是关东军自编自演的把戏，但由于真相与军部宣传口径相差甚远，因此记者野中成童"终以无法认真工作"而辞职。

《朝日新闻》等其他报社同样也在事变后派出了大量记者，他们同野中成童一样，也是知晓事实真相的。例如陆军省记者俱乐部成员之一的《东京朝日新闻》记者石桥恒喜回忆说，他们几名记者在俱乐部闲聊时，陆军省新闻班成员谷萩那华雄大尉就曾偷偷告诉他们说，事变"实际上是关东军所为"②。此外，《东京朝日新闻》的记者武内文彬早在事变爆发前的5月2日，曾经拜访过关东军司令部高级参谋板垣征四郎，并在谈话中得知关东军获得了爆破"南满"铁路的5万日元资金的事实。③

然而当时大多数报纸不但放弃了此前批判政府的言论，反而迅速转向，掉头支持日本军部，主动追随于法西斯军部之后，为其侵略行径粉饰，充当日本帝国主义的宣传工具。

由于"九·一八事变"是以日本关东军的武力为背景推行的，它对东北亚国际局势以及日本国内的政治格局都产生了重要影响，由此招致了国际舆论的谴责和国内反对势力的抨击，因此为出兵寻找正当的理由成为军部以及报界所面临的重要课题。日本报界主要从经济利益的角度阐述了"满蒙地区"对日本的重要性，从而将日本出兵赋予"正当防卫"的意义。

首先，报界大谈特谈所谓的"生命线理论"，鼓吹"满蒙地区"为日本的生命线，中国在该地区的行为侵犯了日本的利益，由此引发事变。

日本早在制定"大陆政策"时就是将经济利益放在首位的，而军部提出"满蒙是日本生命线"的论调也是出于经济利益的考虑。打通线

---

① 藤原彰、功刀俊洋：《资料日本现代史（8）：满洲事变与国民动员》，东京，大月书店，1983年，第86页。
② 石桥恒喜：《昭和的反乱》（上卷），东京，高木书房，1979年，第62页。
③ 朝日新闻取材班：《战后五十年媒体的检证》，东京，三一书房，1996年，第25页。

(打虎山——通辽)和吉海线(吉林——海龙)两线的建成,对"满铁"的经营状况造成了打击,更是直接威胁到日本在中国东北的经济利益。对此,日本各大报纸大肆渲染"满蒙危机"论调,对日本"满蒙政策"的现状提出了忧虑。《大阪朝日新闻》认为"满铁"是日本"满蒙政策"的核心,同时也是日本在"满蒙"地区特殊地位的根本所在。但中国的一系列反日行动使得日本的"满蒙政策已经面临着不能收拾的破绽的危机"①,"动摇了以满铁为根基的我满蒙政策的大树,使我们面临着可怕的破产的深渊"②。

"九·一八事变"爆发之后,除了一贯坚持"满蒙是日本生命线"论调的《每日新闻》之外,《朝日新闻》也于9月24日的社论中强调了日本在"满蒙地区"权益的"正当性",说"南满铁路"作为日俄战争的战果,有许多条约保证其正当权益,"支那官兵肆意破坏,危及日本在满权益,行使自卫权理所当然"③。接着该报又指出:"就我国财界来说,除英国停止金本位制以外,现在有一个重大经济衡动的原因,这就是满洲事件的经济关系。这个问题就世界关系来看毋宁说是轻微的问题,但就我国来说,则具有特殊的重要性。"④ 这就清楚地表明了日本发动"九·一八事变"的经济动因,即试图通过侵略战争掠夺中国东北地区的资源,以弥补日本资本主义经济发展所面临的困境。

《读卖新闻》则于9月25日刊登了政府对"九·一八事变"的声明全文,同时为日本关东军的侵略行为辩护,认为"帝国政府于满洲并无领土欲求,我所期待的是帝国臣民安居乐业,以资本与劳力获得参加地区开发机会,拥护自国及自国臣民所享有之权益为政府当然之职责,故应排除对满铁之危害行为"⑤,再次重弹"经济自卫"的旧调。

其次,报界认为中国的反日运动危及到日本人的生命财产安全,这是造成事变爆发的主要原因。日本报界除了强调日本在"满洲"的经济利益受到侵害之外,还煽动日本人民对中国的仇视、敌对情绪。《读卖新闻》说:"帝国政府历来以日华两国亲善、共存共荣为既定方针,并为此而苦心孤诣。不幸的是过去数年间,中国官民的言行屡屡刺激我国民之感情,特别是在与我国持有最紧要利害关系的满蒙地区,最近不快事

---

① 《大阪朝日新闻》1930年12月1日。
② 《大阪朝日新闻》1931年1月12日。
③ 《朝日新闻》1931年9月24日。
④ 《朝日新闻》1931年9月27日。
⑤ 《读卖新闻》1931年9月25日。

件频发。而中国方面对我国之友好公正政策不持同一精神，反而丑化之，其结果以至于九月十八日于奉天附近，中国军队破坏满洲铁路，袭击我守备军。"① 从而将责任完全归咎于中方。

《中外商业新报》于9月26日发表了题为《财界对支态度 实业团体通过未曾有的强硬决议》的报道说：

> 支那官民对我国的言论近年显著脱轨，做出许多令友好国家不能容忍之事。对国民不断鼓吹排日思想，甚至多年利用国民教科书，培养排日思想，在全支举行抵制日货运动，或以暴力掠夺日货，或加害邦人之生命，遂至标榜经济绝交，采取明确的敌对行动及挑衅态度，现在对我国权益的侵害以及名誉毁伤已达极点。其中支那政府当权者为排日思想的主要煽动者，并且公然对我国采取侮辱或挑衅言行。令人难以容忍的是对我国于满洲地区权益的侵害，在留邦人居住者生命财产的不安与日俱增。我国上下常以善邻之谊为主旨采取宽容态度对之的做法助长了其侮辱傲慢，以至今日敢于发动破坏南满铁路之暴行。②

此后各报将所谓的中国"排日运动"进行了扩大性报道。事变发生之后，各报开始历数中国的"排日"行为，提出"只有断然采取措施才是与中国交涉的基调"③。关于"排日"问题以及所谓中国国民的暴戾，各家报社都特别提出了"万宝山事件"与"中村事件"予以佐证，认为"中村大尉是被支那方面的正规军虐杀的……更进一步，正规军又采取了破坏日本铁路的暴举，真是至怪至急。最近满蒙的日支关系，可谓是不愉快的累积，支那方面官民的目的乃是企图从根本上破坏日本在满蒙的正当权益。"④《朝日新闻》还鼓吹说中国军队破坏铁路的行动是"排日"活动发展的必然结果，"最近几年，邻国是怎样对待日本的呢？那就是实行有计划有组织的排日和排斥日货，并利用教科书从小学儿童开始教起。因此不是战争的战争在支那各地展开，满洲成为最为过激的地方"⑤，

---

① 《读卖新闻》1931年9月25日。
② 《中外商业新报》1931年9月26日。
③ 《东京日日新闻》1931年10月1日。
④ 《朝日新闻》1931年9月2日。转引自丁果：《九・一八事变与朝日新闻》，《外国问题与研究》1988年第3期。
⑤ 《朝日新闻》1931年9月26日。

"这是支那国家的责任,最近满洲事变也正是支那此种心理产物之一"①。

由此看来,日本报界宣传活动的所有出发点都是以"日本在满权益正当性"为前提的,而所谓"日本在满权益"不过是通过非正义的日俄事变攫取的,因此该主张在事实上是不能成立的,是一个不折不扣的伪命题,由这个伪命题得出的结论自然也是荒谬的。

二、大肆渲染"爆弹三勇士"

"九·一八事变"发生后,日军的侵略行径激起了中国人民的反日高潮。1932年的"樱田门事件"② 发生后,国民党中央机关报《民国日报》③ 于第二天发文对朝鲜人李奉昌的行为表示了赞扬,并以《日皇阅兵毕返京突遭狙击,不幸仅炸副车凶手即被捕》④ 报道了事情的经过。该报道受到日本媒体的猛烈批评,被称为"对我帝国的重大侮辱"⑤。中国人民所表现出来的排日、抗日风潮刺激了日本军国主义者,他们寻找一切机会继续扩大在中国的侵略。

1932年1月18日,在关东军参谋板垣征四郎的授意下,日本驻上海公使馆陆军武官辅佐田中隆吉阴谋策划了"三友实业社事件"⑥,使得上海局势急剧恶化。日本总领事村井仓松向上海市长吴铁城提出"抗议",要求中国方面道歉,并处罚肇事者。但在吴铁城于28日作出同意日方所有要求的答复的情况下,日本海军陆战队以"保护帝国臣民,拥护既得利益"⑦ 为由,向上海发起进攻,制造了第一次"上海事变"。

各报对"上海事变"进行了报道。《东京朝日新闻》认为事变爆发

---

① 《朝日新闻》1931年10月9日。
② 樱田门事件:1932年1月8日,在东京樱田门附近,朝鲜爱国志士李奉昌向阅兵归来的日本天皇乘坐的汽车投掷手榴弹,虽然并没有将天皇裕仁炸死,但却极大地鼓舞了对日寇同仇敌忾的中、韩民众。此次事件史称"樱田门事件"。
③ 《民国日报》创刊于1916年1月22日,最初以讨袁为主旨,是中华革命党在中国国内的主要言论阵地,后来该报成为国民党中央的机关报。1932年因刊登"樱田门事件"等遭停刊,抗战胜利后,恢复原名继续出版。
④ 《民国日报》1932年1月9日。
⑤ 《东京朝日新闻》1932年2月5日。
⑥ 三友实业社事件:1932年1月18日,天崎启升等五名日本僧人在毗邻上海公共租界东区(杨树浦)的华界马玉山路的三友实业社外被殴打,一人死亡,一人重伤。日方指为工厂纠察队所为,1月20日,50名日侨青年同志会成员放火焚烧了三友实业社,回到租界后又砍死砍伤三名工部局华人巡捕。当天,1200名日本侨民在文监师路(塘沽路)日本居留民团集会,并沿北四川路游行,前往该路北端的日本海军陆战队司令部,要求日本海军陆战队出面干涉。途中走到靠近虹江路时,开始骚乱,袭击华人商店。事后查明,该事件是由田中隆吉一手策划的,目的是试图引起国际社会的关注,为建立满洲国傀儡政府作准备。
⑦ 《报知新闻》1932年1月28日。

的原因在于中国的抗日运动,"向中部支那出兵绝非我官民所希望的。但该地区排日运动日益恶化,发生杀害邦人,没收日货等极端现象,因此我陆战队采取上述行动绝非不当"①。而《东京日日新闻》也认为"邦人生命财产濒临危急,所以我军为保护现地,断然发起行动"②,为日军的侵略进行辩护,这与"九·一八事变"爆发后报界的论调可谓如出一辙。

日军的侵略行动遭到了中国十九路军的顽强抵抗。十九路军将领蒋光鼐、蔡廷锴向全国发表通电表示,"为救国保种而抵抗,虽牺牲至一人一弹,绝不退缩",并调军队向上海集结支援。在十九路军的抵抗下,日军伤亡惨重,据报道仅2月6日的战役中,日军伤亡就达60人以上③。日军遭遇了自"九·一八事变"以来最激烈的抵抗。为此日军不断向上海增兵,试图扭转战局。调整阵容后,日军于20日发起进攻,但是仍未击溃中国军队,反而遭受更大损失。

在22日进攻上海闸北庙行镇的战役中,日本军队受阻。为打开僵局,在军国主义的蛊惑下,三名日本士兵携带爆破筒开路,并在炸毁铁丝网时身亡。为鼓吹战争,煽动战争情绪,日本军国主义将他们标榜为"爆弹三勇士",以此作为忠君爱国典范,蛊惑年轻人从军卖命。日本各家报社紧紧抓住这个千载难逢的好机会,长篇累牍地大肆报道,"爆弹三勇士"的"美谈"充斥了各报版面。

24日,日本各大报纸均以"壮烈无比"、"忠烈"等字眼刊登了关于"三勇士"的报道。《大阪朝日新闻》在报道中说三名日本士兵"为皇军、为国家自愿牺牲",并称"三勇士"是"满洲事变以来最大的军事美谈"④。从第二天开始,该报的报道日渐升温,认为三位士兵不是被动战死,而是主动赴死,"三勇士用肉弹鼓舞了皇军的士气,所以为称颂他们无与伦比的战斗意志",该报建议授予三名士兵最高荣誉,并编入教科书、树铜像、建纪念碑、编纂传记等,"以讴歌其勇名,告慰三勇士的魂灵"⑤。

《福冈日日新闻》将三名士兵的行为称为"泣鬼神之壮举",并称赞其"极端悲壮,可与当年日俄战争时期旅顺敢死队相媲美"。同时该报还

---

① 《东京朝日新闻》1932年1月29日。
② 《东京日日新闻》1932年1月29日。
③ 《国民新闻》1932年2月6日。
④ 《大阪朝日新闻》1932年2月24日。
⑤ 《大阪朝日新闻》1932年2月25日。

在第一时间采访了三名士兵的家人,并引用其中一位士兵的母亲之语说,"看了报纸报道得知他死得很有价值,所以也就放心了",三人"为国家而死",因此"非常高兴"①。可见该报关注的并非是他们失去亲人的悲痛,而是大肆渲染了他们"因为立下战功喜极而泣"的心情。

27 日,《大阪朝日新闻》发表社论,称"爆弹三勇士"是"现实中的军神,是大和魂的化身",其行为"惊天地泣鬼神",并称在面临内忧外患时,勇气是必不可少的"最高层面的道德要素",在这一点上,大和民族"具备优于其他任何民族的特质"。文章最后呼吁国民发扬不怕死的民族精神,"肉弹三勇士的壮烈行动展现了神国的民族精神"②。由此可见该报已经不是仅仅停留在对"三勇士"本身的报道,而是把它上升到民族精神的层面上,试图依靠媒体的力量塑造一个"精神标本"。早在1931年10月19日的"满洲事变宣传计划"中,陆军就制定了"宣传皇军正义、人道主义,努力唤起舆论,酿成某种氛围"的方针,并要求对"日军实力、人道主义及官兵的善行美谈"③进行宣传。可以说"爆弹三勇士"的报道和军部上述宣传方针是一致的。这样在当局的支持下、民众的拥护下以及报纸的宣传下,三名普通日本士兵被当作"军神"供奉起来。

"爆弹三勇士"的"美谈"在国民中间引起极大反响,全国掀起了一股为"爆弹三勇士"遗族捐款的热潮。《大阪朝日新闻》报道说"三勇士英勇无比的行动令全国国民感激,24 日早晨大阪市住吉区住吉町宗像半之助氏将1000 日元抚恤金寄给本社,接着西宫市名次町富和停氏也寄来 300 日元,寄来抚恤金的还有很多人"④。此外各报本身也掀起了为"三勇士"遗族捐款的热潮。《每日新闻》"为向永放光芒的三勇士的功勋表达敬意,慰藉英灵",于 26 日向"爆弹三勇士的遗族各赠送 1000 日元,共计 3000 日元"⑤。《大阪朝日新闻》也不甘落后,在 27 日的报纸上刊登告示,称将向关西以西的小学、青年团、少年团和在乡军人会免费赠送"光荣的肉弹三勇士肖像和战记"⑥。此外,报纸还用大量版面刊登"三勇士抚恤金"的金额和捐赠者姓名。据统计,到 2 月 28 日,《朝日新

---

① 《福冈日日新闻》1932 年 2 月 25 日。
② 《大阪朝日新闻》1932 年 2 月 27 日。
③ 功刀俊洋、藤原彰:《资料日本近代史(8):满洲事变与国民动员》,东京,大月书店,1983 年,第 211~213 页。
④ 《大阪朝日新闻》1932 年 2 月 25 日。
⑤ 《大阪每日新闻》1932 年 2 月 26 日。
⑥ 《大阪朝日新闻》1932 年 2 月 27 日。

闻》的抚恤金达到 18422 日元，3 月 8 日已达 34549 日元；而《大阪每日新闻》的抚恤金在 3 月 12 日达到 30575 日元，创下了该报自创刊以来募捐的历史纪录①。

为配合军部的宣传，掀起更加狂热的战争热潮，"彰显三勇士的壮烈行为"，2 月 28 日朝日新闻社发布了征集"肉弹三勇士之歌"的广告，而每日新闻社则发布征集"爆弹三勇士之歌"的广告。到 3 月 10 日，前者共收到应征信 124561 封，后者共收到 84177 封②。与此相适应，各电影院也竞相放映以"爆弹三勇士"为题材的影片。"三勇士"的热潮甚至影响到了国民的普通生活，出现了所谓的"三勇士煎饼"、"爆弹巧克力"之类的称呼，全国掀起了"三勇士"热潮，甚至有人放言说"世界进入爆弹三勇士的时代"③。

大肆宣扬"肉弹三勇士"的结果不但激起了在前线的日本军队的斗志，而且刺激了后方国民的战争热和排外热，参军热情空前高涨，报名人数大大超过招募人数，报纸认为"这是满洲事变和上海事变的刺激所致"④，在这其中甚至出现了因没能被选中派往"满洲"战场而自杀的极端的做法。此外，《新爱知》还报道了当地小学生向军队赠送国旗的消息。据该报报道，这面国旗是由三重县 11 名小学生凑钱买来白布，然后割破中指用鲜血染成的，"小国民的热诚令当局非常感动"⑤。

三、不遗余力的宣传攻势

"九·一八事变"之后，各报社迅速调整报道方针，投入到对事变的报道之中。随着战局的发展，除了对日军的侵略行动给予美化报道之外，还通过一系列非新闻性活动对战争进行了协助。

第一，强化报道体制，慰问侵华日军。"九·一八事变"爆发之后，各报社立即拉开报道网，迅速向战场派出大量战地记者，强化对事变的报道体制，不遗余力地煽动战争狂热。1931 年 9 月以前，派往中国大陆的特派员仅有 10 人，但是事变爆发后，仅《朝日新闻》、《每日新闻》两大报社派往东北、上海的记者就超过 300 人。同时为了抢速度，各报社竞相采用先进的印刷设备和传输设备印刷、传送稿件。《大阪每日新

---

① 据统计，当时日本一个普通的四口之家一个月的平均收入约为 82 日元，由此观之上述捐款数额是非常庞大的。参见前坂俊之：《太平洋战争与新闻》，讲谈社，2007 年，第 94 页。
② 江口圭一：《日本帝国主义史论》，东京，青木书店，1975 年，第 168 页。
③ 《东京日日新闻》1932 年 3 月 5 日。
④ 《松阳新报》1932 年 2 月 27 日。
⑤ 《新爱知》1932 年 2 月 28 日。

闻》、《东京日日新闻》等实力雄厚的大报社不惜花费巨资购买飞机（前者共有飞机 15 架，后者有 13 架），专门用于传送事变报道、现场照片。以《读卖新闻》为首的一些实力相对薄弱的报纸则利用包机或定期航线与上述两家报社对抗。由于其数量和速度均远远高于其他报社，这些大报在激烈竞争中占尽优势，最终确立了其作为主流报纸的牢固地位。

表 4-1 《大阪每日新闻》印刷设备增长一览表①

	1922 年	1932 年	增减比较
马里诺尼式轮转机	17 台	8 台	-9 台
高速轮转机	0 台	12 台	12 台
超高速轮转机	0 台	11 台	11 台
合计	17 台	31 台	14 台
每小时印刷能力	408000 张	2376000 张	1968000 张

在这期间，各报社还纷纷刊行号外，"号外战"愈演愈烈。1931 年 9 月 11 日到 1932 年 1 月 10 日之间，《朝日新闻》共发行号外 131 次，平均每天早晚各发行两次。另外，有关"九·一八事变"的社论以及发自海外的"特电"铺天盖地。平时从海外收到的"特电"每月有 50~100 件左右，而事变当天竟达到 163 件，9 月中旬达到 360 件，到 12 月末短短三个月内上升到 3785 件。② 面对激烈的"号外战"，一些实力较弱的报纸逐渐在竞争中败北。对此，《时事新报》记者伊藤正德曾感叹道："号外一般都是 2 页，也有 4 页的，主要是以新闻照片为主。这些都是航运的特派员拍摄的照片，然后再由大阪采用电传的方式发送，费用甚是昂贵。（中略）关东的《朝日》和《日日》采取的图片号外政策，对我社和其他报社的打击甚大，使我们陷入了几乎要靠借债和典当度日的困境"③。

同时，各报社为表达对军部的支持，纷纷向战地派出"慰问使"。《大阪每日新闻》与《东京日日新闻》率先于 10 月 15 日发布告示："对

---

① 大阪每日新闻社：《大阪每日新闻五十年》，大阪，大阪每日新闻社，1932 年，第 346~347 页。
② 数据引自前坂俊之：《军队化为凶器——战争与新闻：1926~1935》，东京，社会思想社，1989 年，第 89 页。
③ 伊藤正德：《新闻生活二十年》，东京，中央公论社，1933 年，第 388 页。

那些为使几万在满同胞的生命财产免遭暴戾支那之残害而持续战斗的帝国特派满洲军队以及长期遭受奉天政府侮辱和迫害的在留居民表示感谢和慰问"①，特派遣《东京日日新闻》论说委员阿部贤一、《大阪每日新闻》编辑顾问楢崎观一赴东北，历访关东军司令官以及各部队。而《朝日新闻》亦不甘落后，于24日派出了编辑顾问原田栋一郎、计划部长大江理三郎到前线访问日军。

第二，开动各种宣传机器，煽动战争狂热。"九·一八事变"后，各报社主动迎合军部，利用报纸宣传战争，煽动国民战争情绪。然而，报社的活动并非局限于舆论上的宣传，还采取了一系列宣传战争的实际行动。

（1）举行关于"满洲事变"的演讲会。事变爆发后各报社立即派出大量特派员和记者赶赴前线进行采访，他们回国后便在全国各地举行"满洲事变"报告演讲会。光在东日本这样的演讲会就有70次，听众人数超过60万。据统计，在1931年9月至1932年9月的一年间，在爱知县内共举行了505次与"满洲事变"有关的各类集会，其中由该地重要报社单独举行的有52次，由报社与其他团体合办的有34次②。特别是11月16日，在名古屋市公会堂举行由《名古屋新闻》社组织的以中野正刚、陆军中将小泉六一为讲师的"时局大演讲会及日本国民大会"，"盛况"空前，听众7000名，而到会者竟有13000人③。

（2）放映有关"满洲事变"的纪录片。此时正值电影从无声向有声过渡的时期，纪录片以其身临其境的声像合一效果风靡一时。最热衷于"满洲事变"纪录片拍摄的是《朝日新闻》与《每日新闻》两大报社。他们用飞机运回大量战场照片和电影胶片，在展开"号外战"的同时，以如此压倒性的优势成功地压制了其他报社。《大阪朝日新闻》社于9月21日在京都、大阪、神户率先公映了"满洲事变"纪录片，22日与23日两天在名古屋举行电影放映会。据《大阪朝日新闻》（名古屋版）报道，当时各会场"观众被电影感动得掀起了狂热的战争情绪，鹤舞公园内由于满员，有数千人没能看上。为了不使他们失去这难得机会，只得

---

① 《东京日日新闻》1931年10月15日。
② 江口圭一：《满州事变与民众动员——以名古屋市为中心》，见杨栋梁主编：《进步史学家江口圭一》，北京，人民出版社，2002年，第142页。
③ 江口圭一：《满州事变与民众动员——以名古屋市为中心》，见杨栋梁主编：《进步史学家江口圭一》，北京，人民出版社，2002年，第152页。

重放一遍。观众们都在受到了感动之后踏上回家之路"①。据统计，各报社拍摄的关于"满洲事变"的新闻电影在全国1501处公开放映4002次，观众人数达1000万人以上。

（3）举办名目繁多的"满洲事变"展览。报社除了开办讲演会、放映电影之外，还在全国各地举办展览，宣传战争。1931年9月22日，《大阪朝日新闻》社在名古屋松坂屋举办"满洲事变摄影展"。展览当天，在工作人员还未作好准备时，市民就急不可待地涌入会场，"贪婪而深有感触地眺望尚未整理好的大幅照片，会场呈现出一派热闹景象"。而《大阪朝日新闻》名古屋分社与名古屋商工会议所合办的"排日资料展览会"上，"参观者络绎不绝，都用悲愤的眼光注视着毒辣的排日宣传品。……总计有7,000人参观"②。与此同时，《满洲日报》在1931年9月26日报道了所谓香港人"反日事件"。报道说，香港人于25日召开市民大会，发布"反日宣言"，之后"闯入邦人密集区域及市内各处的邦人住宅、贩卖日本商品的支那商店等施暴，还袭击路人，野蛮至极，邦人死伤无数。……居留邦人战战兢兢，锁门闭户，陷于休业状态之中"。而《读卖新闻》则于9月20日发表题为"南、中支那排日运动愈演愈烈，严重警告国民政府速取缔之"的社论中说：

> 随着我军事行动的结束，满洲纷争暂告一段落。然支那方面却以满洲事变为契机，于中支及南支掀起排日运动。因此，在留邦人的生命财产的不安日趋增大，我政府对此情势极为重视，于24日召开紧急阁议，协议之结果，发出强硬之警告，因中支及南支的排日运动更加搅乱现下之日支关系，要求国民政府严厉取缔之。币原外相就此重要训示于25日电告重光公使。③

通过以上颠倒黑白、混淆是非的展览及报道，点燃了日本国民对中国的敌视怒火，掀起了更加狂热的战争热潮。

---

① 《大阪朝日新闻》（名古屋版）1931年9月24日。转引自江口圭一：《满州事变与民众动员——以名古屋市为中心》，见杨栋梁主编：《进步史学家江口圭一》，北京，人民出版社，2002年，第159页。

② 江口圭一：《满州事变与民众动员——以名古屋市为中心》，见杨栋梁主编：《进步史学家江口圭一》，北京，人民出版社，2002年，第142页。

③ 《读卖新闻》1931年9月20日。

第二节 全面战争时期的宣传活动

"卢沟桥事变"爆发之后，日本报界吸取了"九·一八事变"时期宣传报道的经验、教训，立刻派出大量记者，展开了更为激烈的"报道战"。该时期报界宣传的重点已由此前消极的报道转为积极的、全方位的政策引导和推动。

一、颠倒黑白的"卢沟桥事变"报道

事变爆发当晚，《每日新闻》驻天津分社记者橘善守就得到了确切消息，并连夜将稿件通过位于法租界的中国电报局传到《大阪每日新闻》社。与此同时，其他报社记者也于当晚聚集到日本驻屯军司令部，获知了事变的消息。第二天关于"卢沟桥事变"的报道占据了各大报社的头版头条，《大阪朝日新闻》和《读卖新闻》还连续刊发了几次号外。

> 驻扎丰台的我军部队于7日夜在卢沟桥附近进行夜间军事演习。10时许突然遭到驻扎于距离此地约1公里的龙王庙的冯治安部队110旅219团的数十发子弹的非法射击。我军部队立即中止演习，要求其谢罪，森田中佐也紧急向现场行军。然而，该支那军队于8日午前4时半再次向我军开枪，我军不得已应战。①

"卢沟桥事变"是日本帝国主义为进一步扩大侵略战争，妄图把中国变为日本的殖民地而挑起的事端。"不论是从时间的经过看，还是从内容上的联系看……都可以看作是满洲事变的延续"②。陆军省新闻班于1938年7月发表的《支那事变勃发一周年之际》认为："帝国政府之所以运用武力，是为古来一贯之正义。……日本是为了东洋和平而毅然挥起斩魔之利剑。且随着国力的显著发展，国是的趋向亦应向前发展，必须扫除邪恶，毅然推行遍施皇化、恢弘大业之圣战。……我国国防唯有靠此圣战才能得以保全。满洲事变实际上在此意义上是有力之第一步。支那事变则是其必然的继续。"③

对于事件发生的原因，日本的报纸几乎无一例外地坚持了"自卫反

---

① 《读卖新闻》1937年7月8日号外。
② 江口圭一:《日本帝国主义史研究》，东京，青木书店，1998年，第76页。
③ 江口圭一:《日本帝国主义史研究》，东京，青木书店，1998年，第77页。

击"的论调,认为日军的军事行动"完全是基于支那方面的不法行为",并强硬要求中方进行反省,表示如果"支那方面不进行反省而招致令人担忧的事态",日本政府当局应"采取适当、迅速、适宜的处置方式"①,而这种所谓"适当、迅速、适宜的处置方式"指的就是扩大武力进攻的侵略行为。

《读卖新闻》在号外中介绍了事变发生的经过,然后说事变是由于中国军队的"非法射击"引起的,因此日军不得不进行自卫反击。而7月8日发行的《大阪朝日新闻》第三次号外刊登了"支那驻屯军司令部"对此次事变的声明全文,并指出:"军部除了要求支那方面对此次事件的原因进行反省,并无他意",而"支那军队不仅不对其非法行为加以反省,反而扩大战线,因此我军不得不采取果断措施"②,从而对日军的片面之词作了肯定。

对于中国军队发动"不法行为"的原因,各报社纷纷援引政府声明,立即和军部的宣传统一了口径,认为这是中国方面有计划、有目的的抗日、侮日活动所招致的结果。

对于日本在北平举行军事演习的"合法性"问题,《东京日日新闻》发表社论称,"我北平驻屯军的一部按照'外国军队可以自由进行操练、射击和野外演习'的条约上规定的权利进行演习时,遭到驻扎在北平附近的支那军队的射击而被迫应战",从而将事件的直接原因归罪于中国军队不尊重条约精神。接着该社论又说,无论此次事件是否是中国军队蓄谋为之,其根本原因在于"充斥于全29军的尖锐的抗日意识"③,"此次事件并非单纯的破坏行动,而是有计划的行动"④,并预见事件将逐渐升级。

7月11日,《东京日日新闻》发表文章称河北、察哈尔为中心的中国北方地区已成为"日支关系的火药桶",《塘沽协定》签订后,河北等地依然贯彻"反日反满"路线,而南京政府也一贯坚持历来的"排日、侮日"态度,这种做法致使中国国内的抗日事件频发,抗日高潮迭起。"使冀察政权与日本之间的关系更加恶化","给冀察政权涂上了抗日的色彩"⑤,以至于爆发了中日关系摩擦的顶点——"卢沟桥事变"。

---

① 《读卖新闻》1937年7月10日。
② 《大阪朝日新闻》1937年7月8日号外。
③ 《东京日日新闻》1937年7月9日。
④ 《东京日日新闻》1937年7月9日。
⑤ 《东京日日新闻》1937年7月11日。

事变爆发之后，日本内阁召开会议，决定采取"事件不扩大、就地解决"的方针，并要求南京政府进行反省。然而日本参谋本部强硬派却主张应"乘此时机对冀察给予一击"，提出了向华北增派军队的计划，并在内阁会议上最终获得通过。

对于日本政府提出的"事件不扩大、就地解决"的方针，一向鼓吹军国主义和帝国主义路线的《国民新闻》提出了强烈的批评。文章说"到现在还期望就地解决的做法违背了事不过三的原则"，必须果断采取措施"加以膺惩"①。《东京日日新闻》也在社论中对"就地解决"提出了异议，并主张"应该毫不迟疑地中止交涉"。

事变爆发后，南京国民政府一边派人同日军谈判，一边积极通过外交途径寻求解决问题的途径。1937年7月16日，南京政府向除日本以外的《九国公约》各缔约国送达了备忘录，指出"卢沟桥事件和侵略华北违反了九国公约和联盟规约，侵害了中国的主权"，要求有关各国按照《九国公约》来处理这次事件。

对此，日本各报社迅速作出反应，对南京政府的做法进行了抨击。7月18日《东京朝日新闻》发表文章说，自"卢沟桥事变"以来，中国政府为使事态向着有利于自己的方向发展，一直奉行依附于欧美各国的做法，通过外交手段给日本政府施压。但"这次事变的发生是因为中国军队对我驻屯军实施不法射击所致，事变并不具有侵害中国主权与领土权的性质，所以也不能适应于九国公约。支那方面的措施不外乎其一贯采取的以夷制夷的手段。"②

日军在华北的侵略行径，点燃了全中国的抗日烈火。在这种形势下，日本军部下达了"迅速作好一切应付事态扩大准备"③的指示，并开始着手进行军队整备。1937年7月11日，日本政府发表"派兵华北声明"，称"这次事件完全是中国方面有计划的武装抗日，已无怀疑的余地。就帝国和满洲国来说，维持华北的治安，是很迫切的事，不待赘言。（中略）由此，政府在本日内阁会议上下了重大决心，决定采取必要的措施，立即增兵华北"④。

对于日本向华北派兵的决定，报社从舆论上给予了肯定和支持。《东

---

① 《国民新闻》1937年7月15日。
② 《东京朝日新闻》1937年7月18日。
③ 内川芳美：《现代史史料（12）：日中战争4》，东京，みすず书房，1983年，第380页。
④ 复旦大学历史系日本史组编译：《日本帝国主义对外侵略史料选编（1931~1945）》，上海，上海人民出版社，1975年，第236页。

京日日新闻》发文说中国军队之所以敢于挑衅是因为中国抗日意识不断膨胀，而中国的抗日意识"不断刺激日本，必将成为将来发生不幸事件的温床"①。"支那缺乏诚意的事实已为过去十几年的实验所证明"，所以该报极力主张"日本的行动是为了实现东洋的和平，必须通过实力实现之"②。此后该报继续发表"膺惩暴支"的强硬言论，叫嚣"除了依靠实力解决，别无他法"③。毋庸置疑，这里所谓的实力就是"武力"，从而对日本向华北派兵以及其他军事行动给予了支持。

同样，《读卖新闻》也对"武力解决"的策略表示了肯定。该报说"只要不彻底取缔弥漫于支那全国的排日抗日运动，日支关系就没有好转的希望"，并声称"行使武力已是迫不得已"④。

与《东京日日新闻》和《读卖新闻》不同，《东京朝日新闻》开始对政府的不扩大方针给予了肯定。事变爆发后，该报发文称，"如果支那能够改正其态度，日本应该对支那的诚意作出回应，并给予协助"⑤。即使在日本政府决定向华北派兵之后，该报也仍然坚持和平解决该问题，而不应诉诸武力。"此时我们应该使日支两国国民平静下来，首先解除精神武装，为改善国交而进行虚心坦诚的协助。"⑥ 但是在政府和军部的强硬态度下以及大部分报社主张"膺惩暴支"的潮流下，《朝日新闻》最终放弃了上述主张，在 7 月 29 日发表"皇军应增强膺惩兵力"的报道，从而保持了与其他报纸的步调一致，加入了举国一致、支持战争、"膺惩支那"的大合唱中。

1937 年 7 月 28 日，关东军飞行队执行轰炸任务时，误炸亲日的冀东政权保安队兵营，保安队误认为遭到了攻击，便起来反抗，他们于 29 日对日军警备队和日本侨民发动报复性攻击，杀害日本侨民 142 人，日本政府遂以此为借口，大肆对国民进行煽动宣传，丑化中国军队的形象。日本媒体也相机而动，谴责中国军队的文章占据了大半版面。8 月 4 日，《东京每日新闻》以"深仇大恨！通州暴虐之全貌/保安队一变为鬼畜，惨杀无罪同胞"为大标题，大肆渲染了此次事件。同日《读卖新闻》也以煽动性语言报道了通州城内的"惨状"，并叫嚣"被杀者为优秀人类，

---

① 《东京日日新闻》1937 年 7 月 11 日。
② 《东京日日新闻》1937 年 7 月 17 日。
③ 《东京日日新闻》1937 年 7 月 20 日。
④ 《读卖新闻》1937 年 7 月 21 日。
⑤ 《东京朝日新闻》1937 年 7 月 9 日。
⑥ 《东京朝日新闻》1937 年 7 月 24 日。

而杀人者则为非人,为野兽!"①。统观这些报道我们不难发现,报道本身注重的是日本侨民被害的"惨象",却隐瞒了关东军轰炸通州城、加害中国无辜百姓的事实。

这样,在"卢沟桥事变"爆发之后,日本报界便开始追随政府、军部的对华言论,并积极煽动"應惩暴支",极力为日军扩大侵略战争作舆论上的准备。

二、南京沦陷前后的新闻报道

"卢沟桥事变"后,局部战争升级为全面侵华战争。日本当局加紧了对华侵略步伐,并由上海向南京进发,遂于1937年12月13日攻陷南京。在进攻南京的过程中,包括报纸在内的日本媒体向中国前线派出大量随军记者随军采访,并刊发了大量相关报道。

(一) 南京沦陷前的舆论准备

然而日军的侵略暴行激起了中国各阶层人民前所未有的抗日救亡斗争,使得日本的"对华一击"迫使中国政府迅速投降的美梦化为泡影。于是,日本最高当局立即转变作战策略,将主要方向从华北逐步移向长江三角洲的上海等地,华东地区不可避免地成为中日战争的主战场。

1937年8月9日,驻上海日本海军陆战队中尉大山勇夫率士兵斋藤要藏,驾军用汽车强行冲击虹桥中国军用机场,被机场卫兵击毙。事件发生后,中国上海当局当即与日方交涉,要求以外交方式解决。但日军借此提出无理要求,敦促中国军队拆除军事设施并撤离上海,与此同时还向上海增派军队。8月13日,日军便以日租界和停泊在黄浦江中的日舰为基地,对上海发动了大规模进攻,史称"八一三事变"。

9月2日,日本政府召开临时内阁会议,通过了"关于事变称呼"的决议,认为"此次事变事发北支卢沟桥附近的日支军队冲突,但由于现已遍及全支那,故其称呼也应名副其实,有必要统一国民的意志"②,因此决定将日军制造的包括"卢沟桥事件"在内的一系列侵略活动由"北支事变"改称"支那事变"。这并非单纯的名称变换,它表明日本政府完全放弃了其口头所标榜的"不扩大"方针,从而将局部侵华战争升级为全面侵华战争。

---

① 《读卖新闻》1937年8月4日晚刊。
② 内阁制度百年史编纂委员会:《内阁制度百年史(下)》,东京,大藏省印刷局,1985年,第215页。

"卢沟桥事变"爆发第二天,中国共产党向全国发出抗日通电。在各方面的压力下,国民政府最终放弃此前的消极抗日主张,发表自卫抗战声明,宣布"实行天赋之自卫权",抵抗侵略者。然而中国军民的抗战却被日本报纸诬为"宣战布告"。《读卖新闻》在报道国民政府抗战声明时说,国民政府"已经完全放弃了通过外交手段解决事态的做法,声称除了武力自卫之外别无他法,是事实上的宣战布告声明"①。

"八一三事变"发生之后,日本报界更是对"暴戾支那军"表达了极大的愤怒,"断乎應惩"的字眼充斥于各报报道。《东京日日新闻》认为蒋介石政权是建立在反日民族主义基础之上的顽固不化的政权,主张不应该再与其进行谈判,而是必须以武力解决。

> 日本在过去数年之间想方设法促使蒋介石抗日政权反省,并费劲口舌向其解释国交的正确路线。然而换来的却是对方反过来利用日本的公正态度,致使抗日意识不断高涨。这告诉我们通过和平外交手段促使抗日政权反省已然无望。因此无法通过和平手段使蒋政权放弃抗日政策,而只要蒋政权存在,日本就总是受害国家,东洋的稳定也是绝不可能实现的。祈愿东洋和平并健康发展的日本为了现在以及将来东洋的稳定,到了必须准备一大圣战的时刻。……我们主张对于南京政府,应该以武力从根本上进行解决。②

此后,该报又接连发表社论,反复强调政府必须采取军事力量打击南京政权。《读卖新闻》、《朝日新闻》等报纸也发表了一系列报道,大力颂扬日军的勇猛,极力贬低中国军队的"卑微",同时捏造事实,说中国政府煽动中国民众发动抗日暴动,并将中国军队打击汉奸、卖国贼的举动污蔑为"对无辜市民的大屠杀"。"在国民政府和民众对日态度产生分裂的背景下,随着战事的发展,政府对民众的恐怖政策更加苛刻。那些反抗征夫而逃走甚至曾经在日本长期居住过的人都被视为间谍、卖国贼,并在光天化日下的公众面前遭枪杀,数量已达千人。"③

尽管占领了上海,但日军的侵略遭到了中国抗日军民前所未有的顽强抵抗。为更快实现迫降,日本政府决定不惜一切代价攻陷南京。由于南京是当时国民政府的首都,是指挥中国军队与中国人民抗击日本侵略

---

① 《读卖新闻》1937 年 8 月 14 日。
② 《东京日日新闻》1937 年 8 月 14 日。
③ 《读卖新闻》1937 年 8 月 29 日。

的司令部和大本营，因此各报对"攻陷南京"的意义进行了总结，认为其不但可以挫伤中国军民的抗战士气，还可以将南京沦为"国民政府抗日的牺牲品，从而给支那史上留下永远不可消除的污点"①。

(二) 丧心病狂的"百人斩"报道

尽管日军的侵略遭到了中国抗日军民的顽强抵抗，但由于国民党实行片面抗战路线，正面战场的战局对中国仍非常不利，华北、华中的大片领土相继沦陷。日军占领上海后继续增兵，向当时的国民政府首都南京进发。在向南京进军的过程中，日军烧杀抢掠，无恶不作。当时的从军记者对日军所谓的"英勇"行为进行了大肆渲染，其中最具代表性的便是"百人斩竞赛"的报道。

1937年11月，在侵华日军由淞沪战场向南京进军的途中，日军第16师团的向井敏明和野田毅两名杀人成性的日军少尉，突发奇想，提出进行灭绝人性的"百人斩竞赛"，以谁先杀满100人为胜利。从1937年11月30日起，《东京日日新闻》便跟踪报道了这场耸人听闻的"百人斩竞赛"。12月4日，朝刊说，"向井敏明、野田毅两少尉自离开常州之后经过不断奋战，于2日午后进入丹阳之前，向井少尉已斩杀86人，野田少尉斩杀65人，互相展开了激烈的交锋。"② 12月6日的朝刊则报告说，"向南京进军并展开'百人斩竞赛'的片桐部队的两青年将校向井敏明、野田毅在句容入城时奋战于最前线。入城之前两人的战绩如下：向井89人，野田78人。"③ 而12月13日的朝刊中报道说两人均已超过100人，但由于无法确定谁先达到100人，所以两人决定将人数扩大为150人。刽子手向井敏明甚至洋洋得意地向记者展示夺取106名中国百姓生命的杀人凶器，并充满兽性地炫耀道："不知不觉双方均已超过100人，真是非常愉快。我的日本刀卷刃是因为我连那人的钢盔也劈成两半。"④

除了《东京日日新闻》之外，《大阪日日新闻》、《大阪朝日新闻》等许多报纸，也都刊发了"百人斩"的消息。报纸的"百人斩报道"在日本国内造成了极大的影响，野田毅、向井敏明成了日本家喻户晓的"英雄"。报纸的这些报道掀起了当时日本国内狂热的战争情绪，但也成为日后对战争罪犯进行审判的重要证据。尽管战后曾经有一部分人企图

---

① 《东京日日新闻》1937年12月14日。
② 《东京日日新闻》1937年12月4日。
③ 《东京日日新闻》1937年12月6日。
④ 《东京朝日新闻》1937年12月13日。

为"百人斩竞赛"翻案,并说当时报纸的报道纯属虚构①,但正如南京大屠杀纪念馆馆长朱成山教授所言:"'百人斩杀人比赛'的实质,并不在于用一把刀还是几把刀,或是刀枪并用,杀死了100多位中国人,而是在罪恶的侵略战争中,以虐杀俘虏与平民为乐,并惨无人道地进行比赛。这种罪恶行径充分暴露侵略者的本质,理所当然受到正义的谴责。"②

日本报纸除了大肆报道"百人斩竞赛"等残酷的杀人游戏之外,还在报纸上宣传所谓的"杀敌"方法。《松阳新闻》用大量篇幅报道说,入伍之前曾经做过剑道教师的有马三郎利用日本刀连斩28名中国军人。接着,该报道又详细介绍了用日本刀和枪刺斩杀中国军人的诀窍。它对刺杀的部位、刺杀时力量的大小、日本刀的选择以及战场上的应急措施等等进行了详细讲解③。后来,《东京日日新闻》也发文介绍了一名日军用日本刀将中国军人连钢盔一起劈成两半的暴行。这些所谓"英雄武勇美谈"产生了极恶劣的社会影响,在这方面,报社的责任是不容置疑的,它犯下的罪行是不可饶恕的。

(三) 狂热的"南京攻陷"报道

对于日军占领南京的经过,各报也给予了长篇累牍的报道。在攻入南京城之前,各报社随军记者就对日军"所向披靡"、"奋力攻城略地"的胜利消息进行了大肆报道。1937年8月15日,日军对南京进行发动了首次空袭,引起了世界的震惊与国际舆论的谴责。但日本的新闻媒体却将其吹嘘为世界上首次"渡洋爆击的壮举"、"铁锚象征的长征"④。

报纸报道还强烈地表现出要求向南京进攻的欲望,《中外商业新闻》、《东京日日新闻》、《东京朝日新闻》等连日发表文章,对日军的军事行动进行了报道,"南京陷落迫在眉睫"等字眼充斥于各报报端,报纸甚至还对南京陷落之后的庆祝方式作了展望。

---

① 2003年4月28日,在日本右翼势力的怂恿下,南京大屠杀"百人斩"杀人竞赛刽子手向井敏明、野田毅遗属向井千惠子等三人,向东京地方法院提起诉讼,控告日本《朝日新闻》原记者本多胜一、柏书房、朝日新闻社、每日新闻社的相关报道、著作违背事实,侵犯了当事人及其家属、遗属的名誉权,要求谢罪、停止侵权行为并支付赔偿费用,企图对"百人斩"历史进行翻案。
② 参见 http://news.sina.com.cn/c/2005-08-11/17326668717s.shtml。
③ 《松阳新闻》1937年11月18日。
④ 防卫厅防卫研究所战史室:《中国方面海军作战》,东京,朝云新闻社,1974年,第40页。

南京陷落迫在眉睫的快报使帝都600万市民非常感激。根据东京府、市当局的决议，南京陷落时，白天将举行全体市民游行，接着举行战胜奉告祈愿活动，晚上提灯游行，由百万人组成的祝贺胜利大众游行队伍将使帝都变成旗帜和提灯的海洋，现在市民处于兴奋之中。①

12月10日，日军开始向南京城内进攻，同城内的守军展开了激战。《东京日日新闻》的特派记者对战斗的情况作了详细报道。"我军如怒涛般杀到，薄暮中各城门及城壁上，太阳旗高高飘扬"②，"入城部队清除了敌军的顽强抵抗和顽固反击，展开激烈巷战，逐渐逼近北方的敌军"③。同时，该报不忘在社论中为日军行为寻找借口，认为"日本不应对蒋政权的反省寄予任何期望，应将其彻底打倒，为建立正确的中央政权提供帮助。……过去10年间，南京城作为战争策源地，酿成了东洋的不安，如今在我军的打击下被粉碎，对东洋新建设来讲是非常值得庆祝的"④，从而再次要求日本政府采取强硬政策。

12月13日，南京陷落。此后日军举行了声势浩大的所谓"陆海空三军相呼应的历史性入城式"⑤。报纸迅速加以报道，并且不遗余力地将日本国内持续多日的欢庆狂潮推向最高峰，从而将前线和后方联系起来。

《东京朝日新闻》报道了东京各界疯狂庆贺攻占南京的"盛况"。"获悉攻占南京的捷报后，大家满怀无比的喜悦和激动，高呼万岁，向陆军省和海军省表达感激之情，其他府市都进行了庆祝胜战和祈祷武运长久的活动。"该报甚至还吹嘘说："从下午2时开始，各队伍在到达宫城前的高呼'万岁'的声音，甚至在南京都能听到。"⑥

报纸还报道了天皇对日军攻陷南京而发表的"充满深切关怀的讲话"，并"向天皇陛下的（神威），神明的保佑和英勇无敌的皇军表达感谢和感激之情"⑦。同时还对即将举行的"辉煌的南京入城式"进行了持续关注，赞叹"其盛况将难以言喻"⑧。

---

① 《东京朝日新闻》1937年12月7日。
② 《东京日日新闻》1937年12月10日。
③ 《东京日日新闻》1937年12月12日。
④ 《东京日日新闻》1937年12月11日。
⑤ 《东京日日新闻》1937年12月13日。
⑥ 《东京朝日新闻》1937年12月15日。
⑦ 《东京朝日新闻》1937年12月15日。
⑧ 《东京日日新闻》1937年12月15日。

南京陷落后，日军制造了惨绝人寰的南京大屠杀，南京城内血流成河，尸体堆积如山，成为一座人间地狱。"全日本的罪犯都穿着军装聚集在南京"①。当时的日本外务省东亚局局长石射猪太郎在日记中写道："从上海来信，详细报告了在南京的我军士兵的暴举，掠夺、强奸，惨不忍睹。这难道就是皇军吗？"②

但是日本的报纸对于南京大屠杀却几乎只字未提。当时从军的报社记者有100多人，另外再加上报社、杂志社派出的特派员，其数量是相当可观的，对南京大屠杀不会不知道。然而当时各报刊登的依然是"扫荡残敌"、"皇军万岁"的报道。《东京日日新闻》12月12日报道说，中国败兵"像兔子一样在山上逃奔，肉眼清晰可见，好像是在富士山上围猎一样。晚上点起火，火焰自下而上蔓延，如同京都大文字山的精灵祭那样美丽……"③。12月30日报道中，又将"敌人遗弃尸体84000具，被俘15000人"④作为日军的战果加以炫耀。

之所以出现这种现象是因为各报社均采取了与军部一致的做法，没有发表"有损于皇军名誉"的报道。正如时任《朝日新闻》纽约特派员森恭三所说："美国报纸对日军制造的南京大屠杀作了大量报道，我作为纽约特派员，当然将那些新闻发回本部，但是从东京邮送来的报纸却一行也没刊登。"⑤

这样在日本当局严密控制下，日本报纸不但尽力掩盖日军实施大屠杀的严酷现实，而且还凭空捏造出一幅社会秩序恢复、居民安居乐业的"祥和"景象。

三、支持缔结德意日三国同盟

20世纪30年代，席卷资本主义世界的经济危机导致资本主义国家社会动荡不安，政治危机日渐深化，法西斯思潮抬头并逐渐泛滥，在这种社会背景下，亚洲的日本和欧洲的德国、意大利都相继走上了法西斯道路。1936年11月25日，在日本驻德国大使馆武官大岛浩的策划下，德日两国缔结"防共协定"，以牵制苏联干涉日本对华政策。

由于日本政府禁止报纸在该协定正式签署之前对协定内容予以报道，

---

① 拉贝：《南京的真相》，平野卿子译，东京，讲谈社，1997年，第56页。
② 石射猪太郎：《外交官的一生》，东京，中央公论社，1986年，第332~333页。
③ 《东京日日新闻》1937年12月12日。
④ 《东京日日新闻》1937年12月30日。
⑤ 森恭三：《我的朝日新闻社史》，东京，田畑书店，1981年，第24页。

因此 11 月 26 日协定正式生效后，日本各大报纸才进行了报道。《东京朝日新闻》以"日德防共协定签署"为题，称"防共协定"使日德两国"东西呼应，共同对抗赤化威胁"①。《东京日日新闻》也将该协定称为"消除威胁世界和平因素的具有划时代意义的外交协定"，同时为了避免刺激苏联，该报还声称该协定"不以特定国家为目标，背后无特殊协定"②。

事实上，该协定背后存在着一个"秘密协约"，即以苏联为假想敌，名义上是反对共产国际的思想同盟，实际上却是法西斯轴心国之间的政治同盟。其矛头除了直指苏联之外，还包括中国、英国和美国。早在条约正式签署之前的一周，英国《泰晤士报》等国际媒体就猜测该协定背后必然有"秘密协定"，但德日两国政府予以否认。

1937 年 11 月，德、意、日三个法西斯国家在反共产国际的旗号下勾结起来，形成"柏林—罗马—东京轴心"，这是希特勒准备发动世界大战的重要战略部署。1939 年 8 月 23 日希特勒撕毁"日德防共协定"，单方面与苏联签订《苏德互不侵犯条约》。突如其来的外交变故使得日本政府上下措手不及，平沼内阁也不得不发出"欧洲局势复杂奇怪"的慨叹，并于 28 日宣布总辞职。

日本报界对德国的"背信弃义"给予了批评。《东京日日新闻》报道了《苏德互不侵犯条约》签订的消息，同时发表社论称条约的签订"不但给欧洲投下了一枚炸弹，也给世界投下了一枚炸弹"，并号召日本政府不要感情用事，应"正视事态，确立自主外交原理"③。《大阪朝日新闻》则发表社论对德国的做法提出了强烈不满，称条约的签订"是对防共精神的蹂躏"，主张日本不能像德国那样与苏联签订日苏条约，而是应该牢记防共精神，开展独立自主的"皇道外交"，并要求德国"尊重日本的立场"④。

然而一周后的 9 月 1 日，德国入侵波兰，第二次世界大战爆发。德国的闪电战取得成效，日本政府开始逐渐放弃其所谓的"自主外交"，迅速向德意靠拢。《东京朝日新闻》称"左右帝国外交的是日本独自的存立以及民族发展的必然欲求和德国的压倒性胜利"，因此日本的外交方针必须发生转换，"由原来形式主义的自由不介入外交向日德意打破现状的

---

① 《东京朝日新闻》1936 年 11 月 26 日。
② 《东京日日新闻》1936 年 11 月 26 日。
③ 《东京日日新闻》1939 年 8 月 23 日。
④ 《大阪朝日新闻》1939 年 8 月 24 日。

外交方向飞跃"①。

1940年9月27日，德意日轴心国在柏林签订军事同盟条约，即《德意日三国同盟条约》，条约规定日本承认并尊重德意在欧洲建立新秩序的领导权，德意承认并尊重日本在"大东亚"建立新秩序的领导权，这表明三国法西斯军事同盟的正式形成。围绕该条约的签订，海军省和外务省因担心与英美等国之间引发战争而提出反对意见，但外相松冈洋右却以"不入虎穴焉得虎子"②为由极力推动该条约的签订。

日本报界一改先前对德国的不满情绪，对三国同盟的成立表示了肯定。《东京朝日新闻》发表社论称德意日同盟的成立是"国际史上划时代的事件，令人欢欣鼓舞"，并呼吁国民"今后无论国际局势如何变化，无论遭遇什么困难，必须举国一致"，从而对三国同盟给予了极大的期待。同时该报还称赞该条约"可能会被后世历史学家称为建立世界新秩序的条约"③。《东京日日新闻》也对该条约大加赞扬，称"在世界的黎明前，作为新世界的优胜者，日德意三国建立了更加紧密的关系，这将决定历史的明天，同时也将新的希望像随春风散播的种子一样传播到地球上"④。《读卖新闻》则对三国同盟成立后美国的舆论表示了关注，称美国国内对日强硬主张在三国同盟的威力下已经动摇，"仅靠恫吓政策是不能取得美国国民的支持的"⑤。

在日本准备缔结三国同盟条约的同时，还开展了轰轰烈烈的"排英运动"。1939年4月9日，日伪控制下的天津海关监督程锡庚被抗日志士暗杀，日方多次向英租借交涉，要求引渡藏匿在英租界内的"凶手"，但遭到英方拒绝，为此英日矛盾激化。7月15日，英日两国在东京召开会议，就解决上述问题进行谈判。在会谈过程中，陆军省和外务省煽动右翼团体、在乡军人会等举行全国性反英集会，对会谈施加压力。

会谈当日，《朝日新闻》、《每日新闻》、《读卖新闻》以及同盟通信社等10家新闻单位联合发表了"对英共同宣言"，表明了完全肯定并协助侵略战争的态度。

> 英国在支那事变爆发以来，对帝国的公正意图进行了曲解，甚

---

① 《东京朝日新闻》1940年4月13日。
② 松冈洋右传记刊行会：《松冈洋右——其人与其生涯》，东京，讲谈社，1974年，第767页。
③ 《东京朝日新闻》1940年9月28日。
④ 《东京日日新闻》1940年9月28日。
⑤ 《读卖新闻》1940年10月7日。

至采取了援蒋的策略和行动，直至今日亦无悔改，为此发生多起不祥事件，我等深感遗憾。

我等有坚定信念，对于妨碍圣战目的达成的一切障碍给予坚决回击。这次在东京会谈召开之际，我们希望其改正对东亚的认识，正视新的局势，虚心坦诚，尊重事实，对东亚新秩序的建设给予协助，以此为世界和平作出贡献。

1939 年 7 月 15 日

报知新闻社 东京日日新闻社 东京朝日新闻社 同盟通信社 中外商业新报社 大阪每日新闻社 大阪朝日新闻社 读卖新闻社 国民新闻社 都新闻社①

在上述声明中，值得注意的是 10 家新闻单位堂而皇之地将日本的侵略战争称为"圣战"，因此他们的逻辑就是"对于妨碍圣战目的达成的一切障碍给予坚决回击"。同日大阪的 19 家报社举行"全大阪日刊新闻社联合排英大会"，并通过决议要求对英国的行动"给予坚决的打击，以完成圣战的目的"②。这表明报纸已经完全放弃了战争批判的主张，成为推动战争发展的工具。

然而日英谈判最终破裂。《东京朝日新闻》认为英方不顾日方劝告单方面发表声明致使会谈破裂，并指出"毋庸置疑会谈决裂的责任完全在于英国"，从而将责任全部推给了英国。该报还在社论中称英国的真正意图是援蒋抗日，日本应该"排除万难，强化依靠实力解决的方针"③。

对于日本报界的上述态度，绪方竹虎在战后回忆说："日德意三国同盟签订时，日本的大多数报社干部都是持反对意见的，（中略）然而日本国内没有一家报纸……提笔撰写反对意见"④。这充分说明当时的报界仍然具有正确的是非观念，但尽管如此却丧失了作为新闻媒体的社会责任。媒体人的主张与报界报道的背离造成了媒体的虚假性，这也从另一个侧面表明，战时报界的报道并非是单纯的信息传播，其为军国主义服务的特性表露无遗。

---

① 《读卖新闻》1939 年 7 月 15 日。
② 《东京朝日新闻》1939 年 7 月 16 日。
③ 《东京朝日新闻》1939 年 8 月 22 日。
④ 朝日新闻百年史编修委员会编：《朝日新闻社史 大正·昭和战前编》，东京，朝日新闻社，1991 年，第 656 页。

第三节　太平洋战争时期的报道

1941年12月7日，日军突袭珍珠港，太平洋战争爆发。政府控制了报纸的消息来源和资材来源，加强了审查制度，实现了对报纸的绝对控制。而报界也为适应战争的需要，调整了自己的报道方针，使其论调更加迎合军部的口味。报纸严格遵循"对日英美战争情报宣传方策大纲"的规定，确定了报道的基调。他们反复强调了日本发动战争的"正义性"，认为开战的目的是为确保日本的权威与大东亚的安全，而战争爆发的真正原因是美国加强了对日攻势，使东亚和平趋于无望，从而为发动太平洋战争辩护。这样，作为国民精神总动员工具的报界演化成为日本军国主义推行对外侵略政策的宣传机器。

太平洋战争爆发之后，各报社立即对战况展开了全方位的报道。依据战局的发展以及报界的报道特征，可以划分为以下几个阶段。

一、战略进攻时期的陶醉式报道

大本营陆海军报道部在1942年12月8日早6时发布了日本向美英宣战布告，接着日本放送协会（NHK）于当日早7时整播出的临时新闻向日本国民传达了太平洋战争爆发的消息，说"帝国陆海军于8日未明，在西太平洋对美英军队进入战争状态"。此后该消息反复播出，据统计当天有关太平洋战争爆发的新闻共播出22次，广播时间比平时延长达4小时40分钟之久。从这一天起，日本广播彻底沦为日本军国主义政府发动战争、宣传国策、引导舆论、向海外进行宣传的政治工具①。实际上，日本广播在"偷袭珍珠港"事件中也扮演了重要的角色。从这天凌晨4时起，日本对外广播电台就反复播放"西风，晴"的内容，这是日本政府通知驻外大使日本将要向英美宣战的讯号。

珍珠港事件爆发后，日本广播迅速实现战时化。广播的内容"与国策动向紧密相连"，着眼于"宣扬基于大诏的皇国理想，阐明国是"，以引导社会舆论，"唤起明朗刚健的国民风气，昂扬斗志"②。而美英等国家的音乐节目以及具有小市民色彩的通俗节目则停止播出，"大本营发表"以及日本军队在海外战场上取得"胜利"的所谓"捷报"取而代之，占

---

① 张采：《日本广播概观》，北京，中国广播电视出版社，2001年，第27页。
② 内川芳美：《现代史资料（41）：大众传媒统制⑵》，东京，みすず书房，1996年，第451页。

据了广播的主要时段。

由于《东京日日新闻》早在太平洋战争爆发之前就对军部、特别是海军的动向异常关注，该报特派海军省"黑潮会"记者俱乐部的记者后藤基治通过各种途径探知日本将要在12月初对美国太平洋舰队发动袭击的消息，并且经过缜密分析，最终确定开战日期为12月8日。因此，《东京日日新闻》在太平洋战争爆发当日出版的朝刊中就先于其他报纸以头版头条的显著位置刊出了题为"破坏东亚/英美敌性至极/惟有坚决驱逐"的报道：

> 无论日美谈判进展如何，完成帝国毫不动摇之国策——完成支那事变，确立大东亚共荣圈的圣业，已经到了重要关头，如不从东亚天地中扫除英美的反日敌对策动，就无法完全达到上述目的，这是显而易见的事实。（中略）支那事变的解决已经到了必须出击的重要阶段……我们将迎来举国总进军的时刻。①

从报道内容来看，该报认为战争势在必行，由此向读者传达了战争即将开打的消息，且进一步指出开战的目的是"完成支那事变"，从而从侧面揭示了太平洋战争是侵华战争的延续的事实。该报还同时发表了社论，批判了美国的反日政策，号召国民要有长期作战的精神准备。

其他报纸虽然比《东京日日新闻》慢了一步，但都在当天出版的晚刊中刊发了"大本营发表"以及天皇的"宣战大诏"。《朝日新闻》还登载了驻外记者发回的战况报道，并发表了"帝国对英美宣战"的社论。社论基本上保持了与"大本营发表"一致的论调，首先强调了日本发动战争的"正当性"，认为日本对英美宣战是不得已而为之，并号召国民"奉一身一命决死报国"②。可以说自太平洋战争爆发伊始，《朝日新闻》就为国民灌输"战争正当化"的思想，从而为日后将不明真相的国民驱入战争的深渊埋下了伏笔。

《报知新闻》也发表社论，称战争爆发的原因在于英美等国"恶虐无道、剽掠世界"，不但占有地球人类80%以上的富饶资源，还试图染指"支那大陆这杯东亚最后的残羹"③，从而为日本发动战争披上了"正义性"的外衣。《读卖新闻》得知战争爆发的消息之后，编辑部内处于一

---

① 《东京日日新闻》1941年12月8日。
② 《朝日新闻》1941年12月9日（12月8日发行）。
③ 《报知新闻》1941年12月9日。

种"莫名的兴奋和混乱"之中,各个部门的人员全部行动起来,投入到战争的报道中去。

各报还对天皇发布的"宣战诏书"发表了赞美之辞。《朝日新闻》说"宣战大诏的发布为一亿国民确定了前进的方向","现在正是决定皇国命运的关键时刻",因此"为了帝国的自立存亡,必须决然奋起,一亿国民团结一致,为了胜利而战斗"[1]。其他各报的论调和《朝日新闻》大同小异,除了对"宣战诏书"表达溢美之词外,还将太平洋战争定性为正义的"东亚解放战"或"新大东亚史的创造战",并号召国民支持"圣战","为兴亚大业而奋斗"[2]。从以上社论可以看出,报纸的论调充满了浓厚的皇国思想色彩。

1941年12月10日,东京都八家报社、通信社召开"击灭美英国民大会"。会上《东京日日新闻》社宾德富苏峰发表演说表示"讨伐披着民主美名外衣的英美的时刻已经到来",并呼吁日本国民"应坚守毅力与团结,迈向最后的胜利"。《朝日新闻》主笔绪方竹虎先是对开战表示了欢迎,称"皇威已经遍及太平洋",接着号召国民自力更生,努力增加生产,从而加入到向英美进军的行列中来。《读卖新闻》社长正力松太郎强调了国民要有进行长期战的心理准备,"国民应当发扬传统的爱国心,向着打倒英美而奋进。有此为基础,这场旷古大战则高枕无忧"。《报知新闻》社长三木武吉称太平洋战争的爆发使得"亚洲民族解放的实现指日可待"[3]。四人的演讲均表达了打败英美的决心,掀起了全场的狂热。"接着中外(《中外商业新闻》)社长田中(都吉)朗读了宣言,都(《都新闻》)社长福田(英助)朗诵了决议书。最后国民(《国民新闻》)主笔田中(斋)高呼圣寿无疆,同盟社长古野(伊之助)三呼皇军万岁,与会者共同高歌爱国进行曲,一直到午后三点方散会。"[4]

"击灭美英国民大会"有《朝日新闻》、《每日新闻》和《读卖新闻》等实力雄厚的大报以及"国策通信社"同盟通信社参加。会议实况通过NHK向日本全国直播,各报也作了相应的报道,其宣传效果和影响力可谓空前,日本国内反英反美情绪高涨。

在开战之初战局对日本有利的情况下,各报对日军取得的"辉煌战果"进行了铺天盖地的报道。《朝日新闻》在12月9日的朝刊中以夸张

---

[1] 《朝日新闻》1941年12月9日。
[2] 《东京日日新闻》1941年12月9日。
[3] 《读卖新闻》1941年12月11日。
[4] 《朝日新闻》1941年12月11日。

的笔调报道了日军在太平洋战争中取得的胜利,称日军取得了"足可以让世界震惊的巨大成功"[1]。此后该报又在社论中对日军突袭珍珠港的意义作了诠释,认为此战不但使美军太平洋舰队遭受重创,使夏威夷的军事价值完全丧失,而且还使日本在战争中处于绝对有利的战略地位,并称赞日本海军将士"是日本武士道的精华,贯彻了建军的本义"[2]。《读卖新闻》以"西太平洋上全面展开闪电战"(12月9日)、"英极东舰队主力全灭"、"皇军威力愈加炽烈/英美狼狈不堪"(12月11日)等极富煽动性的标题对战况进行了报道,并且对日军的行动给予了鼓励和赞美。"我联合舰队开战伊始急袭珍珠港,给美太平洋舰队以致命打击……无敌海军威力发挥得淋漓尽致,可谓创造了人类历史上未曾有过的伟业"[3]。

开战初期的胜利不但使日本国内处于一种对外侵略的兴奋之中,也使得报纸被胜利冲昏了头脑,丧失了分析和判断能力。《朝日新闻》以"世界地图为之一变"为题对德意日"轴心国"称霸世界作出了乐观地估计。文章说"历史正在发生变化……号称日不落帝国的大英帝国迎来解体的时期",而美国也会因为菲律宾、关岛、夏威夷等地的失守而"消失在历史的底层"。接着文章断言"轴心国"必将在欧洲、非洲、西亚、东南亚等地取得胜利,"美国佬及其属国群将在东西轴心的威力面前被剥下假面具,在海洋中露出其本来面目"[4]。文章自始至终缺乏客观分析,而是陶醉于日军一时的胜利之中,甚至充满了作者盲目的臆断。

12月12日,日本政府正式决定将太平洋战争命名为"大东亚战争",对此各报社也是一片赞美之辞,称该称呼简洁明了地表明了帝国的伟大理想,即"打倒英美两国,在大东亚地区建设'共存共荣'的理想的新秩序"[5]。然而,《朝日新闻》却在12月30日的报道中说要完成解放大东亚的历史使命,就必须"在推行武力战的同时,在占领地区切实推行资源获取工作"[6],从而鼓动政府掠夺被占领地区的丰富资源。尽管上述两篇报道的内容从表面上看是互相矛盾的,但前者不过是为日军的侵略战争披上"民族解放"的华丽的外衣,而后者则是道出了其实质——将亚洲变为日本的资源储存库,因此从实质上看,两者都是为侵略战争服务的。

---

[1] 《朝日新闻》1941年12月9日。
[2] 《朝日新闻》1941年12月10日。
[3] 《读卖新闻》1941年12月11日。
[4] 《朝日新闻》1941年12月11日。
[5] 《朝日新闻》1941年12月13日。
[6] 《朝日新闻》1941年12月30日。

日军在对美国太平洋舰队发动袭击的同时，在东南亚地区也发动了进攻，在不足一个月的时间内占领了香港、关岛、马尼拉等英美国家的殖民地。《读卖新闻》发表社论庆祝攻陷香港。社论介绍了香港被攻陷的过程以及香港的重要性，称"帝国主义据点和抗日基地完全被颠覆"①，并对日军攻陷香港表示感谢。《朝日新闻》则发文称香港的陷落是"大英帝国开始崩溃"的象征，并对攻陷香港的意义作了归纳，即"切断了重庆的抗战经济力和战力补充的路线"，"削弱并孤立了英美的对日包围圈"，"对英美军队给予巨大的精神打击"②。《报知新闻》称香港被攻陷标志着日军迈出了驱除美英在东亚势力的第一步，"香港岛高高飘扬的太阳旗是东亚解放的第一声"③。

太平洋战争爆发的原因之一是由于日本政府在日美谈判中拒绝从中国撤军而导致谈判破裂，日本报界对此事实绝口不提，而大谈"东亚解放"，将日军占领香港美化成"支那解放新时代的到来"。这种冠冕堂皇的说辞无非是为日军的侵略披上伪装，以欺骗国民。

1942年2月15日，日军攻陷英国在亚洲的重要港口和军事要塞新加坡，这使得日本国内的战争狂热达到了最高潮，日本全国范围内举行了各种各样的庆祝活动，报纸也卷入到战争热潮之中，并进一步推动了这股热潮的发展。《读卖新闻》称"新加坡的陷落具有世界史意义，对英造成致命打击，并确立了皇军必胜的战局"④。《朝日新闻》除了发表新加坡被攻陷的消息之外，还报道了当时日本国内的庆祝活动，版面上充斥着"天皇陛下万岁"的字眼。

综上所述，在战略进攻阶段，日军的胜利使得报纸失去理性的判断力，处于一种盲目兴奋的状态之中，对日军"赫赫战果"的过度渲染、为日本开战寻找"正当"的理由成为这段时期报纸报道的主要基调。

二、战略防守时期的欺骗性报道

随着日本舰队在中途岛海战中遭到重创，战局开始向着对日本不利的方向发展，在这期间各报开始发表虚假消息，隐瞒双方的损失。

1942年4月18日，美军首次跨海轰炸日本本土，东京、名古屋等城市遭受重创，第二天各报均对此作了相关报道。《读卖新闻》以"击退

---

① 《读卖新闻》1941年12月26日。
② 《朝日新闻》1941年12月26日。
③ 《报知新闻》1941年12月26日。
④ 《读卖新闻》1942年2月16日。

空袭帝都的敌机"为题,称"击落敌机9架,而我方损失轻微"①,而《朝日新闻》等报的报道基本相同。更有甚者,4月26日的报纸还报道了"被击落的敌机残骸",并配附大幅照片加以说明。然而事实并非如此,实际上在此次空袭中,美军并未损失一架飞机。只是在完成轰炸任务返回途中,有几架飞机因故障在紧急降落时失事,造成5名飞行员死亡,8名被日军俘虏。照片上的飞机残骸就是飞机在中国境内紧急降落时失事造成的,并非是被日军击落的。可见,日本的报纸已经开始通过制造虚假新闻来达到愚弄国民的目的。

1942年6月4~7日,山本五十六率领日本联合舰队进攻中途岛的美国太平洋舰队,试图彻底摧毁美军在太平洋的势力。然而事与愿违,中途岛海战使日本舰队遭受毁灭性打击,成为太平洋战争的转折点。中途岛战役美军损失1艘航空母舰、1艘驱逐舰和147架飞机,而日本却付出了沉重代价,损失了4艘航空母舰、1艘巡洋舰、330架飞机,还有几百名经验丰富的飞行员和几千名舰员。

然而为了掩盖自己的惨败,避免挫伤军队的士气,6月10日日本电台播放了响亮的海军曲,随后宣称日本已"成为太平洋上的最强国",与此同时各报也对中途岛海战进行了报道。《读卖新闻》发表社论称此次海战"使美国所企图的空中游击战陷入绝境","对美国来说可谓致命打击"②。《朝日新闻》对"大本营发表"进行报道之后,对该战役进行了评价,称"此战使美航空母舰实力几乎变成空白","全歼敌舰队完全解决了后顾之忧,此战也决定了太平洋的战局,其战果是巨大的"③。针对美国媒体对美国在中途岛海战的胜利报道,《朝日新闻》将其批判为"一如既往的谎言","美国总是利用一切机会进行宣传以维持国民的士气",因此美国的宣传"不可信"④。但事实证明,进行虚假报道的正是日本报纸本身所为。

中途岛海战之后,日军为挽回不利局面,夺回被美军占领的南太平洋战线的重要据点瓜达康纳尔岛(Guadalcanal),遂投入大量兵力与美军展开了旷日持久的争夺战。然而,在此次战役中日军损失更加惨重,阵亡士兵达2万余人。中途岛海战是"二战"中太平洋战场的转折,战局开始向着不利于日本而有利于美国的方面发展,日军战略主动权逐步丧

---

① 《读卖新闻》1942年4月19日。
② 《读卖新闻》1942年6月11日。
③ 《朝日新闻》1942年6月11日。
④ 《朝日新闻》1942年6月16日。

失；而瓜岛战役，日军不仅没有实现重新夺回战略主动的作战企图，反而其军事实力进一步受到削弱，最终完全丧失了战略主动权，陷入了被动的局面。

然而，自1942年8月美军登陆瓜岛至1943年日军被迫撤退的这段时间内，日本报纸关于这次战役的报道少得可怜，充斥于版面的依然是日军"胜利"的消息。从1943年2月日军被迫从瓜岛撤退时开始，各报对日军的撤退作了报道，但并不愿意承认是日军的失败，而是将其美化为"战略转移"。《读卖新闻》认为自开战以来日军始终对英美军队施以强压，并取得了太平洋上的控制权，"由于战争的目的基本已达到，所以自2月上旬开始撤出阵地，转移到其他战线"①。《朝日新闻》也用"转移"代替了"撤退"，称"将皇军传统精神发挥到极致的我军精锐"由于已完成既定任务，所以将撤出新几内亚岛和所罗门群岛，"完成战略转移"，并称日军在南太平洋上的战线"依然处于我军掌中，并没有因此次转移而发生些许动摇，相反构成了更加强韧的战略根据地"②。从上述两篇报道都可以看出，在日军大败的事实面前，报纸的报道仍然延续此前的论调，渲染甚至虚构所谓"辉煌战果"，或者避重就轻，极力避免使用"撤退"、"失败"等字句，以避免对前线士兵的士气造成消极影响，而且还靠虚假报道继续欺骗国民以支持侵略战争。

战争并没有因为日本报纸的吹嘘和虚假报道而向着于日本有利的方向转化，相反，瓜岛战役之后，日军已经开始陷入被动。这段时期，日军已经毫无战果可以报道，报纸便将着眼点放在日军"英勇无比的精髓"上，大肆渲染日军所谓的"玉碎"精神。

1943年5月，美军进攻并全歼驻守阿图岛的日军，各报均以"阿图岛守备队玉碎"等类似标题给予报道。《西日本新闻》称日军在数倍于自己兵力的美军打击下"全员玉碎是皇军魂的表现，淋漓尽致地发挥了武士道日本的神髓"，并对"勇士的丰功伟绩"③ 表达了赞扬。《读卖新闻》在社论中说，阿图岛守备军全体"玉碎"完全实践了"皇军"精神，可谓"壮烈无比、惊天地、泣鬼神"，并号召全体国民"一亿奋起，成为一团火焰，克服所有困难，打倒英美敌人"④。《朝日新闻》也使用了"玉碎"一词，对阿图岛守军进行了美化，并称赞该精神是"日本军

---

① 《读卖新闻》1943年2月10日。
② 《朝日新闻》1943年2月10日。
③ 《西日本新闻》1943年5月31日。
④ 《读卖新闻》1943年5月31日。

人精神的精髓,是真正的大和魂……是全国国民取得大东亚战争必胜的信念",呼吁后方的国民"更新觉悟,倾国家全力完成战争"①。该报还在其评论专栏"神风赋"② 中宣扬被俘投降是"不名誉的事情",称无论英雄豪杰还是平凡百姓,"只要身为日本人,他的血管里都会毫无例外地流淌着'玉碎'精神的血液"③,从而主张日本人为战争付出生命是理所当然的行为。此后,鼓动从容赴死行为并将其作为美德大肆宣扬的论调成为各报的主要观点。

到了1944年,美军加强了攻势,盟军在一系列登陆行动中占领了马里亚纳群岛,突破了日军在太平洋的内防御圈,在1944年6月占领塞班岛之后,盟军在西太平洋获得空中和海上的绝对优势。1944年10月20日,美军进攻菲律宾群岛中部的莱特岛,以切断日本本土和其在南太平洋地区占领地之间的联系。在这次战役中,日本海军力量遭到毁灭性重创。面对日军的惨败,日本报界依然继续发表虚假消息。《朝日新闻》先是对日军取得的"赫赫战果"进行了报道,称"这次决战中我军取得了压倒性、决定性的胜利",并呼吁全体国民"为即将到来的决战作好准备,全力进行补给战"④,以争取战争的最后胜利。

在莱特湾海战中,"神风特别攻击队"首次登场。"神风特攻"是日军在战败前夕为挽救其战败的局面,以武士道精神为幌子,按照"一人、一机、一弹换一舰"的要求,对美国舰艇编队、登陆部队及固定的集群目标实施的自杀式袭击方式。据不完全统计,到战败为止,执行"特攻"任务的飞机在2891架以上,战死者达3724名以上⑤。《朝日新闻》在1944年10月27日的报道中说大本营发表的战果"并未包含那些未归和采用自杀式袭击的战机创造的战果"⑥,从而首次触及自杀式袭击的内容,但此时并未出现"神风特攻队"的称号。然而两天后关于"神风特攻队"的报道却充斥于各报的报端。《读卖新闻》发表社论称"神风特攻队"队员为"军神",要求全体国民坚持精忠报国的信念,"在后方的工厂里,贯彻歼灭仇敌的总体战"⑦。《朝日新闻》也从29日开始连日对"神风特攻队"作了报道,称赞这种作战方法是"舍身救国、崇高至极

---

① 《朝日新闻》1943年5月31日。
② 《朝日新闻》的评论专栏,战时改称"神风赋",日本战败后恢复原名"天声人语"。
③ 《朝日新闻》1943年8月29日。
④ 《朝日新闻》1944年10月28日。
⑤ 木坂顺一郎:《昭和的历史·⑦太平洋战争》,东京,小学馆,1982年,第68页。
⑥ 《朝日新闻》1944年10月27日。
⑦ 《读卖新闻》1944年10月29日。

的作战方法",并宣称这是取得战争胜利的唯一途径,全体国民都应该发扬特攻精神,"作好投入决战的思想准备"①。从上面报道可以看出,各报在将"特攻队员"神化的同时,还呼吁后方国民全力支持战争,其目的无非是想掩盖日军的颓势,振奋士气,并依靠精神的力量达到全民动员的目的。

在战略防守时期,各报除了继续发表虚假报道,制造日军战胜的消息之外,还开始大肆宣扬"玉碎"和"特攻"精神,试图从精神层面上鼓舞前后方士气,从而完成为战争摇旗呐喊的使命。

三、战略溃败时期的虚假性报道

随着战局的继续发展,美军开始大规模地跨海轰炸日本本土,此时各报开始鼓吹"本土决战"的论调,认为"本土决战才是决定大东亚战争成败的机会",而进行本土决战不能仅仅依靠士兵,"后方国民也必须同第一线的将士一起拿起枪来进行战斗"②,只有进行全民战争才能具有"断然歼灭敌人的胜算"③。

1945年3月,美军开始在冲绳登陆。在美军登陆当日,《读卖新闻》发表题为"敌人已经在冲绳本岛上陆"的社论,依然向国民呼吁冲绳防卫的重要性,称"冲绳群岛的攻防才是决定太平洋命运的关键所在。如若失守,本土防卫的一翼就会折断,若此战得胜,则战局的转机指日可待"。接着该社论又分析了当前的战局,认为塞班岛、硫磺岛相继失守的原因在于英美国家利用其强大的资源优势控制了制海权和制空权,从而造成了"与本土的联络被中断",而冲绳决战是在日本本土进行,"是完全处于我制空权之下的战争,也是我制海权之内的决战",所以社论认为冲绳决战是日本扭转战局的有利时机。最后社论呼吁国民"组成全员特攻队,出动人、船、飞机等所有能够出动的资源,尽全力歼灭敌人",同时也要努力提高生产能力,"决不能让决战沙场的神兵缺少决战兵器"④。

1945年3月,冲绳决战打响,7月冲绳失守。尽管在冲绳战役中冲绳县民损失惨重,但报纸仍然呼吁进行"一亿决战"。《大阪朝日新闻》分析了冲绳失守之后日本面临的局势,称"大东亚战争已经到了真正的

---

① 《朝日新闻》1944年10月29日。
② 《朝日新闻》1945年3月8日。
③ 《读卖新闻》1945年4月14日。
④ 《读卖新闻》1945年4月2日。

国土防卫的阶段","国体护持、民族自存是我们至上的命令"①,并要求国民发扬"一亿国民的玉碎精神"完成战争的使命。

1945年7月苏美英三国召开波茨坦会议,敦促日本投降,并确立了苏联出兵日本的方针。1945年8月6日,美军在广岛投放了一颗原子弹,广岛瞬间成为一片废墟。然而,各报对于原子弹爆炸的反应却是出乎意料地冷淡。《朝日新闻》仅仅在8月7日发表了一个简短的消息称,美军向广岛投掷了燃烧弹,"该市及附近地区蒙受若干损失"②。8月9日美军又在长崎投放一颗原子弹,造成7万多人伤亡。对此各报依然没有给予应有的重视,而是称"损害较小",并将重点放在谴责美军的非人道主义上,称美军的行为是违反国际法的"鬼畜行为"。各报还要求国民作好防空准备,称"战壕是对付新型炸弹的有效方法","只要穿着军服之类的服装就不用担心被烧伤"③。此外还叫嚣"决不能屈服于新兵器","现在最重要的是'战斗意志',即克服恐惧心理和誓死不屈的'意志'"④,从而主张将战争进行到底。

即使在日本宣布无条件投降的前日,日本各大报纸依然不遗余力地宣扬抗战主张,鼓舞国民的斗志。《朝日新闻》在社论中一方面肯定了原子弹给日本带来的巨大损害,并继续对美军的行为进行谴责,但另一方面却极力消除国民的恐惧心理,说"任何新武器在最初都会发挥其威力,但一旦建立相应对策,其威力就会大打折扣",因此该报认为美国使用原子弹的更大威胁在于"试图消除国民的斗志",所以对敌人最大的报复就是"在工作中默默坚守内心熊熊燃烧的信念"⑤,全力将战争进行到底。

8月10日凌晨,御前会议决定接受"波茨坦宣言",10日午后情报局总裁下村宏对当时局势发表了谈话。下村在谈话中分析了日本面临的形式,认为日本已经到了"最坏的状态",尽管如此他却依然不愿承认日本即将战败的事实,甚至期待日军"以旺盛斗志一举摧毁骄敌"⑥。第二天的报纸全文刊发了下村谈话内容,《朝日新闻》还对该内容进行了解释,认为日本当务之急是"护持国体,保护民族名誉",并要求日本国民"忍耐恶虐之敌爆击,以义勇奉公精神"迎接英美军队的进攻,"克服今后

---

① 《大阪朝日新闻》1945年7月13日。
② 《朝日新闻》1945年8月7日。
③ 《朝日新闻》1945年8月10日。
④ 《朝日新闻》1945年8月12日。
⑤ 《朝日新闻》1945年8月14日。
⑥ 下村海南:《终战记》,东京,镰仓文库,1948年,第131页。

所有国难，努力完成国体护持的至上命令"①。

时任《东京朝日新闻》的编辑局长细川隆元后来回忆说，当时报纸已经知道政府准备接受"波茨坦公告"提出的条件，但是在知情的情况下仍然宣扬主战立场，这表现了太平洋战争后期日本报界宣传的基本特征。

1945年8月15日，裕仁天皇通过广播发布所谓的"玉音放送"，宣布日本无条件投降，从而结束了这场旷日持久的侵略战争。这一天，日本各报均全文登载了"停战诏书"的内容，向国民传达了日本战败的消息。《朝日新闻》发文称"大诏焕发，大东亚战争随之终结"，文章没有使用"战败"、"投降"之类的词语，而是用"终结"一词来代替，甚至称天皇发布停战诏书是"圣断"，"为万世开启太平之路"②。此外文章还着重强调了"国体护持"，即强烈主张维持天皇制统治的国体。这表明当时报纸关心的是天皇制能否存立的问题，而非国民的生活以及战后重建问题。《读卖新闻》在社论中依然强调了战争的"正义性"，称战争的目的是"东亚的解放和十亿民众的安宁福祉"，并鼓励日本民众"克服眼前的困难，尽一切力量完成皇国护持的使命"③。

此外，报纸还重点强调了要防止暴动、叛乱等事件的发生，而对战争责任、战争反省以及战败原因等内容并没有任何触及。《朝日新闻》主张日本国民在不得不接受战败的事实的同时，还"应该冷静沉着，维持秩序"，"事已至此，军官民都有自己的辩解。但是现在不是互相批判、互相伤害的时候"，这样方能度过最艰难的时刻。而同一天的评论专栏"神风赋"也主张"不要问为何事已至此，也不要说责任应由谁承担"，"现在日本国民的唯一道义是相信国家的组织力"④。《每日新闻》也在社论中要求取消关于战争责任的探讨，"责任论可能会在国民的头脑中挥之不去，但是我们认为此时不应尝试进行责任论的追究"⑤。从上述文章可以看出，当时的报纸以维护国内秩序为名，竭力避免国民对战争责任以及战败原因的追究。个中原因除了试图维护日本的天皇制国体之外，还跟报纸试图淡化人们对其盲目追随军部，煽动战争狂热，驱使国民参与战争的战争责任的追究不无关系。

---

① 《朝日新闻》1945年8月11日。
② 《朝日新闻》1945年8月15日。
③ 《读卖新闻》1945年8月15日。
④ 《朝日新闻》1945年8月15日。
⑤ 《每日新闻》1945年8月15日。

在战略溃败以至战败的时期内，日本报界直至战争的最后一刻仍然坚持"本土决战"的主张，竭力号召国民发扬"玉碎"精神，将战争进行到底。即便在遭受原子弹攻击之后，报界仍然试图掩盖原子弹爆炸带来的损害。从这个意义上来讲，战争后期日本的巨大伤亡在一定程度上与报界的虚假报道不无关系。而等日本宣布投降之后，报界不但没有追究天皇、军部、政府的战争责任，而且在"国体护持"的幌子下也逃避了对其自身责任的追究。

战争宣传是战时报界开展宣传活动的重要内容，它与政府当局对报界的宣传诉求是一致的。战争进程的发展、战场战况以及战争的正义性在一段时间内成为报界宣传的焦点。由于传媒对这些问题的报道往往成为公众对战争看法的主要依据，因此日本报界充分利用了"元价值"理论，在为寻求冠冕堂皇的战争借口、号召公众支持战争的舆论上，起到一边倒的造势作用。

第五章　战时日本报界的后方动员——以"国家总动员"为中心

作为大众传媒，战时日本报纸发挥了一种媒介作用，即连接政府和大众之间关系的桥梁。一方面，报纸将政府制定的政策传达给国民，并按照政府的意图对这些政策进行人为解读，甚至通过其舆论导向来影响国民；另一方面报纸还对后方的国民生活进行报道，或者掩盖、批判与政府政策相悖的内容，或者褒扬甚至捏造与政府政策一致的内容，其最终目的都是为了在后方制造支持战争的氛围，从而将国民统一到"总力战"体制中来。可以说，报界的后方宣传同政策宣传和战争宣传有机结合，互为补充，起到了巨大的煽动和破坏作用。

为顺利推进"总力战"，塑造全民战争氛围，日本政府效仿德国"国家总体战"理论，在战时推行了"国家总动员"，力图实现对全部资源的控制和利用。"国家总动员的推行"是以政府力量为背景的，具有强制性和诱导性，而在"总力战"体制下，报界扮演着双重角色。首先它是"国家总动员"体制下的统制对象，以其特有的宣传功能被动服务于"总力战"；其次它又是"国家总动员"体制的推进机构，"国家总动员"体制的制定、实施都离不开舆论的主动诱导。这种被动与主动、消极与积极并存的双重定位并非是静止不变的，而是处于一种互相转化的动态之中，而且其最终的归宿是一致的，即承担起政策宣传引导的"重任"，以达到战争动员的目的。本章拟以"国家总动员"为突破口对战时日本报界的后方报道进行论述。

第一节　国家总动员体制

在第一次世界大战中，德国军事家鲁登道夫提出了"国家总体战"的军事理论，他认为战争是国家总体实力的较量，要取得战争的胜利，必须进行国家总动员，要求国民团结和"规律节制"，实现思想统一化。而所谓"总体战体制"就是指为了达到战争的目的，将一国国民及所有的资源和产业动员到战争中来，为战争服务的战时体制。其中最重要的因素就是对国民实施统一组织，并使他们自觉地参与到战争中来。为实现上述目的，中日全面战争爆发之后，日本政府在全国范围内开展了国民总动员运动。

日本报界在国民总动员运动中占有极其重要的位置。一方面，日本政府根据《国家总动员法》的相关规定获得了掌控报纸生杀予夺的大权，从而牢牢控制了报纸的舆论导向，充分利用报纸为国民精神总动员宣传。另一方面，报纸也对国民总动员运动给予了积极响应和报道，为推动"举国一致"国策的发展起了举足轻重的作用。

一、国家总动员计划

1927年5月，日本国家总动员的准备机构资源局成立。资源局由统辖事务机构、执行机构、咨询机构和地方机构构成。此后日本政府开始筹划以该局为中心，实施总动员计划。接着1935年5月，内阁设立调查局，2年之后内阁调查局的编制及职能得以扩充，设立企画厅负责国家政策的综合调整，至此国家总动员计划基本成型。资源局的机关报《资源》发表文章《总动员计划制定所感》称，"总动员计划并非仅为战时计划，现在它已经脱离书桌，并在实际生活中发挥作用"[①]。

"卢沟桥事变"爆发之后，日军继续扩大对华攻势，相继占领了上海、南京等多座大城市。但是日本的侵略遭到了中国军民的顽强抵抗，战争陷入旷日持久的长期战之中。为了打开不利局面，近卫内阁制定了"举国一致"的方针，要求国民无条件地支持战争。1937年8月国民总动员运动开展之后，政府通过各地区的在乡军人会、爱国妇人会、青壮年团体等组织将处于社会各层的国民统一到战争协力体制之下，开展精神教化宣传活动。8月30日，资源局制定了"适应北支事变的国家总动员计划要纲"，对资源配置、精神生活、产业活动、社会设施等各个层面的总动员实施范围都作了详细规定。9月4日，在第27届临时议会上，近卫内阁提出了总额高达202210万日元的临时军费预算。9月10日，又公布了"临时资金调整法"、"进出口品等临时处置法"等法令，开始推

---

① 吉田裕、吉见义明：《资料日本现代史（10）：日中战争期的国民动员》，东京，大月书店，1984年，第520页。

行战时经济统制政策。10月25日，政府将企画厅和资源局合并为企画院，作为总动员计划实施的管理机构。

日本军政当局认识到，要达到"圣战完遂"的目标，就必须将全国的人力、物力、财力动员起来，举全国之力来推进战争。为此，陆军省于1938年2月向议会提交了旨在强化战时体制的《国家总动员法》。该法案全文共有50条，内容涉及国民生活的各个方面。其中该法第一条对"国家总动员"的定义作了界定，即"战时（包括相当于战争的事变）为达成国防目的，增强国家总力而对人力及物力资源进行统制运用"。具体内容涉及包括国民征用等劳力统制、物资生产、进出口限制等物资统制以及公司设立、资金运营等金融统制等多个方面。此外，该法案第32条至第49条对处罚条例进行了详细规定，其中违反者最高可处以10年以下监禁、1万日元以下罚款。

《国家总动员法》还规定政府在认为必要时，可不经议会审议对各个领域实施统制，从而赋予政府凌驾于议会之上的特权，因此该法一经颁布即招致有识之士的反对。政界元老西园寺公望曾公开表示"很明显该法案是无视宪法的恶法，因此此等法令最好不要通过"[1]。

《国家总动员法》是日本政府为推行"总力战"体制而制定的一部法令，它试图将日本全国的政治、经济、思想及国民生活的方方面面统一到法西斯统治之下，为扩大侵略战争服务，其涉及领域之广是此前任何法律所不及的。正如企划院总裁星野直树[2]所言，"考虑该法律对哪些内容进行了统制，还不如寻找哪些内容没有被统制来得快"[3]。该法令从事实上否定了议会政治的存在，"全面确立了政治在法律上的优越地位，天皇制国家由此变为法西斯行政国家"[4]。

接着日本政府又相继颁布了《国民征用法》、《电力国家管理法》等，加强了对人力资源和物资资源的控制。此后，内阁会议每年都制定"物资动员计划"，将物资供给向军需工业倾斜。

---

[1] 高梨正树：《目击者所言昭和史（第5卷）：日中战争》，东京，新人物往来社，1989年，第38页。

[2] 星野直树（1892～1978）：1917年毕业于东京帝国大学法科大学政治学部，进入大藏省任职。1932年派往伪满洲国财政部，历任理事官、总务局长、财政部次长。1937年12月，任伪满洲国国务院总务长官，同岸信介等共同谋划伪满"战时经济统制"，成为日本对伪满傀儡政权的实际操纵者。1940年回国，任企划院总裁。1941年任贵族院敕选议员。1941年10月，出任东条英机内阁书记官长。日本战败后作为战犯被判无期徒刑，1958年获释。

[3] 前坂俊之：《太平洋战争与新闻》，东京，讲谈社，2007年，第344页。

[4] 北河贤三：《国民总动员的时代》，东京，岩波书店，1989年，第21页。

从国家总动员计划的实施来看其有两个特点:一是该计划的制定、实施是在军部的主导下实现的,因此带有明显的军事色彩;另一个特点是该计划虽然是以局势的变化,即从和平态势向战争态势发展为前提制定的,但是为保证总动员政策能够顺利开展,该体制不但是在和平状态下构筑的,而且也适用于和平时期,也即所谓的"平时战时化"特点。

二、国民精神总动员的展开

1937年5月13日,林铣十郎内阁通过了"国民教化运动方策"和"关于时局的宣传方策"两个文件。其中前者是为了"宣扬肇国思想,振奋国民精神,提高政治行政相关的国民教育、社会教养,改善生活及国民体制、保健、卫生"[①] 而由国家推行的"国民教化启发宣传大纲"。后者则是为"促进国力划时代的飞跃,使国民充分认识内外局势的真相","在时局认识的基础上,兴起积极的且具有建设性的舆论"[②],其最终目标是"朝野和谐、文武一致,真正实现国家总管理,酿成国运畅达的气运"[③]。这两个"方策"均详细规定了宣传项目和负责部门,并制定了"按照不同项目设立宣传期限,官民集中总动员"[④] 的实施方针。

6月24日,内阁通过了"关于国民教化运动的宣传实施基本计划",要求各省厅和主管部门定期开展宣传活动,推动国民教化运动的开展。对此,担任内阁情报部长的横沟光晖认为上述两个方策"完全构成了国民精神总动员的基调,在这个基础上,启发宣传工作舍弃了以前割据主义的做法,采取了全民动员的实施办法"[⑤]。

在"总力战"思想的支配下,1937年8月14日,日本政府决定开展"国民思想运动",8月24日,内阁会议通过了"国民精神总动员计划实施纲要",号召全国上下"以举国一致、坚忍不拔的精神,在应对当前时局的同时,今后为克服持续的艰局,扶翼皇运,应官民一体,兴起一

[①] 吉田裕、吉见义明:《资料日本现代史(10):日中战争期的国民动员》,东京,大月书店,1984年,第4页。

[②] 吉田裕、吉见义明:《资料日本现代史(10):日中战争期的国民动员》,东京,大月书店,1984年,第4页。

[③] 吉田裕、吉见义明:《资料日本现代史(10):日中战争期的国民动员》,东京,大月书店,1984年,第7页。

[④] 吉田裕、吉见义明:《资料日本现代史(10):日中战争期的国民动员》,东京,大月书店,1984年,第7页。

[⑤] 吉田裕、吉见义明:《资料日本现代史(10):日中战争期的国民动员》,东京,大月书店,1984年,第521页。

次大的国民运动"①,从而正式揭开了国民精神总动员的序幕。9 月 9 日,政府公布"内阁告谕号外",对国民精神总动员的目的作了阐述,在国民中间掀起了支持战争的热潮。

> 帝国期望东亚安定,常谋以日支两国相互提携树立世界和平的根基,并将其作为追求比邻之幸、列国之福的途径,此为帝国一贯之国是。然支那常忘邻交之谊,失信于我,长年以排日抗日为其国策,侵犯帝国权益,行为极其残暴,以致发生此次事变。
>
> 现今出征将兵在外推进膺惩步伐,后方国民在内至诚奉公。然而此次事变却不能因此使事态发生推移或者提前作出判断。值此多事之秋,国民应齐心协力,认识时局的重要性,并更加坚持坚忍不拔的志向、情操,坚定今后无论如何艰难都应为贯彻当初的目的而果敢前进的决心。
>
> 打破困局,实现国运昌盛之道在于以尊严之国体为基础,振奋尽忠报国精神,在国民日常生活业务生活之中进行实践,这是现今实施国民精神总动员的目的所在。
>
> 自古以来我国国民在遭遇艰难时必克服之,以此取得国家兴隆之成果。在此时局下,国民当深刻体会如上宗旨,忠诚奉公、和谐一心,昂扬日本精神,取得举国一致之成果,同时付诸实践,图谋国力之伸张,以此扶翼皇运。此为本大臣对全体国民之深切期待。②

最初该运动是以"国民教化运动方策"为基础的,其特点主要表现为"强调作为国民精神总动员核心的国体观念的明征和日本精神的昂扬"③,目的是为了顺利推行侵略战争而试图建立"举国一致"的战时体制。但是随着战时经济统制政策的强化,国民精神总动员运动开始强制国民购买国债、增加储蓄、节约消费、"爱护资源"、增加生产,直接干预国家的财政经济政策,强化对国民生活各个层面的统制和管理。与此同时,还强制各地建立和完善包括"町内会"、"部落会"在内的"实践网"。

---

① 吉田裕、吉见义明:《资料日本现代史 (10):日中战争期的国民动员》,东京,大月书店,1984 年,第 46 页。

② 国民精神总动员中央联盟:《国民精神总动员》,1937 年。转引自内川芳美编:《中国侵略与国家动员》,东京,平凡社,1983 年,第 125~126 页。

③ 鹿野政直、由井正臣:《近代日本的统合与抵抗 (4):1931~1945》,东京,日本评论社,1982 年,第 205 页。

国民精神总动员运动是以政府机构和官方、民间团体为中心展开的。1937年10月12日国民精神总动员中央联盟成立，成为推动全国精神总动员运动的领导核心。中央联盟组织庞大，成员广泛，包括在乡军人会等军人团体、爱国妇人会、国防妇人会等妇女团体、大日本联合青年团、壮年团中央协会等青壮年团体以及全国神职会、佛教联合会等宗教团体在内的74个团体均加入了中央联盟。在各种民间团体的协助下，中央联盟通过组织国民参拜神社、奉读敕语、慰问阵亡士兵家属、国防献金等活动不断向国民灌输皇国思想和军国主义意识形态，并制定了"举国一致"、"尽忠报国"、"坚忍持久"等口号。

1939年2月9日，鉴于战争陷入长期化的不利局面，日本政府进一步强化了国民精神总动员运动，制定了"国民精神总动员强化方策"，要求对中央联盟进行改组和扩充，充分发挥其领导和教化功能，并强化其与政府之间的联系。基于此，1939年3月28日，政府设立了直属于内阁总理大臣的国民精神总动员委员会，委员长由文部大臣荒木贞夫担任。该委员会是一个决策机构，国民精神总动员中央联盟按照该委员会的决议和指导推动运动的发展。

1939年4月，政府制定"国民精神总动员新展开的基本方针"，提出在战争面临长期化困境情况下国民精神总动员的三个纲领，即"彰显肇国伟大理想，建设东亚新秩序；振奋国民精神，充实并发挥国家总力；万众一心、励精业务，发扬奉公诚意"①。1939年9月，国民精神总动员委员会制定了"时局照应政治、社会态势促进基本方策"、"刷新公私生活、促进战时态势的基本方策"以及"有关勤劳增进、体力向上的基本方策"，要求加强政治、舆论、国民组织、产业经济组织以及公私生活的"战时态势化"，以谋求"振奋举国一体的国民信念，彻底革新国内诸方面体制"②。

1940年4月24日，政府撤销国民精神总动员委员会和国民精神总动员中央联盟，成立了由内阁总理大臣米内光政为会长的国民精神总动员本部，从而实现了对运动的一元化指导。

---

① 吉田裕、吉见义明：《资料日本现代史（10）：日中战争期的国民动员》，东京，大月书店，1984年，第97页。

② 吉田裕、吉见义明：《资料日本现代史（10）：日中战争期的国民动员》，东京，大月书店，1984年，第110页。

三、国家总动员的作用

国家总动员包括物资动员("物动")和精神动员("精动")两个方面,其目的是试图在天皇制统治下,以"国民运动"的方式实现对人民统治的基本形态,以此来促进军工生产、控制国民思想,建立举国一致的侵略体制。该运动具有两面性,一是依靠强大国家机器推动,具有强制性,另一个就是试图唤起人民的自觉,具有诱导性,但"官制国民运动所具有的警察取缔性格和唤起人民自发性之间"存在着不可调和的矛盾①。

首先,国家总动员体制促进了日本战时生产力的发展。1939年5月栃木县知事在上奏文中提到,在劳动力不足的情况下依然能实现增产的原因在于精神总动员运动"使得国民加倍勤劳,部落团体共同作业,从而提高了效率"②。由于精神总动员具有巨大的强制性和号召力,因此它减少了政府在推行经济统制等方面遇到的阻力。例如在物资极度缺乏的情况下,日本国民并没有对政府的经济统制体制表现出过多的反抗,究其原因在于国民"真心顺应国策、自肃自戒或自奋自励,在各自的岗位上意气风发"③。

其次,国家总动员体制促进了国民纳税额的增加。国民精神总动员要求"改善和扩充纳税组合",以扭转国民税金滞纳的局面,此举收效显著。1937年精神总动员运动开展之后,国民税金滞纳数额急剧降低,到1940年左右基本消除滞纳现象。1938年长野县第一季度纳税率高达99.4%,神户市的滞纳率也由1934年的4.1%降至0.7%④。

第三,国家总动员体制充实了国民组织。在促进生产发展和增加储蓄的同时,国家总动员体制还促进了国民组织的发展。按照总动员的要求,"各户必须加入国民储蓄组合",不但城市地区,就连远离政治中心的地方各县,"储蓄组合"成员数量同样激增。1938年9月至1939年6月间,兵库县"储蓄组合"成员增长2.7倍,人数由1936年的3485人增长至50余万人⑤。

---

① 吉田裕、吉见义明:《资料日本现代史(10):日中战争期的国民动员》,东京,大月书店,1984年,第523页。
② 鹿野政直、由井正臣:《近代日本的统合与抵抗(4):1931~1945》,东京,日本评论社,1982年,第208页。
③ 鹿野政直、由井正臣:《近代日本的统合与抵抗(4):1931~1945》,东京,日本评论社,1982年,第208页。
④ 鹿野政直、由井正臣:《近代日本的统合与抵抗(4):1931~1945》,东京,日本评论社,1982年,第209页。
⑤ 鹿野政直、由井正臣:《近代日本的统合与抵抗(4):1931~1945》,东京,日本评论社,1982年,第210页。

尽管国家总动员体制中的精神总动员最终并没有实现唤起国民自发性的目标，但是却在增强生产力、增加储蓄以及实现全民组织化等方面发挥了重要作用，起到了"引导国民构筑国家总力战体制的经济动员的效果"①。

第二节 国家总动员的急先锋

国民总动员运动加强了对报界的控制和利用，例如《国民总动员法》第16条第3项以及第18条第2项的规定为日后日本政府对报界实施统制埋下了伏笔。

【第16条第3项】政府在战时认为国家总动员法上有必要时，可以下达事业开始、委托、共同经营、转让废止或者休止、法人目的的变更、合并、解散的命令

【第18条第2项】政府对于同种或者异种事业的事业主或者团体，可以下令对该事业实行统制或者设立统制团体或者会社

报界除了对《国家总动员法》第20条②颇有微词之外，对上述两项有关报纸经营权的规定并未提出任何反对意见，反而积极推动该法案的实施。此后"日本新闻联盟"的成立以及"一县一纸"合并政策都是依据上述两条规定实施的，从这个意义上来看，报纸对《国民总动员法》的态度反过来促进了政府对报纸的控制和利用。

一、粉饰《国家总动员法》

按照《国家总动员法》的规定，战时日本政府的任何决议均可不经议会表决即具有合法性。就政府与报界的关系来讲，该项规定也就意味着政府掌握了对报界生杀予夺的大权。该法的第3条第7项对"国家总动员上必要的情报和启发宣传的相关业务"作了详细规定，同时在第20条中对报纸等新闻媒体的限制内容和禁止内容作了规定，并赋予政府在

---

① 鹿野政直、由井正臣：《近代日本的统合与抵抗（4）：1931～1945》，东京，日本评论社，1982年，第210页。

② 《国家总动员法》第20条内容如下：政府在战时国家总动员上必要时，可以通过制定敕令，对报纸及其他出版物的刊登实施限制或禁止。政府对违反上述限制或禁止事项并对国家总动员产生妨碍的报纸及其他出版物，可禁止其销售和发行以及查封，此种情况下也可同时查封其原版。

必要时可以通过敕令的方式，对"妨碍国家总动员"政策实施的报纸进行停售、查封的特权。此外，在第 22 条中规定："一月内两次以上或者连续两次遭到禁止销售、颁布处分的报纸，在国家总动员的必要时期可以根据敕令停止该报的发行"①。

由于《国家总动员法》赋予政府至高无上的权限，议会成为可有可无的摆设，因此甫一发布即遭到一些党派的反对，指责其违宪的呼声也越来越高。3 月 3 日在众议院特别委员会对该法案进行审议的过程中，陆军省军务课职员佐藤贤了面对议员的提问，蛮横无理，大喊"闭嘴"，致使会场一片混乱。第二天各报均对"闭嘴事件"作了报道。《东京朝日新闻》详细报道了事件发生的经过，并认为在审议总动员法案的关键时刻，佐藤的发言"带来了无谓的摩擦，令人遗憾"②。《东京日日新闻》则发表"总动员又一波澜／佐藤中佐的说明资格"文章，对佐藤在议会发言的资格提出了质疑。《国民新闻》认为佐藤的发言绝非偶然的失言事件，而是"陆军政治态度的极端表现"③。从上述报道可以看出，尽管报纸大多对佐藤持批判态度，但是其出发点不过是因为佐藤的发言破坏了该法案的讨论而已，并没有对该法案本身表示反对。

早在总动员法提交议会审议时，一些右翼团体就积极为推动该法案的通过而四处奔走。2 月 17 日，右翼团体"防共护国团"300 余人闯入持反对意见的政友会和民政党总部进行恐吓。3 月 3 日，又有 4 名右翼分子闯入社会大众党党首安部矶雄家中施暴。在一系列打击之下，立场本来就不坚定的政友会、民政党和社会大众党最终妥协，3 月 16 日，《国家总动员法》在议会获得一致通过。报界对该法案通过的程序非但没有提出任何异议，反而大加赞扬。《读卖新闻》称该法案的诞生并非一帆风顺，而是历经多方非议，"甚至为政局带来危机"，但最终获准通过，"可谓近卫内阁的一大胜利"④。《东京朝日新闻》发表社论对《国民总动员法》表示了欢迎，并对其通过非常手段获得议会通过的过程表示了赞许，称按照惯例一项法案的通过需要历经数次审议和长期的准备，但该法案却在短时期内得以顺利通过，这表明在面对重大时局时，"当局与议会之间迅速达成谅解……是值得庆贺的事情"⑤。

---

① 前坂俊之：《太平洋战争与新闻》，东京，讲谈社，2007 年，第 344 页。
② 《东京朝日新闻》1938 年 3 月 4 日。
③ 《国民新闻》1938 年 3 月 4 日。
④ 《读卖新闻》1938 年 3 月 17 日。
⑤ 《东京朝日新闻》1938 年 3 月 18 日。

《报知新闻》认为《国家总动员法》"将人的劳力以及灵魂都动员到法律之下",是一个具有划时代意义的法律,接着又对该法案对国民生活的影响作了详细分析,称法案的目的是"安定国民生活,完成广义国防"。该报还号召国民要积极支持该法,"除精神及肉体无能力者外理所当然应全部征用,此外全体国民都应充分理解总动员计划"。最后该报认为"如果不进行相应的国内改革,则无法完美地应用该法案"[①],从而要求各行政机构、经济体制进行相应改革,以充分发挥总动员的作用。

随着在中国战线的扩大,日本的物力、人力资源日趋紧张,于是政府便提出了强化国家总动员的口号。为配合政府的方针,报界也开始大肆宣传强化国家总力战的口号,要求国民"坚忍持久,应对长期战"。《东京日日新闻》发表长篇大论指出当前对战争持乐观态度、认为战争即将告一段落的观点是错误的,"战争热情的迟缓是亡国的主要原因","皇国的前途不容偷安"。因此该报主张"应该强化国家总力战体制,面对长期抗战不能有丝毫动摇,在充实国力的同时,所有国民都应有站在最前线的准备,在各自的岗位上刻苦勤奋"。最后该报指出战争胜败的决定性因素并非武器,而是后方国民的后援是否充足,"无论何时,无论哪国,战争的胜败均决定于国民的后援如何"[②]。

从上述报道来看,各报大多都对《国民总动员法》持肯定态度,甚至极力鼓动国民全力支持总动员体制。对于报界的这种态度,当时的《文艺春秋》杂志给予了批评,并讽刺这些报纸为"宦官报纸"。"如果是恶法,报纸作为社会木铎应该率先敲响警钟,如果做不到这些,只能说是现代报纸的一大悲哀。这不过是向时代潮流献媚、隔岸观火的做法而已"[③]。

二、大力宣传"精动"

如上所述,由于报纸认为战争胜负取决于后方动员的情况,而后方动员的实施效果则与精神动员有着密切的关系,因此报纸对于国民总动员运动中的精神动员给予了极大的支持。

首先,各报对"国民精神总动员实施要纲"作了报道。《东京日日新闻》称国民精神总动员运动的目标是"涵养'举国一致'、'尽忠报

---

① 《报知新闻》1938年4月7日。
② 《东京日日新闻》1938年4月29日。
③ 《文艺春秋》1938年3月号。转引自前坂俊之:《太平洋战争与新闻》,东京,讲谈社,2007年,第349页。

国'精神"①,并呼吁国民无论非常时期持续多长时间,都应该排除万难,贯彻预期目标。接着该报又在社论中强调了总动员运动中应该注意的问题,要求全国上下紧张起来,"将全部精神集中到对方身上……为达到解决此次争端的目的必须竭尽全力"②。10月11日,该报又发表文章号召国民加入到国民精神总动员的洪流中,为"东亚的和平"和"大和魂"的振兴而努力。文章认为:

> 所谓国民精神总动员就是实行大和魂的运动,是举国一致、克服艰难、扶翼皇运的一大国民运动。帝国所期待的目的是实现东亚真正和平,全体国民应该振奋日本精神,在日常生活中做好各自的分内工作,并按照个人的能力为国家奉公,这是此次运动的重点所在。③

接着该报还要求国民"刷新社会风潮",发扬"坚忍持久精神"和"舍小我就大我"的精神,"勤劳报国",协助政府推行非常时期经济政策,为建立"国家隆兴的基础"作出贡献。

《报知新闻》认为要取得战争胜利必须实施国家总动员,而国家总动员的根本在于全民精神总动员。"战争首先要在国民中间燃起必胜的信念",因此"无论在何种困难的境地当中,国民均不应忘记'日本立足于正义和人道,所追求的是东洋的和平以及将皇道向世界各国传播'这个根本传统精神"。该报甚至提出警告,认为国民精神总动员"这盏灯将要熄灭的时候正是祖国陷入重大危机的时刻"④。

《东京朝日新闻》对国民精神总动员的意义进行了总结,指出为贯彻日本一贯的国策,"无论是公职人员还是一般国民都必须贯彻坚忍不拔的情操,承受今后可能到来的任何困难……并将尽忠报国的精神在日常的业务生活中加以体现。这是打破目前困难局面,实现帝国隆兴的途径。"⑤

在"卢沟桥事变"一周年之际,《东京日日新闻》发表社论说战争的爆发是"为了确立真正的日支亲善……援助支那的文化经济发展,建立东亚和平的基础",从而为日军的侵略战争披上正义的外衣。与此同时,

---

① 《东京日日新闻》1937年8月25日。
② 《东京日日新闻》1937年8月30日。
③ 《东京日日新闻》1937年10月11日。
④ 《报知新闻》1937年9月2日。
⑤ 《东京朝日新闻》1937年9月10日。

该报还要求后方国民"进一步发扬奋斗和牺牲精神",以"不屈不挠的精神"① 来支持国民精神总动员运动。

其次,各报还通过具体的实践活动对国民精神总动员表示了支持。在国民精神总动员运动期间,各大报社干部多次登上由政府组织的"思想战讲演会"讲台,向国民宣传思想战的内容以及意义,动员国民积极参加总动员运动。此外,日本新闻协会还组织了一些报社的干部作为新闻使节访问德国和意大利,力图开展舆论外交。

报纸的宣传甚至触及到体育运动领域,非政治化的奥运会也被报纸涂上了浓厚的政治色彩。1936年柏林奥运会马拉松比赛中,代表日本出战的朝鲜选手孙基祯和南升龙分获金牌和铜牌,对此日本各报纷纷给予报道。《东京朝日新闻》在社论中说"半岛出身的两位选手卧薪尝胆,在24年之后的马拉松比赛中,荣膺胜利桂冠,这在内朝融合的精神效果上,意义极其深远,也是非常有价值的一件事情"②。在该社论中,《东京朝日新闻》将两位朝鲜运动员视为日本国民大肆宣扬,并将日本与朝鲜的关系称为"内朝"即"内陆与朝鲜",其支持对外侵略战争的立场暴露无遗。

从1938年开始,各报开始将体育运动纳入到国民精神总动员的体制之下,并冠之以"国防体育"的名称。《东京日日新闻》社在陆海军以及国民精神总动员中央联盟等机构的支持下,举办了"关东地方青年学校国防体育训练大会",并在报纸上作了宣传,称运动会的举办是国民"翘首期待的时刻","国防体育运动飒爽登场,国防体育的英姿令人期待"③。该报还赋予"甲子园"棒球比赛特殊的政治意义,称"甲子园"是在"激烈的列国竞争中"为争取胜利而"涵养国民元气"的场所,是为国家牺牲的忠诚象征。

同时,"为兴起关西地方青年学校学生的献身奉公精神,增强体力",《大阪每日新闻》社则与关西地方青年学校国防体育振兴协会以及文部省、陆海军省等共同举办了"关西地方青年学校国防体育训练大会",比赛内容涉及武装行军赛跑、手榴弹投掷、运送弹药箱及担架接力等等,具有浓厚的军事色彩,其目的就是"增强战斗的国防能力"④。

---

① 《东京日日新闻》1938年7月7日。
② 《东京朝日新闻》1936年8月16日。
③ 参见 http://d.hatena.ne.jp/zames_maki/20090323/p1。
④ 参见日本防卫省防卫研究所收藏"关于第二回关西地方青年学校国防体育训练大会后援件",档案号"陆军省—壹大日记—S14-1-209"。

同时在组织上，各报社为了同国民精神总动员的步调一致，纷纷对组织机构进行了改革。1940年8月~9月，《朝日新闻》社和《每日新闻》社分别将其在东京、大阪、中部地区和西部地区的四大分社的编辑部门合并，实现编辑的一元化管理，还设立了"编辑指导会议"，负责按照国策方针确定报社的编辑方针。同时《朝日新闻》社还设置了负责国策调查研究的"中央调查会"，《每日新闻》则设置了负责制定编辑指导方针的"研究会"。

再次，报纸还对日本各界积极参与国民精神总动员的状况进行了报道。在国民精神总动员运动中，警视厅通过召集恳谈会的形式要求各文艺团体积极支持战争，并希望不要发表反战或者同精神总动员背道而驰的文章。而一些演出团体也均对政府的要求表示了谅解，并纷纷表示"今后要专心以戏剧报国"[①]。

此外，各报还报道了国民踊跃参军的"美谈"，以此来达到动员国民的目的。据《大阪时事新报》报道，"卢沟桥事变"爆发后，在政府的号召下日本国民踊跃参军。截止到1938年2月10日，大阪府共有1763人提出志愿参军申请，强烈要求"拿起枪到第一线"，其中甚至有84名志愿者递交了血书。该报称其为"热血的志愿者、了不起的军人"[②]。

第三，1939年国民精神总动员中央联盟委员会成立，该委员会的委员长由文部大臣荒木贞夫担任，而各大报社的编辑负责人如《东京朝日新闻》社编辑局长美土路昌一、《东京日日新闻》社编辑主干高田元三郎、《读卖新闻》社编辑局长柴田胜卫等人均名列委员之列。这可以说是报界舍弃相对独立性、参与政府机构的证据，同时也表明此时报界已经名副其实地演变为侵略战争的宣传机构。作为国民精神总动员的中枢机构中央联盟的委员，报纸从组织上确立了支持精神总动员的立场，"实质上表明了报纸全面协助战争的态度"[③]。

报纸还对国民精神总动员的性质进行了阐述。按照日本官方的解释以及意图，国民精神总动员运动应该是一个能够充分调动国民积极性、实现全民一致的战时体制，以应对长期战争的自下而上的自发性运动。而《中外商业新报》则提出了不同意见。该报在社论中阐述了"国家运动"与"国民运动"的区别，并揭示了"国民运动的本质"，即：国家运动是自上而下的命令，而国民运动则是自下而上的运动。"国家运动的发

[①] 《国民新闻》1937年12月5日。
[②] 《大阪时事新报》1938年2月19日。
[③] 塚本三夫：《实录·侵略战争与新闻》，东京，新日本出版社，1986年，第205页。

源地是中央，因此带有概括性和指令性，同时在内容上也不够充实"，而国民运动的出发点则是"各地实际情况"，具有自发性和具体性。因此，该报认为国民精神总动员不过是一场自上而下的具有强制力的官方性质的国家运动，而非国民运动。最后该报提出了国民精神总动员应该采取的正确做法，即"在政府策划的国家运动性的骨骼上添加国民运动性的血肉"①，换言之就是要将国民精神总动员打造成一个依托政府行政指令、唤醒国民主动意识的运动。

在国民精神动员活动中，报纸既是运动的宣传主体，同时又是运动的动员对象，因此可以说报纸以自己的力量促进了对自身言论自由造成极大破坏的体制的生成②，这毫不为过。

三、全力落实"物动"

对国家总动员中的物质动员，报界也给予了大力报道。早在"卢沟桥事变"爆发后不久，《大阪朝日新闻》便开始鼓吹强化"准战时经济体制"，称在当前的战局之下，政府应该加强对经济体制的统制，特别是在金融方面应该实行积极的信用政策，"不但有助于产业资金的积极流通，更能防止资金流向非急需产业"③，也即资金应该向国家急需的军工产业流动。《中外商业新报》发文称，贸易统制、事业统制、投资统制和消费统制四项是实行政治经济统制的基础，而实行经济统制是"日本经济结构由准战时体制向战时经济体制转换"④的必要条件，统制的方法除了利用现有的法律法规之外，还要赋予主管大臣必要的权限。

1937年8月30日，资源局制定"适应北支事变的国家总动员计划要纲"之后，《报知新闻》对此表示了欢迎，称要取得战争的胜利，"国家的所有东西，包括一棵草，一把土以及人、物、精神都必须动员起来"⑤。接着该报分析了产业动员的重要性，认为除了增加国内生产之外，还要开发新的资源，寻找替代品。此外该报还认为随着战局的发展，"国民的思想文化也需要施行总动员体制"⑥，故主张对出版物进行统制，以消除个人主义、自由主义的倾向。

10月11日，《东京日日新闻》发表文章称"近代战争是武力战，同

---

① 《中外商业新报》1938年8月31日。
② 塚本三夫：《实录·侵略战争与新闻》，东京，新日本出版社，1986年，第213页。
③ 《大阪朝日新闻》1937年8月16日。
④ 《中外商业新报》1937年8月17日。
⑤ 《报知新闻》1937年9月2日。
⑥ 《报知新闻》1937年9月7日。

时又是经济战,因此全体国民应给予协助,打赢经济战",并号召国民对非常时期政府制定的经济政策给予支持,"为东亚和平的确立"而实行举国一致。为此该报提出了以下几项措施:第一是勤劳报国,即在各自的工作岗位上勤勉厉行,"必须具有为国家服务的觉悟";第二是增加储蓄,购买国债,"丰富国家财力是制敌根本";第三是改善国际收支,尽量使用国产品,以减少日本资金向国外流失;第四是厉行节约,将资金用于购买军需品。文章称如果每个国民都能积极参与国民总动员,"就会成为国家兴隆的基础"①。

1938年,政府进一步强化了经济统制,并制定了新的物资供需计划。《东京朝日新闻》发表社论呼吁国民"以新的关心和重大觉悟"来支持物资供需计划的实施。该报认为战争胜负关键取决于是否能够确保军需品的供应,因此满足军需资材供给、扩大军需品生产是战时经济生活中的重中之重。"无论是物资供需还是人员动员,都应该进一步实现战时统制的高度化和正规化"②。

在"动用一切资源备战"的口号下,商工省下令禁止日本国内生产和使用棉制品及铸铁制品,将由此节约下来的原材料全部应用于军工产业。《读卖新闻》发文呼吁国民革新战时生活,"忍受所有的困苦和贫穷,以不断推进圣战的前线将士为榜样,以克服非常时期的气魄,为祖国的胜利和繁荣奉献"③。

随着日本国内经济形势的恶化,生活物资日渐匮乏,为将全部财力倾注于军需生产,日本政府大量削减进口,并号召厉行节约。报纸也开始配合政府的政策,向公众力陈"节约奉公"的口号。

《中外商业新闻》支持政府对生活必需品实行价格统制,以"强化物价的战时体制,维护非常时期国民生活的安定"④,同时主张在积极增产的同时开发替代品,以满足国民生活需求。例如该报提出用鲸肉代替牛肉的方法,认为不但可以缓解肉类缺乏的困境,还能有效利用鲸皮。而《大阪朝日新闻》则从提高工作效率、节省能源和卫生三个角度来论述短裤装的优点,甚至将其称为"短裤奉公"。该报认为"穿短裤的精神才是克服非常时期的原动力",呼吁无论男女老少,"即便是在外国人聚

---

① 《东京日日新闻》1937年10月11日。
② 《东京朝日新闻》1938年6月24日。
③ 《读卖新闻》1938年6月29日。
④ 《中外商业新闻》1938年7月16日。

集的社交场合"①也应穿着短裤。《都新闻》甚至发文主张缩短衣服尺寸，剪除衣服上不必要的装饰，确立所谓战时"简易飒爽"的着装风格。而且认为这种着装风格的推行不但需要国民的自觉，"还要通过法令化措施，在相当程度上发挥强制力，强化物资节约"②。

随着战局的不断恶化，日本国内出现了粮食短缺的状况。面对如此困境，政府除了号召国民增产、厉行节约之外也是束手无策，而报纸却别出心裁地提出了一些解决粮食问题的歪招。从1942年下半年开始，《朝日新闻》就开始连载"食物总力战"的报道，向读者介绍蝗虫的食用方法以及用柿皮代替砂糖的方法，称"蝗虫的味道同大虾相似，含有丰富的维生素A和D"③，在战争末期甚至出现了"蜗牛和蝾螈也可食用"的荒谬报道。

为保障战时的最基本生活所需，确保战争物资的供应，日本政府还实行了生活品定量供应制度，凭票领取生活必需品，因此市面上出现了买卖配给券的行为。对此报纸给予了严厉批判，称倒卖配给券的人为"国策之敌"，并呼吁警视厅当局立即取缔④。同时对于无票买卖或者囤积现象，司法省制定了严厉的惩罚措施，以消除"国家前所未有的大战下贪图私利的行为"。《中外商业新闻》以德国、苏联、意大利和英国等国实施的"战时统治政策"为例向国民说明凭票供应并非日本独创，并鼓吹"大东亚战争的国民应当接受凭票供应的考验"⑤。

到太平洋战争后期，日本国内资源极度匮乏，报纸开始宣传"节约报国"，要求国民省吃俭用，把所有的资源都投入到侵略战争中。报纸力倡节俭、抵制奢侈，要求那些生活奢侈者"向靖国神社的英灵谢罪，向国民谢罪"⑥，并强烈要求关闭高级饭店。

报纸还强烈呼吁国民尽量减少外出旅游的时间，认为取消旅游就意味着能向前线多运送弹药和粮食。《读卖新闻》将岁末称为"精神动员的关键时期"，由于旅游对"增强战力毫无裨益"，因此要求国民在岁末"努力劳动，努力储蓄，在家静养"⑦，这样才能取得战争的胜利。

1945年3月，由《朝日新闻》等几家报纸联合出版的《合同新闻》

---

① 《大阪朝日新闻》1938年7月22日。
② 《都新闻》1938年7月23日。
③ 《朝日新闻》1942年10月11日。
④ 《都新闻》1941年1月14日。
⑤ 《中外商业新闻》1942年1月10日。
⑥ 《朝日新闻》1943年9月14日。
⑦ 《朝日新闻》1943年12月15日。

发布广告,称"鸡蛋同飞机一样,也是前线需要的战斗力"。该报报道了一位躺在病床上的日本人听说"鸡蛋是航空战士、潜艇战士的必需食品"后把鸡蛋贡献出来的消息,称此举在黑市泛滥、投机横行的战时显得更加"伟大","这才是与前线联系在一起的崇高的特攻精神"①。

从战时报界的"物动"报道来看,报界的观点归纳起来主要有两点,其一是战时生产军事化,即所有的物资应优先应用于战争,为战争服务;其二是战时生活精神化,即依靠精神力量战胜物质欲求和生理需求,以应对物资匮乏的局面。

第三节 致力于后方国民动员

"总力战"的战争理念不但要求国家的每一个要素都为战争服务,更要求这些分散的点组合成统一的面,于是根据前线战况的发展在后方实行战争动员就成为日本政府当局构筑"总力战"的不可或缺的内容。与此相适应,战时日本报界不仅积极宣传战争政策、进行前方战场战况报道,还在国家总动员体制下,配合政府积极开展后方动员。

一、国民征用

中日全面战争爆发之后,日本国内军需工业的繁荣极大地刺激了就业,"夜以继日地制造军需品使得大街小巷的失业者一扫而光"。城市和农村的劳动力几乎全部涌入军需工厂,即便如此依然出现严重的"人员不足"的现象。为此日本当局不得不降低人员雇佣标准,来应对用工荒。据报道,在"卢沟桥事变"爆发之初,当局的用工条件极为苛刻,规定年龄必须在18~25周岁之间方能录用。然而随着局势的发展,青壮年劳动力匮乏,当局不得不降低年龄标准,最低年龄由18岁降至16岁,最高年龄由25岁放宽至40岁。另一方面,随着男性劳动力的匮乏,女性也被补充到"勤劳报国"的行列中来,"整个社会进入军需工业时代"②。

为确保军需工业的劳动力,日本政府于1939年7月8日以敕令的形式公布了"国民征用令",赋予政府强制征用国民的权力,并宣布对逃避征用的国民实施1年以下徒刑,并处以1000日元以下罚款。《都新闻》对"国民征用令"进行了解读,称被征用的国民同征兵入伍者一样,

---

① 《合同新闻》1945年3月3日。
② 《名古屋新闻》1929年1月29日。

"都是为国家奉献",都会受到其他国民的尊敬。而那些想方设法逃避征用义务者则是"非国民的行为",因此应该受到严惩。同时该报还极力强调"国民自由不会因该法令而受到束缚"①,试图以此掩盖"国民征用令"的强制性。

最初"国民征用令"的适用对象仅限于那些依照"国民职业能力申告令"② 登记的人,但随着人力资源的匮乏,政府又扩大了征用范围,于 1940 年 9 月对"国民征用令"进行了修订,赋予政府"与建设高度国防国家相适应的权限",将未列入上述登记范围之内的国民也纳入到征用的范围之内,并且征用的工厂也由"国家工厂、作业场向民间管理工厂扩展"③。"为取得大东亚战争的完胜,建立完善的劳务动员体制"④,1941 年 12 月 16 日,政府对"国民征用令"进行了第二次修订,宣布"在特别必要的情况下"可以对所有国民进行征用。太平洋战争爆发之后,"为保证战争推行所必需的生产力向军需及其他重要部门转移",政府通过"战力增强企业整备基本要纲"(1943 年 6 月 1 日颁布)强制一些中小企业同大企业合并或者停产,从而制造出大量的劳动力,这样被征用的对象进一步向非军工产业和中小型工商业扩展。

1943 年 7 月,政府第三次对"国民征用令"进行修订,要求"被应征者应以忠诚为宗旨勤奋致力于其所从事的总动员业务"⑤,并授予被征用者"应征士"的称号,以显示征用的国家性。8 月 19 日,政府在首相官邸下达了"社长征用令",要求企业的负责人担负起"生产遂行、战力增强"的全部责任,如因不履行责任而致使生产停滞,则给予相应处罚。被征用的企业代表则纷纷表示"应团结一致,不惜粉身碎骨实现生产的飞跃性发展"⑥。

1943 年 12 月,日本政府又对"青壮年国民登录制"进行了修订,放宽了要求进行登记的年龄范围,由原来的 16 ~ 40 周岁扩展为 16 ~ 45 周岁,以应对战时人力资源不足的局面,"实现航空战力的飞跃性增

---

① 《都新闻》1939 年 7 月 17 日。
② "国民职业能力申告令"以"昭和十四年勅令第 5 号"的形式于 1939 年 1 月颁布实施,其主要内容为:16 ~ 40 岁的男性国民应在 14 日之内向当地的职介所登记申报,但陆海军现役军人、编入军籍的陆海军学员、陆海军军属以及医疗人员、兽医、船员等不在申告范围之内。此后该申告令先后历经 11 次修订。
③ 《报知新闻》1940 年 10 月 1 日。
④ 《朝日新闻》1941 年 12 月 16 日。
⑤ 《读卖新闻》1943 年 7 月 17 日。
⑥ 《读卖新闻》1943 年 8 月 20 日。

强"。《朝日新闻》认为"青壮年国民登录"年龄的放宽"在很大程度上强化了国内生产态势"①，其效果值得期待。

12月，厚生省又公布了"军需会社征用规则"，规定政府不经任何手续即可强制征用军需企业，并可指定该企业的生产责任人负责军需生产。《读卖新闻》认为该法案是一个"划时代的"万全之策，并极力强调政府指定生产责任人进行管理的做法是对企业的信任，要求企业不要辜负政府的信任，"彻底转换思维方式，建立生产战场的观念"②，并告诫军需企业不要滥用政府赋予的特权。

1944年1月18日，政府公布了"紧急国民勤劳动员方策要纲"，进一步强化了国民登记制度，将此前的青壮年登录制度、技术人员登录制度和依据劳务手册进行的登录制度合而为一，并强化了女性和学生的勤劳动员体制。该要纲被《读卖新闻》誉为"迈向决战生产必胜的突击命令"，是对此前所有勤劳动员体制的超越。该报认为在当前战局下，"一亿国民无论男女老幼，均须步调一致，以产业应征的气魄，加入轰轰烈烈的生产战列"，从而"百分之百地发挥国民的勤劳力量"③。

1945年3月6日，政府公布了"国民勤劳动员令"，试图"将每一个国民都动员到勤劳战列中"，以"发挥每个产业战士的无限劳动力"④。至此，战时国民征用已达极致。

表5-1 战时日本的劳务动员状况⑤

（单位：人）

动员类别	动员数量
被征用者数量	6164156
动员学徒数量	1927379（含农林业）
女子挺身队	472573
外地劳务者转移数	356890
其他普通从业人员	4183271（矿业、工业、交通业）
总计	13104269

① 《朝日新闻》1943年12月13日。
② 《读卖新闻》1943年12月16日。
③ 《读卖新闻》1944年1月19日。
④ 《读卖新闻》1945年3月6日。
⑤ 劳动省编：《劳动行政史》第1卷，东京，劳动法令协会，1961年，第1091页。

1945年3月22日，小矶内阁决定在全国范围内成立"本土防卫队"，负责"增加生产、构筑阵地、物资运输"等，并在必要时向参加防卫队的平民配发武器，"同军队一样进行战斗"①。此后，政府决定解散大政翼赞会和翼赞壮年团等组织，代之以国民义勇队，义勇队队员"以乡土为中心，实现生产、防卫的一体化"②。5月，东京都正式组建国民义勇队，队员平时从事生产活动，战时编为"战斗队"同军队一同作战，但"劳动奉仕是次要的，拥有与特攻勇士一样的精神准备，尽职尽责是第一目的"③。

1945年6月，随着战局的发展，鉴于现有的国民义勇队已经不能适应本土决战的需要，"为真正实现万民皆兵，击溃敌人"的目标，政府制定了"国民义勇队兵役法"，面向全国征集15～60岁的男性以及17～40岁的女性成立"义勇战斗队"。"义勇战斗队"的任务主要是"后方勤务"，在必要时同军队一起作战，以实现"防卫与生产的一体化"④，但配备给"义勇战斗队"的武器非常落后，主要是土枪、竹矛、弓箭等"任何可用的东西"⑤。如此落后的装备使得"义勇战斗队"在战争后期损失惨重，"县民中所有青壮年都应召献身防卫，仅剩下老幼妇孺，接连不断的轰炸将他们的房屋和财产焚烧殆尽……甚至有人自愿抱着炮弹挺身冲入敌阵"⑥。据统计，仅冲绳战役就有9.4万日本人战死。尽管如此，军部依然极力强调"义勇战斗队"的重要性，称"无论是竹矛训练还是战技训练，根本上都是培养勇敢精神的手段"⑦。

虽然日本军国主义垂死挣扎，叫嚣本土决战，但依然难逃失败的命运。随着日本战败投降，战时国民征用也走到了尽头。日本报界的国民征用宣传也随之偃旗息鼓。

二、女子挺身队

随着大量男性被送往战场，女性就成为后方主要的劳动力。日本各地组织了大量妇女报国团体，要求女性进入军需工场从事军工生产的呼

---

① 《大阪朝日新闻》1945年3月23日。
② 《读卖新闻》1945年4月28日。
③ 《朝日新闻》1945年5月13日。
④ 《朝日新闻》1945年6月14日。
⑤ 《朝日新闻》1945年6月10日。
⑥ 日本读卖新闻战争责任检证委员会：《检证战争责任——从九·一八事变到太平洋战争》，郑钧等译，北京，新华出版社，2007年，第223页。
⑦ 《朝日新闻》1945年6月19日。

声也越来越高，原本受女性欢迎的职业如商店售货员等受到冷落，"为了国家而站在生产第一线努力工作"①的相关报道屡见报端。据统计，1937年纺纱、制丝和丝织业女工人数为83余万，1944年机械和金属工业有908000人以上，在矿山从事劳动的女工达到123000人以上，而1929年这一数字仅为52000人。②

此外，日本政府于1943年9月还在全国各地成立了由未婚女性组成的"女子挺身队"。挺身队队员主要在军需工厂从事体力劳动，同时还开展军事训练，以增强体力。《东京新闻》对女性的体力训练进行了赞扬，认为"女性体力的增强不但能够确保增加生产所需的劳动力，也是决战下家庭防空活动的基本，同时也是作为大东亚共荣圈指导者的大和民族永远发展的基础"③。

随着战局的发展，为进一步增强国力、增加军需生产，日本政府制定了"国内态势强化方策"，扩大了国民征用的范围，将特殊职业者也列入国民动员的范围之内。同时鉴于"当下劳务状况，可以动员的除女性、学生和高龄者之外别无他人"④，由此特别强化了对女性的动员体制，其中规定男性禁止从事女性可以从事的17种职业，以将男性从这些职业中解放出来，充实兵源。更有甚者，一些地方单位除了向规定的17种职业转移女性工人之外，还在"被禁止的职业之外寻找女性可以替代的其他职业"⑤。

报纸对"女子挺身队"给予了持续的关注。《朝日新闻》在其投书栏"铁帚"中刊登了读者来信，抨击了一些女性在面临困境时"从自我本位出发选择逃避"的消极态度，并主张应该将"一亿国民中的每个人都置于战斗配置中"，并且呼吁政府"尽快从组织上彻底强化女性勤劳动员"⑥。该报还指出了"女子挺身队"存在的"不足之处"，并给予了严厉批评。由于一些"女子挺身队"的队员家境富裕，因此她们对工厂提供的廉价食品表示不满，《朝日新闻》认为"现在是唤起每一位工人自觉意识的关键时刻"⑦，因此必须肃清这种"廉价的勤劳观"思想。同时该

---

① 《东京朝日新闻》1938年4月10日。
② 〔日〕井上清：《日本妇女史》，周锡卿译，上海，生活·读书·新知三联书店，1958年，第257页。
③ 《东京新闻》1943年9月1日。
④ 《朝日新闻》1943年9月23日。
⑤ 《合同新闻》1944年3月17日。
⑥ 《朝日新闻》1944年1月29日。
⑦ 《朝日新闻》1944年3月15日。

报还对"女子挺身队"的服装提出了要求,认为在工厂里不应穿戴漂亮的衣服,理由是注重打扮在工作时就不能集中精力,"其结果必然影响挺身队的整体士气"①。

然而由于担心征用女性会"破坏日本固有的家族制度"②,所以"女子挺身队"并非是按照法律强制建立起来的,而是在市町村长、町内会、部落会、妇女团体的共同号召下成立的比较松散的组织,因此加入挺身队的女性数量并没有达到政府的预期目标,为此报纸开始为充实"女子挺身队"进行呼吁。1944年6月5日,《朝日新闻》对东京都的"女子挺身队"召集状况表示了不满,称"组织挺身队并不会破坏日本古来的家族制度,而是以保护女性为目的",同时鼓吹女性是左右后方生产力的重要因素,因此"挺身队才是女性参加战斗行列的最大的途径"③,以此鼓励女性参加挺身队。

1944年3月,日本政府制定"勤劳昂扬方策要纲",以扩大劳动力动员的范围,强化劳动力动员的国家性,并提出了"职场即生活"的口号,要求"发扬勤劳精神,整备勤劳体制,贯彻教育训练",其中特别要求强化学徒及女性动员体制,强制女性加入"女子挺身队",而且"不能因结婚或者其他理由离队,未经允许离队者将按照国家总动员法"④相关规定进行处罚。按照上述要纲的规定,一些女子学校被迫关闭,"全校崛起结成挺身队,加入生产战斗序列",就连一些专门培养"适应新的战争时代家庭妇女"的学校也没能逃脱废校的厄运⑤。

然而"女子挺身队"的实际实施状况仍然未能满足当局的要求,仍有一些地方的女性运用各种手段逃避加入挺身队,因此报纸认为"女性的勤劳供给来源仍然具有极大的弹性"⑥。为彻底解决该问题,政府抛弃了不征用女性的承诺,于1944年8月23日用敕令的形式通过了"女子挺身勤劳令",从而为"女子挺身队"赋予了法律依据。依据该法令,无论有无工作,只要符合女性国民登记条件者,"必须按照国家要求,作为挺身队员进入重要工厂"⑦。而且那些没有孩子的未亡人也与未婚女性同等对待,必须加入挺身队进行"勤劳动员"。

---

① 《朝日新闻》1944年6月28日。
② 《西日本新闻》1943年10月28日。
③ 《朝日新闻》1944年6月5日。
④ 《读卖新闻》1944年3月19日。
⑤ 《朝日新闻》1944年3月20日。
⑥ 《大阪每日新闻》1944年6月7日。
⑦ 《朝日新闻》1944年8月23日。

除此之外，报纸还积极动员女性参与形形色色的国防运动。1939年，在荒鹫母之会、航空妇人会等妇女团体的组织下，"航空少女队"成立。该组织面向全国7~18周岁的女性进行招募，并对其开展航空知识教育，"为守护后方的领空服务"。据《都新闻》报道，在募集当天就有大量适龄少女前来应征，东京都深川区的15所小学女生全部应征，队员达到6000余名。报纸将这些"航空少女队"队员称为"航空日本的武士道女性"① 而大肆宣扬。

1943年3月7日的《朝日新闻》发文要求建立全民皆兵的战时体制。"全体国民都必须参加'奋勇杀敌'的突击战，儿童们行动起来，妇女们武装起来，将父亲、丈夫送上战场，家庭、乡土要靠妇女来保护。"接着该报详细报道了千叶县的"女子挺身队"训练的情况，称"女子挺身队"建立后效果明显，"田地的增产突飞猛进"②。

在太平洋战争爆发两周年之际，300多名京都府女性职员以"保护后方"为口号结成"女子自卫团"，负责防空救护、食品供应等工作，并在每月8日的"大诏奉戴日"与男性成员一起"最合理、最彻底地进行部队防空时的各种训练"，被报纸赞为"最大可能地发挥了日本的妇道"③。

《读卖新闻》于1944年报道了东京、神奈川、京都等地"女子挺身队"的组织情况，称"女子劳力是战力增强的最后一张王牌"。该报认为政府先前主张的"不征用女性"的政策是国家对女性的关爱，不能成为逃避征用的借口，相反"这种关爱正是成为挺身队员，进入工厂"④、勤劳报国的动力，因此响应国家号召，加入"女子挺身队"才是女性报国的最佳选择，从而从精神层面肯定了"女性动员"的正当性。

1945年3月，美军占领硫磺岛，此后便开始攻打冲绳岛，对日本来说本土决战迫在眉睫。在冲绳战役打响之前，军部对冲绳守军下达了不许投降的命令，冲绳驻军随即对当地居民进行了全民战争动员。《冲绳新报》发文呼吁居民"无条件全盘接受军部的指导，全体县民都要成为战士"⑤。在军部的组织下，2万多名17~45岁的男性全部被征入"防卫

---

① 《都新闻》1939年2月2日。
② 《朝日新闻》1943年3月7日。
③ 《京都新闻》1943年12月6日。
④ 《读卖新闻》1944年2月7日。
⑤ 《冲绳新报》1945年1月27日。

队",从事修建机场和搬运物资等工作①,女性则"协助军队,在前线迎敌战斗"②。冲绳县知事岛田叡的夫人则发表声明称"已经作好心理准备,发生万一时决不苟活"③,在她的号召下,全体县民投入到了"本土决战"中。冲绳师范学校女子部和冲绳县立第一高等女子学校共222人组成"姬百合女子部队",不但负责看护伤病员,还要在炮火间隙汲水烧饭,在枪林弹雨中穿梭于堑壕之间传递命令。"姬百合女子部队"伤亡惨重,她们有的被炸死,有的被迫自杀,共计有219名学生和教职员在战役中丧生④。如此惨烈的牺牲与报界的煽动不无关联。

三、学生动员

早在全面战争爆发之后实施的"国民精神总动员"计划中,就将学生纳入到了总动员体制中。国民精神总动员运动在全国范围内展开之后,大阪府按照总动员的指示精神,制定了包括时局认识、国民精神总动员教育内容、敬神尊皇实践女子教育等在内的实施方针。《大阪朝日新闻》报道了大阪府60万小学生利用课余时间到军属家庭帮忙或到军需工厂劳动,并将个人劳动所得全部捐献给军部的"美谈"⑤。

随着战局的发展,日本的人力、财力、物力逐渐出现短缺。为填补国内生产力的不足,促进军需生产,一些学生甚至未到毕业年龄就提前辍学进行所谓的"勤劳奉仕"。据《东京日日新闻》报道,1937年12月,有8成以上小学生提前毕业,"特别是一些优秀儿童早在毕业之前就签订了就职合同"⑥。而从他们的就职意向来看,也表现出明显的时代特色,有80%以上的人选择进入军需工场。"头脑、体力不好的人只能去银行、公司、商店、印刷所等艰辛求职,而成绩优秀、体力充沛的人则进入充满希望的日本机械工业界"⑦。

除了进入军需工场之外,还有相当多的学生被充实到农村,以弥补农村劳动力不足的空白。随着中日战争的全面爆发,大批国民应征入伍,

---

① 日本读卖新闻战争责任检证委员会:《检证战争责任——从九·一八事变到太平洋战争》,郑钧等译,北京,新华出版社,2007年,第223页。
② 《读卖新闻》1945年3月29日。
③ 《大阪朝日新闻》1945年6月26日。
④ 参见胡澎:《战时体制下的日本妇女团体(1931~1945)》,长春,吉林大学出版社,2005年,第119页。
⑤ 《大阪朝日新闻》1937年9月30日。
⑥ 《东京日日新闻》1937年12月28日。
⑦ 《国民新闻》1938年1月10日。

农村和工厂的劳动力日益匮乏,据《信浓每日新闻》报道,1938年长野县全县因为大批农民应召入伍而出现劳力不足,为此该县决定动员全县半数以上的小学生和初中生组成"劳力奉仕班",在农忙时期到农村从事养蚕、种植劳动。报纸认为此举"不但强调了非常时期的勤劳精神,还将儿童教育的实践融入到产业经济之中"①,具有重要意义。

"勤劳奉仕"的风潮也波及大学。1938年4月,东京大学在校长的带领下开展了"崇高的劳动奉仕实践"。《读卖新闻》认为东京大学集体参加劳动的举动具有重要示范意义,不但"能够丰富学生的人生体验",还能够在全国范围内的大学以及高等专业学校学生群中形成"与长期战争相适应的自主团结"②局面。

1938年6月,日本政府下发了"关于集团性劳动作业运动实施"的文件,要求中学以上的学生在暑假前后进行3~5天的"勤劳作业",目的是通过"勤劳奉仕"实现学校教育与精神主义教育的有机结合。为此,大阪府的2500名初中学生在暑假被送往军港接受海军军事讲习,并在训练之余参加劳动,被《大阪朝日新闻》赞为"一箭双雕的完美计划"③。

"学徒动员"的风潮也波及"满洲"地区。1938年,伪满洲国正式实施"第一次产业五年计划",产业工程的扩大使得劳动力的需求急速增加。但是,由于"七七事变"的爆发,从华北进入"满洲"的劳工急剧减少。1938年6月,协和会④以建造宫内府和建国神庙为名,决定从7月1日起在"满洲"地区推行"国民总动员奉仕"活动,以"养成牺牲精神和国家观念",并决定设立"中央国民奉仕训练处"⑤。

1939年3月,文部省教学局决定在暑假期间向"满洲"派遣约千名学生进行"集团勤劳作业",目的是"认识大陆的实际情况,同时领会长

---

① 《信浓每日新闻》1938年1月11日。
② 《读卖新闻》1938年4月29日。
③ 《大阪朝日新闻》1938年6月17日。
④ 伪满协和会于1932年5月成立,它是由关东军一手策划建立的,所有行动都受控于日本关东军。据统计,到1938年9月末,协和会共计有1800余分会,会员近44万人。到日本宣布投降止,始终维持日本帝国主义对东北进行殖民统治,直接参与到伪满洲国的政治、经济、军事、文化教育等各个领域,成为日本侵略者的忠顺帮凶,给东北人民带来了深重的灾难。
⑤ 《大同报》1938年6月23日。《大同报》于大同二年(1933年)3月1日在伪满洲国"首都新京"(长春)正式发刊,是伪满时期全东北的头号大报之一。除中国东北的沈阳、大连、吉林等地设有分社,还在日本东京、大阪等地设有分社。它是秉承日本帝国主义的旨意、宣扬殖民主义思想的奴隶性报纸。在重要新闻版面中,只刊登一些政令新闻,即公布伪满洲国政府的一些法令,并宣扬日本侵华战争的战果以及对东北抗日武装和民众的造谣侮蔑。在社会新闻中,主要登载"日满亲善佳话"等新闻。

期建设的崇高精神"①。4月，为弥补其劳动力的不足并加深日本青少年对"满洲"的认识，日本政府决定建立"满洲建设勤劳奉仕队"，并在大东亚省设立了"满洲建设勤劳奉仕队"本部，协同文部省、农林省共同负责，计划向中国东北派遣10万日本青少年，从事"勤劳奉仕"②活动。5月，"满洲建设勤劳奉仕队"本部颁布了具体实施方案，规定"勤劳奉仕队"分为甲、乙两种，甲种以一般农村青年为主，乙种则以学生为主，每年夏天作短期"勤劳奉仕"，其任务除承担"开拓国防建设奉仕"外，还对矿工畜产等进行指导。此外一些特殊工作考虑由女子青年团员参加③。

"为确保战时粮食供应"，1941年1月，大政翼赞会国民生活指导部要求农忙时期全国学校放假，学生必须"通过参加农业生产加深时局认识"④。

1941年3月14日，日本政府颁布"国民学校令施行规则"⑤，对学校教育的内容作了相关规定。从4月1日开始"国民学校令"正式实施，把小学改称为"国民学校"，并明确规定教育的目的是"培养皇国国民"。早在上述两条法令公布之前，各报就对国民学校给予了高度关注，并将国民学校和原先的小学进行了比较，认为它们之间不是简单的名称改变和修业年限的变化。小学主要是教授"道德教育及国民教育的基础和生活所必需的普通知识技能"，而国民学校则是"按照皇国民之道实施初等普通教育"⑥，而且教授的内容除了基本的知识技能之外，更注重培养"国体信念"，具有浓厚的战时色彩。随着"国民学校"的诞生，国民学校的学生不再被称为没有任何感情色彩的"儿童"，而是被称为具有政治意义的"小国民"。就连一些儿童文化团体也以"向担负着未来日本重任

---

① 《读卖新闻》1939年3月10日。
② 《盛京时报》1939年4月5日。《盛京时报》由中岛真雄于1906年10月18日创刊于奉天（沈阳），是日本人在我国东北创办的第一份中文日报。该报是日本军国主义势力在中国东北的主要喉舌，受到日本官方的积极支持和"满洲"铁路公司的资金支持。"九·一八事变"后，该报凭借日本军国主义的势力成为伪满洲国首屈一指的大报。关于大事、要事的报道在日本军国主义的统治下与日本本土报纸保持一致。
③ 《盛京时报》1939年5月10日。
④ 《朝日新闻》1941年1月15日。
⑤ 1941年3月14日颁布。主要内容如下：第一条：国民学校依照《国民学校令》第一条之宗旨，就下述事项对儿童实施教育。1. 奉戴教育相关敕语之宗旨，在教育的方方面面使学生锻炼皇国之道，特别是要加深对国体的信念。2. 使学生掌握国民生活所必需的普通知识技能，醇化情操，努力健全身心。3. 阐明我国文化特性，同时使学生知晓东亚及世界大势，自觉引导他们认识皇国的地位及使命，努力培养作为大国国民的资质。（以下省略）
⑥ 《东京日日新闻》1941年2月23日。

的小国民传授正确的文化知识"①为由进行了更名，例如"日本儿童文化协会"更名为"日本小国民文化协会"。

1941年8月，政府在各级学校组织了与战时体制相适应的"学校报国团"，要求学生进行"集团训练、粮食增产等集团勤劳作业以及其他劳务奉仕作业"②。换言之要将军事训练和生产劳动结合起来，将学生纳入到战时总力战体制中。"学校报国团"是在充实学校教育的名义下开展的，但却经常发生强行停课让学生进行"勤劳奉仕"的事情，实际上严重影响了正常的学校教学秩序。据《都新闻》报道，文部省学校报国队本部要求各级学校仿照军队编制建立报国队，并在新学期开始时停课一个月从事实践活动。实践活动的内容除了通过"农业增产运动"达到"学生皆劳"的目的之外，还要进行"高度国防国家态势的实践"，以应对紧迫的"临战态势"③。9月，文部省又将此前一直作为选修课的军事训练正式纳入学生必修的正课范围之内，以强化学生的国防意识，"使全国学生参与到后方国防战线中来"，并且军事训练"对学生的升班及升学起决定性影响"④。

1943年1月，为"最高限度发挥国民勤劳总力"，日本政府对"国民征用制度"进行了改革，制定了"勤劳紧急对策要纲"，并且对学制进行了改革，缩短了大学、中学、专门学校的学制，以适应"征战以及共荣圈建设的紧急任务"。对于学制改革的意义，《朝日新闻》进行了总结，认为学制改革是响应国家号召的一次划时代改革，实现了"教育的国防体制化"和"教育的充实简朴化"，并贯彻了教育对"国运发展、文化提升和国家兴盛"的重要意义⑤。

1943年10月，日本政府通过了"教育战时非常措施方策"，进一步缩短了学生的在学年限，并扩大了学生的征兵范围。10月25日~11月5日，被列入征兵范围的学生接受征兵体检，合格者于12月1日和10日分别被编入陆海军。10月21日，由文部省学校报国团主办的"出阵学徒壮行会"在明治神宫外苑体育场举行，首相东条英机出席并讲话，呼吁学生"以坚韧不拔的意志和必胜的信念担负起护国重任"。学生代表在发言中表示"磨炼不屈不挠之斗魂，锻炼强

---

① 《中外商业新闻》1941年9月3日。
② 《朝日新闻》1941年8月2日。
③ 《都新闻》1941年8月23日。
④ 《读卖新闻》1941年9月5日。
⑤ 《朝日新闻》1943年1月21日。

韧之体魄，向决战道路前进，誓报皇恩"①。

表 5-2　日本内地学徒动员数量（1944～1945）②

（单位：千人）

学校类别	合计	工作类别			
		军需生产	食品生产	国土防卫及疏散	其他
1944 年 10 月					
大学、专门学校及实业学校	126	85	26	12	3
初中	1149	761	280	108	—
小学	723	129	560	34	—
合计	1998	975	866	154	3
1945 年 2 月					
大学、专门学校及实业学校	180	139	25	16	—
初中	1629	1220	280	129	—
小学	1297	587	710	—	—
合计	3106	1946	1015	145	—
男子	1777	1109	547	121	—
女子	1329	837	468	24	—
1945 年 7 月					
大学、专门学校及实业学校	195	145	31	19	—
初中	1603	1046	342	176	39
小学	1634	517	753	211	153
合计	3432	1708	1126	406	192
男子	1925	985	604	237	99
女子	1507	723	522	169	93

1943 年 12 月 23 日，日本政府又降低了征兵制的年龄限制，要求满 19 岁的公民必须接受征兵体检。《朝日新闻》认为日本降低征兵年龄是决战时期"引导战争走向胜利"的必然选择，同时满足了"青少年尽忠

---

① 《朝日新闻》1943 年 10 月 21 日。
② J. B. 柯亨：《战时战后的日本经济》下卷，大内兵卫译，东京，岩波书店，1951 年，第 78 页。

报国的热诚"①。战后调查结果显示，自 1942～1945 年间仅京都大学就有 4440 人应征入伍，占全体学生的 49.2%，其中有 200 余人战死②。

1944 年 3 月 7 日，内阁会议通过了"基于决战非常措置要纲的学徒动员实施要纲"，要求中等学校以上的学生无论男女都必须到军需工厂进行"勤劳奉仕"，同时规定学校校舍在必要时可改造为军需工厂。

1945 年 3 月 18 日，"为动员全部学生，将其总力集结到推进战争这一点上来"，政府又制定了"决战教育措置要纲"，要求除国民学校初等科以外，所有学校停课一年，"组织学徒队，直接参与到决战的重要工厂中"③，从事军需生产、粮食增产和防空防卫。陆军省也于 29 日发布声明称"为确立绝对必胜的态势"，将在全国范围内"随时召集十七八岁的在乡军人"④。

在冲绳决战中，冲绳师范学校和冲绳县立第一中学组成"铁血勤皇队"，负责构筑战壕、运送武器弹药和传递信息，付出了巨大的伤亡代价。事后文部省对上述两高校给予了表彰，媒体也纷纷进行了报道。《朝日新闻》认为两校的"义勇奉公"不但是"皇国国民所崇敬的传统"，而且"亲身实践了皇国教学的本义"，因此"应该在皇国史上留下令后人尊敬的记录"。该报还号召全国学校以此为榜样组建"学生义勇队"，"站在最前线"，"发扬挺身敢斗精神，给敌人以沉重打击"⑤。

综上，报纸的后方动员报道发挥了重要的宣传功能，使得日本政府的战争动员政策通达于全国各个角落，从而编织了一张全民动员的战争网络。

第四节　无所不至的新闻触角

战时日本报界不但关注方针政策、战争进程等国家层面的问题，还对后方的国民生活进行了报道，试图向国民灌输"举国一致"、"产业报国"的思想，并对因穷兵黩武带来的生活贫困进行弱化报道，甚至在连基本生活都无法确保的情况下还极力号召国民发挥"忍耐"精神，并将其作为美德加以宣传，以消除国民的厌战情绪。

---

① 《大阪朝日新闻》1943 年 12 月 24 日。
② 《京都新闻》2006 年 1 月 17 日。
③ 《读卖新闻》1945 年 3 月 19 日。
④ 《读卖新闻》1945 年 3 月 29 日。
⑤ 《朝日新闻》1945 年 7 月 8 日。

一、极端的"奉公"报道

在国民总动员实施过程中，在政府愚民政策的蛊惑下，日本各地出现了许多"为国捐躯"的事例，报界紧紧抓住这些典型，将其作为"美谈佳话"在报纸上大肆宣扬，为推动国民总动员的发展、煽动战争情绪起了重要作用。

（一）自杀奉公

1937年中日全面战争爆发之后，在报界的呼吁和带领下，日本全国掀起了捐款捐物的援战高潮。1937年8月1日，《东京朝日新闻》在题为"爱国巨岚，报国怒涛"的报道中说，有姐妹三人将平时省吃俭用节省下来的42.28日元捐献出来，一名小学二年级学生则将获得的3.35日元奖学金全部捐献出来。尽管这些捐款数额不大，但因各报都将这些事件作为"美谈"大肆报道，产生了极大的影响，其中甚至出现了"自杀奉公"的极端例子。《东京朝日新闻》报道说，一位名叫神保七五三的普通市民在"卢沟桥事变"爆发后到处奔走，向在乡军人会、国防妇人会、青年团等共捐款100日元。后来因年老体弱无力筹钱，"感觉不能为国家做事"，于是在赴大岛参观防空大演习时，跳海自杀，"牺牲一身，将所得生命保险1万日元捐献给出征军人的家属"①。

无独有偶，大阪市一名刚结婚一年的妇女在丈夫战死之后自杀，然而各报却用颂扬的语气对该事件进行了报道。《大阪时事新报》在报道中说该妇女在丈夫战死后即产生了自杀的念头，并称赞此举为"与武士之妻身份相适应的最后的选择"，"作为军人的妻子这是无上的光荣"②。

大量日本军人在战争中丧生，成为军国主义的炮灰，同时也造成了多达187万的未亡人③。而在军国主义家族国家观的迷惑下，一些未亡人甚至以丈夫战死为荣。山本德三是一名普通士兵，在1941年12月的空袭中丧生，其未婚妻认为丈夫为国"从容赴死"，作为"靖国遗族"感到无上光荣，因此决定在丈夫遗骨运回时，"与英灵的照片举行结婚仪式"，同时为完成丈夫"遗志"，"从事神圣的护士职业，成为伤病勇士的柱和杖，进行奉公"④。

---

① 《东京朝日新闻》1937年8月6日。
② 《大阪时事新报》1938年5月9日。
③ 1949年厚生省的统计结果。转引自李卓：《战时日本的家庭动员与家庭统制》，《日本研究》1996年第4期，第58页。
④ 《朝日新闻》1942年6月29日。

这些极端"奉公"报道的最直接后果就是掀起了更加狂热的"国防献金"热潮，同时报纸对这种所谓报国行为的颂扬为国民传达了一个错误的价值观，即在爱国名义下的任何极端行为都是光荣的，值得发扬的。

（二）产业报国

总动员运动实施以来，报界极力主张实现劳资协调，即劳动者和资本家之间必须尽力减少摩擦。结果中日全面战争爆发之后，劳资之间的斗争"完全销声匿迹"，即便劳资之间有摩擦也能得以迅速解决，而且一些劳动者将"通过纷争得到的额外补贴当作皇军慰问费和国防献金"捐献出来，甚至一些劳动组合（工会）也放弃了劳资斗争，"从产业报国的立场不扩大解决问题"①。

早在1933年6月，日本产业劳动俱乐部在创建声明中就称"我等日本劳动者应自觉将劳动运动的基础置于国家信念之上，在国家存立的尊严面前拥有坚定的认识，以产业报国为第一要义"，随后提出了"劳动报国"的口号，并要求劳动者"作为产业人必须铭记在心，参加实践"。应该说日本产业劳动俱乐部的创建及主张无疑是后来日本产业报国运动的原型②。

1938年2月，财团法人协调会召开时局对策委员会，就劳动力供给、劳资关系等进行协商，提出了"事业一家、家族亲和"的指导思想，要求劳动者"以勤劳报国精神为基础，励精图治"，为"皇国的振兴作出贡献"③，同时大力倡导劳资协调。

1938年7月东京交通劳动组合发表声明，要求"以斗争为必然的组合必须自动解体"，建立"时局型组合"，并采纳内务省、警视厅、宪兵队、商工省以及厚生省等政府部门的意见，制定了如下劳动报国方针：

1. 视工作单位的材料为己物，厉行节约；
2. 努力实现对废品的循环利用；
3. 严守工作时间。④

此外该组合还要求各会员单位积极协助政府在后方开展促进生产、增

---

① 《国民新闻》1937年12月10日。
② 参见法政大学大原社会问题研究所编：《日本劳动年鉴·特集版·太平洋战争下的劳动运动》，东京，劳动旬报社，2000年，第34页。
③ 参见法政大学大原社会问题研究所编：《日本劳动年鉴·特集版·太平洋战争下的劳动运动》，东京，劳动旬报社，2000年，第37~38页。
④ 《都新闻》1938年7月7日。

强国力的活动,组建"劳动报国团","举全组合之力协助劳动报国事业"。

1938年7月30日,日本产业报国联盟成立。在产业报国联盟纲领中提出了如下主张:

> 1. 我等将彻底贯彻国体本义,全体产业团结一致,以此辅佐皇运;
> 2. 我等将体察产业之使命,遵守事业一家、奉公职守之规则,以此为皇国产业兴隆竭尽全力;
> 3. 我等将创造勤劳之真义、建设刚健明朗之生活,以此培育国家之根基。①

在"产业报国"口号的刺激下,日本国内的工厂数、职工数以及生产额都有了显著增长。《读卖新闻》援引商工省的调查结果称1938年日本全国工厂数量超过10万家,比前年增长15653家,职工数量比前年增加10.8%,生产额比前年增加31.9%,劳动时间比前年增长11.5%②,而且以上增长部分大都流向军工企业。

而对战时日本农村地区产生较大影响的团体则是"农业报国联盟"。1937年10月,一部分农民团体宣布参加国民精神总动员运动,并在1938年2月成立了农业报国联盟。农业报国联盟的指导精神是"认识时局、和衷协同,实现真正的相互扶助"。农业报国联盟将分散在各地的农民组织统一起来,动员农民发扬"爱国精神",增加粮食生产,以应对战时经济的困境。《报知新闻》对农业报国联盟的成立给予了较高的评价,称该联盟是解决粮食匮乏和军需品短缺的重要保障,"农业报国联盟决定着今后农村的兴废,是举国一致下能否完成农业报国目标的关键"③。

在舆论的宣传下,农业报国联盟取得了一系列成效,表现之一就是农村劳资纠纷大幅减少。据调查,1935年农村劳资纠纷为6824件,但全面战争爆发之后降至5000余件。究其原因,"主要是农民加深了对时局的认识","是支那事变以来最显著的影响"④。

"产业报国"的风潮也波及教育界。随着战局的发展,军需工业在

---

① 参见法政大学大原社会问题研究所编:《日本劳动年鉴·特集版·太平洋战争下的劳动运动》,东京,劳动旬报社,2000年,第39页。
② 以上数据引自《读卖新闻》1938年11月5日。
③ 《报知新闻》1938年11月6日。
④ 《都新闻》1938年12月6日。

日本国内呈现一派繁荣的景象，在军需工业就职的人数也大幅增长，就连一些小学教师都纷纷抛弃教职加入军需产业劳动大军中。据统计，"卢沟桥事变"爆发之后，东京都平均每月有27~28名教师辞职，而从全国范围来看，仅1938年1月就有200名小学教师离职，除少数人之外，其中大部分人都流入了军需工业①。

（三）援战恤兵

1931年10月16日，《大阪朝日新闻》社在朝刊中发布了如下社告："为慰问驻屯满洲之我军将士，本社捐赠现金一万日元，并承做慰问袋二万个。"报社自己出资向满洲前线战士赠送装有日用品等物品的慰问袋，通过这种形式，掀起了全国支援前线的高潮。

与此同时，各新闻社还呼吁读者捐款、捐物，支援前线，以激励士气，并在报纸上作为"美谈"而大肆渲染，于是"彰显慰问皇军的赤诚，爱国心大发扬，本社受理处募捐慰问金滚滚而来"②的报道频见报端。在名古屋的四家新闻社举办的募集活动中，募集金额到1932年4月达到80725日元，而在第一次截止时间的10月30日，仅一天就募集了15213日元，占总额的19%。③而募捐活动的高潮是全国各界竞相献纳军用飞机。这是以军部、地方新闻社为核心，在"举国一致"的口号下推进的。

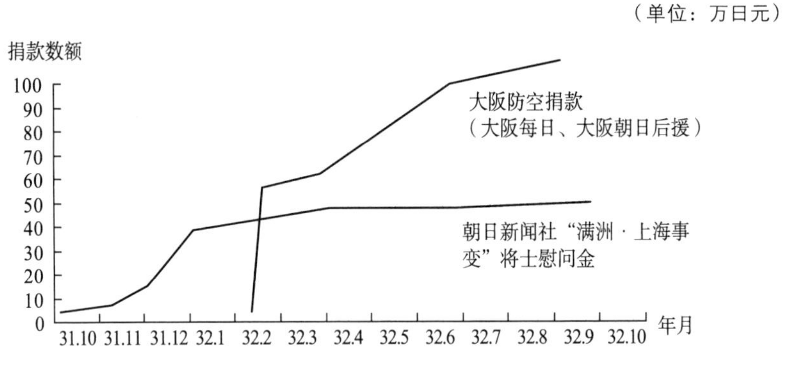

（单位：万日元）

图5-1 《朝日新闻》慰问金和防空捐款累计表（1931年10月~1932年10月）

资料来源：塚本三夫：《侵略战争与报纸》

---

① 《中外商业新报》1939年1月26日。
② 《名古屋新闻》1931年11月25日。参考江口圭一：《满州事变与民众动员——以名古屋市为中心》，见杨栋梁主编：《进步史学家江口圭一》，北京，人民出版社，2002年，第170页。
③ 参考江口圭一：《满州事变与民众动员——以名古屋市为中心》，见杨栋梁主编：《进步史学家江口圭一》，北京，人民出版社，2002年，第170页。

就在日本发表出兵华北声明的当天，首相近卫文麿召集位于东京都内的报社和通讯社的代表、干部约40人至首相官邸"恳谈"，要求舆论界给予协助。对此，"同盟社长代表所有与会人员表示将全力协助政府方针"①。此后各报社和通讯社派出大量记者赴前线采访。据统计，事变发生后的第4周，日本全国报纸、通讯社派往中国战场的特派员已经达到300余名，而上海事变爆发之后，仅《朝日新闻》的特派员就超过100名，各报社的特派员总数达到600名。

1937年8月3日，陆军省发出指令，将各报社派出的特派员称之为"陆军从军记者"②，并给予一定的报酬。于是在军部的支持下各报社迅速派出大批记者赶赴中国前线，同陆军省新闻班一起，进行有关时局的报道。在各报社之间报道竞争最为激烈的时候，《朝日新闻》、《每日新闻》等大报社以及同盟通讯社派出的从军记者均超过100余名，数量之多，史无前例。《东京日日新闻》社会部记者三原信一在报道中说："皇军所到之处必有报社记者和僧侣随行"③。到1940年3月为止，从军记者达到2284名。④ 每天大量稿件像雪片一样传回报社，报道日军胜利的各种"美谈"铺天盖地。国民每天都能从报纸上读到最新的战况，全国笼罩在一片战争烟云之中。

"卢沟桥事变"以来，在军部以及各报社的极力煽动下，日本国民掀起了继"九·一八事变"以来又一轮"献金"狂潮，到1937年9月初捐款已经突破1000万日元，"令当局感激不已，慰问皇军将士的恤兵物品源源不断地送到"⑤。这股狂潮甚至波及国外的日本人，以旅美日本人为例，在美国的日本人共捐款7万余美元。⑥ 此后随着战局的发展，捐款狂潮达到白热化。据统计，截止到1938年6月，陆军省共接受捐款3636万日元，其他物品约208万件。而海军省自1937年7月11日到1938年7月5日期间共接受捐款约1957万日元，其他物品约494万件。⑦

---

① 《东京朝日新闻》1937年7月12日。
② 日本早在明治七年出兵台湾时，派出岸田吟香为从军记者，这是日本新闻史上第一次派从军记者。而军队给予新闻记者以"从军记者"的称呼，并支付一定报酬，则是自日俄战争以来的事情。参考春原昭彦：《日本报业通史》，新泉社，1987年，第204页。
③ 《东京日日新闻》1937年8月13日。
④ 《日本新闻年鉴》1941年。引自山本文雄：《日本新闻发达史》，东京，伊藤书店，1944年，第359页。
⑤ 《国民日报》1937年9月4日。
⑥ 《国民日报》1937年9月4日。
⑦ 《东京朝日新闻》1938年7月7日。

为将国民进一步统一到"圣战"中来，各报除了掀起声势浩大的"千人针"、"慰问袋"运动外，还直接领导了"军用机献纳运动"。1937年8月12日，《朝日新闻》社主笔绪方竹虎分别拜访了陆相杉山元和海相米内光政，并分别向陆海军捐款200万日元。日军开始跨海轰炸南京等地时，捐款已达600万日元，在随后召开的"军用机献纳执行委员会"上，决定为陆海军购买战斗机各15架。这些用捐款购买的飞机在中国上空横行无忌。1943年12月，靖国神社将筹得的30万日元香资捐给陆海军购买军用飞机，并命名为"靖国神社号"。《信浓每日新闻》认为"作为万民崇敬的中心"，靖国神社此举"使我等国民肃然起敬，更加提高了增产飞机的热情"①。

各报除了号召国民从物质上支持战争之外，还从精神上对日军进行了慰问。1931年10月28日，为了对"与暴戾之支那兵、土贼艰苦作战的在满出征战士表达慰问"，《东京朝日新闻》社发布社告向全国小学生征集慰问文。"从桦太（库页岛）、北海道等东日本各小学集中送到本社的儿童慰问信堆积成山。到11月14日为止，其中的第一批共计18907封送往军部。"② 1931年11月20日，有姐妹二人向军队送去5个慰问袋，其中竟然装了"鲜血写就"的慰问书，被《大阪朝日新闻》高度赞扬为"爱国热忱连男子也不及的巾帼英雄"③。以此为开端，全国掀起了寄赠血书行动，"令所有将官无不含着感激的热泪"④。

此外报纸甚至还鼓动一些群众组织通过各种形式来支持战争。1937年9月8日，《东京日日新闻》报道了大日本军刀协会所谓的"美举"。"鉴于奋战在支那第一线上的将士们由于短兵相接激烈，开战以来军刀损伤情况非常之严重，为能在现场进行修理，大日本军刀匠协会制订计划，决定将数百名军刀匠分为数班派往前线"⑤，为军队修理军刀。后来，甚至出现了中国人向日军捐款的报道。《朝日新闻》在10月30日报道说，两名在日本的中国人为"感激正义之日本，踊跃参加银翼献金运动"，向

---

① 《信浓每日新闻》1943年12月9日。
② 《东京朝日新闻》1931年11月17日。
③ 《大阪朝日新闻》（三河版）1931年11月22日。参考江口圭一：《满州事变与民众动员——以名古屋市为中心》，见杨栋梁主编：《进步史学家江口圭一》，北京，人民出版社，2002年，第171页。
④ 《名古屋新闻》1932年2月27日。
⑤ 《东京日日新闻》1937年9月8日。

日军捐献 70 日元①。

报界的上述宣传活动使日本国民狂热地参与到侵略战争中来，极大地配合了军部"统一国论"的要求。

二、派遣"笔部队"，塑造战争文学

"笔部队"的构想来源于德国军事家鲁登道夫提出的"国家总力战"的军事理论，他认为未来战争是国家总体实力的较量，要取得战争的胜利，必须进行国家总动员，要求国民团结和"规律节制"，实现思想统一化。德国的"笔部队"被称为"没有武装但却比武装起来的保卫要塞的军队具有更强大威力的军队"②，这一理论被日本军国主义完全接受下来。

1937 年 8 月 24 日，日本政府发布"国民精神总动员实施纲要"，要求举国一致推行侵华战争。在这种情况下，日本国内的报刊、广播等舆论工具也开足马力，向国民展开了规模巨大的战争宣传。报纸也开始刊登所谓"战争小说"、报告文学、战争诗歌、作家的战场通讯之类的文章，获得了大量的读者，报刊对此类稿件的需求也越来越大，于是报社和杂志社除了派遣本社的记者和通讯员外，又网罗了一些在社会上较有影响的文学家派往中国战场。8 月 3 日，《东京日日新闻》刊登了一条引人注目的消息称"本社为事变报道添异彩，派遣大众文学巨匠吉川英治氏并于昨日飞抵天津"③，8 月 5 日，吉川英治的战场通讯《在天津》很快在该报头条刊出。接着该报又派出了小说家木村毅到了上海。木村 21 日到达上海，24 日便开始发表有关上海的战事通讯。

到 8 月底，各报社、杂志社向中国战场派出了大量的从军作家，这些大多是一些当时"比较少壮的、被称为文坛中坚分子的精力旺盛的人"④。主要成员如下表所示。

---

① 《东京朝日新闻》1937 年 10 月 30 日。
② 川端勇男：《德国宣传中队的组织与活跃》，东京，スメル书房，1942 年。参见樱本富雄：《文化人的大东亚战争》，东京，青木书店 1995 年版，第 11 页。
③ 《东京日日新闻》1937 年 8 月 3 日。
④ 板垣直子：《现代日本的战争文学》，东京，六兴商会出版部，1943 年。参见樱本富雄：《文化人的大东亚战争》，东京，青木书店 1995 年版，第 11 页。

表 5-3　各报社、杂志社派遣文学家一览表①

机 构 名 称	被 派 遣 者 姓 名
东京日日新闻社	吉川英治、木村毅
主妇之友社	吉屋信子
中央公论社	尾崎士郎、林房雄、石川达三
日本评论社	榊山润
改造社	立野信之、三好达治
文艺春秋社	岸田国士、小林秀雄
都新闻	井上由一郎
海军军事普及部	西条八十
外务省情报部	上泉秀信、佐伯孝夫

这些文学家的"从军记"和"现地报告"之类的文字一时充斥杂志报端，为日本国民的战争狂热推波助澜，可以说他们是初期的"笔部队"。对战争性质的颠倒，对战争狂热的煽动，对中国抗日军民的丑化和诬蔑，对中国现状的歪曲描写，是这些作家的大部分作品的共同点。

此后，日本政府开始直接出面组织所谓的"笔部队"。1937 年 8 月 20 日晚，在东京的许多作家收到了日本文艺家协会会长菊池宽的快递明信片，要求他们于 23 日午后 3 时前去首相官邸内阁情报部开会。23 日，以菊池宽为首的 12 名作家按时赴会。

据与会的作家白井乔二回忆，会议主持人是情报部官员，此外还有陆军省新闻班的松村中佐、海军省军事普及部的犬冢大佐、松岛中佐等人。会议开始时，只是随意地交谈一些有关战争时局的问题，后来陆军省的松村中佐向与会者讲解了进攻武汉的情况，最后提出希望派遣二十名作家到中国前线从军，并许诺"大家并不需要保证什么，就是去看看那里的情况，如果不想写也可以，并不需要承担特别的责任"② 云云。

然而，这是谎言。由驻华中地区日军报道部编写的"从军文艺家新年感动计划表"中清楚地写道，这些派往中国的作家"主要任务是向国

---

① 樱本富雄：《文化人的大东亚战争》，东京，青木书店，1995 年，第 13 页。
② 尾崎士郎：《文学部队》，东京，新潮社，1939 年。转引自樱本富雄：《文化人的大东亚战争》，青木书店，1995 年，第 20 页。

民报道武汉攻克战中陆军部队官兵的英勇奋战以及劳苦的实相。同时，报道占领区内建设的状况，以促使国民奋起促进对华问题的根本解决。"①

对于这次文坛总动员，报界作了大量报道，称之为"世界最初的划时代的大壮举，是文坛对国家至高无上的贡献"②。8月26日下午，内阁情报部公布了情报部确定派遣的22名从军作家名单。此后，日本新闻媒体对这批从军作家大肆宣传，称其为远征中国大陆的"笔部队"，而未被选中的作家的感想文也开始频见报端，如著名作家广津和郎在《都新闻》上撰文说："有人问我，你想从军参加武汉攻克战吗？我说真是朝思暮想，高兴得心都跳了起来，因为这是出乎预料的幸运的事情。可是，一看公布的名单里头没有我的名字，真是空喜一场。抱的希望越大，失望也就越厉害。"③

临行前，政府、军部和媒体为他们举行了隆重的欢送会。9月3日，由《东京日日新闻》社主办的"从军作家壮行会"在日比谷公会堂举行，然后22名"笔部队"成员分"海军班"和"陆军班"两路乘飞机于9月中旬前往中国战场。

10月1日，《日本学艺新闻》发表了草野心平的诗，为"笔部队"饯行。12月1日，该报又发表了"笔部队报告"。"以汉口入城为目标而派遣22名笔部队之举为日本文学史上史无前例的壮举。我们日本学艺新闻曾嘱托草野心平氏作《饯壮行》一篇以作庆祝，祈愿其使命的完成。对此，林芙美子、白井乔二两人发来感谢信。"④ 接着，该报详细报道了归来队员的感受与体验。

"笔部队"回国后，在各报社的主持下，开展了一系列的活动。10月从军作家将撰写从军报告获得的稿费共计1500日元作为第一次捐款送到海军省。24日，《文艺春秋》社在热海召开从军作家海军班慰劳欢迎会。11月19日，《东京日日新闻》社主办的从军作家演讲会在日比谷公会堂举行，久米正雄等11人作了演讲。21日，《中央公论》社主办的从军作家演讲会在青年馆开幕，尾崎士郎、丹羽文雄、石川达三等文学界名人作了颇具煽动性的演讲。

---

① 高崎隆治：《笔与战争》，东京，成甲书房，1976年。参见王向远：《日本的'笔部队'及其侵华文学》，《北京社会科学》1998年第2期，第106页。
② 《东京日日新闻》1938年8月24日。
③ 参见王向远：《日本的"笔部队"及其侵华文学》，《北京社会科学》1998年第2期，第104页。
④ 《日本学艺新闻》1938年12月1日。

1938年底,"笔部队"的大部分作家都已回国,日本许多报刊纷纷召集"笔部队"作家座谈会,争先恐后地登载"笔部队"作家的从军记、报告文学、小说等,形成了侵华战争期间所谓的"战争文学热"。"笔部队"成员的这些作品尽管所写的内容、表现的方法有所不同,但都不同程度地贯彻了军部的意图。

"笔部队"的组成以及开往中国的过程表明日本文学也被卷入了侵华战争的漩涡,是日本文学及日本作家自觉地全面协力侵略战争的象征性事件,也是日本报界"协力"战争的手段之一。

总之,"笔部队"掀起的战争文学热潮与报纸不遗余力的宣传和支持是分不开的。一方面,报界的战时协力体制造就了"笔部队",另一方面,"笔部队"的有关作品又在相当程度上协助报纸为日本的武力侵华推波助澜,从而形成了"枪杆子"和"笔杆子"一哄而上、武力侵略和文化进攻双管齐下的侵华战争格局。

三、力倡结婚报国和生育报国

家庭既是人类社会最基层的组织,也是人类实现发展的最小单位。在战时体制下,日本统治阶级实施了家庭动员,在意识形态领域推行家族国家观,力求充分发动每一个国民的积极性,以顺利推行侵略战争政策。

家族国家观是"近代日本的统治者为维护天皇制和推行对外侵略扩张政策,运用日本传统家族制度的原理,将家族关系和政治关系等同起来,以实现天皇对国民进行统治的国家伦理观"[①]。早在1890年颁布的《教育敕语》中就要求国民"一旦有缓急,则义勇奉公,以辅翼无壤无穷之皇运"。此后经井上哲次郎等人的解释和演绎,家族国家观日臻完善。

1937年,为"提倡国体明征精神,明确国体本义",文部省思想局发布了《国体之本义》的小册子。小册子认为天皇即国体,亘古不变,因此"基于此大义,作为一大家族国家,亿兆一心,奉体圣旨,发扬克忠克孝之美德。此乃我国体之精华",进而把"忠君爱国"、"忠孝一体"作为"臣节",其最大特点便是"强调政教合一的精神"[②]。

1941年,文部省教育局发行《臣民之道》一书,强调"皇国臣民之

---

① 李卓:《战时日本的家庭动员与家庭统制》,《日本研究》1996年第4期,第54页。
② 《东京日日新闻》1937年4月10日。

道，源自日本之国体，在于扶翼、奉行天地无穷之皇运"①。1942 年 3 月，文部省又发布了"战时家庭教育指导要纲"，目的是"刷新充实家庭生活，发扬家族制度的美风，养育能够担负起皇国重责的健全子女，振兴家庭教育"。该要纲特别强调了"母性"的作用，称女性担负着"养育下代皇国民的重要责任"，因此必须建设"健康、明朗的翼赞家庭"。

太平洋战争爆发之后，随着战局的发展，日本国内出现了兵源不足和劳动力匮乏的局面。为此，日本政府除了一再放宽"国民征用"的范围之外，还于 1941 年 1 月 23 日颁布"人口政策确立要纲"，打出了"为了国家生育、繁殖"的口号，提倡早婚多育，将女性结婚年龄提前 3 年，并确定了一对夫妇平均生育 5 个孩子的目标，以"确立东亚盟主的地位"。为此，报纸大肆鼓吹"生儿育女是女性报国的义务，也是守护家园的使命"，由此提倡"将全日本女性的个人主义和享乐主义一扫而光"②。这样就把国民个人的结婚和生育等问题与确保兵力和生产力等战争国策联系起来，使之成为推行战争的手段。

"人口政策确立要纲"出台后，各大报纸均对战时人口政策作了报道。从数量来看，仅 1941 年和 1942 年两年间，《东京朝日新闻》关于战时人口政策的报道达到 142 件，而《信浓每日新闻》则达到 226 件，平均每 3 天就有一篇相关报道见报③。"多生多育"、"生育繁殖"等口号充斥于各报报端，成为当时的关键词。《京都新闻》认为战争取胜的根本在于人的因素，"确保人力资源才是一亿国民应当承担的责任，也是对皇国真正的奉公"。同时该报还对京都的出生率进行了报道，并称新生男儿中以"胜"、"利"、"武"、"勇"等命名的非常多，"这是决战下必胜精神的体现，也表现了皇国资源的膨胀"④。

各报不但从数量上呼吁多产，还从质量上要求实行"优生"，《朝日新闻》在 1941～1942 年间多次举办了"健康优良儿"表彰大会，以表彰那些身体健康的儿童。《报知新闻》则鼓吹日本优秀人种论，称"日本人是适合地球表面的人种"。该报认为日本实行鼓励多生的政策之后，日本的人口出现了增长，表明日本人是能在地球上生殖繁衍的民族，而

---

① 高洪：《战争期间日本军国主义法西斯的精神专制》，《日本学刊》2005 年第 4 期，第 103 页。
② 《读卖新闻》1941 年 1 月 23 日。
③ 赤川学：《报纸上出现的"生吧！繁殖吧！"口号——〈信浓每日新闻〉与〈东京朝日新闻〉中的战时人口政策》，《人文科学论集（人间情报学科篇）》第 38 号，第 135 页。
④ 《京都新闻》1943 年 8 月 20 日。

日本政府利用人口政策来谋求"国力的伸张"① 是明智之举。

1943年伊始，鉴于"人力资源的扩充需要增产大量孩子，因此结婚也必须纳入到新体制中"②，为此政府制定了"结婚资金制度"，对"多产"和"早婚"者实行奖励。

在此背景下，新闻媒介也大造舆论，宣传"国力的基础在于国民的人口"。为促进"结婚报国"行动的展开，报纸纷纷开设"纸上结婚相谈专栏"，连篇累牍地发表"战时促进结婚座谈会"等消息和文章。《福冈日日新闻》认为造成日本人力资源紧张局面的主要原因是"年轻人不结婚"以及晚婚，因此"人口问题解决的关键在于促进结婚"，所以该报主张动员"邻组"等国民组织，"将独身男女一网打尽"，"大量制造新郎新娘"③。

在宣扬"早婚早育"的同时，各报还对"独身主义者"进行了批判，称"在生育、繁殖的重要时代，放任独身者的存在是一种耻辱"，是"不光彩的事情"④，并大力宣扬"结婚才是战力增强的源泉"⑤，号召"邻组"等国民团体想方设法"消灭独身者"，为"一亿总崛起"增添力量。

为推进"增殖人口"的国策，当时在妇女界影响颇大的《妇女新闻》发表社论指出："增殖人口是国民肩负的唯一平等的义务，孩子不是'我的孩子'，而是'国家的孩子'"。此外，各报还将日本妇女与伤残军人结婚视为"美谈"而大力宣扬，称"成为这些勇士的妻子，做他们的杖、他们的柱而度过一生，是日本妇女最崇高的任务"⑥。

各报甚至还宣扬所谓的"翼赞美女"。《中外商业新报》发文称江户时代的"浮世绘型"美女在新体制下已经过时，"新时代代表性的美女标准是，首先是响应'生育、繁殖'国策、能够出色完成人口增殖大任的健康女性和能够生产健康下一代的翼赞美女"⑦。

报纸的"结婚报国"宣传卓有成效，全国各地出现了结婚热潮和早婚现象。据《北海道新闻》报道，到札幌市"结婚斡旋所"来寻求帮助

---

① 《报知新闻》1939年3月4日。
② 《中外商业新报》1941年1月1日。
③ 《福冈日日新闻》1940年11月23日。
④ 《朝日新闻》1943年4月4日。
⑤ 《朝日新闻》1943年6月19日。
⑥ 以上转引自李卓：《战时日本的家庭动员与家庭统制》，《日本研究》1996年第4期，第57页。
⑦ 《中外商业新报》1941年1月21日。

的人数逐月增加，最多时一日可达 10 余名，而且登记申请结婚的国民的年龄也呈现下降的趋势，"这如实反映了'结婚报国'的观念开始盛行"①。

  传媒在政治传播过程中发挥着重大的作用。政治传播过程中的决定性因素固然是上层建筑所代表的权力，但要想将政策、纲领、理念等最大程度地宣示于人，没有传播工具的参与是不可能实现的。从某种意义上说，政治权力在相当程度上依赖传播网络的构建，其效果的大小也取决于对传播工具、传播过程的控制程度。战时日本报界的后方报道主要围绕"国家总动员"展开，其内容涉及精神动员、物资动员和人力动员，且与当时的国家政策紧密相关，为"国家总动员"的开展发挥了极大的作用。

---

① 《北海道新闻》1943 年 12 月 10 日。

第六章　战时日本新闻人物研究

人类最早的武器是石头、棍棒和情报活动①，情报活动自古以来便是人类谋求生存的重要部分。在政治世界中，大权在握的统治者和从事情报活动的人士之间往往保持着非同寻常的关系。权力与情报之间是一种互相依存、互相利用的关系，权利依赖情报的支撑，而情报在引导权利的同时也在千方百计地谋求自身的发展。古今中外，但凡执掌政权、高居权力宝座的统治者无不挖空心思，千方百计搜集维持和扩大其权力所必需的情报。而那些精通情报的人也往往依靠情报优势不断扩大自己的势力，最终问鼎权力宝座，因此可以说情报是到达权力终端的最有力的武器之一。从这个意义上讲，对掌握情报大权、决定情报发展脉络的"人"的因素进行研究，是考察舆论与政治、舆论与战争等课题所不可或缺的重要组成部分。

战时日本新闻界的主要代表性人物大致分为三类：第一类是具有官方背景、掌控舆论统治阵地的实权派，他们往往具有丰富的报社工作经验，后来进入政界掌管政府情报部门，对战时日本舆论政策的制定与实施起着至关重要的作用，其代表人物为绪方竹虎。第二类是主张推行大东亚战争并极力为侵略战争摇旗呐喊的主战派新闻人物，他们不但是报界领袖，甚至在整个思想文化界也都举足轻重，且大多担任了战时右翼文化团体的领袖，其代表人物是德富苏峰。第三类是反军反战、坚持新闻正义的反战新闻人物，他们不惧日本政府当局的舆论政策，发表了一系列抵抗文章，但由于人数少，作为他们宣传阵地的报纸发行量极低，其影响也就微乎其微了，其代表人物是菊竹六鼓和桐生悠悠等。

本章拟从上述三类代表性的新闻人物出发，考察其在战时的新闻思想和新闻行动，以此管窥战时日本报界的状况。

---

① 〔美〕拉第斯拉斯·法拉高：《智慧之战——谍报、情报活动的解剖》，日刊劳动通信社译，东京，朝日 sonorama 出版社，日刊劳动通信社，1956 年，第 23 页。

第一节 战时情报组织的主宰者——绪方竹虎

绪方竹虎不仅具有报社记者、报社管理者的丰富经历，还担任过战时日本情报机构的最高负责人——情报局总裁的职务，并且在战后作为内阁调查室的创始人，与日本情报管理有着极深的关系。他由《朝日新闻》社的一名普通记者成长为报社的编辑局长和主笔，并在很长一段时期内主导着《朝日新闻》的舆论导向，继而又担任战时情报组织的最高领导人。可以说，绪方的成长轨迹是与日本报业舆论的发展息息相关的。因此，探寻绪方个人的足迹对考察战时日本新闻舆论的发展具有重要的意义。

一、报社记者时期

绪方竹虎最先是以信息提供者即记者的身份涉足舆论界的，他在担任《朝日新闻》记者期间，撰写了大量批判性文章，并开始在舆论界崭露头角，为其后来成长为《朝日新闻》社的最高干部以及战时体制下国家情报组织的最高领导人——情报局总裁奠定了深厚基础。

（一）加盟《朝日新闻》

绪方竹虎于1888年出生于山形县，其父是一名精通德语的内务省官员，其母是著名兰学家绪方洪庵义弟绪方研堂的女儿。绪方5岁时，因其父转任福冈县书记官，全家搬到福冈市。在福冈，绪方结识了中野正刚，并建立了深厚的友谊。年轻时代的绪方具有强烈的"爱国心"，他曾经写过一篇题为"战争感化"的作文，赞美了日俄战争中的"为国捐躯"的日本军人。他在文章中写道："吾人特别钦佩此等勇士，在生死存亡的瞬间，他们大到考虑国家命运，小到不辱家名，以最热烈的真诚尽其天职。然这并非是偶然为之，而是发扬了令人夸赞的日本魂的精髓。"① 绪方的这种"爱国心"深受日本依靠其强大军事力量实行积极对外扩张政策的影响，并进而逐渐培养起来的。

中学毕业后，绪方报考了东京高等商业学校，后转入早稻田大学政经科。早大求学期间，他参加了一个叫作"东西南北会"的同乡会，并

---

① 绪方竹虎：《战争感化》。参见大塚觉编：《绪方竹虎》，福冈，修猷通信，1956年，第173页。

通过该会认识了头山满①，后在头山满的介绍下，他开始同三浦梧楼②、犬养毅等政治名人有了频繁接触。绪方毕业后在中野正刚的介绍下进入《朝日新闻》社③，成为该社的一名记者。由于当时报社记者的地位和社会评价均不高④，父亲对于绪方从事报社记者职业非常不满，他要求绪方"一定要做到报社记者之上、与编辑局长同等的职位"⑤。

绪方进入《朝日新闻》社时，报社内部存在着复杂的派阀对立，令其烦恼不已，但另一方面这种复杂的派阀斗争对日后绪方步入政坛起了重要的作用。绪方先是学习报社记者的基本常识，在此过程中他的聪明才智深受当时报社领导的赏识。时任《朝日新闻》政治部长的弓削田精一对绪方给予了较高评价，他断言绪方"假以时日必将成大器"⑥。

该时期绪方除了为《朝日新闻》撰稿外，还经常以笔名向《财政经济时报》和《信浓每日新闻》投稿⑦。据统计，从1915年12月到1918年间，绪方共向《信浓每日新闻》投稿114篇。《信浓每日新闻》是当时地方新闻中屈指可数的自由主义的大众启蒙报纸，奉行"社长以及其他一切重要人物均不得干涉主笔"⑧的原则。因此，绪方不但能通过撰稿解决经济上的困难，更重要的是他可以畅所欲言，自由地表达自己的思想。

(二) 第二次大隈内阁时期

1914年4月第二次大隈内阁成立。7月第一次世界大战爆发，大隈

---

① 头山满（1855—1944），日本右翼势力首领。早年参加自由民权运动。1879年同平冈洁太郎等人结成向阳社，1881年改造成秘密的军国主义团体玄洋社。后又发起创建黑龙会、大日本生产党。一贯鼓吹"大亚细亚主义"和对外扩张，自称"天下浪人"。与军部、财阀、官僚相勾结，对内专事迫害社会进步人士，对外配合军部进行侵略活动。晚年积极支持德、日、意三国同盟和扩大对华侵略。

② 三浦梧楼·(1846年—1926年)，出身军阀，别号观树。曾参加过第二次长州征讨、戊辰战争、西南战争等重要战役。后晋升为陆军中将，授予子爵爵位。1895年接替井上馨为驻朝鲜公使，积极策划了杀害闵妃的"乙未事变"。事后日本受到国际社会的强大压力，被迫解除了其公使职位，并押解回国受审。但最终受日本当局的袒护，被免予起诉。

③ 中野正刚比绪方早两年从早稻田毕业，毕业后进入《东京日新闻》任记者，后又加盟《朝日新闻》。

④ 据渡边绅一郎所说，当时"报社记者只能娶到如菜店老板女儿那样的人，山手的良家女孩是不会嫁给他们的，父母一般不会同意。（中略）总之，报社记者基本上都是三流大学中途退学的学生"。参考《人物朝日新闻》，文艺春秋1953年6月增刊，第96页。

⑤ 绪方竹虎传记刊行会：《绪方竹虎》，东京，朝日新闻社，1963年，第21页。

⑥ 嘉治隆一：《绪方竹虎》，东京，时事通信社，1962年，第67页。

⑦ 绪方在为上述两家报纸撰稿时均署笔名。在《财政经济时报》的评论中使用"莫哀楼主人"的笔名，而在《信浓每日新闻》则使用"莫哀楼"的笔名。

⑧ 太田雅夫编：《桐生悠悠自传回忆》，东京，新泉社，1991年，第118页。

内阁于同年 8 月对德宣战，目的是趁机清除德国在远东的势力，并由日本来填补德国留下的空隙。对此，《东洋经济新报》的石桥湛山对日本的对外侵略企图提出了批评，他呼吁应该从"一名彻底的和平爱好者的立场来处理时局"①，在当时的历史背景下，石桥的主张无疑具有浓厚的理想主义色彩。而绪方对于日本对德宣战的看法则更接近现实。一方面他支持政府应该采取行动，"确保既已确定的东亚和平"，但另一方面却对于大隈内阁的"膨胀主义"提出了强烈批评，"我们政府此时只能说是陷入了一种膨胀主义的梦想之中。膨胀主义和大日本主义并非不为国力所容，并且在国是确定之后也未尝不可，然而在国是没有确定、国力难以预测的情况下，仅仅靠地图的涂抹来加以计算是非常虚荣的。"②

绪方还对大隈内阁的对华政策提出了批评。他认为"支那问题的解决并不像米价调节或者蚕丝救济那样暂时就能糊弄过去"③。对于大隈内阁提出的对华"二十一条"政策，绪方也发表了自己的观点，他说"新条约的结果是在满洲获得了农业经营的土地商租权、居住往来的自由权以及其他的诸多权利，但是另一方面，上述条约的签订却遭到了北京政府的严正抗议，并且自此以后支那国民的排日热潮更加炽热，这样实际的事业经营方面变得更加困难"④。据此，他认为日本通过"二十一条"反而为自己制造了麻烦，这种主张在当时可谓独树一帜。

对于辛亥革命以后日本的对华政策，绪方作了如下概括。

> 大凡我国的对外政策从来没有像现在这般混乱。政府大体上同情满洲朝廷，民间志士大多与革命党交好，而同样是政府内部，外务省和陆海军之间又有纠葛，其间并无一贯的主张，演出了一幕围绕支那问题日本人相互排击、明争暗斗的丑剧，所谓支离破碎、矛盾重重，几至难以收拾的地步，结果得到的只是列国的猜疑以及支那民众的怨恨。⑤

绪方对大隈个人的批判也是相当严厉的。他将大隈定性为"从英国

---

① 石桥湛山全集编纂委员会：《石桥湛山全集》第一卷，东京，东洋经济新报社，1970 年，第 361 页。
② 《财政经济时报》1914 年第 9 期，第 48 页。
③ 《财政经济时报》1914 年第 9 期，第 48 页。
④ 《信浓每日新闻》1916 年 8 月 11 日。
⑤ 《信浓每日新闻》1916 年 5 月 30 日。

流派民主主义的大本山改宗为官僚忠君主义"①、"从早稻田平民一跃为长阀傀儡"② 的人物。绪方认为，大隈内阁虽然"对议会最为骄横无礼"，但"对议会外面势力却最为迎合"，"尤其是对山县公表现出露骨的忠诚，说他毫无作为实不为过"③。

绪方还认为大隈生来就是一个机会主义者，是一个毫无思想的人，其内阁也是以"荒唐政治"为基调的。他说：

> 大隈伯原来是一个披着羊皮的狼，乍一看好像是一个非凡的理想家，一个讲求主义的人，但是其实质是一个极端的机会主义分子。桂公（桂太郎——笔者注）在生前就一直被人们责难为机会主义者，但即使那样他仍然还具有一种德国、意大利式的坚实性格。而大隈伯则是毫无计划地胡言乱语。在早稻田宅邸里的豪言壮语只不过是道听途说而已，在政治上没有一贯的见解。只是他是一个与生俱来的乐天派，成天干着临时抱佛脚的勾当。④

另外，他还说"豪言壮语和高谈阔论几乎就是'大隈'首相的病弊"⑤，其"政权欲只能用'病态'来解释"⑥。因此，大隈内阁"将凡能发挥的权术发挥殆尽之后，最终难免作茧自缚"⑦。

从上述评论可以看出，尽管绪方对大隈内阁及大隈本人进行了激烈的批判，但其对大隈内阁的批判并非从原则上给予否定，更不是反对日本的对华侵略政策，而是其新闻记者的使命感使然。由此可知，该时期绪方的自由主义倾向还是比较明显的。

（三）寺内内阁时期

1916年10月，在元老山县有朋的推荐之下，寺内正毅上台组阁。绪方将寺内内阁的成立定性为"宪政的逆转"，在他看来，寺内内阁的阵容"几乎是由寺内派组成的小内阁"⑧。

绪方首先针对寺内内阁的"小内阁"展开了批判。绪方认为寺内之

---

① 《信浓每日新闻》1916年1月26日。
② 《财政经济时报》1916年第1期，第18页。
③ 《信浓每日新闻》1916年3月17日。
④ 《财政经济时报》1915年第9期，第51页。
⑤ 《信浓每日新闻》1916年3月20日。
⑥ 《信浓每日新闻》1916年9月26日。
⑦ 《信浓每日新闻》1916年11月15日。
⑧ 《财政经济时报》1916年第11期，第19页。

所以组织"小内阁"与其过分计较个人得失的性格有密切的联系,他说寺内"并没有足够的自信,比起冒险来,他首先会考虑如何能够全身而退,比起建立更大的功业来,他会首先考虑不要伤及今日的名誉"①。

接下来绪方对寺内内阁的"形式主义"进行了批判。他说寺内内阁的根本特征就是形式主义,"无论什么事情都要放在特定的模子里,是一种病态的统一,而且不能随机应变,没有什么技巧"②。

大隈内阁的参政党"同志会"在寺内内阁成立之后与中正会、公友俱乐部合并为"宪政会"。但是绪方并不认同宪政会的官僚体制,在1917年4月大选来临之际,绪方对宪政会提出了批评。他说:"今日宪政会的主张曾经是其反对党的呼吁,宪政会的前后反复非常大,从中可以看出其宣扬的主义并非是自始至终的。"③

1917年6月寺内内阁设立临时外交调查会,但宪政会拒绝参加。对此绪方指出:"宪政会应该将其不参加调查会的理由昭示天下,同时对宪法问题在基于其独立见地的基础之上,充分地发表自己的意见,向国民表明是非。"④

开始绪方对政友会是抱有一定幻想的,他希望政友会"一旦获得其所期待的发言权就应该逐渐着手实现其主义政策,这是作为一个政党理所当然的责任",然而政友会的政策却背离了绪方的期待,在寺内内阁成立之后的第二年政友会就宣布对寺内内阁采取若即若离的中立立场,对此绪方认为"政友会已经在严正中立的名义下向政府靠近,这样就会将政府意志作为国家政策来推行"⑤。

二、《朝日新闻》"笔政"时期

所谓报社内部的"笔政"一般指的是对报社编辑方针等相关内容进行社内政治指导、撰写重要评论的工作。"绪方笔政"是自大正末期至昭和时期《朝日新闻》所固有的内部政治体制,它是体现"经营伦理"的社长和体现"言论自由"的评论员之间的媒介,是一种在前者伦理框架内保障或指导言论自由的体制。

---

① 《财政经济时报》1916年第8期,第17页。
② 《信浓每日新闻》1917年8月14日。
③ 《信浓每日新闻》1917年3月11日。
④ 《信浓每日新闻》1917年9月11日。
⑤ 《信浓每日新闻》1917年2月10日。

(一) 绪方笔政的确立

1918年的"白虹贯日事件"是日本新闻史上最大的笔祸事件，它也因此成为绪方参与朝日"笔政"的最初的契机。在此次事件中，鸟居素川、长谷川如是闲等人被迫辞职，上野理一代替村山龙平就任社长，西村天囚、本多精一则代替鸟居、长谷川等人负责掌控《朝日新闻》编辑方针。为了加强因笔祸事件而被削弱的评论阵营的力量，绪方竹虎被招至《大阪朝日新闻》社，成为论说阵营的一员。

"白虹贯日事件"之后西村天囚为收拾残局，写了一篇题为"宣明本社本分"的社论，表明了对原内阁的恭顺之意，受到了报社内部自由派人士的攻击，结果不得不于1919年5月离开报社。加之在1919年末至翌年年初，对绪方有知遇之恩的上野理一和本多精一两人相继去世。这些变故使绪方心灰意冷，遂决定自费赴英留学。

1920年4月，绪方经由纽约到达英国。在留学期间，绪方目睹了1921年春天爆发的英国大规模煤矿罢工，并根据自身体验为《朝日新闻》撰写了大量稿件。另外，在这期间绪方还受命赴华盛顿裁军会议进行采访，成为《朝日新闻》记者团中的活跃分子。

1922年7月，绪方结束两年多的留学生活回国。他在留学之前曾经说过"回来后打算辞去报社工作"①，但是由于他在华盛顿会议期间的出色表现，回国后直接被晋升为《大阪朝日新闻》通信部部长。此后绪方在《朝日新闻》社内部的升迁可谓平步青云，第二年4月就任《东京朝日新闻》整理部长。编辑局长安藤正纯外游后，东京朝日采用了编辑委员制，绪方与神田正雄、牧野辉智同为委员，负责编辑事务，并担任干事，接着同年10月又被任命为政治部长。1939年2月，38岁的绪方走马上任《东京朝日新闻》编辑局长一职。至此，"绪方笔政"正式确立。直到1943年取消主笔制，绪方一直担任东京朝日乃至整个朝日系统社论的最高负责人。

《朝日新闻》自古以来便有"社长君临天下而不干涉政治"②的传统，即社长虽然拥有绝对权威，但不能干涉报纸的编辑方针，这种传统能够最大程度地保持报纸独立性、指导性和营利性之间的平衡。绪方笔政不但继承了《朝日新闻》的这个传统，同时还对其进行了充实和完

---

① 绪方竹虎:《自明治末期至太平洋战争》，东京，朝日新闻东京本社社史编修室，1951年，第23页。

② 有竹修二:《〈朝日新闻〉的战前、战中、战后》，见三好修、卫藤沈吉等:《新闻亡国论》，东京，自由社，1972年，第118页。

善。首先由于绪方"不会为死板的意识形态所拘束"①,这种包容使得他能够将不同思想、不同经历的评论委员统一起来。绪方曾经撰文阐述了自己心目中最理想的笔政,即黑岩泪香主政下的《万朝报》时代。"黑岩最得意的时代是他将左右软硬派所有人才网罗进编集局,昂然睥睨于大报之间的时代。(中略)新闻记者的幸福就在于能够在新闻报道中自由发表自己的见解。而万朝报全盛期的黑岩完全享受到了这种愉快和幸福"②。

另外,绪方与社外人士交流之广以及获得的信息量之多在《朝日新闻》社内无人能及。他不但能够指导社评,参与经营,而且还起到了与社外进行交流的窗口作用。绪方后来成为一名精通政界情报的政治家,与他的善于交际的能力是分不开的。作为一名政治记者,他总是想方设法挖掘政治信息以满足其工作的需要,就在这个过程之中,他积累了比其他人更多的资源,为其成长为一名政治家打下了坚实的基础。

最后,绪方与以头山满为首的玄洋社成员交往密切,这使得他在处理《朝日新闻》与右翼之间冲突的问题上游刃有余。例如围绕1928年皇女久宫祐子去世而发生的误报事件③,绪方和时任《朝日新闻》校阅部长的玄洋社社员藤本尚凭借与黑龙会中坚人物内田良平之间的私人关系使得该问题得以圆满解决。在当时的社会背景下,与右翼势力打交道是所有报社必须面对的一个难题,在绪方看来,与右翼保持折中也是报社发扬言论自由所不能回避的重要课题之一,是保障《朝日新闻》评论委员的"言论自由"和报社正常运转所必须做的日常事务性工作。对此,绪方曾说过:"右翼团体蠢蠢欲动的时候,他们口口声声喊着爱国,实际上只不过是敲诈而已,用钱就可以摆平。这些事情还是不要传到报社里面,尤其是不要传到论说委员耳朵里比较好,所以我自己一个人折中一下,用自己的钱去处理。"④

---

① 《每日新闻》1956年10月30日。
② 《东京朝日新闻》1934年7月20日。
③ 1928年3月8日,昭和天皇二女儿久宫祐子去世。《大阪朝日新闻》在报道此事时说"久宫様(死)去につき天機並に皇后宮の御機嫌奉伺のため宮中に参殿したものは八日正午までに500名に上った(因久宫去世,进宫中探望天皇以及皇后宫者到八日中午前达500人)",然而在排版时却将"並に皇后宮(以及皇后宫)"五个字误排在了"久宫様(久宫)"之后,意思就变成了"久宫和皇后去世"。此误报事件引起了当时日本右翼势力的猛烈抨击。
④ 绪方竹虎:《自明治末期至太平洋战争》,东京,朝日新闻东京本社社史编修室,1951年,第59页。

(二) 绪方笔政的转变

1931年9月18日，日本关东军制造了"九·一八事变"，拉开了侵华战争的序幕。对于"九·一八事变"，绪方竹虎将其定位为"议会政治"开始凋落的标志性事件。

在事变爆发之前，绪方就已经敏锐意识到"满蒙问题"的重要性，并预感将发生重大事件。出于一名报社记者对新闻特有的敏感，他开始收集陆军方面有关"满洲问题"的信息，为此他将陆军少将河野恒吉聘为《朝日新闻》的非正式职员，并于1930年末派记者武内文彬赴中国东北地区调查"满洲"形势。对于"满洲"问题，绪方认为应该用和平手段解决，这与《东京朝日新闻》一贯坚持的论调是一致的。"九·一八事变"爆发当日，绪方依然坚持不应采用武力解决"满蒙问题"的主张，他认为"战争应该能够避免，按照事实来处理是最好的做法"①。

事变爆发之后的9月20日，《东京朝日新闻》社论反映了绪方"不应该发展成为战争"的见解。该社论说"事已至此，吾人热切期望军事当局尽最大努力使事态不要扩大。（中略）同时期待应该尽早进行外交交涉，将其作为现地问题加以処理"②。这充分说明绪方依然坚持外交手段解决两国争端，同时也表达了"不扩大"的主张。

但是随着局势的变化以及报社舆论生态环境的改变，《朝日新闻》此后的论调却渐渐发生了改变，到1932年3月1日"满洲国"建国时，《东京朝日新闻》社论的立场已发生翻天覆地的变化。3月2日的社论对"满洲国"建国进行了报道，并宣称"多年埋藏在满蒙三千万民众心中的愿望得以实现"③。

绪方深感改善《朝日新闻》与军部之间关系的重要性，他不但放弃了此前一直主张的改革行政、裁减军备的主张，转而开始与政府和军部配合。不但如此，他还亲自于1933年9月赴中国东北地区视察"满蒙问题"，受到了关东军参谋长小矶国昭的欢迎。绪方甚至以此为豪，他说"这是小矶的好意，为了向当地的人们表明他和《朝日》的绪方之间有诚意"④。以此次视察为契机，绪方对"满洲问题"的认识发生了根本性变化，他认为日本人在"满洲"这块新天地上的活动为"理所当然"，并

---

① 栗田直树：《绪方竹虎——情报组织的主宰者》，东京，吉川弘文馆，1996年，第92页。
② 《东京朝日新闻》1931年9月20日。
③ 《东京朝日新闻》1932年3月2日。
④ 绪方竹虎：《自明治末期至太平洋战争》，东京，朝日新闻东京本社社史编修室，1951年，第46页。

为日本在中国东北地区的建设计划和其庞大的规模而叹服。他在写给家人的信中说："无论怎样，发动满洲事变的决断是一个令人吃惊的决断，这次感触更深。"①

绪方结束视察回国后，便筹划在《朝日新闻》社内设置东亚问题调查会。1934年9月东亚问题调查委员会成立。在该调查会规程中规定其目的是"收集、整理、保存、调查有关东亚的资料"，但正如其干事之一的尾崎秀实所言，其真正目的在于"协助国策"②。该会的会长先由《朝日新闻》副社长下村宏担任，11月起改由绪方竹虎继任。调查会每月召开一次例会，并随时召开有关时局的临时会议。与会人员均为当时军、官、财、学界的实力派人物。曾任《朝日新闻》出版局长的嘉治隆一曾说过："担任干事的大西斋先生同时也兼任评论委员，所以调查会与评论委员之间的关系非常紧密"③。换言之，调查会和评论委员会在人员方面的交叉使其可以轻而易举地影响并控制《朝日新闻》的评论基调，从而将"协助国策"的思想渗透其中。如果说此前《朝日新闻》以及绪方竹虎本人的转变是被动的，但东亚问题调查委员会的设置，可以说是作为商业报纸的《朝日新闻》积极参与、协助"国策"的最集中的表现。④

"九·一八事变"的爆发也对报社的日常工作产生了巨大的影响。事变爆发后，绪方定期召开评论委员会议，并努力统一报社内部的舆论。据绪方回忆："满洲事变后，陆军自始至终对朝日指手画脚，连细枝末节也不放过，还对报样进行检阅，我们也特别注意，不敢有丝毫懈怠，特别是社论更是采取了慎重的态度，所以没有发生大问题。"⑤

对绪方笔政带来冲击的第二个事件是1932年5月爆发的"五一五事件"。在事件发生前，绪方在《东京朝日新闻》通信会议上就对日本国内的政治状况表示了担忧，他说："近日法西斯运动非常猖獗。（中略）对我们来说，在事件发生前对此有正确的理解是非常有必要的，而且我认

---

① 绪方竹虎传记刊行会：《绪方竹虎》，东京，朝日新闻社，1963年，第69页。
② 小尾俊人：《现代史资料（2）：佐尔格事件(二)》，东京，みすず书房，1962年，第219页。
③ 嘉治隆一：《人·心·旅》，东京，朝日新闻社，1973年，第219页。
④ 东亚问题调查委员会的调查活动成果主要有：《变化的支那》（朝日时局读本第一卷，东京朝日新闻社，昭和十二年）、《朝日东亚年报·昭和十二年》（朝日新闻社，昭和十二年）、《最新支那要人传》（朝日新闻社，1941年）等。1940年8月，在朝日社内机构改革时，东亚问题调查委员会扩大改组为中央调查会，会长为绪方竹虎。
⑤ 绪方竹虎：《自明治末期至太平洋战争》，东京，朝日新闻东京本社社史编修室，1951年，第47页。

为这种非常重大的时期的到来不会太远"①。"五一五事件"后,犬养毅内阁倒台,取而代之的是以海军大将斋藤实为中心的"举国一致"内阁。

绪方对政党内阁早已失去信心,因此采取了明确支持"举国一致"内阁的立场,并对军部试图在政治领域中争取发言权的做法表达了不满。1934年12月,绪方在《文艺春秋》发文说:

> 军人不可多言,或许没有这个规定,但军人寡言会更好,而且也与我们的喜好相符合。这不单是我们的喜好,比起多言的军人,恐怕全部日本人的感情都倾向喜欢沉默的军人吧,因为多言的军人总给人一种难以形容的靠不住的感觉。国民并不期待军人善于"问答",如果在战场上该进攻时就进攻的话,那样我们就会非常感谢。②

1936年,日本又爆发了"二·二六事件"。在此次事件中,由于《东京朝日新闻》发表过反军立场的报道,也成了叛乱军人袭击的目标。"二·二六事件"平息后,广田弘毅内阁成立。对于广田内阁的态度,当时《朝日新闻》社内部已经出现了较大的分歧。社长上野精一主张支持广田内阁,而评论委员前田多门、关口泰则主张不应支持特定的政治势力。对此,绪方认为"在当前形势之下,只能采取支持广田内阁的方针,通过加强文官的力量来牵制军部,除此之外别无他法"③,结果绪方的主张被采纳。在与军部保持紧张的共存关系的前提之下,由文官进行政治指导是当时绪方所支持的政治路线。

支持广田内阁的决定使得《朝日新闻》社内部引发了对绪方笔政的抵触情绪,也导致舆论界对《朝日新闻》的批判。《日本学艺新闻》发文对朝日新闻的"转向"作了如下评述:

> 东京朝日新闻的转向引发了各种问题。二·二六事件之后,在该报的论调以及杂报报道的处理方法上,平常的自由主义的东朝调

---

① 朝日新闻百年史编修委员会编:《朝日新闻社史 大正·昭和战前编》,东京,朝日新闻社,1995年,第389~390页。
② 绪方竹虎:《"问答无用"的精神》,《文艺春秋》1934年12月号,第44页。
③ 有竹修二:《〈朝日新闻〉的战前·战中·战后》,见三好修、卫藤沈吉等:《新闻亡国论》,东京,自由社,1972年,第136页。

（东京朝日新闻论调——笔者注）已经丧失，新鲜感和精锐感也大大降低。自由主义的批判态度已经渐渐远离东朝，这是谁也无法否认的。①

1934年4月，《大阪朝日新闻》社和《东京朝日新闻》社重新恢复主笔制，由主笔负责社论的撰写工作。1936年5月，为统一内部舆论，大阪、东京两地的《朝日新闻》主笔实现了一体化。对此，绪方认为："当时受二·二六事件的影响，世态险恶，尽管对此报社内部的意见不尽统一，但我主张对外发表的社论应该统一，这样即使发生问题，也能明确分清对外责任，结果就发生了东西主笔一体制的问题。"②

正如上述《日本学艺新闻》评论所言，"二·二六事件"后的《朝日新闻》论调与自由主义的批判精神渐行渐远。1937年7月7日，日军发动全面侵华战争后，《朝日新闻》在随后的社论中开始为日军的侵略行为寻找借口，"我们早已无法容忍与支那之间的不愉快的关系，希望驱散猜疑和曲解的妖云，从麻烦中摆脱出来"③，从而认为日军发动战争是不得已而为之的。

3、绪方笔政的崩溃

"绪方笔政"在《朝日新闻》东西主笔一体化权力集中的过程中得以强化，但日本国内的政治形势却日益严峻，法西斯独裁政治登上历史舞台。尤其在1940年新体制运动开展之际，报社面临着重大抉择。经过慎重考虑，绪方最终决定拥护新体制运动。

绪方不仅对佐佐弘雄、笠信太郎、泽村克人等年轻评论委员出入"昭和研究会"等"社外活动"持默认态度，也积极支持他们参加新体制运动，而且绪方本人也担任了新体制准备会的委员。1940年7月17日的《东京朝日新闻》社论"米内内阁的总辞职"强调了"新体制的紧要性"。

在米内内阁下台的过程中，可以让国民铭记新体制的紧要性。（中略）从另一个角度来看，新体制运动的目的是要解决国内整备所面临的由来已久的课题，万一被卷入到政局推移的混沌之中，以

---

① 《日本学艺新闻》1936年6月1日。
② 绪方竹虎：《自明治末期至太平洋战争》，东京，朝日新闻东京本社社史编修室，1951年，第47~48页。
③ 《东京朝日新闻》1937年7月13日。

至丧失健全的目标，就会给国家、个人带来极大的损害，应该引起我们的重视。①

绪方许诺参加新体制运动，首要因素是他认为参加新体制运动能够确保《朝日新闻》社获得继续发展的空间，同时也是因为他对近卫内阁有所期待。第一次近卫内阁时期，《朝日新闻》会长村山长举曾经要求报社不要给予近卫过高的关注和评价，但绪方却认为应该对近卫持有一定的宽容态度，"既然是报纸就不能丧失批判功能，但不能一味批判，还要帮助近卫内阁，如果他能有所作为的话就让他做给我们看"②。

然而对于绪方的上述主张，《朝日新闻》内部却出现了分歧。持反对意见的嘉治隆一说："报纸只有将团结言论机关作为武器才能同法西斯进行斗争，除此之外别无他法。或许会失败，但我认为那总比与军部同流合污，投降军门强。"③ 而且更为严重的是在被视为绪方派的评论委员中间，围绕绪方支持新体制运动的方针，也出现了赞成和反对两种意见的对立。绪方在巩固编辑总长制的报社新体制的同时，绪方笔政也开始从内部崩溃。

绪方作为《朝日新闻》社论的最高负责人，承担着决定《朝日新闻》舆论导向的重任。为此，他一边尽可能地维护报纸作为社会木铎的批判功能，一边极力回避与军部之间产生摩擦，而且一旦发生问题，他还要同军部的情报担当部门进行直接交涉，来寻求解决问题的办法。因此绪方决定《朝日新闻》社对新体制运动采取支持态度的同时，还继续保持了同反对新体制及三国同盟的海军稳健派米内光政、山本五十六等人的交往。他将海军视为牵制陆军的重要力量，而确保与海军之间的良好沟通则是强化与陆军进行交涉的必要因素。与陆军的摩擦最终大都得以圆满解决，这与绪方的个人能力有关，也同他与情报部门的军人之间建立的一定程度上的亲密关系有关。为此，绪方开始受到政府和军部的

---

① 《东京朝日新闻》1940 年 7 月 17 日。
② 朝日新闻百年史编修委员会编：《朝日新闻社史 大正·昭和战前编》，东京，朝日新闻社，1995 年，第 484~485 页。
③ 嘉治隆一：《绪方竹虎》，东京，时事通信社，1962 年，第 178~179 页。

青睐，也因此开始担任种种公职①。1943年6月，他被任命为情报部参与一职，由此进入政府情报部门的决策层。

对军部态度的转变以及与军部势力之间的密切联系在一定程度上强化了绪方在《朝日新闻》社的内部地位，然而绪方权力的高度集中也引发了《朝日新闻》社内部的诸多不满，绪方和社长村山长举之间也因绪方担任政府公职一事产生了严重不和，这一切加速了报社内部反绪方派的形成。

造成绪方笔政崩溃的决定性事件是1941年发生的"佐尔格事件"②。"佐尔格事件"发生后，深受绪方赏识的尾崎秀实受到牵连，这使绪方陷入非常被动的境地。借此机会，反绪方派的急先锋铃木文四郎强烈要求绪方引咎辞职，自此开始，绪方派与反绪方派之间的斗争表面化。1942年6月，绪方被解除总编职务，代替绪方出任总编职务的是《大阪朝日新闻》的原田让二。

1943年10月的中野正刚自杀事件使得还没有完全从"佐尔格事件"的阴影下摆脱出来的绪方笔政彻底崩溃。1943年元旦，《朝日新闻》刊登的由中野正刚撰写的《战时宰相论》触怒了首相东条英机，《朝日新闻》遭到禁止发行销售的处分，中野正刚也遭受牢狱之灾，他被释放之后以自杀的方式表达了对东条英机的抗议。在中野的葬礼上，为平息舆论的不满，东条英机试图赠送花圈，但遭到了担任中野治丧委员会委员长的绪方的拒绝。此举激化了他和东条内阁以及军部之间的关系，也引发了《朝日新闻》社内新一轮反绪方运动的高潮。

1942年2月成立的日本新闻会在3月制定了报社资本经营分离的方针。绪方竹虎紧紧抓住这次机会，积极在《朝日新闻》社推行资本经营分离的主张，试图以此排除上野、村山两大资本家对编辑和经营的干涉，从而挽回其在报社内部的影响力。

然而，绪方的主张遭到了村山家族以及反绪方派的更加强烈的反对。

---

① 绪方担任过的政府委员主要有：1934年铁道运费审议会委员；1936年重要产业统治委员会委员；1937年内阁情报部参与；1938年议会制度审议委员会临时委员、中央失业对策委员会委员、保险制度调查会委员；1939年医药制度调查会委员、中央社会事业委员会委员、伤痍军人保护对策委员会委员、国语审议会委员、兴亚委员会委员、中小产业调查会委员、军人援护对策小审议会委员；1941年军人援护对策审议会委员。

② 理查德·佐尔格（1895~1944）：苏联间谍，以德国记者的身份为掩护，领导他的情报小组向苏联提供了有关德军侵略计划和日本在远东的侵略企图等重要情报。1941年10月18日被日本警察逮捕，1943年9月29日被判处死刑，1944年11月7日被处以绞刑。在此次事件中，曾为佐尔格提供过帮助的尾崎秀实等人亦被捕入狱。

反绪方派大骂绪方为叛徒，称其为"弓削道镜①式的人物"②。就连美土路昌一也认为资本与经营分离的方案太过于理想化，实际实行起来则非常困难，因而明确表示反对。在反绪方派的支持下，村山解除了绪方在报社的职位。1943 年 12 月，《朝日新闻》废除了主笔制，绪方被安排到了副社长的闲职上。至此，绪方笔政彻底崩溃。

三、情报局总裁时代

1944 年 7 月 22 日，在小矶国昭、米内光政两人的盛情邀请下，绪方作为国务大臣兼情报局总裁加入小矶内阁。小矶之所以邀请绪方入阁是因为他希望通过绪方在报界的影响力来消除政府的负面影响，提高内阁的人气，绪方入阁正是他实现上述政治战略的一环。从坊间评论看，该战略的确取得了成功。著名评论家清泽洌在组阁当日的日记中写道："（内阁的）新颖之处在于绪方君担任国务大臣兼情报局总裁，无论如何这是一个进步。"③

（一）"言论畅达"政策

绪方将调整东条内阁时期的言论政策、谋求"言论畅达"作为上任后的主要任务。他在入阁之后的第一次记者见面会上，首次向公众表达了"言论畅达"政策的构想。他说：

> 关于言论政策，应由内阁会议决定其根本方针，鉴于今后思想战的重要性，保持民意畅达是非常必要的。使国民知晓战局实情及内外情势是提高国民战斗情绪的根本，应该对此前政策的缺陷进行追查并制定相应的对策。④

绪方严厉批评了东条内阁时期的言论政策，他说"通过命令、指示、守则等来详细规定部下的行动，将部下变为机器人，那么当然就会'士气低下'，其服从的行动也难免是'机械的'服从"⑤，因此他认为东条内阁的言论政策是消极的，造成政府与舆论互生龃龉的原因在于政府和军

---

① 道镜：奈良时代僧人，俗姓弓削，752 年被孝谦天皇招入宫中，后取得天皇信任，被任命为法王，试图夺取皇位，被后世称为日本历史上最大的卖国贼。
② 细川隆元：《朝日新闻外史（骚动的内幕）》，东京，秋田书店，1965 年，第 147 页。
③ 清泽洌：《暗黑日记》，东京，东洋经济新报社，1954 年，第 164 页。
④ 《朝日新闻》1944 年 7 月 23 日。
⑤ 京极纯一：《日本的政治》，东京，东京大学出版会，1983 年，第 232～233 页。

部的独断专行，"军、官、民皆以赤子之心尊崇陛下，无丝毫差别。然无论是日支事件、大东亚战争还是铳后事业皆因军、官无视民意，造成军、官离反"①。因此他主张应该营造一种宽松的舆论氛围，"将战争的情况如实告知国民，同时使他们畅所欲言，让战争更加接近国民，这是现阶段情报局总裁的作用"②。

由于小矶国昭已从军部退役，对军部的影响力减弱，再加上此前并无从政经历，所以为了取得议会对内阁的支持，小矶内阁采取了支持"言论畅达"政策的方针。10月6日，内阁会议通过了"决战与舆论指导方策要纲"，对绪方提出的"言论畅达"政策给予承认。从某种意义上来说，绪方的"言论畅达"政策是为了取得议会对政府的支持而采取的怀柔政策③，事实上该政策也在某种程度上收到一定成效。9月8日，大政翼赞会总务安藤正纯在众议院的演说中，对东条内阁的言论政策提出了批评，同时要求政府贯彻"民意畅达"的政策，这样"言论畅达"政策就获得了议会的支持。

但是在情报局创设之初，由于内务省、通信省、外务省、陆海军等机构的相关事务、权限在向情报局转移的过程中，留下了许多悬而未决的问题，所以绪方就任情报局总裁之后，首要解决的便是这些棘手的复杂关系。他起用了《每日新闻》编集局次长塚田一甫担任第一部长，统管报纸、广播、国民运动及周报等业务。塚田曾发文对官僚的言论统制政策进行了批判，他说"无论在政治上多么有手段，多么有智慧，但对于报纸，对于广播、音乐、戏剧等所有文化政策，其见识未必及得上专家。（中略）在文化政策的统治方面，绝对不能把主要精力放在取缔上"④。

因此情报局内部以内务省官僚为首的部分人对绪方的上述建议表示了极力反对，但绪方力排众议，坚持起用塚田。绪方之所以起用狂放不羁的塚田主要是希望建立由具有丰富报社经验的人士负责的情报局言论政策，藉此削弱政府、军部官僚对言论政策的控制，同时确保对《朝日新闻》和《每日新闻》的影响力。绪方说"舆论指导中最重要的是要考

---

① 栗田直树：《绪方竹虎——情报组织的主宰者》，东京，吉川弘文馆，1996年，第124页。
② 嘉治隆一：《绪方竹虎》，东京，时事通信社，1962年，第231～232页。
③ 除了"言论畅达"政策之外，内阁还吸收岛田俊雄、前田米藏、町田忠治等翼赞会领袖入阁，同时恢复了第二次近卫内阁以来取消的政务官制度，任命翼赞政治议员为政务次官、参与官，这些都是对翼赞政治、议会的怀柔政策的一环。
④ 塚田一甫：《国家总动员与言论机关的统治》，《经济》1938年3月1日号，第26页。

虑报纸"①，并表示要实现"言论畅达"，就要更加重视报纸。他认为：
"要使报纸能够阔达地发表言论，就要使情报局与报社成为一体，使报纸
与政府一起工作，别无他法"②。

这样绪方就将报社和情报局紧密联系起来，但同时他又努力维持各
报社的独立性。他在入阁之前曾说过，"进入情报局后要使言论统制恢复
到满洲事变时期的状态"③。他在 8 月 9 日召开的翼赞政治会情报部理事
会上保证："在进行言论指导时，不进行不当的限制。特别是对于报纸，
要改变现在单调划一的方针，使各报焕发各自的特色，制作清新泼辣的
版面，宣扬国民的感激之情。"④

绪方从其多年的报社管理经验出发，强烈意识到对报纸过度划一的
统制反而会降低报纸作为战时宣传体制载体的价值。"言论畅达"政策
也收到了一定的成效，"审查取缔因总裁的努力而有所缓和"⑤。

但是我们应该看到，绪方的"言论畅达"政策的目的并非是为战时
的报纸谋求言论自由，亦非向国民忠实传达国内外局势，它的出发点不
过是密切情报局与各报社的关系，加强情报局对报社的影响力，从而使
报纸更好地为战争服务。"言论畅达"政策下给予报社的自由不过是在
战争状态下所允许的自由而已，这并非意味着报纸可以随心所欲地报道。
相反，绪方每周六召集一次各报社编辑总务会议，向各报社传达允许报
道的大体框架。因此，可以说绪方以其在《朝日新闻》社的笔政经历为
基础，在情报局对报社实施指导的过程中，采用了尊重报纸的自主性与
实施"内面指导"两者并用的政策。

(二)"思想战本部"构想

绪方一方面希望报纸能够实事求是地进行报道，另一方面又期待报
纸对战争进行自发的协助，并通过与报社编辑负责人进行会谈的形式对
报道进行"内面指导"。这就要求他必须掌握足够的情报，为此绪方定期
召集陆军、海军、外务省、内务省等相关部门的负责人交换情报，以期
扩充情报来源。然而陆、海军并不配合，他们"提供的情报都不是重要
情报，只不过是带来了陆海军两省局长会议的部分情报而已"⑥，这显然

---

① 《朝日新闻》1944 年 8 月 10 日。
② 高宫太平：《人间绪方竹虎》，东京，四季社，1958 年，第 187～188 页。
③ 绪方竹虎传记刊行会：《绪方竹虎》，东京，朝日新闻社，1963 年，第 119 页。
④ 《朝日新闻》1944 年 8 月 10 日。
⑤ 中村正吾：《永田町一番地》，东京，新闻社，1946 年，第 28 页。
⑥ 高宫太平：《人间绪方竹虎》，东京，四季社，1958 年，第 187 页。

不能满足绪方的要求。

为收集战局的相关情报，绪方向首相小矶国昭提出申请，要求参加最高战争指导会议。最高战争指导会议是小矶内阁上台之后新设的机构，小矶对外宣称该机构的目的是"实现国务与统帅的吻合一致"①，但其根本目的是试图将战争指导权归于内阁之下。绪方对最高战争指导会议给予了支持，称最高战争指导会议"比起以前的大本营政府联络会议，在国务与统帅的紧密化这一点上向前推进了一步"②。各报也发表社论对最高战争指导会议给予了较高的评价。《朝日新闻》称"会议起着决定战争指导最高方针的作用"③，《每日新闻》认为"这次设立的最高会议才是名副其实的推行战争的中枢机构"④，《读卖报知》则认为与大本营政府联络会议相比，最高战争指导会议"是更高层次的最高方针指定机构"⑤。

但是，陆军省对绪方以及情报局的声明极其不满，因此强烈反对绪方参加最高战争指导会议，结果虽然有小矶国昭的支持，绪方参加最高战争指导会议的愿望最终落空。

绪方要求参加最高战争指导会议除了希望获得关于战局发展的情报之外，还寄希望于使情报局获得同军部和外务省平起平坐的地位，成为战争指导的主要负责机构。早在绪方担任情报部参与一职时，他就在演讲中强调了报纸在"思想战"中的重要作用，在就任情报局总裁之后，更是将情报局定位为推行思想战的重要机构，他说"现在正值决战时期，为使官民一体共同推进作为特别重要领域的思想战，希望通过情报局来充分发挥自己的责任"⑥。在翼赞政治会情报部理事会上，他坚定地表示，"鉴于思想战是战争最后的决定条件，情报局必须具有'思想战本部'的性格"⑦。分析绪方的构想不难看出，他试图为情报局谋求与军部对等的地位，所不同的是军部是直接行使武力的机构，而情报局则是推行思想战的机构。他还提倡将政府内部分属不同部门的情报机构以及陆海军报道部合并到情报局中，这也是他试图将情报局改造为"思想战本部"的手段之一。由于陆军的反对，绪方出席最高战争指导会议的要求

---

① 小矶国昭：《葛山鸿爪》，东京，丸之内出版，1968 年，第 795 页。
② 中村正吾：《永田町一番地》，东京，新闻社，1946 年，第 25 页。
③ 《朝日新闻》1944 年 8 月 6 日。
④ 《每日新闻》1944 年 8 月 6 日。
⑤ 《读卖报知》1944 年 8 月 6 日。
⑥ 《读卖报知》1944 年 7 月 23 日。
⑦ 《朝日新闻》1944 年 8 月 10 日。

未能实现，从某种意义上说，这也意味着绪方"思想战本部"构想的破产。

然而，绪方与陆军之间的矛盾并非仅仅表现在最高战争指导会议的问题上。绪方合并情报部门的主张也遭到了陆军情报部的反对。东条内阁时期本来陆军已经同意将陆军省情报部合并到情报局中，试图以此来控制情报局。但在绪方就任情报局总裁之后，"历代完全如同机器人般的"① 情报局突然对报界施加了前所未有的影响力，并且在绪方的指导下独立开展了一系列活动，无论是情报局主导下的"言论畅达"政策还是绪方竹虎提出的"思想战本部"构想，对陆军部来说都意味着剥夺了其在战时体制下的主导权，这是他们无法容忍的。

除军部之外，绪方的政策还受到外务省的干扰。外相重光葵对于小矶和绪方始终采取了批判的态度。在重光看来，小矶是"军部谋略政治家的标本"②，为其"捧场的人物"都是一些"以卖弄权术博得人气的同伙"③。而对于政府的言论政策，重光认为"小矶组阁后的做法可以用博取人气一言蔽之。鼓吹言论自由、缺乏责任感的情报局总裁绪方操控报纸的做法尤为明显"④。小矶、绪方同重光之间的对立在"缪斌工作"⑤时达到顶峰。绪方动用各方力量为"缪斌工作"而奔走，但是对于绪方所作的努力，重光认为那不过是"小矶同党"推行的"谋略外交"⑥。结果在外务省的反对下，"缪斌工作"最终未能获得天皇的同意，以失败而告终。

如上所述，情报局同军部和外务省之间存在着难以调和的矛盾，而且随着言论政策的转变，情报局与其他省的事务当局之间的关系也必须作出调整，为此绪方扩充、强化了情报局总裁官房审议室。总裁官房审议室设立于1943年4月，其任务为"基本事项的企画、审议及与大本营之间的联络"⑦。审议室由情报局次长、情报局各部长、陆军省报道部

---

① 绪方竹虎：《言论闭塞时代的回想》，《中央公论》1954年1月号，第110页。
② 伊藤隆、渡边行男：《重光葵手记》，东京，中央公论社，1986年，第439页。
③ 伊藤隆、渡边行男：《重光葵手记》，东京，中央公论社，1986年，第436页。
④ 伊藤隆、渡边行男：《重光葵手记》，东京，中央公论社，1986年，第436页。
⑤ 缪斌，江苏人，早年曾担任国民党江苏省要职，后投靠日本人担任伪新民会副会长。他与《朝日新闻》驻沪记者田村真作来往密切，并称可与重庆高层直接对话，田村将上述情况向内阁情报局总裁绪方竹虎作了汇报，绪方又报告给了首相小矶国昭，由于当时日本希望与重庆政府和谈，因此小矶对这一信息很感兴趣，从而成为日方开展"缪斌工作"的契机。但"缪斌工作"最终在军部、外务省的反对下破产。
⑥ 伊藤隆、渡边行男：《重光葵手记》，东京，中央公论社，1986年，第464页。
⑦ 内川芳美：《大众传媒法政策史研究》，东京，有斐阁，1989年，第235页。

长、海军报道部第一课长、大东亚省总务局总务课长（陆军、海军、大东亚各省相关官员兼任情报官）构成，另有多名专职情报官参加。1944年11月8日，"为谋求有效利用（情报局）战时资料室第一课所收集到的国内情报"①，绪方对审议室进行了扩充，增加敕任情报官一名、奏任情报官两名、专职情报官两名。对于扩充审议室的理由，情报局总裁官方文书课作了如下解释：

> 各政策的建立及实施由情报局及各省各行其是，其中最值得留意的则是各厅政策之间的矛盾龃龉。（中略）为此，应该对掌管本事务的情报局总裁官房审议室的阵容进行扩充，配备有实力的人物，协调各厅的政策，以确定合适的舆论指导及宣传启发方针。②

从上述资料可以看出，随着情报局言论政策的转换，各省事务当局之间矛盾重重，而对总裁官房审议室进行扩充，则是消除各省之间互相倾轧局面的对策。而且扩充之后，官房审议室的任务发生了变化，绪方试图给官房审议室赋予新的任务，即宣传国策、收集国内情报并对各省厅进行联络调整。总裁官房审议室的扩充是增强情报局统制力和影响力的手段，也是"思想战本部"构想的重要环节之一。

绪方依靠对报界的巨大影响力所推行的"言论畅达"政策以及将情报局改造为"思想战本部"的构想最终都无疾而终，并没有收到预期效果。究其原因在于，在战局极为严峻的时期，新政策的推行极为困难，即便得以推行，也难有作为。而且小矶内阁是一届短命内阁，小矶倒台后，绪方便失去了政权支持。然而最致命的原因在于情报局根本无法获得情报收集来源。换言之，情报局无法获得情报，但却极力想控制情报，这个矛盾使得绪方费尽心思制定的一系列情报政策难以奏效。

1945年8月15日，绪方在和泉多摩川收听了天皇的"玉音放送"。第二天，他被召至内大臣府，并被告知东久迩宫即将组阁。东久迩内阁上台后，绪方就任国务大臣兼内阁书记长官兼情报局总裁，开始了他在战后的政治生涯。

---

① 《每日新闻》1944年11月8日。
② 栗田直树：《绪方竹虎——情报组织的主宰者》，东京，吉川弘文馆，1996年，第144页。

第二节　德富苏峰与大日本言论报国会

德富苏峰（1863~1957）是继福泽谕吉之后日本近代思想史上声名显赫的重要人物，他也常常被人冠以思想家、评论家、历史学家等头衔，同时他又是一名在日本报业发展史上举足轻重的人物。苏峰先后创办《国民之友》和《国民新闻》，反对藩阀特权和贵族主义，主张"平民主义"，迈出了其"文章报国"的第一步。在中日甲午战争时期，其思想逐渐转向国家主义，成为日本近代"帝国主义"乃至军国主义的首屈一指的理论家。1929 年苏峰离开《国民新闻》，后来担任大日本言论报国会会长职务，成为日本著名的军国主义报人。德富苏峰是战时鼓吹日本对外侵略的代表人物，他以其在报界的重要影响为日本军国主义的对外宣传立下了"汗马功劳"。日本著名评论家清泽洌在其日记中写道："在日本有以下几个不敬罪。一是皇室，二是东条，三是军部，四是德富苏峰——绝对不允许对这些进行任何批判"①，这从一个侧面反映了苏峰在战时的地位。对德富苏峰"言论报国"思想及实践进行研究，对把握战时日本报界的状况具有重要意义。

一、德富苏峰的报业实践

德富苏峰于 1887 年创办《国民之友》杂志，迈出了"言论报国"的第一步，并逐渐确立了其在舆论界的地位。

（一）明治时期的德富苏峰

德富苏峰，本名德富猪一郎，于 1863 年生于熊本，1871 年进入兼坂私塾学习，在那里深受平民化生活方式熏陶，1875 年进入熊本洋学堂，接触了诸多西洋学著作，并熟读福泽谕吉著作。在此期间，苏峰还赴欧美游历，切身感受了西方社会的经济实力和政治文明的现状，尤其是西方国家凭"实力"说话的现实给他留下了深刻的印象，"强权即公理"的思维模式给德富苏峰的思想带来了很大的冲击。1886 年，年仅 23 岁的苏峰自费出版了第一部著作《将来的日本》，开始在思想界崭露头角。在该书中，苏峰透露出一种对欧美列强侵略亚洲的危机感，他说"今日东洋诸国为欧洲吞噬的理由无他，惟因我为贫穷、野蛮之国，而彼为富

---

① 清泽洌：《暗黑日记》（1944 年 4 月 21 日条），东京，东洋经济新报社，1954 年，第 130 页。

强文明之国",因此他主张日本应该广兴产业、实施平民政治,方能抵抗欧美列强的侵略。

苏峰立志当一名报社记者,力图通过自己的言论行动来涵养国民的政治素养。1887年1月,德富苏峰创立民友社,并创办机关杂志《国民之友》,1890年又创办《国民新闻》,他兼任社长和首席记者。德富苏峰以《国民之友》和《国民新闻》为阵地发表时评,标榜自由、平等、平民主义,在当时的青年知识分子阶层颇受欢迎,一时声名鹊起,一举确立了其在舆论界的重要地位。

这一时期,德富苏峰渐渐确立了其平民主义的思想,其报业观也就具有了平民主义的色彩。他认为"报纸的问题绝非限于政治经济,文学、宗教、美术,所有社会问题、所有人事问题,均应作为报纸的新闻"[①]。他主张应该在平民主义的基础上来论述政治问题,这样才能充分理解层出不穷的社会问题。为此,他对《国民新闻》进行了改革,聘请当时京都有名的画家担任编辑,力求使该报通俗化和平民化。这样该报不但获得青年知识分子的青睐,还颇受平民阶层的喜爱,创刊后不久其发行量便后来居上,到甲午战争时期跃居各报之首。

德富苏峰还集结了诸如竹越三叉、山路爱山、国木田独步等一大批优秀的人才,他们利用《国民新闻》为阵地宣传平民主义的进步思想,鞭挞政府自上而下的近代化路线。此时苏峰的才略获得社会的认可,有人将他和早已声名鹊起的三宅雪岭、陆羯南相提并论,说他"在思想评论上略输雪岭的敦厚质朴,在政论上稍逊羯南的透彻庄重,但其绚烂的笔势博得读者的欢迎,当在上述两者之上"[②]。

然而,到了甲午战争时期,德富苏峰的思想却发生了巨大的变化,这一变化也是日本近代思想史学界最为津津乐道的话题之一。甲午战争爆发之后,各报基本上都采取了支持政府发动战争的态度,德富苏峰的《国民新闻》也抛弃了"平民主义"的立场,开始对政府的政策采取支持的态度。对此他说,"当时所有报纸都热心此事,特别是福泽谕吉最为关心,他甚至捐献了1万日元充作军资。我虽没有余力捐款,但我尽了最大力量对战争进行了报道。"[③] 换言之,在甲午战争时期,德富苏峰通过对战争的积极报道来向政府表明了自己的态度。

首先,他认为甲午战争是日本提高国际地位的有效途径。德富苏峰

---

① 德富猪一郎:《苏峰自传》,东京,中央公论社,1935年,第287页。
② 伊藤正德:《新闻五十年史》,东京,鳟书房,1943年,第138~139页。
③ 德富猪一郎:《苏峰自传》,东京,中央公论社,1935年,第293页。

批判了日本当时流行的"慕夏思想",即以中国为世界中心,提倡大力汲取华夏文化的主张,他说"东洋可仰赖的宗主国清国固守儒学,顽固不化",因此中国的衰落是"让世界认识膨胀的日本,和列强对等地角逐殖民地"① 的良机。因此他大力提倡全盘西化,并处处诋毁中国以示日本与中国的不同,其目的无非是向列强表明日本是文明国家,而打败清朝就能洗刷西方列强带给日本的耻辱,"给世界顽迷主义以沉重打击"。

其次,他极力鼓吹"大日本膨胀论"。早在1890年苏峰发表的《日本人种的新故乡》一文中,德富苏峰就提出了日本民族对外膨胀的主张,他说"作为国家百年大计,应该利用我国连年增长的人口,以此向世界谋求我帝国的版图"②。虽然此时膨胀主义并非苏峰言论活动的主旋律,但大日本膨胀论的色彩却日渐浓重。甲午战争爆发之后,膨胀主义的主张在苏峰的文章中开始频繁出现,成为他指导报业实践的重要思想。德富苏峰认为膨胀主义是贯穿于日本历史进程的理念,"是我邦建国以来的国是",因此担负膨胀主义理念的日本国民"应该为公众的生活而牺牲个人生活"③,在国家面前抛弃所有个人私利,从而将国家的对外膨胀和国民的灭私奉公紧密地联系起来,这也表现出他的思想由自由主义、和平主义开始向国家主义和帝国主义转变。

从1894年12月5日开始,德富苏峰在《国民新闻》上发表连载文章《征清的真正意义》,对甲午战争的意义作了概述。他说"征清确实在我国历史上开辟了新的纪元,从国民生活一跃进入世界生活之中",在苏峰看来,所谓的"从国民生活进入世界生活"不过是"以国民精神为基础,进入世界经营的行列"。苏峰也对"世界经营"作了如下解释:"所谓世界经营指的是在兵略、商略、政略、国家行动、个人行动、物质上、精神上,在所有的关系中将我大日本与世界联系起来"④。从上述言论不难看出,苏峰对甲午战争寄予了极高的期望,他希望通过打败清朝跻身为世界列强的行列,为其日后进行"世界经营"即瓜分殖民地打下基础。

对于上述思想的转变,当时的舆论界大多给予了强烈的批判,德富

---

① 德富苏峰:《大日本膨胀论》,见《德富苏峰集·明治文学全集34》,东京,筑摩书房,1974年,第255页。
② 和田守:《德富苏峰——近代日本荣光的承担者》。见何田守、竹山护夫、荣泽幸二:《近代日本的思想(2)·德富苏峰/大杉荣/尾崎行雄》,东京,有斐阁,1979年,第35页。
③ 和田守:《德富苏峰——近代日本荣光的承担者》。见何田守、竹山护夫、荣泽幸二:《近代日本的思想(2)·德富苏峰/大杉荣/尾崎行雄》,东京,有斐阁,1979年,第34页。
④ 《国民新闻》1894年12月14日。

苏峰也因此背上了"变节汉"的骂名。对此苏峰本人在《国民新闻》上进行了辩解,他说"(昭和)二十七、二十八年的战争改变了我帝国在世界上的位置,因此我帝国的政策也应相应改变"。而"日本打败清国,同时也就战胜了世界,吾人为世界所知。因此受到尊敬,为人敬畏,也将不断受到合适的待遇"①。言下之意即对外侵略是顺应时代潮流的必然选择,那么其积极拥护战争的思想转变也就是历史必然了。

甲午战争期间,《国民新闻》的发行量剧增,由创刊之初的 7000 余份猛增到 2 万余份。但是甲午战争后苏峰的变节却对《国民新闻》的发行量带来了极大的负面影响,发行量下滑至 4000 余份,以至于 1898 年该报的经营陷入困境,随后不得不进行改革,"裁汰冗员、节减经费、缩短杂报"②。再加上苏峰的变节导致原本拥护平民主义的山路爱山、竹越三叉、中村乐天等人相继离开报社,民友社最终分崩离析。

甲午战争后日本的急剧膨胀威胁到了俄国等国家在亚洲的权益,随后便发生三国干涉还辽和日俄战争等历史事件。德富苏峰对三国干涉还辽极其不满,他说"俄国毫无道理地用武力掠夺了日本百战得来的战果",而且他还对清朝提出了批评,称"支那不仅使日本丧失了战果,而且支那非但没有从日本手中夺回反而被第三者夺取,甚至增加了几倍的损失"③。因此,德富苏峰开始积极呼吁国民"卧薪尝胆",并在《国民新闻》上发表增加税收和军备扩张的论调,与政府站在了同一条战线上,《国民新闻》也因此成为为政府代言的"彻底的政治报纸",被舆论界挪揄为"御用报纸",苏峰本人也被称为"御用记者"④。尽管如此,苏峰依靠其与政府的密切关系,使《国民新闻》的发行量得以恢复,并逐步走出了困境。他在 1899 年秋写给恩师的信中说,"《国民新闻》已成为与东京日日和时事鼎立的报纸"⑤。

对于日俄战争,德富苏峰也是持积极的主战态度。他认为日俄战争是为三国干涉还辽雪耻的"大快人心之事"。"从帝国的立场来看是为己

---

① 《国民新闻》1894 年 11 月 27 日。
② 和田守:《德富苏峰——近代日本荣光的承担者》,见何田守、竹山护夫、荣泽幸二:《近代日本的思想(2)·德富苏峰/大杉荣/尾崎行雄》,东京,有斐阁 1979 年,第 44 页。
③ 德富苏峰:《昭和国民读本》,东京日日新闻社·大阪每日新闻社,1939 年,第 193~194 页。
④ 和田守:《德富苏峰——近代日本荣光的承担者》,见何田守、竹山护夫、荣泽幸二:《近代日本的思想(2)·德富苏峰/大杉荣/尾崎行雄》,东京,有斐阁,1979 年,第 45~46 页。
⑤ 和田守:《德富苏峰——近代日本荣光的承担者》,见何田守、竹山护夫、荣泽幸二:《近代日本的思想(2)·德富苏峰/大杉荣/尾崎行雄》,东京,有斐阁 1979 年,第 46 页。

生存之战",而"从世界的观点来看,是为世界、为文明、为人道的义战"①,从而强调了日本所谓的正义性。苏峰从舆论的角度对战争的推行提供了全方位的协助,包括呼吁国民举国一致、通过报纸向第三国宣传日本的立场等等。在苏峰的努力下,《国民新闻》的发行量在日俄战争期间达到73000余份。

(二) 大正时期的德富苏峰

1910年"日韩合并"之后,在朝鲜总督寺内正毅的邀请下,德富苏峰赴朝鲜担任《京城日报》监督,同时还从《国民新闻》社派人担任该报的主笔和社长等要职。此后他还创办了朝文报纸《每日申报》和英文报纸《汉城新闻》(*The Seoul Press*),并在这些报纸上撰文为日本的殖民统治建言献策,鼓吹日本对朝鲜统治的正当化。苏峰坚决反对朝鲜人自治,他说日韩合并"解决了三千年来历史的悬案","从理论上来讲,朝鲜被合并到日本是必然的结果。而且如果可能或许早一点被合并会更幸福"。此外他还美化日本对朝鲜的殖民统治,称日韩合并开辟了朝鲜历史的新纪元,"自有朝鲜以来,恐怕从未出现过如此的善政,朝鲜人民第一次获得生命财产的保障"②。

此外,他建议首要的任务是维持朝鲜的社会稳定,并十分推崇朝鲜总督府的宪兵警察制度,主张通过高压政策让朝鲜人自觉接受日本的殖民统治。他说日本宪兵"应该在朝鲜人民生活中无处不在……布施天皇陛下仁政的是朝鲜总督,而将总督的意志施加给人民的则是宪兵"③。他认为对朝鲜人民来说最好的选择莫过于同化到大和民族之中,实现所谓的"民族融合",并对朝鲜人民对殖民统治的反抗表示了不满,"日本统治朝鲜滴水不漏,世世代代,这有何不好呢,朝鲜人何苦要反抗日本统治呢?"④德富苏峰还坚决反对给予朝鲜人民言论自由,他认为让朝鲜人享受言论自由是极其危险的,有可能因此使朝鲜成为革命思想的温床。

进入大正时期,尽管德富苏峰依然积极主张对外侵略,但同时他也开始认识到争取民众势力的支持对《国民新闻》的发展是非常重要的。1906年他赴朝鲜、中国视察,并为中国"数量众多的伟大势力"所折

---

① 德富苏峰:《捧读宣战大诏》。参见和田守:《德富苏峰——近代日本荣光的承担者》,见有斐阁新书:《近代日本的思想(2)·德富苏峰/大杉荣/尾崎行雄》,东京,有斐阁1979年,第47页。
② 姜东镇:《日本言论与朝鲜:1910—1945》,东京,法政大学出版局,1984年,第137~139页。
③ 姜东镇:《日本言论与朝鲜:1910—1945》,东京,法政大学出版局,1984年,第138页。
④ 米原谦:《德富苏峰——日本国家主义的轨迹》,东京,中公新书,2003年,第65页。

服，他说"特别是在今后民族主义盛行的潮流中，这些数量众多的势力是不容忽视的"①。正是有了这种认识，德富苏峰便决定对《国民新闻》进行改革，走大众化和通俗化的经营路线，以争取更广泛的读者层，并千方百计采取措施来刺激《国民新闻》的发行量。在苏峰的努力下，明治末年《国民新闻》的发行量达到13万份，成为与《时事新报》和《报知新闻》等并驾齐驱的大报。

此时德富苏峰又重拾"平民主义"的武器。他说"平民主义依然以澎湃的势力在社会中横流，特别是在我帝国，平民主义的势力日渐伸张，因此在今后的政界中要想推行经纶，必须与平民主义接触。进一步说，要自觉成为平民主义的代表者和统帅者，发动平民社会的精神和活力来谋求国运的发达，除此之外别无他法"。但是此时苏峰所主张的"平民主义"的内涵已经发生了变化，他只是借用了"平民主义"的说法来作为其推行帝国主义的武器。他说"帝国主义绝非无视民主主义，无视民主主义的帝国主义是无本之木"②。由此可知，苏峰不过是希望日本的对外扩张获得大多数国民的支持而已，换言之，此时苏峰提倡的"平民主义"不过是促进国家膨胀的平民主义，他并非真正主张个人自由和利益的伸张，而是尊重那些从属于国家膨胀的国民的利益和自由。

大正时期，德富苏峰领导的《国民新闻》依然采取了支持政府的保守立场。在第一次护宪运动中，苏峰不顾舆论的反对，打着"促使桂公（桂太郎——笔者注）平民主义化"的幌子，集《国民新闻》全社之力对立宪同志会的成立提供协助，甚至亲自起草"立宪同志会设立宣言书"。《国民新闻》由此被讥讽为"桂内阁御用报纸"、"官僚走狗"和"宪政之贼"，报社也遭到群众的围攻，发行量一落千丈。

相比报纸发行量剧减带来的经济打击，德富苏峰所受到的精神打击更大，他在自传中将此次精神打击称为"史无前例"。他还将护宪运动中所呈现出来的民众势力称为"暴民政治"，他说"宪政的真正危机并非是武人，也不是专制政治家，而是此等暴民"③，因此他极力反对大正民主运动。

---

① 德富猪一郎：《苏峰自传》，东京，中央公论社，1935年，第46页。
② 《平民主义与今后的政治》，参见和田守：《德富苏峰——近代日本荣光的承担者》，见有斐阁新书：《近代日本的思想（2）·德富苏峰/大杉荣/尾崎行雄》，东京，有斐阁，1979年，第55页。
③ "人醉之说"，参见和田守：《德富苏峰——近代日本荣光的承担者》，见何田守、竹山护夫、荣泽幸二：《近代日本的思想（2）·德富苏峰/大杉荣/尾崎行雄》，东京，有斐阁，1979年，第57页。

但是大正民主运动并未因苏峰的反对而停滞不前，相反风起云涌的民众运动对日本的政治造成了极大的冲击。苏峰对日本的政治形势深感担忧，他说"现在日本已经丧失了中心，政府没有威信，军队也没有威信，政治家也没有威信"①。再加上 1905 年和 1913 年《国民新闻》社两次被民众捣毁，他感到非常失望，遂于 1913 年 10 月以桂太郎去世为契机暂时退出政治舞台，开始了"文章报国的新生活"②。

（三）昭和前期的德富苏峰

苏峰从政界隐退后，他把大部分精力都放在了著书立说上，他先后撰写了《时务一家言》、《世界的变局》、《大正政局史论》等一系列著作。其中《时务一家言》是苏峰回归言论界的标志，也是其生涯中的一个分界线，"这本书实际上是著者回到立言者本分的宣言书"③。但同时他却渐渐远离了报界的核心。1918 年米骚动爆发之后，寺内正毅内阁被追究责任，以此为契机，苏峰辞去了《京城日报》总监的职务，退出了朝鲜报界。接着他又把《国民新闻》的编辑工作交给编辑局长马场恒吾和编辑次长石川六郎负责，每周只到报社一次，由此退出了《国民新闻》第一线。

1923 年，《国民新闻》在关东大地震中被毁，经营陷入困境。灾后重建过程中，德富苏峰想方设法筹资意图挽救报社的颓势。1923 年 9 月 6 日，他在《国民新闻》上发表《国民新闻不死》的文章，表达了不屈不挠的斗志。经过多方努力，《主妇之友》社长石川武美答应提供资金援助，1926 年东武铁道根津嘉一郎也出资 300 万元组建股份制，报社的经营权由此转移到了根津手中。根津在经营上采取了缩减经费开支、对编辑活动进行干涉的方针，致使马场恒吾和石川六郎等人离开报社，报纸失去了生气，报社的经营更加困难。苏峰无力改变这种状况，最终于 1929 年 1 月 5 日发表"国民新闻社引退声明"，离开了亲手创办的《国民新闻》。

自《国民新闻》社引退之后，同年 3 月，德富苏峰受邀担任《大阪每日新闻》的社宾。苏峰之所以加入《大阪每日新闻》主要是该报承诺不干涉苏峰的言论自由，同意对其修史事业提供援助，并同意在《大阪

---

① 《考验国民之时》，参见和田守：《德富苏峰——近代日本荣光的承担者》，见有斐阁新书：《近代日本的思想（2）·德富苏峰/大杉荣/尾崎行雄》，东京，有斐阁，1979 年，第 57 页。

② 德富猪一郎：《苏峰自传》，东京，中央公论社，1935 年，第 467 页。

③ 《时务一家言》，参见明治文献资料刊行会：《国民之友》第 21 卷，东京，明治文献，1968 年，第 142 页。

每日新闻》及其姊妹报《东京日日新闻》上刊登其连载文章。这样，苏峰就重新构建了一个能够宣传自己主张和思想的舞台，反过来《大阪每日新闻》则借用苏峰的名声以及其文章来获得更多的读者。

"九·一八事变"爆发之后，德富苏峰继续通过报纸、杂志以及著作来宣扬其对外侵略的思想，并且在影响和操纵国民舆论方面不遗余力。在日本的侵华战争及所谓"大东亚战争"进入关键时刻的时候，他还积极组织策划全国的文化人、学者、文学家，为侵略战争效力，美其名曰"文学报国"、"言论报国"。1942年5月，他出面担任由日本文学家组成的团体组织"大日本文学报国会"的会长，同年12月又出任由日本新闻界组建的团体组织"大日本言论报国会"的会长。

二、大日本言论报国会

大日本言论报国会是战时日本新闻界协力侵略战争的最大的团体组织，它于1942年12月成立。会长由德富苏峰担任，鹿子木员信①担任专务理事，到1943年7月为止，共有会员917名。它是与日本新闻协会、大日本文学报国会等组织并列的、为侵略战争服务的团体。德富苏峰通过领导该团体的运动，来宣传其皇国思想和对外侵略思想。

日本战败后，会长德富苏峰提出解散大日本言论报国会的申请，8月21日该申请获得情报局总裁的认可。1942年1月，驻日盟军总司令部（GHQ）命令解散27个军国主义团体和超国家主义团体，大日本言论报国会即名列其中。至此，言论报国会正式宣告解散。

（一）大日本言论报国会的建立及宗旨

大日本言论报国会的前身是日本评论家协会。该协会成立于1939年2月22日，其目的是"会员相互亲睦，发扬评论的权威，同时站在独立的立场为时局提供协助"②，会长为马场恒吾。1940年10月5日，该协会进行了改组，目的是为了适应近卫新体制，"对容易走上反动的政治进行正确指导"③。改组后的日本评论家协会以"建设高度国防国家"和"担负大政翼赞运动的理论作用"④为目标，在成立之后的半年时间内，

---

① 鹿子木员信（1884~1949）：日本哲学家，曾任九州大学教授、大日本言论报国会理事长，多年参加秘密团体，鼓吹军国主义，与日本法西斯头子头山满私交甚笃。
② 《日本读书新闻》1939年3月5日。
③ 赤泽史郎、北河贤三：《文化与法西斯主义》，东京，日本经济评论社，1993年，第164页。
④ 《日本学艺新闻》1941年3月10日。

成员数达到 280 余人，"几乎囊括了所有评论界人士"①。

翼赞政治推行之后，以岸田国士等人为首的大政翼赞会文化部成员要求将文化界和舆论界人士组织起来，建立一个新的组织，于是大日本言论报国会便应运而生。在大日本言论报国会正式成立之前，曾三易其名。首先在情报局的主持下成立了"大日本思想报国会结成准备会"，后来又改称"大日本评论家报国会"，最后在成立仪式上才正式确定为"大日本言论报国会"。其名称之所以一再改变，主要是因为"评论"本身就带有"客观的"或者"旁观者"的意义②，这不符合该团体成立的初衷——为统一国论、建立举国一致体制而提供协助。

各大报纸都对言论报国会的成立给予了报道。12 月 20 日的《朝日新闻》阐述了大日本言论报国会的目的，即"本会以国体的本意为基础，为完成圣战，力图会员相互磨炼，确立日本的世界观，阐明建立大东亚新秩序的原理和构想，进而挺身加入皇国内外的思想战"。

接着，该报还报道了大日本言论报国会的主要任务："在情报局的指导下"开展如下业务。

1. 会员相互思想的磨炼；
2. 关于大东亚新秩序的原理与构想的共同研究；
3. 关于皇国内外思想动向的调查研究；
4. 一般舆论活动的指导和培训；
5. 对皇国内外的启蒙宣传资料的收集、编写；
6. 相关官厅之间的联络以及诸团体的提携等。

最后该报对大日本言论报国会提出了愿望，要求报国会为了完成"武力战、总力战"的目标，"不但在日本内地，更要在广阔的大东亚共荣圈内达到宣传目的，还要为建立高尚、健全的新文化而开展强有力的运动"③。

从上述报道可知，大日本言论报国会具有浓厚的官方性质。从其成立过程来看，情报局的指导贯穿始终，而且成立之后有多位情报局官员身居要职；从其业务内容来看，不但负责编写思想动员的相关材料，还负责各官厅以及团体之间的联络，并承担着对舆论活动进行指导和管理

---

① 《日本学艺新闻》1941 年 3 月 25 日。
② 畑中繁雄：《日本法西斯言论弹压抄史》，东京，高文研，1986 年，第 149 页。
③ 《朝日新闻》1942 年 12 月 20 日。

的重任。正如成立当日情报局次长奥村喜和男在贺词中所言："承担国论指导大任的言论在堕落为一个鬻文职业时，言论就失去了指导性，当然就会游离于国家和国民之外"①，因此，他要求言论报国会要活跃在"言论思想战的第一线"，"努力引导国论，坚定一亿（国民）之总义，整饬立于不败之地的态势……贯彻尊皇爱国之情，以猛烈火热之笔锋为击灭英美而竭尽全力"②。可见情报局对言论报国会发挥舆论指导作用是抱有期待的。

正因为大日本言论报国会的官方性质，一些被贴上"自由主义者"标签的报界人士如马场恒吾和清泽洌等人被排斥在该组织之外。清泽洌在 1942 年 12 月 28 日的日记中有如下记载：

> 言论报国会……既没有邀请马场恒吾君入会，也没有邀请我。如果我等不是评论家，那还有谁是评论家呢？彼等自己就能担负起战争的重大责任吗？③

清泽的日记一语道破了大日本言论报国会的实质，即该组织不过是政府领导下的一元化舆论指导机构，是为日本发动侵略战争服务的大政翼赞体制的外围组织，是战时日本政府开展思想战的别动队。

（二）大日本言论报国会的活动

按照大日本言论报国会与政府的关系，其活动大体可以划分为三个阶段。第一阶段从 1942 年 12 月 23 日正式成立至 1943 年 8 月 30 日第七次理事会召开，第二阶段从 1943 年 8 月 30 日至 1944 年 7 月 18 日第二届总会召开，第三阶段从 1944 年 7 月 18 日至战败解散。

在第一阶段，德富苏峰将密切与政治权力之间的亲和关系作为言论报国会的主要目标。在建立初期，言论报国会关心的是如何将评论活动与实践结合起来，在推行国策上发挥其政治功能。因为"评论"往往给人一种站在旁观者的立场上进行批判的印象，因此言论报国会尽量避免使用"评论"这个字眼，而是采用了"言论"的表述，以免引起政府的反感，甚至有一些会员将言论报国会定位为"国家战争推行的智囊"或

---

① 畑中繁雄：《觉书昭和出版弹压小史》，东京，图书新闻社，1965 年，第 109 页。
② 《朝日新闻》1942 年 12 月 24 日夕刊。
③ 清泽洌：《暗黑日记》，东京，东洋经济新报社，1954 年，第 6 页。

者"政府的智囊"①。在言论报国会章程第 4 条中也规定"必要时向政府具申意见",从而表现出试图与现实政治权力接近的愿望。反过来政府也对言论报国会的成立表示了积极的支持。不但在成立大会上派出政府要员参加,还表示将在情报供给上提供必要的协助,并希望言论报国会对各地的国民运动团体进行指导,"不单进行批判,更要附上建设性意见(具体方案)"②。

言论报国会的活动主要涉及四个领域:研究会活动、练成活动、讲演、讲习活动和调查活动。研究会活动主要是召集报界、评论界以及文学家等知识分子召开关于时局问题的报告会,如 1943 年 6 月成立了思想战对策委员会,为"皇国内外思想战"以及"日本世界观的确立"出谋划策。练成活动主要是通过神道祭祀活动来磨炼会员意志。从 1943 年 2 月开始先后举办了事务局成员练成会和干部练成会,目的是实现组织内部核心思想的统一。讲演、讲习活动主要分为两类:一是面向一般民众的演讲会。自 1943 年 3 月 8 日开始至 3 月 28 日,在政府、国民运动团体以及多家报社的支持下,在全国 22 个城市举办了"美英击灭思想战大讲演会"。另一类是面向国民运动团体、报社的领导层的讲演会。1943 年 6 月至 8 月,在报社的援助下,在全国 17 城市举办了"思想战大学讲座",参加者被限定为"各国民运动团体的中坚分子"。后来将这些讲演内容集结成册并出版发行。调查活动主要是在"调查内外思想动向"的名义下,对国民思想以及各团体的思想进行监视。

在第二阶段,由于日本政府要求加强对国内舆论的控制和镇压,对"有分裂国论之虞者采取彻底措施",因此《中央公论》、《改造》等杂志相继因发表反战思想的文章而遭到停刊处分。言论报国会对此进行了积极回应,以德富苏峰为首的言论报国会首脑部发表声明称将对因发表反战文章而遭到停刊处分的《中央公论》停止供稿,从而表明了与政府的言论统制政策一致的态度。

在第一阶段,言论报国会不但拉近了与政府的关系,还密切了与报社的联系,一些报社的领导担任了言论报国会的重要干部。然而在第二阶段,言论报国会与报界的关系发生了变化。由于言论报国会常务理事野村重臣等人公开要求政府对《中央公论》、《改造》、《文艺春秋》、

---

① 赤泽史郎、北河贤三:《文化与法西斯主义》,东京,日本经济评论社,1993 年,第 185 页。

② 赤泽史郎、北河贤三:《文化与法西斯主义》,东京,日本经济评论社,1993 年,第 186 页。

《日本评论》四家"不合时宜"的杂志进行处分，甚至将报界人士视为"思想暴力团"，这使得言论报国会与报界、杂志界的关系"完全对立起来"，其结果导致主要依靠政府补助和报社赞助为收入来源的大日本言论报国会的财政状况日益恶化。

在第三阶段，东条内阁倒台后，小矶内阁实行了"言论畅达"政策，缓和了言论统制政策，并且在一定程度上承认了反东条言论的存在。由于言论报国会一直将协助国策作为自己的任务，因此它的态度也发生转变，转而支持"言论畅达"政策。1944年9月，言论报国会向全国国民募集"圣战完胜悬赏论文"，并以会长德富苏峰的名义在报纸上发表告示，呼吁国民如果对"内外思想"有任何意见，"请不要有任何顾虑，同本会事务局提议、联络"[1]。1944年10月，《朝日新闻》社的森本忠就任言论报国会常务理事，这些都表明言论报国会和报界的关系得以修复。

这一时期，言论报国会除了表明赞同政府的"言论畅达"政策之外，还积极向政府提交所谓的建议书。在会长德富苏峰的倡议下，1945年1月9日在苏峰位于热海的住宅召开紧急理事会，确定了向政府提交的建议书内容：

1. 实行真正的天皇亲政；
2. 禁止成立新的政党；
3. 将军需生产改为国营；
4. 实现陆海军一体化；
5. 实现言论畅达。[2]

该建议书的中心议题是实现天皇亲政和陆海军合并，应该说这和德富苏峰的"皇室中心主义"主张是不谋而合的。为达到上述目的，言论报国会的干部甚至私下同陆军将校接触，游说军部建立"天皇亲政下的强力军政"，甚至制定了政变计划。换言之，建议书中关于天皇亲政和陆海军合并的提案实际上同军事政变计划有着密切的联系。[3]

在这一时期，言论报国会的活动更加活跃。会员们分成原理指导班、

---

[1] 《言论报国》1944年7月。
[2] 赤泽史郎、北河贤三：《文化与法西斯主义》，东京，日本经济评论社，1993年，第196页。
[3] 赤泽史郎、北河贤三：《文化与法西斯主义》，东京，日本经济评论社，1993年，第197页。

时务对策班、产业班、农政班、战争生活班、对外对敌班以及总力战班七个班，几乎涉及战时政策的方方面面。其中原理指导班制定了"国民决战纲领"，战争生活班则提交了"关于战时粮食政策的建议"，这些都为政府制定战时政策提供了依据。

（三）大日本言论报国会的性质

大日本言论报国会章程规定其目的是"相互促进思想锻炼，统一到无上的日本世界观中，进而参与内外思想战"①，据此，其组织原则具有以下三个特征：

第一，组织架构单一。报国会会员虽然数量众多，且遍布社会各个领域，但并没有采用分组制管理。究其原因，根据言论报国会执行委员会的记录，主要是因为"分组会导致旧势力收复失地"，而且"要达到相互锻炼的目的，不可以囿于小组形式"。换言之，如果采用分组制，就存在着自由主义"旧势力"渗透其中的危险，从而对形成一元化的"日本式世界观"造成威胁。

第二，情报局拥有对言论报国会的绝对控制力。根据大日本言论报国会章程规定，报国会总会的决议"不经情报局的认可无效"，会长必须由"情报局总裁推荐"，而理事、监事等重要人事任命亦必须获得"情报局总裁的承认"，换言之，情报局掌握了言论报国会的决议权和人事任命权。负责言论报国会管理业务的是情报局文艺课，言论报国会的事务局长和总务部长必须每天到文艺课汇报并接受相关指令。

第三，会员资格具有很强的局限性。尽管言论报国会标榜会员的广泛性，但并非任何人都能成为其会员。按照规程规定，只有那些"为达成本会的目的而挺身"的人才具有会员资格，从而在事实上排斥了自由主义等"异己分子"的干扰。

关于言论报国会会长人选，开始曾有德富苏峰、三宅雪岭和杉森孝次郎等人之争，而情报局出于试图将文学家团体和评论家团体统一起来的目的，最终选择了文学报国会会长德富苏峰。除此之外，德富苏峰在舆论界的地位以及其帝国主义思想也是情报局选择他的理由。因为借助苏峰的号召力，可以很容易地将舆论界统一起来为宣传国策、推行侵略战争服务，而苏峰的帝国主义思想与政府的思想不谋而合，这样利用苏峰的影响力就能方便地驾驭舆论导向。

---

① 赤泽史郎、北河贤三：《文化与法西斯主义》，东京，日本经济评论社，1993年，第171页。

大日本言论报国会以推行思想战、统一国内舆论导向、协助"达成圣战"为己任，并以"言论特攻队"自居。它还成立了机关报《言论报国》，大肆宣扬侵略、好战思想。如1945年4月在战局对日本极为不利、"特攻精神"和"玉碎精神"最为猖獗的时候，《言论报国》发文主张"公开手榴弹的制造方法，允许人们自由制造"，并且要求严惩那些"对战争毫无贡献"的人们，"捣毁他们不合理至极的生活"①。总而言之，言论报国会为构建战时日本法西斯主义意识形态起到了至关重要的作用。

三、德富苏峰的"言论报国"

德富苏峰的"言论报国"思想主要表现在以下几个方面：

第一，力倡"皇室中心主义"。"九·一八事变"之后，德富苏峰一直活跃在言论界，他以其在舆论界举足轻重的地位，对战时日本舆论界发挥了重要影响。他应日本政府邀请参加日本精神振作大会、全国优良青年大会、国防妇人日大会、大东亚理念大讲演会、美英击灭国民大会、国民总崛起大会等活动，并在会上发表演讲，宣扬其"皇室中心主义"，渲染战争的"正义性"，并呼吁用忠君爱国的"精神武器"来武装国民，以完成大东亚战争的"光荣使命"。

在苏峰看来，大东亚战争是一场旨在谋求日本自存自卫、解放东亚诸民族、建设世界新秩序的正义的"圣战"，而要达到上述目的就必须贯彻"皇室中心主义"思想。他在报纸上发表言论说："在以民族为中心的国家中，对于其他民族施行差别待遇，致使民族之间发生摩擦是在所难免的。然而在皇室中心主义的国家中，皇室的恩德如同太阳一样，其广大无边的光和热将所有众生融为一体"。按照苏峰的逻辑，日本与以民族为中心的英美等国不同，是以皇室为中心的国家，因此日本发动战争并非是民族侵略，而是超越民族障碍、广布"皇室恩德"的"圣战"。据此苏峰认为要完成"解放东亚诸民族"的历史使命，就应该实行"五族协和"，建立"大东亚共荣圈"。苏峰将日本视为东亚的枢纽和盟主，他认为无论是"解放东亚诸民族"还是"五族协和"，归根结底就是要在东亚建立"皇民化"国家。他说"所谓皇道政治就是皇室中心的政治"，因此舆论界人士当务之急是向国民和被占领地区的人民宣扬日本国体的渊源，"使他们熟知作为现世神的天皇，使他们养成对皇室的尊崇和忠诚"②。

---

① 《言论报国》1945年4月。
② 参见和田守：《德富苏峰——近代日本荣光的承担者》，见何田守、竹山护夫、荣泽幸二：《近代日本的思想（2）：德富苏峰/大杉荣/尾崎行雄》，东京，有斐阁，1979年，第70页。

作为会长，德富苏峰对推动大日本言论报国会的发展起到了关键性作用，而其对报国会的领导更多表现在其"言论报国"的行为上。他加入《大阪每日新闻》之后，便开始在报纸上连载其著作《近世日本国民史》。从1918年6月3日开始动笔到1952年4月20日搁笔为止，历时34年，最后结集成100卷出版，可谓苏峰"毕生之大事业"。虽然该著作名为"国民史"，但贯穿始终的却是"国体明征"的皇国史观。在苏峰看来，所谓"日本国民史"就是"皇室史"，天皇以及皇室位于"国民运动"的核心，因此虽然可以出现"反当局者"，但绝不能容忍"反皇室者"的存在。这正是苏峰日俄战争以后逐渐形成的"皇室中心主义"思想，其目的无非是试图从历史上寻找所谓"神州不灭的国体"、"圣德"、"皇泽"等存在的依据，以此来培养"忠君爱国的精神"，为推行侵略战争高唱赞歌。

1939年2月，德富苏峰撰写了《昭和国民读本》一书，由《东京日日新闻》社和《大阪每日新闻》社联合出版发行，发行量达到空前的70余万册。《东京日日新闻》将该书定位为"新阶段日本国民的'时势指南针'"，"论述了我国过去、现在和将来三代的真正情况，是一部'国民宝典'，堪称时代金字塔般的鸿篇巨制"。

《东京日日新闻》在该书完稿时采访了"以皇道精神为基调，以文章报国为宗旨"的德富苏峰。苏峰直言指出，该书的写作动机是"阐明我国国体的可贵之处，引导国民向此方向发展"[1]，树立"正确的"国民意识。苏峰在书中一再强调"昭和时代最重要的是精神武装"。他认为全世界都在强调精神武装的重要性，因此日本也应该顺应时代潮流，用纯正的日本精神武装国民。

第二，解读"宣战诏书"。1942年3月，德富苏峰在《东京日日新闻》社和《大阪每日新闻》社的委托下，又撰写了《宣战大诏》一书。对于该书的写作目的，苏峰在"序"中说宣战诏书公布之后，"捧读之余，感激不尽，遂产生释义之念"，而这恰好与《东京日日新闻》社和《大阪每日新闻社》干部的想法不谋而合，于是"将其宣扬天下，以表奉公赤诚之心"[2] 就成为该书的写作初衷。

在《宣战大诏》中，德富苏峰首先对宣战诏书的发布作了积极的评价，称其为历史发展的必然结果，"开辟了皇国历史上一大跃进的新时

---

[1] 《东京日日新闻》1939年2月13日。
[2] 德富苏峰：《宣战大诏》，东京日日新闻社、大阪每日新闻社，1942年，序言第1页。

代"①，并要求日本国民以"平常心"来对待。苏峰认为所谓的"平常心"就是"日本精神"。

接着苏峰回顾了日本的历史。他旗帜鲜明地指出日本是"世界古今无与伦比的特殊国家，是神国，也即皇国"②，天皇作为"现御神"代表天照大神来统治日本，因此日本国民就是皇民。苏峰认为天皇与皇民的关系"义乃君臣，情同父子"，日本既是"家族的国家"，同时又是"国家的家族"，因此皇民对于天皇，"无论在什么场合都必须绝对服从"③。

进而苏峰又论述了日本国家的"特殊性"。他将西欧各国、中国和日本的国家特性作了比较，认为欧洲是个人本位主义的国家，中国是家族本位主义国家，而日本则是皇室中心主义国家。他说"支那……无论何时以家为重，国在其次；西洋以己为重，家在其次，国又在其次；日本以国为重，家在其次，己又在其次"。由此得出结论，日本是君国一致的国家，"君之外无国，国之外无君"④。这样他就把日本的天皇统治同家族制度联系起来，构建起"家国同构"的理念。

接着苏峰又将笔锋转向了"大东亚战争"。对于战争爆发的原因，他认为是由于英美等国妄图称霸世界引起的，"并不是日本本身好战，只是命运之手驱使美国（挑战），而日本不得已奋起反抗"⑤，由此极力强调战争的"正义性"。苏峰还将日本描绘成东亚人民的"救世主"，他认为"大东亚战争是对东亚同胞的责任"，是为了寻求东亚的解放。而要达到解放东亚的目的，"除了将他们（英美）从东亚清除出去之外别无他法"⑥。由此可知，他的论调和日本政府当时的论调是一致的，和当时的主流舆论导向也是一致的。

对于"完成圣战"的必要条件，苏峰认为首先要用日本精神来武装国民。在他看来，所谓的日本精神就是"日本魂"，即"无论生死都为君国奉献"⑦的决心。只有这样才能达到"足食、足兵，民信之"的目的，才能最终实现"大东亚战争"的目标。苏峰对于"日本魂"的现状是相当不满的。他认为当时日本社会最大的弊病就是颓废，"感染英美国家极端拙劣丑恶的个人主义，退化为享乐淫荡的法国流，甚至堕落为社会主

---

① 德富苏峰：《宣战大诏》，东京日日新闻社、大阪每日新闻社，1942年，第1页。
② 德富苏峰：《宣战大诏》，东京日日新闻社、大阪每日新闻社，1942年，第4页。
③ 德富苏峰：《宣战大诏》，东京日日新闻社、大阪每日新闻社，1942年，第5~6页。
④ 德富苏峰：《宣战大诏》，东京日日新闻社、大阪每日新闻社，1942年，第30页。
⑤ 德富苏峰：《宣战大诏》，东京日日新闻社、大阪每日新闻社，1942年，第174页。
⑥ 德富苏峰：《宣战大诏》，东京日日新闻社、大阪每日新闻社，1942年，第178页。
⑦ 德富苏峰：《宣战大诏》，东京日日新闻社、大阪每日新闻社，1942年，第184页。

义以至于共产主义"①，他认为这是与"日本魂"格格不入的，是阻碍"日本魂"涵养的绊脚石。而要解决这个问题，首先是要改变国民的思想，将全体国民塑造成"纯粹的日本人，忠良的皇民"。为此，苏峰重提"尊皇攘夷"的口号。他认为只有"尊皇攘夷"才能实现日本"八纮一宇的大理想"，"以皇室中心主义普照日本国，以日本国普照大东亚，使日本成为大东亚的光芒，进而成为世界的光芒"②。

《宣战大诏》一书是德富苏峰在战时颇具代表性的著作。它是应《东京日日新闻》社和《大阪每日新闻》社的委托而撰写的，与日本政府的内外政策是遥相呼应的。苏峰在该书中通过渲染日本"至圣至纯"的国体和历史来宣扬其皇室中心主义的思想，并试图用"日本魂"来统一国民，达到为战争服务的目的。这种观点迎合了政府推动"国民总动员"体制的需要，在舆论界以至普通国民中间起到了不可忽视的作用。

第三，"大东亚共荣圈"迷梦的破产。1945 年 8 月 15 日裕仁天皇宣布无条件投降的"玉音放送"之后，苏峰立即宣布辞去《每日新闻》社社宾以及大日本言论报国会会长等职务，3 日后开始撰写回忆录《顽苏梦物语》，9 月 2 日自号"百败院泡沫顽苏居士"。

尽管德富苏峰对日本战败心灰意冷，辞去一切职务以表明远离政治的信念，但由于其在日本社会中举足轻重的地位，他仍然无法完全置身于政治之外。就在日本宣布投降之前的 8 月 1 日，铃木贯太郎内阁曾经就日本结束战争一事咨询苏峰的意见。尽管苏峰与政府以及军部的权力中枢保持着密切的联系，但他对战况的发展、外交力量对比以及权力内部的动向并没有足够的了解。因此他强烈反对投降，并策划在日比谷公园召开演讲会，以号召国民继续支持战争。此外他还于 8 月 8 日再版了《必胜国民读本》一书。

然而德富苏峰的努力并不能改变历史发展的轨迹。1945 年 12 月 2 日，德富苏峰被指定为 A 级战犯嫌疑人并被拘禁于自宅内，等候处分。1946 年 2 月 15 日他辞去贵族院议员、帝国学士院会员、帝国艺术院会员等职务，并归还了二等勋章和文化勋章，表达归隐之意。

然而此时苏峰依然不愿接受日本战败的事实。他在 1946 年 8 月 15 日日本投降一周年之际，焚香祭奠，以表达心中的不满。然而苏峰祭奠的并非是日本的战败，而是战败后在他看来渐行渐远的"日本精神"。他

---

① 德富苏峰：《宣战大诏》，东京日日新闻社、大阪每日新闻社，1942 年，第 185 页。
② 德富苏峰：《宣战大诏》，东京日日新闻社、大阪每日新闻社，1942 年，第 187～188 页。

不愿承认其提倡的"神国思想"的荒谬，相反他认为战败的原因不在于"神国思想"本身，而是因为"在对该思想进行调节时发生了错误"①，并且对战败后日本国民"在精神上完全陷入了虚脱状态"表示了批判。

对于战争责任问题，苏峰依然主张日本开战的"正义性"。他说日本开战是为了谋求"国土安全、充实国民生活"的"防御性攻势"，因此阻止日本实现上述目标的英美等国也应该承担一半战争责任。他还对苏联和中国等社会主义国家的发展表示了担忧。他认为"在中国实现社会主义化之前，日本应该发挥其作为'太平洋上的万里长城'的重要性"，并强烈要求恢复日本军备。

1957年，德富苏峰去世，为其95年的漫长生涯画上了句号，但其具有侵略性的顽固的"皇室中心主义"思想却需要我们时时提高警惕。

纵观德富苏峰战时的"言论报国"思想及实践，主要有以下特点。

第一，"皇室中心主义"贯穿始终。"皇室中心主义"是德富苏峰思想的核心，也是其"言论报国"运动的指导性理念。他认为，大东亚战争是一场旨在谋求日本自存自卫、解放东亚诸民族、建设世界新秩序的正义的"圣战"，而要达到上述目的就必须贯彻皇室中心主义思想。因此他在"以皇道精神为基调，以文章报国为宗旨"的舆论工作中将树立"正确的"国民意识作为重点，并号召用纯正的日本精神武装国民。这些思想和行动均刻着"皇室中心主义"的烙印。

第二，具有极强的导向性。德富苏峰的"言论报国"并非是单纯的信息传达，而是发挥其强大的解释功能，将民众对战争的认知水平和觉悟程度提高到一个新的高度，当然这个高度与政府对民众的希望是不谋而合的。但是苏峰的"言论报国"行动并非仅仅止步于此，而是通过引导功能对受众的思想或者行为产生特定的影响，或进行改造，使之完全按照政府的意图行事，才是其"言论报国"的目标。

第三，双重角色定位的尴尬。尽管德富苏峰通过其"言论报国"运动对引导民众舆论产生重要影响，进而大大推动了权力中枢的政治、军事政策的制定和实施，但从根本上来讲，权力中枢虽然巩固了他在国民中的地位，但其目的不过是为了更好地利用他的号召力而已，他不过是权力中枢在民众中间的代言人和宣传工具，从这个意义上来看，可以说苏峰被权力中枢利用，"这对苏峰来说是个悲剧，然而这并不能免除他对

---

① 《败战学校·国史的关键》，参见和田守：《德富苏峰——近代日本荣光的承担者》，见何田守、竹山护夫、荣泽幸二：《近代日本的思想（2）·德富苏峰/大杉荣/尾崎行雄》，东京，有斐阁，1979年，第73页。

于那些相信讴歌战争的国民所应承担的责任"①。但是其"言论报国"的主题思想都有其主观性作为指导,其为日本军国主义发动侵略战争摇旗呐喊的本质是不容否认的。

第三节 战时报界的反抗者

战时日本政府制定法西斯言论统制政策的目的在于试图使包括报纸在内的所有新闻舆论为其所推行的侵略战争服务。而战时大部分报纸均屈服于强权政治,逐步丧失了其应有的主体意识,为军国主义势力所左右,并最终按照强权政治的要求组织新闻报道,甚至主动为其侵略的本质大肆粉饰,成为军国主义推行战争的宣传机器。然而在这个过程中,并非所有的报纸都对政府的言论政策表示出了顺从和全盘接受。除了日本共产党以及极少数和平主义者主办的报纸杂志外,一些全国性的商业报纸仍然表现出了一定程度的反抗。

一、菊竹淳

1929 年的经济危机席卷了整个资本主义世界,这股浪潮也迅速波及日本。而当时的政党内阁只是热衷于争权夺利,对日益恶化的经济状况束手无策,使社会处于一种极其动乱的状况。于是拥护"国权皇张"的军国主义势力和极右法西斯团体趁机作乱。在此背景下,日本统治阶级为了摆脱困境,一方面加紧对中国的侵略活动,以转移国内日益激化的社会矛盾,同时又通过了"治安维持法"来加强对国内各阶层的控制。

在这一时期,日本军部势力越来越猖獗,并开始露骨地干预政治。而陆军省和海军省之间因为军费分配以及政策上的分歧存在着深刻的矛盾,两者之间彼此钩心斗角,从而造成了日本政治更加混乱。从昭和元年(1926)到 1941 年太平洋战争爆发的 15 年里,日本更换了 16 届内阁,期间寿命最长的不过两年,最短的仅有三个月。立宪民政党总裁滨口雄幸任日本第 28 届内阁总理大臣时,因为竭力主张海军裁减军备,于 1930 年 11 月 14 日被极右团体势力刺伤。而"立宪政友会"总裁犬养毅组阁任首相后,虽然基本上实行了追随军部的政策,但是仍不为军人集团所满意,1932 年 5 月 15 日,犬养毅被极右军人团体"血盟团"的青

---

① 和田守:"德富苏峰——近代日本荣光的承担者"。载有斐阁新书:《近代日本的思想(2)·德富苏峰/大杉荣/尾崎行雄》,有斐阁 1979 年版,第 72 页。

年军官刺杀,"政友会"内阁被迫总辞职。自此以后,历届内阁就被军人集团牢牢把持在手中,日本进入了完全法西斯军国主义时代。

对于军部势力肆虐干涉政治的做法以及法西斯主义极右势力的罪行,当时一些有正义感的新闻界人士表示了极大的不满并进行了强烈的批判,其中以菊竹淳主持的《福冈日日新闻》对法西斯主义势力的批判尤为严厉。

菊竹淳(1880—1937),号六鼓,日本著名报社记者,1903年进入《福冈日日新闻》,先后担任该报记者、主笔、编辑局长和副社长职务,是日本新闻史上敢于藐视军部的少数传媒人士之一。"九·一八事变"爆发之后,他曾经主张"满蒙权益论",并对军部的行动给予肯定。但他一贯主张报界应该承担起作为"社会木铎"的重任,当他还是一名年轻记者的时候就下决心要坚守新闻的真实性。他曾表示坚决不写虚假的东西,因为"如果写虚假的东西,读者会信以为真,就会造成很大的影响"①。

菊竹一生安贫乐道。他认为"新闻记者应该比法官更加廉洁",并主张"报社记者要以清贫为荣"②。他的这种近乎理想主义的新闻理念对《福冈日日新闻》的经营产生了重要的影响。菊竹反对以牺牲新闻的纯洁性来换取经济利益的做法,因此他坚决反对在报纸上开辟赛马专栏,反对通过扩大广告版面来增加报社收入。而且菊竹还拒绝出席任何宴会,并敢于对错误的观念和行为给予毫不留情的批判,他曾公开表示自己"具有畅所欲言的勇气和不惜生命的勇气",因此在当时的一些人眼里,菊竹是一个与时代格格不入的老古董。

正是菊竹所拥有的这种气节和对新闻专业主义的追求使得他在"五一五事件"发生之后挺身而出,连续发表了一系列痛斥军部暴行的文章。

早在"五一五事件"爆发之前,菊竹就对法西斯的抬头表示了担忧。他在《福冈日日新闻》上发文诘难政府,"现在正在对左翼思想进行严厉取缔,但是为什么不取缔右翼运动呢"③,并尖锐指出右翼势力对日本社会危害更大,当务之急是要取缔右翼运动。他还一针见血地指出法西斯运动只会给国民带来不幸,并强烈反对军人干预政治。他说军人

---

① 前坂俊之:《太平洋战争与新闻》,东京,东京,讲谈社,2007年,第140页。
② 木村荣文编:《六鼓菊竹淳——论说·手记·评传》,福冈,苇书房,1975年,第572页。
③ 《福冈日日新闻》1932年3月21日。

主政"不但是国家的祸害,还会立即导致国军的混乱破灭"①。

"五一五事件"爆发当日,《福冈日日新闻》连夜发行了号外,对事件进行了报道。尽管事变爆发后日本政府当局加强了新闻管制,但事变翌日菊竹淳便制定了"按既定方针"报道的原则,并于当日上午撰写了"首相遭凶手袭击"的社论。鉴于"现今国民无法判断正邪,必须尽快明确趋势"②,菊竹决定打破惯例,将本该在次日刊发的上述社论提前至当日的晚刊上发表。在社论中,菊竹认为"在当代政治家中,具有远见卓识、能够担当时局艰难重任的实力之士中,无出首相其右者",从而表达了对犬养毅的尊敬。接着他对暴徒进行了猛烈抨击,称"以政治改革为借口虐杀老首相的行为说明他们只是想导致国家混乱溃灭",并指出其目的不过"是为了达到自己的政治野心"③ 而已。

5月17日,菊竹又发表了社论《敢促国民觉醒》,表达了对法西斯势力给予回击的决心。

> 陆海军人闯入首相官邸,虐杀老首相的行为是难以言表的暴行。我们虽不满意今日之议会、今日之政治、今日之选举、今日之政治家,但也没有理由回到独裁政治的老路上去,更没有理由诉诸法西斯运动。独裁政治能够给国民带来更大幸福的信念是毫无根据的,法西斯主义能够拯救日本的信念也是毫无根据的。我们的政治道路是清楚的,我们应修正这些错误和过失,在立宪代议政体的大道上前进……对于那些对国民的挑战,我们必须怀有坚决给予回击的决心。④

在社论中他还说,暗杀犬养毅的行为"与其说是暗杀,不如说是一种虐杀",而军人攫取政治大权"意味着军队及军人的溃乱颓废",并一再强调其结果只能是"导致国家混乱溃灭"⑤。

除了发表上述社论之外,菊竹淳还接连发表了《宇垣总督的谈话》(5月18日)、《骚扰事件与舆论》(5月19日)、《当前的重大问题》(5月20日)、《宪政的价值》(5月21日)、《非常时期内阁的使命》(5月

---

① 《福冈日日新闻》1932年5月10日。
② 西日本新闻社:《西日本新闻百年史》,西日本新闻社,1978年,第359页。
③ 《福冈日日新闻》1932年5月16日。
④ 《福冈日日新闻》1932年5月17日。
⑤ 《福冈日日新闻》1932年5月17日。

28日）等社论。他以被法西斯主义分子奉为金科玉律的"军人敕谕"和"帝国宪法"为武器，对陆军省进行了猛烈抨击，称军部干预政治是"天下奇谈"，"只能导致政局前途的不稳定，给国民带来不幸"①，并强烈要求军队整肃军纪。

"五一五事件"之后，法西斯势力加紧了对反军、反战报纸的攻击。一些报纸因担心受到处罚和攻击而放弃了对军部的批判。对此，菊竹也提出了严厉的批评："东京大阪等诸多报纸恐怖、退缩，不能率直清楚地发表自己的主张。毋庸置疑，报纸负有评论的使命。在任何场合应完成文章报国的一大任务。然左顾右盼，该说的事情不说，该做的事情不做，这绝非报社记者的名誉。"② 在 7 月 23 日的社论中，菊竹对《朝日新闻》和《每日新闻》点名进行了批评，他把《朝日新闻》称为"村山商店"，并且言辞激烈地讽刺了《每日新闻》社长本山彦一提出的"报纸是商品"的论调，说这些报纸一味迎合军部的做法使报纸丧失了舆论机关的信念，卖掉了报纸的灵魂。

上述社论一经发表，立刻引起轩然大波，福冈当地驻军久留米师团青年军官、激进分子以该社论"侮辱陛下军队"为由，要求报社撤销类似反军社论，并出言对《福冈日日新闻》进行了威胁和恫吓，甚至出动轰炸机在报社上空盘旋，进行恐怖要挟。当时任久留米师团参谋的井上官太叫嚣说"社论诽谤军部，当取缔之"，后来又扬言："福日（福冈日日新闻——笔者注）社论并没有改变对军部攻击的态度……现在枪杀攻击军部之徒，即使赴死也在所不惜。"③ 井上的继任者片仓衷对《福冈日日新闻》进行了更为猛烈的攻击。他不但向报社递交了威胁信，还煽动在乡军人会对该报发起了"拒买"运动，企图通过经济手段扼杀该报的反军言论。

然而该报记者并没有因此而退缩。在副社长永江真乡、编辑局长菊竹淳的带领下，他们团结一致，继续出版报纸，刊登痛击军部的文章。在菊竹等人的感召下，22 日《岩手日报》主笔后藤清郎等人也相继发文对军部提出了警告："现役军人共谋暗杀首相，并企图爆破银行，这绝非无关紧要之小事……恐怖时代抬头。宪政中之常道为何物？手枪和法西

---

① 《福冈日日新闻》1932 年 5 月 20 日。
② 《福冈日日新闻》1932 年 5 月 19 日。
③ 西日本新闻社社史编辑委员会：《西日本新闻百年史》，福冈，西日本新闻社，1978 年，第 359 页。

斯是恐怖的，要回到自己本职岗位进行深刻反省。"①

一年之后的1933年5月17日，菊竹淳在《福冈日日新闻》发表了题为《要宪政还是法西斯？——五一五事件一周年》的社论，表达了拥护宪政，反对法西斯主义的主张。在社论中，菊竹首先缅怀了被刺杀身亡的犬养毅，接着对犬养毅死后一年内的日本国内外局势表达了担忧，他说尽管议会为解决危机通过了庞大的预算，"但国民头上非常时期危机带来的重压丝毫未见减轻，相反愈演愈烈"。而这些危机除了"围绕满蒙问题日本所面临的重大危机"外，"国民经济生活萎靡混乱，社会各阶层焦躁不安"也孕育着国内的危机。要解决日本面临的重重危机，就需要选择正确的道路。"是应该维护明治大帝赐予国民的千年不灭的帝国宪法，力图今后推进日本宪政的发达呢，还是像意大利一样任凭墨索里尼横行或者模仿德国的希特勒，走法西斯道路呢？"②以此警告日本政治不要走上墨索里尼和希特勒的法西斯道路。

"五一五事件"之后，海军军事法庭对参加叛乱的一名军官进行了审判，但当时却有大批民众对凶手表达了同情，要求"从轻发落"的呼声非常高涨。对此，菊竹淳给予了言辞激烈的批判。他认为同情凶手的做法"不但会破坏法治国家的秩序，更会使国家命运本身充满危机"，"至于减刑还是酌情量刑都必须首先确立法律的威信"③，从而主张应严格按照法律规定对叛乱分子进行审判，以达到抑制法西斯分子抬头的目的。

然而，法西斯军人干预政治的倾向非但没有收敛，反而呈现愈演愈烈之势。为此，菊竹继续口诛笔伐。1933年9月21日，他在《福冈日日新闻》发表了题为"政治问题与军人"的社论，再次对军人干政提出了批判。

> 对于五一五事件，我们已反复评论。在今日政治、经济、社会关系复杂的时代，军人除了肩负国防重任外，如容喙事实问题并参与各种活动，则危险至极。不但会直接紊乱军队制度，成为国防上一大威胁，同时也会威胁到国民生活。
> 从辩护人立场上看，五一五事件辩护人作支持被告将校的陈述

---

① 《岩手日报》1932年5月22日。
② 菊竹淳：《要宪政还是法西斯？——五一五事件一周年》，《福冈日日新闻》1933年5月17日。
③ 菊竹淳：《五一五事件的论告》，《福冈日日新闻》1933年9月21日。

是不得已而为之，但若认为青年军人以此事件为契机对国防问题之外的问题感兴趣并诉诸直接行动，以致叛乱杀人亦为不得已而为之，并陷入此等谬论，不仅会误导有前途的青年军人，亦会使多事多难的国家前途走向黑暗。

日本现今国内外充斥着法西斯、独裁、军国主义的空气，这就要求军人谨慎、反省，只有这样方能保证军队的秩序和威信，向世界宣示备受国民信赖的皇军的存在。如今，为皇军的未来着想，那些阿谀迎合之流的言论忘乎所以，并采取轻率行动，从而招致有心国民反感之类的事情，我们应断然反对。①

从该社论来看，菊竹之所以极力反对对叛乱军人"从轻发落"，主要是他担心此举会刺激军部法西斯主义思潮的膨胀，因此他强烈反对军人干预政治，以免将日本政局引入歧途。然而，菊竹的警告并没有引起社会的足够重视，到其1937年因病去世时，军部法西斯势力已经登上了日本的政治舞台。可以说这不仅是菊竹淳个人的悲哀，更是日本整个民族的悲哀。

二、桐生悠悠

与菊竹淳一起对军部法西斯势力抬头及其暴行大加挞伐的著名新闻人士还有主政《信浓每日新闻》的桐生悠悠。桐生悠悠（1873～1941），毕业于东京帝国大学，曾先后任《下野新闻》、《大阪每日新闻》、《大阪朝日新闻》等报社记者，1910年任《信浓每日新闻》主笔，晚年发行私人杂志《他山之石》，是日本著名的自由主义者，至死反对军国主义。

"五一五事件"发生后，桐生悠悠主持的《信浓每日新闻》也展开了对军部的批判。"五一五事件"爆发后的第二天，《信浓每日新闻》在评论专栏"扩声器"中发表社论称"现在军人已经发狂"②，"与其称之为狂人还不如称其为'狂犬'"。由此他极力反对犬养毅与军人进行谈判，并对军人干政以及法西斯势力的抬头表示了担忧，大声疾呼不能依靠"这群'狂犬'保卫祖国"③，从而对军部法西斯的企图提出强烈质疑。

5月20日，桐生更是对"五一五事件"的主谋陆相荒木贞夫提出了

---

① 菊竹淳：《政治问题与军人》，《福冈日日新闻》1933年9月21日。
② 《信浓每日新闻》1932年5月16日。
③ 《信浓每日新闻》1932年5月17日。

批评，并尖锐指出荒木的野心并非其宣称的保卫祖国，而是企图攫取首相的位置。

> 光天化日之下一国首相惨遭枪杀，纵容暴徒横行帝都的"真正责任人"却在背后以继任首相的接班人而暗自窃笑。这是前所未闻、不可思议之事……大臣的头颅尚且如此，那么国民的头颅不就如同地里的西瓜或萝卜一样吗！①

"五一五事件"后，由于政府下令禁止报纸刊登相关报道，因此日本全国大部分报纸均保持了沉默，在这种整体噤声的大环境下，桐生和菊竹对军部法西斯的批判显得尤为难能可贵。

"五一五事件"一周年之际，日本政府撤销了禁止事件报道的禁令，1933年5月17日司法省、陆军省和海军省首次公开了事件的概要。桐生悠悠并未因日本政府的上述做法而偃旗息鼓，而是趁机相继发表了《当局对五一五事件的谬论》（5月10日）、《五一五事件的政治结果》（5月19日）、《五一五事件与国民的积极责任》（8月9日）、《五一五事件的大教训》（8月20日）等一系列批判性社论。在这些文章中，桐生对事件的处理结果表示了不满。他认为如果对凶手的处罚不够得当将后患无穷。"将这次暴动视为光荣之举是歪曲了名誉意义的变态心理，换言之是精神异常人的行为。……他们以殉教者自居，并犯下极不光彩的罪行，结果最近频繁出现暗杀者，这是最大的时代错误……我们不得不耻笑陆海军司法当局犯下的时代错误"②，并呼吁国民以此为戒。

最让桐生悠悠大放异彩的当属对"防空大演习"的批判。从1933年8月9日开始，日军在日本关东地区举行历时三天的大规模防空演习，演习地区横跨以东京为中心300千米直径的一府四县。当时几乎所有的大报都对防空演习持正面报道态度，例如《东京日日新闻》在8月9日的报道中说演习"必将取得大成功"，并对军部给予了赞扬，甚至乐观地断定"只要处于国防第一线的陆海军健在，就不可能有大规模的攻击"③。8月10日该报依然发文对演习活动进行了肯定性报道，文章只是在文末对灯火管制提出了稍许异议，但立即遭到陆军省报道部的压制，不得已在第二天发表告示，声明撤销前日社论。

---

① 《信浓每日新闻》1932年5月20日。
② 《信浓每日新闻》1933年5月10日。
③ 《东京日日新闻》1933年8月9日。

然而《信浓每日新闻》却从 8 月 10 日开始对防空演习进行了持续性的批判报道，并于 8 月 11 日发表了由桐生悠悠撰写的题为"嗤笑防空演习"的社论。社论在开头便指出演习的弊端，并预言一旦日本本土遭到轰炸，必将酿成更大的惨剧。

> 在帝都上空进行大演习的作战计划简直是无稽之谈。即使这样做，也可以让人想到决定战争胜负的最终一战的结果。虽然场面煞是壮观，但这只是一场木偶剧而已。
> 敌机投下的炸弹会让东京市内的木造房屋顷刻之间化为灰烬。无论怎么叫嚣冷静、沉着，无论平时如何训练，非常时刻，恐怖的本能会造成市民的混乱，演出一场惨剧。
> 在关东上空、帝都上空迎击敌机就是我军的失败，决不能让敌机进入我领土上空……先于空袭将其击退才是防空战的第一要义。①

从社论内容来看，桐生只是对军部的作战构想提出了质疑，并对防空演习的荒谬性给予了批评，但并非反军言论，最多算得上"进谏"而已，但该社论却受到了来自各方面的攻击。与《福冈日日新闻》不同的是，压力不仅来自于军部，陆军省新闻班以及以当地驻军松本连队为后盾的信浓乡军同志会也对其施加了强大的压力。他们叫嚣说关东防空大演习得到了天皇的首肯，但是《信浓每日新闻》对其提出批判意见是对天皇制的挑战，于是他们煽动 8 万在乡军人对该报发起"拒买运动"，并要求桐生悠悠辞职，社长小坂顺造公开道歉。结果在各方面的压力之下，经济基础本来就极为薄弱的《信浓每日新闻》最终屈服，桐生悠悠被迫辞职。此后桐生悠悠在名古屋创办了私人杂志《他山之石》，继续批判军部的言论。

1936 年 2 月 26 日，陆军极右势力"皇道派"青年军官组织叛军发动政变，杀死内大臣斋藤实、藏相高桥是清、教育总监渡边锭太郎等人，自此日本走上了军国主义道路。

"二·二六事件"中，东京一片混乱，电台广播和报社亦成为暴徒攻击的对象。暴徒袭击了《东京朝日新闻》社，报社的大量设备、设施遭到毁坏。《东京大势新闻》、《大和新闻》等均因担心发表与事件有关的报道会带来危险，于是决定撤销任何相关报道。《东京朝日新闻》也

---

① 《信浓每日新闻》1933 年 8 月 11 日。

作出了应对措施，时任编集局长的美土路昌一认为发布详细报道一定会引起麻烦，但若发布与事件无关的内容也毫无意义，于是干脆放弃了当日夕刊的发行。①

27 日，军部发布了戒严令，禁止各新闻社刊登陆海军发表以外的一切报道。事变发生后的第四天，《东京朝日新闻》在其发表的一篇社论中才稍微对该事件有所触及。"26 日凌晨帝都发生的不祥之事，震惊国内外。事至如今，毋须多言，相信以此为契机，安泰国体、刷新政治必将成为全体国民的第一要务。"② 从社论内容可以看出，该社论采用了比较隐晦的论调，并极力避免对事件有任何倾向性评价，这与当时的舆论环境不无相关。

然而"二·二六事件"发生后，桐生悠悠却毫不畏惧，依旧延续了其反军反战的风格，并表达了内心的悲愤之情。他认为当时的日本"比起国体明征来，更优先于军敕明征"，因此就造成了对军人无限制的容忍。他重提"五一五事件"的处理结果，认为由于"一部分国民表示了盲目的、雷同的溢美之词"，致使"五一五事件"的叛乱军人得以从轻发落，于是导致了此类事件的再次发生。桐生坚持认为，"如果告诫军部不要进行盲目的行动，是能避免其危害的。但虽然我们平时对军部和政府苦言相劝，却遭到禁止发行的厄运。"③

桐生悠悠此后一直以其自办的小型杂志《他山之石》为阵地同军部进行了抗争，直到 1941 年 9 月去世。弥留之际他撰写了《他山之石》废刊词，表达了对军部的蔑视。他说"虽说小生宁可欢喜地从这个渐渐往畜生之道堕落的地球表面消失，但是小生对于无法看到战后的军队大整肃而早早撒手尘世这件事，不管怎样都感到无比的遗憾"④，从而预言了日本的战败。

三、其他

在战时反军反战的报人还有《东洋经济新报》的石桥湛山和东京帝国大学教授横田喜三郎。

石桥湛山（1884～1973），早稻田大学毕业之后进入报界，1908 年

---

① 春原昭彦：《日本报业通史》，东京，新泉社，1987 年，第 200 页。
② 《东京朝日新闻》1936 年 2 月 29 日。
③ 《他山之石》1936 年 3 月 9 日。转引自茶本繁正：《战争与传媒》，东京，三一书房，1984 年，第 286 页。
④ 春原昭彦：《日本报业通史》，东京，新泉社，1987 年，第 193 页。

任《每日新闻》社记者。1911年转入《东洋经济新报》社，历任总编辑、主编和社长，写过大量反对日本军国主义侵略扩张的文章和经济评论。早在"九·一八事变"之前，石桥就撰写了大量文章批评了日本的对外侵略政策，并提倡"小日本主义"，反对日本的军备扩张①。

1930年11月，因同意在《伦敦海军条约》上签字，时任首相滨口雄幸在东京站遭到右翼青年袭击，致使政局陷入一片混乱。代理首相币原喜重郎在1931年2月的众议院预算总会上发言称伦敦裁军条约的责任应归于天皇，该言论遭到反对派的强烈抨击，右翼势力更是蠢蠢欲动，暴力事件时有发生，日本社会整体"非合法化"的倾向愈演愈烈。对此，石桥分析了暴力化倾向蔓延的原因，"从过去的历史来看，当所有的社会制度固化，失去柔软性的时候，非合法暴力行为极端盛行"②，于是他极力提倡"万机决于公论"的民主运动。

在石桥看来，日本之所以危机重重，除了僵化的社会制度需要进行变革之外，政府的消极应付也是重要原因之一，因此石桥还对日本政府当局进行了批判。他说日本的统治阶级没有责任感，也缺乏勇气，"几乎所有的人面对经济困难和社会不安束手无策，只是寻求消极的安慰，缺乏采取克服困难的积极计划和行动的勇气和热诚……其结果是在不久的将来必将给我国带来更大的灾难"③。

"九·一八事变"爆发之后，在大部分报纸发生"转向"的情况下，石桥依然坚守"满蒙放弃论"的主张。首先石桥指出日本在"满蒙"的特殊权益是通过武力取得的，因此随着中国民众民族主义情感的上升，"用武力破坏中国统一的国家运动反而会引起更严重的运动"，遭到中国民众更加激烈的反抗，由此表明反对侵略"满蒙"的主张。对于"满蒙生命线"的论调，石桥更是强烈反对，他认为领土扩张并不能从根本上解决人口增加带来的问题，资源"可以通过和平贸易的手段获得"④，并不需要诉诸武力。

10月23日，国际联盟理事会通过决议案，要求日本撤军。日本国内外将此视为日本外交的失败，日本国内新闻舆论展开了对国联的攻击和批判。石桥也承认这是日本"有史以来罕见的危机，不仅内政如此，外交也是如此"，但他却把矛头指向政府。他说"究其原因，外交危机来

---

① 关于石桥湛山反对日本军备扩张的主张，请参照本书第二章第二节的相关内容。
② 《东洋经济新报》1931年2月14日。
③ 《东洋经济新报》1931年5月2日。
④ 《东洋经济新报》1931年10月10日。

源于国民对内政的失望"①。

与此同时，石桥也对"转向"的报纸提出了批评。他说"或许某种程度上法规压迫了言论，但今日记者丧失言论自由的最大理由在于……报纸等其他言论机构的经营者缺乏畅所欲言的勇气"②。接着他又强调了日本社会正面临着危机，对于危机的解决方法，他认为"只有依靠自由言论的力量"。因此如果舆论在军部面前屈服的话，必将使日本陷入更大的灾难。

可以说石桥的批判是具有先见性的。历史证明，日本舆论的集体"转向"确实是促进日本滑入战争深渊的一个重要因素。

对"柳条湖事件"最早提出疑问的是东京帝国大学法学部教授横田喜三郎。1931年10月5日，横田在《帝国大学新闻》上发表《满洲事变与国际联盟》的文章，首次提出事变是关东军自导自演的主张。他说："军部从一开始就主张（事变）是完全出于自卫的行为，但公平地讲军部所有的行动都不能用自卫权来解释"。接着他说"即使最初占领北大营是自卫行为"③，但关东军在随后几个小时内占领了中国大片土地的做法已经完全超出了自卫的界限。

10月15日，横田在东京帝国大学举行演讲，以更加猛烈的语气对关东军的行为展开批判。他说关东军在未遇到任何抵抗的情况下肆意扩大战争，早已超出了自卫的范围。"军部说受到支那军队的攻击而行使自卫的说法是站不住脚的。如果真的去侦察，是不会带着炸药的"④，从而明确指出关东军的行动并非出于自卫，而是早有预谋。

横田喜三郎的言论引起了右翼分子的极为不满。右翼报纸《日本》发表了言辞激烈的文章，称横田为"卖国贼"，大肆对其进行人身攻击。"必须消除国内的一切纷争，举国一致应对空前的大困难，但作为公职人员的国立帝大教授却以浅薄的根据和不逞的意图对皇军的行动说三道四，这是不能原谅的反逆大罪"，并叫嚣要清除"潜伏于学府的国贼"⑤。同时，横田也收到右翼分子的大量恐吓信。

"九·一八事变"后对军部进行批判的还有仙台的《河北新报》。该报一针见血地指出事变爆发后军部企图利用若槻内阁的软弱建立所谓

---

① 《东洋经济新报》1931年10月31日。
② 《东洋经济新报》1931年11月14日。
③ 《帝国大学新闻》1931年10月5日。
④ 《帝国大学新闻》1931年10月19日。
⑤ 《日本》1931年10月30日。

"举国一致"内阁的野心,并旗帜鲜明地断定由军部控制的内阁是不能改变国家现状的。"举国一致内阁的实体是以军阀为中心,由政党参与。事变以来军阀扬眉吐气,三宅坂(陆军所在地)不是正在以国家代表自居吗?"随后该报一语中的指出"举国一致"的本质是"名为政党内阁,实为军阀内阁"①。

上述言论激怒了军部。仙台连队司令官率领宪兵队闯入《河北新报》社,要求社长一力次郎道歉并交出报道的撰稿人。然而一力拒绝了对方的要求,并向陆军大臣南次郎提交了抗议书,表达了坚决维护言论自由的决心。

> 社屋虽然贫弱,但仍为言论机关的城郭。如遭遇外部暴力,则400名社员将团结一致,死守言论自由。(中略)军人军属的不买同盟是读者的自由意愿,所以绝对不会向他们发送报纸。②

在《河北新报》的坚持下,在乡军人会的拒买运动以及军部对该报的打击最终不了了之。

综上所述,在侵略战争期间的舆论统制时代,尽管日本军部和政府实行了严格的舆论控制,对报界实施了严厉的控制和打击,新闻自由受到极大的摧残,但是它并没有能够完全扼杀舆论的声音,仍有一些视新闻自由为生命的报人和报纸对强权政治表示了激烈的反抗。虽然这些反抗并没有最终改变战时日本新闻舆论的走向,也未能阻止日本继续扩大侵略的步伐,但其反抗行为本身在日本新闻史上却具有极其重要的意义,它表明当时的新闻舆论尽管生存环境恶劣,但除了屈服、迎合之外,还有另外的选择。这从另一个侧面表明,促使《朝日新闻》等当时的主流报纸在战时体制下发生"转向"的原因并非完全取决于战时舆论统制政策,报社、报人的价值取向和职业素养也是重要的原因之一。

---

① 三枝重雄:《言论昭和史》,东京,日本评论社,1958年,第70~71页。
② 河北新报社编:《河北新报七十年》,仙台,河北新报社,1967年,第71~72页。

终　章

纵观人类漫长的历史发展过程，战争与传媒如影随形，任何一次战争都能找到媒体的影子，大众传媒是战争传播的主要手段和渠道。每一场战争，在真枪实弹进行武力较量的同时，更为厉害的意识形态的宣传战也在激烈的进行之中。宣传战撑起了战争较量的半边天，是现代战争中不可或缺的重要组成部分。大众传媒与现代战争的主要联系是通过宣传这一中介发生的：大众传媒是宣传的主要工具，而宣传则是现代战争的必要条件，所以大众传播就成为战争的必要工具。强大的武力威慑加上有效的宣传介入往往无形中就能够起到放大效应。

战时日本报界与侵略战争的关系亦然。战时日本报界不但是连接政府与大众之间的媒介，还是煽动战争狂热的宣传机器，也是支持战争的精神武器，同时还在资金方面对战争给予了支持。总之，无论是在战前准备期，还是战时推进期，以至于战后收拾期，报界对各时期的舆论导向、战争进程乃至政局发展都发挥了重要作用。

一、战时日本传播网络的构建

传媒在政治传播过程中发挥着重大的作用，古今中外概莫能外。传播过程中的决定性因素固然是上层建筑所代表的权力，但要想将政策、纲领、理念等最大程度地宣示于人，没有传播工具的参与是不可能实现的。从某种意义上说，政治权力在相当程度上依赖传播网络的构建，其效果的大小也取决于对传播工具、传播过程的控制程度。

所有的政治体系中，都由传播网络来传递分类的信息，因此传播网络的建立往往成为上层建筑开展政治传播的先决条件。战时日本传播体系的构建经历了两个阶段：第一阶段以硬性调控为主。"九·一八事变"前，日本政府对媒体的统制政策主要是"对大众传媒的特定内容进行直接的弹压、禁止、排除等"①，即以消极统制为主要内容。第二阶段以软性调控为主。"九·一八事变"之后，迫于形势的需要，日本政府很快改变了其舆论对策，在坚持原来的消极统制的基础上，采用了软性调控的手段，加强了对新闻传播工具的指导和利用，从而将积极利用和消极统制有效地结合起来。

与此相适应，战时日本传播网络的构建是由日本政府与传播媒介共同完成的。首先，战时体制下作为上层建筑的日本政府在传播网络的构建过程中起着主导作用，主要通过政治体制的高压态势和经济要素的遏制政策来完成。具体表现为：在政治制度上，主要是通过完善统制机构和统制法令实施一元化的统制；在经济制约上面，则是牢牢控制了印刷纸张的配额，致使报界丧失了任何自主自立，成为总力战体制的重要一环。

传播网络的构建仅仅依靠自上而下的外力推动是不够的，在上层建筑按照强权意志搭建政治传播网络框架的过程中以及框架搭建完成后，自下而上的广泛参与和配合是不可或缺的必要条件。换言之，只有自上而下的外力推动和自下而上的广泛参与这两个条件均具备时，传播网络的构建才能算基本完成，两者缺一不可。战时日本传播网络的广泛参与性主要表现在报界战时体制的确立。报界战时体制是日本国家战时体制的重要组成部分，是日本报界主动迎合统治阶级意志、为侵略战争鼓动、宣传的产物，也是巩固日本统治阶级话语权的宣传工具。

由此，战时日本传播网络表现出来的特征主要有二：一是上层建筑的高度组织性；二是基层媒体的广泛参与性。两者互相配合、互相交叉，自上而下形成一个组织严密的传播网络。

纵观战时日本宣传网络的构建和实践，我们可得出如下结论：

第一，战时日本传播网络的构建是双向进行的。在战争这一特殊的社会行为形态之下对新闻传播进行合理调控，使之最大限度地发挥其宣传教化作用，是国家战时体制的重要使命之一。战时日本政府成功地利用其掌握的政治资源，以法规、机构为武器，自上而下地强化了传播网络的组织化。传播网络的构建仅仅依靠自上而下的外力推动是不够的，在上层建筑按照强权意志搭建政治传播网络框架的过程中以及框架搭建完成后，自下而上的广泛参与和配合是不可或缺的必要条件。而报界战时体制的确立是对传播网络组织化诉求的主动回应，不但完善了传播网

---

① 张昆：《十五年战争与日本报纸》，《日本研究》1991年第2期，第42页。

络的内涵，更是对传播网络的具体实践。换言之，只有自上而下的外力推动和自下而上的广泛参与这两个条件均具备时，政治传播网络的构建才能算基本完成，两者缺一不可。

第二，在战时日本传播网络构筑的过程中，政府是推动报界战时体制确立的外力，起主导作用，报界的利益诉求和狭隘的民族主义则是起决定性作用的内力，而受众不但是经过特殊包装后的传播产品的消费群体，同时也会通过一些非正式渠道反作用于传播网络。"既然是日本人经营的报纸，国民的爱国热情越高涨，越会被读者的要求和周围的局势所影响，自然无论是言论还是报道都会趋向国家主义化和帝国主义化"[1]。换言之，报界的自我规制以及受众对传播网络的反作用塑造了战时日本舆论高度统一的局面，同时也推动了言论统制的强化和发展，并最终导致被纳入到国家战时体制之中，成为战争推行的重要一环。

第三，战时日本政府话语权的构建是传播网络的构建和战时传播的结果，而传播网络的构建和战时传播的实施又进一步强化了日本政府话语权的构建。在这个矛盾统一体中，作为上层建筑的政府和作为基层组织的媒体又是缺一不可的，二者构成的传播网络不但保障了政治传播的顺利开展，在很大程度上也决定着政治传播的原则、性质和效果。

二、战时日本报界的作用

报刊作为一种传播信息资讯的载体，它包含两个要素：信息传播者和信息接受者，两者缺一不可，而报纸正是连接两者的媒介。战时日本报界作为日本政府与大众之间媒介的特性表现得尤为突出。

首先，政府制定的政策必须传达给民众并使民众理解以至获得民众的支持才能得以顺利推行。尤其是在"总体战"的战争理念下，要想把全社会的力量动员起来，没有一个强有力的宣传工具而仅靠武力推行是行不通的。鉴于此，日本政府或采用强硬手段通过严厉的言论统制政策来扼杀舆论自由，或采用怀柔政策给予报社、通讯社等政策优惠或资金支持来博取报界的好感，其目的不过是牢牢地控制报界为己所用。正因为此，战时日本政府在推行某项政策时，往往会要求包括报界在内的舆论界给予支持。例如太平洋战争爆发当日，内阁制定"对日英美战争的情报宣传方策大纲"时，要求各报为确保战争的胜利，"同军人作战遥相呼应，对内外局势进行指导"。而在实施"国民精神总动员运动"时，

---

[1] 前坂俊之：《太平洋战争与新闻》，东京，讲谈社，2007年，第106~107页。

政府也曾召集报社、通信社代表召开恳谈会，寻求舆论的支持，最后甚至将报纸也纳入到精神总动员体制之中。而报界也基本贯彻了政府的意图，在新的政策出台时都会予以详细报道，并呼吁国民对政策予以支持。

为最大限度激起国民的斗志，战时日本政府制定了诸如"奋勇杀敌"之类的标语，而这些标语的普及则由报纸等宣传媒介来完成。自1942年开始，《朝日新闻》、《东京日日新闻》和《读卖新闻》三大报社联合向全国征集"国民决意标语"，并通过新闻报道和各种活动来加以宣传。而《朝日新闻》则先后13次发表以"不断进攻"为标题的文章，对煽动国民战争情绪起到了不可小觑的作用。

其次，报界要发挥其传播功能，除了向人们迅速、及时地提供新近发生的新闻和信息之外，还必须对这些新闻和信息进行分析解读，以便于读者理解和接受。因为受众的文化层次参差不齐，并非所有人都能完全理解报纸所刊登的新闻信息，再加上读者受其所掌握的信息的限制，有时难以了解隐藏在新闻背后的东西。因此当报纸刊登政府出台的法令、法规、政策时，应对报道内容进行剖析、解读，挖掘出其潜在的本质才能让受众完全了解并接受。可以说报纸的这种解释功能在广播等新媒体手段的冲击下得以巩固和深化，而强大的解释功能也正是报纸的优势所在。"解释性报道与传统的纯新闻有着很大的区别，纯新闻仅仅介绍一个'What'，即新闻事实，而解释性新闻则更加注意'Why'和'How'，即原因和结果"①，所以报纸的时效性虽然逊于广播，但在说明、解释和评论社会事件方面所起的作用却越来越大，特别是在就社会目标和公众事务展开广泛辩论而又需要针对简单的报道作出深刻分析的时候，报刊增强解释功能的发挥就更为重要。例如《国民精神总动员实施要纲》出台后，《东京日日新闻》、《报知新闻》和《东京朝日新闻》等不但全文报道了该要纲的内容，还对大纲内容进行了详细解读，并对国民精神总动员的意义进行了归纳和总结，使读者一目了然。最后报纸还向国民发出呼吁，要求国民"刷新社会风潮"，发扬"坚忍持久精神"和"舍小我就大我"的精神，"勤劳报国"，协助政府推行非常时期经济政策，为建立"国家隆兴的基础"作出贡献。

第三，作为政府与大众之间的媒介，报界还担负着指导功能。指导是人类传播的基本功能，是指通过告知消息、表达观点、解释缘由、公开劝服，对受众的思想和行为所产生的一定的方向性指点和引导的作用。

---

① 谢岳：《大众传媒与民主政治》，上海，上海交通大学出版社，2005年，第90页。

指导功能存在于人类的一切传播活动之中，不论它是政治的、经济的传播，还是文化的、艺术的传播，它们都要履行或释放指导功能。

报纸对政府的政策进行报道，并对其进行深层次剖析，最后使受众（读者）对该政策有了一个全面的理解，然而到此为止报纸的传播任务并没有最终完成。报纸在完成上述工作的基础上，对受众的思想或者行为产生特定的影响，使之完全按照政府的意图行事，才算完成政府所期待的宣传任务。因此可以说指导功能是报界发挥传播功能的目标，也是政府对媒体的最高要求。例如太平洋战争时期，战局开始向有利于盟军的方向发展之后，日本报纸开始配合政府鼓吹"拼命精神"和"特攻队精神"，认为"比起物力和武器性能，只有以生命进行战斗的肉弹精神才是使敌人害怕的'不可思议的力量'"①。在这种思想的指导下，报纸将全体国民视为战斗人员，向他们传授手榴弹的投掷方法以及利用刀具杀伤对手的方法。《朝日新闻》援引大本营陆军部刊发的《国民抗战必携》小册子，向国民详细说明了刀具的使用方法。这些充满军事色彩的报道在国民中间造成极大的反响，起到了普及战争知识的作用。一位日本人在战后曾对报纸塑造全民皆兵体制作了如下评论：

> 满洲事变爆发后，某报社立即开始为陆军军用飞机募捐。用"小学生节约零花钱为飞机捐款"之类的"美谈"掀起国民的捐款热。捐献的飞机被命名为"爱国号"，《少年俱乐部》杂志的附录有爱国号的模型，我也组装了一架，通过说明书不知不觉掌握了军事知识。日中战争开始以后，又有某报社举行"有奖征集军歌"活动。入选歌词中的行军歌"手持膺惩的枪剑"、露营歌"不立军功死不休"、"视死如归"的歌词，后来在日本军队的行动中产生很大影响。（中略）大东亚战争爆发，新生儿命名流行出征、征服的"征"字和"胜"字，这也是报纸宣传使然。②

而实际上报纸作为政府与大众之间的媒介，在宣传国策、谋求大众支持方面不遗余力。1932 年陆军省新闻班负责人本间雅晴在谈及报界与军部的关系时曾说，开始由于国民对局势了解不够，因此对政府的政策抱有怀疑甚至反对，援战的热情不够高涨。但是报界和军部的关系达到

---

① 《朝日新闻》1944 年 9 月 22 日。
② 〔美〕法兰克·吉伯尼编：《战争——日本人记忆中的二战》，《〈朝日新闻〉读者来信汇编》，尚蔚、史禾译，北京，中央编译出版社，2003 年，第 24～25 页。

了前所未有的蜜月时期后,"全国国民依靠言论机构为中介,完全谅解了政府,特别是对军部的诚意和努力表现出了全面的理解"①。这可以说是对战时日本报界作用的最准确的注解。

三、战时日本报界的特征

战时体制下日本报界利用报纸强大的传播功能对内宣传军国主义政府的"国策",统一国内舆论,向国民灌输对外侵略的思想,并煽动国民的好战情绪,号召其为军国主义侵略战争服务,对外则承担起国际宣传的重任,为日本发动侵略战争寻找正义的借口,并大加粉饰、歌颂,将其美化为"解放东亚人民的圣战",甚至直接参与军国主义战争,对占领区的新闻文化事业造成了严重的破坏。作为个体的报人、报社以及新闻团体,都呈现出不同的特征,但作为整体的报界又具有共同的特征:军事性、煽动性和虚假性。

第一,军事性。战时报界与战争进程关系密切,其报道、评论、活动等均具有强烈的军事色彩。

首先,战争报道作为战时日本报界主要的活动内容表现出强烈的军事性。在日本军队发动每一次侵略战争时,日本各报均建立起强大的报道阵容,向战地派出大量记者,甚至不惜重金购买先进的通信设备、传输设备和印刷设备,倾其全力开展报道战。在如此密集的报道体制下,大量的战争报的稿件充斥于各报报端。国民正是通过报纸这一媒体获取了大量战况信息,而报纸也在狂热的战争报道中迎来了报纸销量的"黄金时代"。报界除了通过报纸发布战争消息之外,还通过组织国民捐款、捐物,举办各种战争展览和演讲会,号召国民进行"铳后奉公"等一些非新闻活动来宣传战争,开展思想战,达到为国民洗脑的目的。例如太平洋战争爆发后不久,《朝日新闻》便发布告示称"战况不断朝着大东亚共荣圈确立的圣业发展,鉴于此,本社……热切期望各位国民赞同爱国飞机献纳运动的主旨,为建立强大无比的大空军给予协助"②,以此号召国民捐款捐物,为日军购买军用飞机。在报纸的带动下,日本各界掀起狂热的援战高潮。

其次,从消息来源来看,当战争还局限在中日两国之间时,报纸的战争报道一般有两个信息来源,一是报社派往前线记者的自由采访,一

---

① 《新闻及新闻记者》1932年11月号。引自前坂俊之:《太平洋战争与新闻》,东京,讲谈社,2007年,第107页。

② 《朝日新闻》1941年12月12日。

是大本营发表的战斗公报。但是太平洋战争爆发后,政府严格控制了报界的消息来源,战争报道一律由大本营统一发表,记者完全按照军方的要求撰写战争报道,然后由大本营统一发表。

大本营是发生战争或事变等非常时期直属天皇的最高统帅机构[①],1937年后,大本营陆海军分别设置了"报道部",主要负责发布战况以及政府、军部决议等。无论从大本营的报道内容、组织结构还是报道政策和报道方针来看,其本身就是一个军事机构,具有极强的军事性。例如大本营陆军报道部规程规定"发表的内容及发表日期、方法等应慎重考虑,应随时与幕僚保持紧密联络,在保护军机秘密的同时鼓舞我军民士气,消除敌人战斗意志"[②],由此可知大本营发表本身就具有浓厚的军事色彩。由于各报普遍采用这些千篇一律的报道,而不能刊登独家新闻,因此报纸在战时特别是太平洋战争爆发以后的军事性表现得尤为明显。

最后,从报纸对战时体制的对应来看,为适应战时体制,各报社纷纷进行了机构改革,加强编辑权限,设置了包括主笔、编辑总长以及各编辑局长在内的编辑会议,负责制定报社的编辑方针。与此同时,为避免出现与军部论调不一致的"误报",各报社都在自己内部设置报道审查课,对新闻报道进行严格审查,从而保证了各报社与政府的论调保持了高度的一致。"卢沟桥事变"后日本报界为响应政府的号召,不惜牺牲广告篇幅和巨额广告收入,力求报纸的所有内容都能体现日本的国家立场和对国民的指导精神,从而实现所谓"社会木铎"的使命。

"新闻事业令"颁布之后,"新闻新体制"的建立成为当时政府情报部门和舆论界最关心的话题。一些报纸纷纷发表文章对报纸在新体制下的应对提出了要求。《京都日出新闻》说"以前各报社都在各地设立专卖店同其他报社进行销售竞争,结果弊害甚多,因此在非常时局之下,必须消除这种无秩序的竞争","现在报纸的任务是将朝野一体、官民一体的状态传达给国民"。该报对报社进行机构改革以应对战时体制的做法提出了表扬,称其为"报界的英明决断"[③]。应该说,大多数报纸对放弃营利主义而担负所谓"国家国民公器"的宣传任务是持认同态度的,对报界新体制也是持欢迎和积极支持态度的。

---

① 1893年5月19日明治天皇以敕令形式颁布《战时大本营条例》,规定战时设置大本营作为最高统帅机构。此后《战时大本营条例》历经多次修订,在中日战争全面爆发后,由于中日双方均没有宣战,因此废止大本营只能在战时设置的规定,允许大本营在发生事变时也可设置。
② 富永谦吾:《大本营发表的真相史》,东京,自由国民社,1971年,第10~11页。
③ 《京都日出新闻》1941年12月14日。

《每日新闻》社出版的《战时新闻读本》一书对战时报纸的作用进行了阐述，称报纸应抛弃所谓的"新闻商品主义"的经营思路，"对外作为我们国家伟大的发言人，对内要使国民大众完全了解国家方针，同时负担起重要使命，激励、鼓舞官民，指导、启发他们不要走错哪怕一步半步的道路"①。不难看出，这些主张与当时军部的主张以及军部对报界的诉求是完全一致的，带有明显的军事色彩。

第二，煽动性。报纸的传播功能是报纸生存的必要条件，也是报纸作为强有力的传播媒介参与（不管是主动还是被动）政治宣传的重要原因。传播功能在不同的社会背景和历史时期有不同的表现形式，在战争的特殊环境中，传播功能的指导性往往被放大。指导是指通过告知消息、表达观点、解释缘由、公开劝服等方式，使受众的思想和行为按照特定方向发展的指点和引导性行为。而要发挥报刊的指导功能，造成特定的舆论导向，煽动性和富有感染力的语言是必不可少的。日本报界在战时报道中最明显的特征之一就是具有煽动性。

首先，通过所谓的"美谈"煽动战争狂热。"九·一八事变"爆发之后，各报社在报道素材的选择上煞费苦心，其标准就是是否具有煽动性。因此那些能够打动人心、激发战争狂热的所谓"美谈佳话"成为各报追捧的对象，在这其中儿童慰问信尤为引人瞩目。据统计，《东京朝日新闻》"九·一八事变"后短短几天内共刊登儿童慰问信6篇，《东京日日新闻》共刊登7篇，《大阪朝日新闻》共刊登12篇。② 这些慰问信文脉基本雷同，先是表达了对"罪恶支那部队"的憎恶，接着便对"在零下几十度的严寒中，为我大日本帝国誓死战斗的士兵表示感谢"③，最后是表达自己的决心："长大以后要尽忠于国家"④。这些格式雷同的文章可以说是报纸煽动战争狂热的产物，是战时报纸主张的缩影，也是战时报纸宣传战争的证据之一。

1937年8月20日《东京朝日新闻》报道了日军侵略上海战役中战死的两名日本海军大尉的事迹。报道说8月17日，一位名叫菊田的日军参加上海特别陆战队，"激战16小时，以寡兵击退敌人大部队"，但终因寡不敌众而战死。文章最后采访菊田家属，并对其弟"一定要为哥哥报

---

① 平田外喜二郎：《战时新闻读本》，大阪每日新闻社、大阪日日新闻社，1940年，第3页。
② 江口圭一著：《日本帝国主义史论》，东京，青木书店，1975年，第186页。
③ 《大阪朝日新闻》1932年1月24日。
④ 《东京日日新闻》1931年11月12日。

仇"① 的誓言大加赞扬，极具煽动性。

无独有偶，在江阴空袭中，两名日军在飞机中弹着火的情况下，采用自杀战术驾机向地面的中国军队撞去，造成了中国军队的大量伤亡。各报将此"壮举"赞扬为"大和魂式的大轰炸"。与此同时，还报道了战死者父亲的反应，"没洒一滴泪，微笑面对一切"，并认为"他做得太好了，这也是我的愿望，我非常满意"②。这些煽动性言论欺骗了远离战场的日本民众，"膺惩支那"的呼声越来越高。

这些所谓"美谈"充斥着报纸的各个版面，其根本目的是美化日本军国主义侵略行径，为其侵略行为寻找理由，以博得国民的支持与同情，从而煽动排外主义情绪，进而达到"全民总动员"的目的。

其次，通过丑化"敌国"来激发日本国民排外热潮和对日本精神的认同。日本报纸将英美等国称为"鬼畜"、"非人"、"暴徒"，而将日军称之为"皇军"，将侵略战争称为解放东亚人民的"圣战"。1937 年 7 月，"通州事件"③ 发生后，日本政府遂以此为借口，大肆对日本国民进行煽动宣传，丑化中国军队的形象。日本报界也相机而动，攻击中国军队的文章占据了报纸大半版面。8 月 4 日，《东京每日新闻》以"深仇大恨！通州暴虐之全貌——保安队一变为鬼畜，惨杀无罪同胞"为大标题，大肆歪曲渲染了此次事件。同日《读卖新闻》在夕刊中也以煽动性语言报道了通州城内的"惨状"，并叫嚣"被杀者为优秀人类，而杀人者则为非人，为野兽！"④。这些文章选择性地着重报道了日本侨民的伤亡，却隐瞒了关东军轰炸通州城，加害中国无辜百姓的事实。

9 月 19 日，《东京朝日新闻》发表文章污蔑中国军队军纪糜烂。该报说中国妇女除向"前线运送枪弹粮食外，其职责还在于慰问前线士兵。虽然敌人很勇敢，但是由于战地有女性，所以风纪相当糜乱。战斗一停，敌军就打开从后方带来的留声机，与娘子军疯狂跳舞"⑤。

各报为了掀起对英美等国的仇视情绪，还力倡在社会各领域清除英美文化的印记。1941 年 12 月 24 日，《朝日新闻》发文要求清除美国文化的余孽。文章援引早稻田大学教授的主张，说必须立即将"毒害日本

---

① 《东京朝日新闻》1937 年 8 月 20 日。
② 《大阪朝日新闻》1937 年 8 月 28 日。
③ 详见本书第四章第二节相关内容。
④ 《读卖新闻》1937 年 8 月 4 日。
⑤ 《东京朝日新闻》1937 年 9 月 19 日。

人多年的浅薄的美国主义从我们的风俗和生活中清除出去"①，为此该报组织一批摄影人员对具有美国文化风格的招牌、海报等进行摄影曝光，以此促进日本国民的反省，力图实现所谓的"纯一无杂"的日本精神。

"清除美国文化余孽"的措施主要有以下几方面：第一，纠正日本国民的审美观。日本报纸认为那些尊崇美国文化的日本人缺乏对美的正确认识，"他们的审美只专注于绚烂和华丽，而不明白和谐美本来应是简单、含蓄的"②。言下之意只有"纯一无杂"的日本美才是真正的美。第二，呼吁取消西历纪年。报纸对西历纪年的做法提出了批判，称其为"不自觉地将东亚盟主置于崇洋媚外思想的境地"，而日本为"万世一系"的神国，日本的年号纪年才是"古来万邦无与伦比"③的科学方法。第三，主张禁穿欧美服装，提倡"国民服"。报纸认为穿戴欧美服装是极端崇洋媚外的做法，《朝日新闻》更是以高跟鞋为例，说高跟鞋是欧美资产阶级情调的集中反映，因此应该"禁止高跟鞋的制造和使用"④。与此相对应，报纸大力提倡最能体现"纯粹日本之美"⑤的"国民服"。第四，大力赞扬日本饮食文化。报纸从饮食文化的角度对战争作了重新审视，认为战争是"食米人种和食面人种的战争，是菜食人种和肉食人种的战争，是鱼食人种和肉食人种的战争"⑥，接着对日本和欧美的饮食文化作了对比，认为日本的饮食结构不但适应南方战场的状况，而且比欧美人更具有持久力，从而一厢情愿地得出日本必胜的结论。

此外，报纸还尽量避免使用外来语，用日本汉字来代替具有"欧美文化痕迹"的"敌国语言"。这些措施的出发点都是为了消除欧美文化对日本文化的影响，而其根本目的不过是试图通过唤起日本国民对日本文化的认同感和自豪感，将其转化为支援大东亚战争的动力。

最后，以"人道主义"为武器，煽动仇敌心理。太平洋战争时期，为调动国民的战争情绪，动员国民参与到"总力战"中来，报纸依然在版面上发表丑化、贬低敌国的报道，甚至打着人道主义的幌子，将敌方的弱点无限放大，以掀起更加狂热的战争热潮。

《读卖新闻》以"暴虐的鬼畜美守备队虐杀残留邦人"为标题，称日军攻陷菲律宾棉兰老岛（Mindanao）时，岛上的美国守军为报复，将

---

① 《朝日新闻》1941年12月24日。
② 《朝日新闻》1941年12月30日。
③ 《朝日新闻》1942年1月6日。
④ 《朝日新闻》1942年7月3日。
⑤ 《朝日新闻》1944年2月9日。
⑥ 《朝日新闻》1943年6月16日。

驻留岛上的日侨集中枪杀。文章认为美军的行为"暴露了口口声声喊着自由博爱口号的白人鬼畜的真面目"①，从而对其提出了强烈的批判，并称其为第二次"通州事件"。

美军开始轰炸日本本土之后，类似的报道更是铺天盖地。例如1945年3月10日关于"东京大空袭"的报道中出现了"无差别轰炸"的字样。"今晨的空袭与其说是盲爆，不如说是以市区为目标的无差别轰炸，此行为即便是在战时也是不能容许的"②。

所谓"无差别轰炸"指的是不对有战斗能力的人员和无战斗能力的平民、伤员等进行区分，而是将其一律作为攻击对象进行狂轰滥炸的行为。然而报纸对"无差别轰炸"的报道是持有双重价值观的。一方面报纸大肆宣扬"无差别轰炸"的目的并非是出于人道主义的良知，尽量避免平民的伤亡，而是试图借"无差别轰炸"的名义将市民之间蔓延的厌战情绪和对战争的不满情绪转化为仇敌的排外主义。这在原子弹爆炸的报道中报纸不顾平民的巨大伤亡而依然呼吁"本土决战"的做法中可以得到证实。另一方面，报纸又在竭力淡化"无差别轰炸"带来的负面影响，以防止国民士气低落，也在一定程度上将军部无力制止平民伤亡的责任推卸得一干二净。例如在1945年5月27日由《朝日新闻》、《东京新闻》、《日本产业经济》、《读卖新闻》和《每日新闻》共同出版的报纸③在报道"无差别轰炸"时，除了对美军的"鬼畜"行为进行猛烈抨击之外，又指出不能过分强调损害的程度，"因为是战争，所以遭受这种程度的被害是无法避免的"④，并呼吁国民不要失去同敌人进行决战的热情，"各尽其职，战争到底"，向挑起战端的英美国家复仇。换言之，报纸认为在战争的特殊环境中，国民为战争付出任何代价都是理所当然的。可见"无差别轰炸"不过是报纸煽动仇敌心理和排外情绪的说辞而已。

第三，欺骗性。欺骗性也是战时日本报界的主要特征。战时日本报道的欺骗性主要表现在两个方面：第一是在报纸上刊登虚假新闻，以赢得舆论的支持。例如在全面侵华战争爆发之后，日本报纸上出现了所谓日本兵"善待"中国老百姓的报道。《东京朝日新闻》于1937年8月24日报道说日本海军在攻占上海后，不但对滞留上海的日本侨民进行救恤，

---

① 《读卖新闻》1941年12月23日。
② 《朝日新闻》1945年3月11日。
③ 在美军的轰炸中，一些日本报社也遭到毁灭性的打击，印刷设备在轰炸中被烧毁，因此27日上述五家报社不得不以《合同新闻》为报头实行共同出版。
④ 《合同新闻》1945年5月27日。

还向"支那市民"和"第三国人"提供食品救济。而在 8 月 30 日则报道了两名日本士兵向中国老妇赠送面包、饭菜的"义举"①，并赞扬其为武士道精神。

此外报纸还通过大量的虚假报道掩盖战争的侵略性。《东京朝日新闻》在报导日军侵占中国领土时，将日军美化为中国的"救世主"，说在长年遭受压榨、毫无生气的中国农村，所到之处的墙壁上都贴满了欢迎和感谢日军的标语，甚至还配上了一幅"日章旗飘扬在支那农家"的图片②，通篇充斥着谎言和欺骗。

为宣扬"大东亚共荣圈"的侵略构想，战时日本报纸千方百计强调"大东亚共荣圈"的正义性和必然性。1942 年 1 月，《都新闻》搬出了生物学和遗传学的观点千方百计地证明日本是"大东亚共荣圈的核心"这个荒谬的论点。该报首先从体貌特征上找出东南亚日本殖民地女性和朝鲜、"满洲"地区女性的相似之处，由此将日本女性分为南方系和大陆系两大类，"关东女性是南方系，关西女性为大陆系"，并由此得出结论——日本民族既具有大陆血统，也具有南方血统，因此也就具备向大陆和南方发展的体质。文章最后指出："大和民族是东亚共荣圈的核心"③，从而论证了日本殖民侵略的"合理性"。这些充斥着悖论和强盗逻辑的报导使日本国民更加相信战争的"正义性"，他们也就更加自觉地支持和参与到战争中来。

1937 年 8 月，中日战争进入全面战争阶段，主战场从华北转移到了华中，面对日军在中国战场的暂时优势，各报纷纷以大版面予以报道，以激起日本国民对战争的支持。1937 年 8 月，新任中国驻屯军司令官香月清司中将在接受记者采访时认为，日本军作为"过于正直的军队，一直实行隐忍自重的方针"，但是从苏联传来的"赤化共产运动"的"魔手"潜入到平津地区，并一再强调"有可能潜入日本内地"④。这为日军进一步扩大侵略战争提供了借口。此后，日军逐渐放弃其所谓"隐忍自重"的方针，露出了本来面目，诸如"长驱直入突袭南京、南昌，粉碎敌军主力/我海军战机英勇无比"等报道日军在中国战场得逞的消息频见报端。

欺骗性的另一个表现就是带有感情色彩的夸张报道。太平洋战争时

---

① 《东京朝日新闻》1937 年 8 月 30 日。
② 《东京朝日新闻》1937 年 8 月 8 日。
③ 《都新闻》1942 年 1 月 2 日。
④ 《东京朝日新闻》1937 年 8 月 3 日。

期，日本报界成了军部的传声筒，来自"大本营发表"的消息占据了报纸的头版头条，报纸将报导日军"赫赫战果"作为报道的着力点，报道表现出强烈的欺骗性和虚假性。

报纸的夸张报道也表现在两个方面：一方面竭力夸大英美军队的损失。在偷袭珍珠港之后，各报便开始鼓吹日军的绝对优势，认为美国"已经沦落为二流的海军国家"①，并洋洋自得地说："历史正在向前推进……号称日不落帝国的大英帝国迎来了解体期"，"以金元政治为唯一守护神并自一战以来旁若无人地霸占世界的美国也将消失在历史的底层"②，并预测以德意日为核心的轴心国集团必将称霸世界。据统计，报纸在1943年发表的日军综合战果同实际战果之间的差距达到难以置信的地步，甚至在当时的战果报道中，经常出现美军同一战舰被数次击沉的荒唐记录。

另一方面报纸竭力缩小日军的损失。特别是中途岛海战之后，为了迎合日本法西斯的战争需求，培养国民进行持久战的决心，在盟军易守为攻、日军连遭惨败的情况下，日本报纸依然肆意夸大日军战果，称"经此一战，美航空母舰势力几乎化为乌有，完全确定了日本在太平洋的霸权地位"③，鼓吹"不仅战局向着有利于我方的方向发展，而且我方在战略上也处于绝对的优势"④的论调，并号召国民作好长期作战的准备，大肆宣扬"玉碎"和"特攻"精神。据统计，太平洋战争期间，日本报纸报道的虚假程度是：关于日方战果的报道是实际情况的六倍，而关于损失情况分别是，战斗舰艇为1/5，其中航空母舰为1/5.5，战舰为1/2.7，巡洋舰为1/4.5，驱逐舰为1/6.5；辅助舰艇大约为1/5；飞机约为1/7；运输船只为1/16⑤。

战后远东国际军事法庭对田中隆吉⑥的审讯中，曾经提到同盟通信社社长古野伊之助与陆军军人之间的密切关系以及在他的操纵之下欺骗国民的事实：

> 问：他（古野伊之助——笔者注）和陆军省军人有密切关系吗？

---

① 《读卖新闻》1941年12月19日。
② 《朝日新闻》1941年12月11日。
③ 《朝日新闻》1942年6月11日。
④ 历史学研究会：《太平洋战争史》第三卷，东京，青木书店，1972年，第216页。
⑤ 历史学研究会：《太平洋战争史》第四卷，东京，青木书店，1972年，第81页。
⑥ 田中隆吉（1893—1972），战时曾担任关东军参谋、兵务局长、罗南要塞司令官。

答：1941年，东条组阁时，古野与东条大将的关系非常密切，并与陆军省报道部保持着密切的接触。他于1942年由东条推荐成为贵族院议员，并担任同盟通信社社长一职。在整个大东亚战争期间，独占了所有的新闻素材，可以说他是日本政府实施舆论诱导的领导人。对于他，我能够确信地说，他不但代替政府管理情报的分配，还管理情报的宣传。事实上，同盟通信社扮演了政府新闻机关的角色。

问：你知道他干过哪些事情吗？

答：1942年6月，该通讯社明知日本在中途岛海战中失败，但仍对此事进行了虚假宣传。另外，在瓜达康纳尔海战中，实际上通信社知道事实真相，但仍按照日本陆军的指示，发布了有关战斗的虚假新闻。那是发生在1942年年底的事情。该通信社负有向日本国民提供虚假报道的责任，至少他们是奉命这么干的。

问：古野作为同盟通讯社的社长仅仅是一个摆设吗？

答：不是。他是同盟通信社的社长，在那个位置上，他有非常大的影响力和权限。①

通过以上资料可以看出，当时的报界与政府关系是相当密切的，对战争进程的真相也了如指掌，然而他们却不断发布虚假新闻，甘愿成为政府推进战争的宣传机器。这些虚假性报道制造了日军胜利的假象，欺骗了日本国民，将他们驱赶入战争的深渊。

报界的在太平洋战争期间之所以呈现上述特征，跟各报在战时体制下的自我规制分不开。毋庸置疑，严厉的言论统制政策束缚了言论自由，但政府的言论统制政策并没有完全扼杀报纸的生存空间。换言之，只要按照政府的要求进行报道，就不会遭到处罚。但是从太平洋战争时报纸的报道特征来看，报纸已经从主观上主动进行自我规制，积极迎合政府的言论政策，把鼓舞国民士气、论证战争"合理性"作为其主要任务，甚至站在政府的立场上，自上而下地对国民进行呼吁和指导，从而实现了日本政府与战时舆论的高度一体化。

四、日本报界纳入战时体制的原因

深受大正民主思想影响的日本报界为何不惜背叛大众传媒的职业道

---

① 粟屋宪太郎、安达宏昭、小林原裕：《东京审判资料·田中隆吉审讯书》，东京，大月书店，1994年，第135页。

德、主动追随军部,由"不偏不党"的"社会木铎"转变为战争宣传机器呢?笔者认为,报界纳入战时体制的原因是多方面的,既有外力的推动,也有内力的主导。客观上由于政府的言论统制政策限制了新闻报道的自由,而特定的政治利益、经济利益以及狭隘的民族文化心理是促使他们主动靠近军部的主观原因。对此,笔者尝试从制度因素、经济因素和思想文化因素三个方面对日本报界纳入战时体制的原因进行分析,其中制度因素即言论统制政策的干扰和施压是外因,经济因素和文化因素是内因,起决定性作用。

第一,制度上的原因。

首先,战时体制下严厉的言论统制政策束缚了新闻自由。战时尽管政府与军部在对待战争的问题上态度不尽相同,但是在对待报界的态度上却达到了空前的一致,即为动员全体国民参与战争,出台了一系列言论统制法案,并设置了重重言论统制机关。1909年制定的"新闻纸法"规定各报社在报道有关军事、外交等新闻时,必须取得陆海军及外务省的许可,否则不得刊登。另外,政府还加强了对报纸的审查力度,除在付印之前进行严格的事前审查外,出版之后还要进行事后审查。这样,政府与军部就牢牢地控制了大众传媒机构。报纸在严厉的言论统制之下不敢越雷池半步,否则即遭到禁止发行甚至被取缔的处罚,报社的负责人也会受到相当严厉的惩罚。例如在"白虹贯日"事件中,当日的《大阪朝日新闻》被查封,当事记者与编辑被判刑2个月,报社的其他一些重要人物被迫辞职。1941年1月,日本政府以敕令的形式发布了"报刊等刊载限制令",严禁刊登可能对外交或国策推行产生重大妨碍的内容。绪方竹虎在战后对此曾回忆说:"满洲事变后,陆军自始至终对朝日指手画脚,连细枝末节也不放过,还对报样进行审查,我们也特别注意,不敢有丝毫懈怠,特别是社论更是采取了慎重的态度。"① 这样,尽管"九·一八事变"之前也存在着反军部的报道,但在政府与军部的双重统制之下,报界为免遭查封或取缔的厄运,不得不及时调整报道方针,使其更加迎合政府的口味。

其次,日本报界无法克服的先天性缺点使之无法摆脱被体制化的命运。日本报界自诞生之初便与政府有着千丝万缕的联系,它的发展始终处于官方的有效控制之下。政府鉴于报纸强大的宣传、引导作用,总是对报纸实行积极利用和消极控制的两手政策,如此,日本报业形成了一

---

① 绪方竹虎:《自明治末期至太平洋战争》,东京,朝日新闻社,1951年,第47页。

种畸形发展。作为一种产业,报纸要生存下去,就必须找到读者感兴趣的话题进行炒作,才能争取到更多的读者,提高其发行量。而要在当时言论统制政策的束缚下炒作新闻,只能顺应政府的意志、方向,如果就国内政治、社会问题展开讨论,其风险性较大,容易受到政府的打击和压制。而若炒作对外战争,不但符合当时对外侵略意识不断膨胀的社会舆论,还会转移国内矛盾,从而引起官方、民众举国一致的关注,就会免受政府的打击。而报社一旦被命令禁止发售或删除某些内容,其善后工作更加麻烦,所以报社都会在报纸出版之前接受审查,以避免遭到打击的厄运。然而,即便是接受了严格的事前审查也并不意味着高枕无忧,通过事前审查而在事后遭到追加处罚的事例并不鲜见,其中最著名的当属中野正刚的"战时宰相论"事件。在报纸定稿之前该报道已经获得日本政府有关部门的审查并同意付印,但事后还是遭到首相东条英机的打击。据统计,仅1943年一年,报纸的事前审查件数为9万件,平均每天250件,其中未能获准发行的为1.2万件。此外,还有5万件是通过电话进行审查的①。基于此,日本报纸在甲午战争、日俄战争及第一次世界大战中,都积极地鼓动战争,其主战的观念甚至超越当权政府把握的分寸。例如1905年反对日俄媾和时,《朝日新闻》社长村山龙平曾经主张,"只要坚持主战,即使报社垮了也在所不惜"②。因此,在国家形势发生变化之际,报界为求得自身发展不得不迎合政府口味,以求自身生存与发展。

第二,经济上的原因。

首先,战争刺激报纸的发行量,使报纸进入发行量节节攀高的"黄金时代"。纵观日本报业的发展历程,我们不难看出"日本的报纸企业有着伴随战争发展而发展的历史"③。诞生初期的日本近代报业在政府的利用和控制之下艰难地向前发展着,然而历经西南战争、甲午战争、日俄战争、一战,日本报业得到了飞速发展,"九·一八事变"之前,日本报业已具相当规模,当时日本全国拥有大小报刊1万余家,报纸的发行量超过1亿份。同样他们也不会放过不断扩大的侵略战争这个大好时机,于是借助各阶层的战争狂热,报界更是使尽浑身解数,加紧扩张,"对报

---

① 若槻泰雄著:《日本的战争责任》,赵自瑞等译,北京,社会科学文献出版社,1999年,第221页。
② 山本文雄等编:《日本大众传播工具史》,刘明华、郑超然译,西宁,青海人民出版社,1984年,第84页。
③ 藤田信胜:《体验的新闻论》,东京,潮出版社,1967年,第69页。

社经营者来说，只要能赚钱，也就不得不感谢战争了"①。时任《读卖新闻》社长的正力松太郎在得知"九·一八事变"爆发的消息时，喜形于色，大呼"战争对报纸的销售来说是绝好的机会"②。在巨大的经济利益的驱使下，《读卖新闻》乘机将策划已久但尚未实施的晚报推出，一举获得成功。

"九·一八事变"发生后，广播以其消息的时效性和受众的广泛性抢占了先机，致使当时报纸的销量一度因受广播的冲击而有所下降。为摆脱这种困境，各报社便想方设法吸引读者的注意力，恢复并扩大读者层，以刺激报纸的销量，而对战争的极力渲染正迎合了当时读者的心理。于是报纸销量猛增，仅从"九·一八事变"爆发到第二年的2月29日，《东京朝日新闻》的日均发行量就增加20万份，《大阪朝日新闻》则增加27万份③。《朝日新闻》发行量的变化详见下表。

表7-1 战时《朝日新闻》日均发行量的变化

年	大阪本社	东京本社	西部本社	名古屋分社	全社合计
1930	979500	702244	/	/	1681744
1931	914400	521228	/	/	1435628
1932	1054000	770369	/	/	1824369
1933	1041100	844808	/	/	1885908
1934	1138500	885007	/	/	2023507
1935	897600	913342	302900	/	2113842
1936	861300	1011190	346000	84608	2303098
1937	940600	1042188	365200	96818	2444806
1938	938800	990530	440900	111291	2481521
1939	974000	1114759	472100	121484	2682343
1940	1111000	1203889	579500	171367	3065756
1941	1228000	1354810	715700	200717	3499227

---

① 池田一之：《九·一八事变与日本新闻报道》，《日本研究》1991年第2期，第33页。
② 安田将三、石桥孝太郎：《朝日新闻的战争责任》，东京，太田出版，1995年，第237页。
③ 朝日新闻社编：《朝日新闻社史·大正昭和编》。转引自安田将三、石桥孝太郎：《朝日新闻的战争责任》，东京，太田出版，1995年，第236页。

(续表)

年	大阪本社	东京本社	西部本社	名古屋分社	全社合计
1942	1334700	1377842	777700	232606	3722848
1943	1553600	1350088	759100	/	3662788
1944	1567300	1369280	732800	/	3669380
1945	1285800	1401163	551800	/	3238763

注：1）1935 年名古屋分社的发行量无统计数字。

2）1935 年 2 月，九州分社发行朝刊晚刊，同年 11 月名古屋分社发行朝刊、晚刊。

3）1942 年 8 月名古屋分社停止发行。

材料出处：《朝日新闻社史资料编》

由此可见，报界在对侵略战争进行大肆渲染的过程中，其发行量突飞猛进。报纸又一次利用战争获得了巨大发展。"战争中的大赢家是军需工业和报社，他们没有理由不对战争表示欢迎"①。

1934 年 10 月 2 日，陆军省新闻班在其出版的《国防的本义及其强化的提倡》小册子中公开宣称"战争是创造之父、文化之母"的法西斯扩张理论，受到了社会各界的批评，但当时的报界除少部分表示了批判意见之外，大多数报纸或表示沉默，或对其进行了广泛宣传和赞美。对此，《文艺春秋》杂志社召集《东京朝日新闻》等 6 大报纸的论说委员就当时的舆论状况进行了座谈。座谈会上大多数人表示造成当时舆论"左顾右盼、避重就轻"状况的主要原因并非政府的舆论镇压，而是"报界过于神经质"，同时经济利益也是主要原因之一。《报知新闻》论说委员在发言中说主要压力"并非是暴力的压迫，而是营利的压迫。因为担心报纸卖不出去，所以论说撰稿人就不会写那些造成报纸滞销的文章"②。

其次，战时日本的言论统制政策反过来保护了那些对政府舆论政策积极协助的大报或通信机构的经济利益。

政府为了统一国内舆论，消除反对声音，对日本的舆论机构进行了整合。首先是合并军部系统的日本电报通信社（"电通"）和外务省系统

---

① 藤原彰编：《战争与民众》，东京，三省堂，1975 年，第 104 页。
② 《文艺春秋》1934 年 6 月号。转引自前坂俊之：《太平洋战争与新闻》，东京，讲谈社，2007 年，第 234 页。

的日本联合通信社（"联合"），建立一元化的通信社——同盟通信社，以消除两者因在报道上经常因各自的立场不同而发生的国内舆论的严重分化和不统一。这样政府牢牢地控制了同盟通信社，也就牢牢地掌握了新闻的来源，从而为政府控制和制造舆论导向打下了基础。但在这个过程中，因为政府在政策上和资金上也给予"同盟"极大的优惠，赋予其独享无线电信的垄断权，并为其提供巨额的补助金，因此同盟通信社也是政府言论统制政策的"受益者"。

其次，政府还对战时日本报刊进行了合并和整顿，并通过"纸张配额"来控制报纸经营的经济命脉，实现"一县一纸"的报业格局。这样那些对政府的舆论政策给予积极配合、唯政府马首是瞻的报纸反而依靠政府的舆论政策打败竞争对手，打着"统一国论"的幌子或将其他报纸的"纸张配额"并入本社名下，或将其他报社的印刷设备据为己有，从而获得了飞跃的发展。

表7-2 昭和时期日本主要报纸发行量的变迁①

（单位：万）

报纸名称	昭和二年（1927）年	昭和十三年（1938）年	昭和十五年（1940）年	昭和十七年（1942）年
东京日日新闻	45	84.3855	116.8470	141.8125
东京朝日新闻	40	82.0235	117.5727	130.7538
报知新闻	25		24.9427	27.1569
时事新闻	20			
国民新闻	15			8.1351
都新闻	12			10.3006
读卖新闻	10	95.6695	131.4759	143.0097
中外商业新闻	10			11.9947
大阪朝日新闻	126.0596		197.4779	205.4408
大阪每日新闻	116.6432		156.7557	165.3248
大阪时事新闻	50			4.6686

① 参考山本武利：《近代日本的报纸读者层》，东京，法政大学出版局，1981年，第412页。

从上表可以看出，朝日系统（包括《东京朝日新闻》和《大阪朝日新闻》）、每日系统（包括《东京日日新闻》和《大阪每日新闻》）和读卖系统（太平洋战争时期《读卖新闻》和《报知新闻》合并为《读卖报知》）三大报社的发行量远远领先于其他报社，这和其从政府的舆论统制政策中获益是分不开的。

第三，思想文化方面的原因。

首先，战时畸形爱国主义的盛行为报界纳入战时体制提供了思想前提。爱国主义是一个难以界定的概念，它是一个历史范畴，不同历史时期、不同的阶级，爱国主义有不同的内容。一般说来，爱国主义是指一国国民对本国的文化和历史的一种自我肯定和钟爱，是一国国民对自己祖国存在价值的肯定和推崇；是一切国民精神中最崇高、最纯粹、最可宝贵的一种，也是一个国家和民族的灵魂所在、内核所在。在战争这个特殊背景下，爱国主义往往成为整合国民意见、凝聚国民精神、团结国民力量、鼓舞国民士气，以求取战争最后胜利的精神武器。

战时体制下，日本政府为取得战争的胜利，大力推行"忠君爱国"的军国主义教育，以提高国民的凝聚力。在军国主义教育体制下孳生的爱国主义是一种畸形的爱国主义，是披着爱国主义外衣的极端民族主义，以牺牲其他民族的利益来壮大自己的利益，具有专制性、封建性和侵略性。在这种畸形爱国主义的煽动下，任何有悖于军国主义侵略战争的言行都被认为是不爱国的表现，都会被贴上"非国民"和"卖国贼"的标签。

对于日本战时报界而言，只有同军国主义侵略政策保持一致、为军国主义战争服务才被认为是正确的报道姿态，而那些持反军、反战论调的所谓"恶德不良纸"则成为政府重点打击的对象，不但会遭到在乡军人会、右翼势力等团体的抵制，甚至还会受到同行的谴责。

因此，战时体制下的日本报界不但难以摆脱畸形爱国主义的束缚，而且只有充分调动国民的这种畸形爱国主义热情，使他们在战争中表现出亢奋的精神和惊人的整体凝聚力，才能获得发展。

其次，狭隘的国家主义为战时日本报界带上了精神枷锁。日本民族的集团性是日本报界纳入战时体制的重要思想文化原因。集团性的特征之一就是集团高于个人和个人对集团的绝对服从，政府当局正是利用了这一国民特性，将全体国民绑上了战车。此外，日本的皇国思想根深蒂固，长期以来日本上下形成了一种固定的理念，即日本是"神国"，天皇是"万世一系"的神，是天照大神的后裔，不仅应该统治日本，更应该使"万国之君皆为臣仆",作为传播媒介的报纸更是难以摆脱这种忠君思想。

20世纪20年代,日本社会陷入错综复杂的矛盾之中,法西斯主义暗流涌动。1919年8月,日本法西斯理论鼻祖北一辉炮制出《国家改造案原理大纲》(后易名为《日本改造法案大纲》)一书,系统论述了仰赖武力侵略他国、称霸世界的野心,此后大量法西斯团体迅速出笼,法西斯思想泛滥,对当时的社会产生了极大的影响,加快了日本政治的法西斯化进程。而通过甲午战争、日俄战争,日本不仅获得了从未有过的自信,也大发战争财,因此通过战争摆脱经济危机的想法成为当时社会的主流认识。"九·一八事变"爆发之后,在强烈的民族主义思想以及集团主义思想的支配下,凡是符合日本民族利益的行为都是正确的,必须全力以赴地支持和拥护的思潮在日本国民中间大行其道。

在"神国思想"根深蒂固的时代背景下,"九·一八事变"的爆发以及此后不断扩大的侵略战争被日本报界解读为实现"开拓万里波涛,宣布国威于四方"的行动,因此他们自然会掉转方向,转而支持这场战争。

"九·一八事变"之后,报界的反战言论几乎消失殆尽,即使偶尔出现,不仅会当即遭到政府的严厉处分,遭受右翼势力的抵制和袭击,甚至还会招来同行的指责和蔑视。例如事变爆发之后,右翼国粹大众党总裁笹川良一于9月19日、右翼团体"黑龙会"的代表内田良平于9月24日分别来到《大阪朝日新闻》社,蛮横要求该报停止对军队的批判,并声称将采取极端措施进行报复。25日社长村山良平召开会议,确定了关于"九·一八事变"报道的基调,并于10月1日发表社论"满洲国缓冲论",开始放弃"满洲是中国一部分"的主张,转而鼓吹军部的"满洲独立论"。接着又于12日召开会议,表示"作为日本国民应当支持军部,统一国论。绝对不允许对满洲事变进行批判"[1]。

自1932年起,一批青年将校为促进法西斯化进程,连续制造了多起刺杀政府要员的恐怖事件。对此,报界最初虽然持批评态度,但更多的只是对被害人表示了同情,到后来,连这些微弱的批评之声也踪迹全无。与此同时,法西斯势力却加紧了对反军、反战报纸的攻击。1934年3月《时事新报》记者武藤山治被法西斯暴徒刺杀,同年4月《朝日新闻》编辑总务

---

[1] 藤原彰、功刀俊洋:《资料日本现代史(8):满洲事变与国民动员》,东京,大月书店,1983年,第94页。

铃木文四郎被刺重伤，1935年2月，《读卖新闻》社长正力松太郎也被砍成重伤。1936年"二·二六事件"中，《朝日新闻》社遭到法西斯暴徒袭击。对此，多数报纸均保持沉默，就连受害者也敢怒不敢言。

从某种意义上讲，大众传媒所信奉的公平公正的职业道德信条与政治的冲突是不可避免的。但是这并不意味着传播媒介屈服甚至迎合政治是理所当然的。如果报纸以统治阶级的政治诉求和爱国主义为借口而主动大肆宣传报道虚假信息，抛却其职业道德理念，那么这种理由也是不成立的。因为战时并非所有的报纸都主动迎合军部法西斯势力，一些有良知的报业人士和报纸都曾对强权政治表示过一定的反抗。这说明即使在生存环境比较恶劣的战争时期，报界仍然有坚守新闻专业主义操守的空间。决定新闻界价值取舍的除了客观的政治条件之外，更重要的还是主观因素和经济利益等条件。物质上的商业利益和精神上的国家主义是驱动日本报纸从明治到大正时代产业化的两个轮子[①]，也是"九·一八事变"后其沦落为军部宣传工具的两个重要原因。

五、新闻专业主义与政治的冲突

新闻专业主义是资产阶级新闻学的重要概念之一，也是西方新闻工作者恪守的主要新闻职业规范。它是美国政党报纸解体之后发展起来的"公共服务"的一种信念，其最突出的特点是对新闻客观性的信念，坚信新闻工作者独立于党派、团体的立场之外，客观公正地报道新闻事实。换言之，新闻专业主义核心的理念有二：客观性和独立性。然而，新闻专业主义与其所处的社会环境有着密切的联系，它在不同的社会环境中表现出不同的外在形态。通常在和平时期的国内问题报道上，新闻专业主义往往能够得到较高程度的尊重，但在非常状态尤其是对外战争环境下，新闻专业主义与政治之间的矛盾和冲突成为所有新闻工作者无法回避的"两难"问题。

战争是国与国之间矛盾冲突的最高表现形式，是国际关系恶化的极端表现。在战争这个特殊的历史背景下，统治阶级会在政治、经济、文化等各个方面作出相应的调整，力求综合各个方面的因素赢得战争的决定权，"总力战"是现代战争的主要特点之一。报纸等大众传播媒介是"总力战"的重要组成部分，报业从业人员的内在道德规范即新闻专业

---

① 陈力丹：《论日本媒体"二战"时的法西斯化》，《国际新闻界》2001年第3期，第71页。

主义与政治的冲突在战时表现得最为突出。新闻专业主义是一种带有乌托邦色彩的职业道德规范，是一种倾向于道德主义的超越政治、党派、现实的理想主义准则。它作为一种价值规范和伦理，要求脱离政治观念及意识形态等现实的因素。但政治与新闻专业主义的内涵正相反，它不是一种道德理念或伦理观念，而是具有明显的价值取向和实践性。尤其是战时政治，它强调国家利益高于一切，所有的物质条件以及意识形态、价值取向等精神条件都必须为战争服务。

"九·一八事变"爆发后，日本军国主义为了顺利推进侵略战争，在政治、经济、文化等领域制定了一系列服务于战争的强化政策，从而形成了战时体制。在战时体制之下，包括《朝日新闻》等在内的绝大部分报纸在强权政治以及所谓的爱国主义和"精神总动员"等政治宣传面前逐渐丧失了新闻专业主义的意识，发生了"转向"，开始对军部的行为给予支持，并为军队发动侵略战争寻找借口，为统治阶级推行其战争理念服务。"卢沟桥事变"之后的全面战争时期，报界已经完成"转向"，完全对政治表现出了妥协和屈服，而到太平洋战争时期，日本报界开始摆脱其被动的地位，积极主动地承担起为军国主义宣传的重任。可以说，此时的日本新闻专业主义已经演变为巩固统治阶级话语权的宣传工具。

战时日本报界经历了妥协、屈服和迎合的发展历程。这个过程表明新闻专业主义和政治的冲突是不可避免的，同时也说明新闻专业主义虽然是强权政治的"受害者"，但同时反过来就会扮演一个强化政治统治、推进战争进程的"加害者"的角色。这两种角色的错位使得日本报界在对待新闻专业主义的态度上在战时总是处于一种极其尴尬的矛盾之中，也是战时日本报界背离新闻专业主义、为侵略战争倾力宣传的重要原因。

那么，破坏战时日本报界新闻专业主义的主体有哪些呢？

首先，政府是破坏新闻专业主义的主体。战时体制下，政府为了最大限度地控制和利用媒体，使之更好地按照当政者的意愿影响大众，引导舆论，就会千方百计地加强对新闻报道的管制，压缩言论自由的空间，其中最重要的手段便是制定言论统制法令、法规，完善言论统制机构。例如战时日本通过了包括"新闻纸法"在内的种类繁多的法令，并不断完善情报局的机构建制和管理功能，以实现战时新闻管制和检查政策的具体化和法制化。不仅日本如此，"二战"期间美国也出台了"美国报界战时行动准则"和"美国广播界战时行动准则"，赋予政府相关部门实施新闻管制的合法性，并制定了违反新闻统制政策的惩罚机制。

同时，政府通过控制信息来源的方式等来控制媒体。媒介希望从政府获得相关信息，因而对权力机构的依赖程度比之以往更甚。战时记者想通过采访来获得准确、全面的第一手资料十分困难，因而往往更多的是从交战国的政府或军方的新闻发布会获取消息。在这种情况下，媒介的报道就落入了权力设置的陷阱。如果有媒体想通过自己的方式获得信息或者发布令政府不满的信息，政府可以通过剥夺其从政府和军方获得信息的权力来压制。例如太平洋战争爆发之后，日本政府设立了大本营报道部，规定报纸发布的消息必须来自大本营发表，不允许采用未经大本营报道部审查的任何稿件。这样，消息来源单一、采访受限制等因素使得新闻记者往往难以保持客观报道，从而对新闻专业主义造成了破坏。

其次，受众（读者）也是破坏新闻专业主义的主体之一。虽然媒体通过设置话题能够影响公众舆论，但是有时候，公众舆论通过诸如公共情绪等非正式渠道也能够影响媒体话语。从某种意义上讲，作为传播对象的受众是传媒的顾客，传媒在向公众进行宣传的时候，必须考虑受众的接受能力。这里所说的"接受能力"除了受众的身体状况和文化水平之外，更重要的还要考虑受众所处的环境。如果媒体的论调与受众的接受能力背道而驰，必然会遭到受众的抛弃。而受众对媒体的抛弃，必然造成传媒的经济利益和社会影响力受损，这是其所不能承受的。比如在战时体制之下，日本民众的排外主义和战争狂热空前高涨，在这种情况下如果报界发表反战言论的话必然会导致读者的流失，从而造成发行量锐减的局面。例如"九·一八事变"爆发后，对于日本报界与军部的关系，《日本新闻年鉴》认为事变前各大报纸都对军部的军国主义行动颇为不满，但事变爆发后，"既然是日本人经营的报纸，国民的爱国热情越高涨，越会被读者的要求和周围的局势所影响，自然无论是言论还是报道都会趋向国家主义化和帝国主义化"[1]。因此受众对传媒的反作用也对新闻专业主义造成了破坏。

第三，媒体本身也是破坏其自身新闻专业主义的主体。英国广播公司著名记者马克斯·黑斯汀斯曾说过一句名言："当一个人的祖国陷入战争时，报道就成了战争力量的延伸，只有当战争结束之后，客观性才会再度流行。"[2] 战争报道史表明，当记者自己国家被卷入战争的时候，其爱国主义情感的升华，是一个极其自然的过程。因为没有什么人会希望

---

[1] 《日本新闻年鉴》1933 年版。引自前坂俊之：《太平洋战争与新闻》，东京，讲谈社，2007 年，第 106~107 页。

[2] 转引自〔英〕苏珊·L.卡拉瑟斯著：《西方传媒与战争》，张毓强等译，北京，新华出版社，2002 年，第 184 页。

自己的国家战败，更不希望自己的国家灭亡。这种感情的出发点，会使记者自动地站在本国政府军队的一边，力求使自己的报道对自己的国家和军队有利，并且努力提高国民士气，激发国民同仇敌忾的情绪，至少不为敌人所利用，不为敌人提供有用的消息。换言之，媒体在面对战争时，其自身的选择是决定其报道姿态和舆论导向的根本因素。以战时体制下日本报界而言，尽管有政府权力的压制和大众情绪的影响，但报社记者作为国民中的个体，自然也难以避免爱国主义情感的支配，而从报社整体来讲，经济实力的强弱决定了报社在激烈竞争中的发展趋向。因此报界自身爱国主义情感的升华和对经济利益的追求造成了对新闻专业主义的破坏。

在战争这一特殊的社会行为形态之下对新闻传播进行合理的调控，使之最大限度地发挥其激励民族精神的作用，是战争中意识形态领域最为精妙、最有意义的使命之一。但这决不意味着战争可以成为使新闻倒退的借口，更不意味着在战争中可以完全将新闻专业主义原则弃而不顾。战时体制下日本报界的发展历程及报道姿态告诉我们，作为新闻从业者在进行战时新闻与传播时，应以新闻专业主义的最高原则为基本出发点和底线，在新闻专业主义和爱国主义的博弈中，求取合作状态下的均衡和"平衡"才是最佳状态和途径。

在现代传媒日益发达的今天，被誉为"第四种权力"的传媒正以各种方式影响着人们的生活。随着技术手段的不断发展以及全球化的日渐成熟，传媒的传播功能也开始超越国界，国际传播成为全球化背景下人们获取信息的主要途径之一。在这个过程中，传媒也成为影响国际关系的重要因素，人们对他国或他民族的认识更多是通过各种传播渠道获得的。因此，媒体的取向成为影响两国关系的重要因素。传媒工作者应该以史为鉴，在传播活动中坚守公平、公正的原则，只有这样才能发挥其应有的社会功能。

参考书目

中文书目

[1]〔德〕鲁登道夫：《总体战》，戴耀先译，北京，解放军出版社，1988年。

[2]〔美〕法兰克·吉伯尼编：《战争——日本人记忆中的二战》，《〈朝日新闻〉读者来信汇编》，尚蔚、史禾译，北京，中央编译出版社，2003年。

[3]〔日〕池田一之：《九·一八事变与日本新闻报道》，《日本研究》1991年第2期。

[4]〔日〕吉田裕：《日本人的战争观——历史与现实的纠葛》，刘建平译，北京，新华出版社，2002年版。

[5]〔日〕江口圭一：《日本十五年侵略战争史》，杨栋梁译，天津，天津人民出版社，1995年版。

[6]〔日〕内川芳美、新井直之：《日本新闻事业史》，张国良译，北京，新华出版社，1986年。

[7]〔日〕秋山洋子、加纳实纪代编：《性别与战争——日本视角》，北京，社会科学文献出版社，2007年。

[8]〔日〕日本读卖新闻战争责任检证委员会：《检证战争责任——从九·一八事变到太平洋战争》，郑钧等译，北京，新华出版社，2007年。

[9]〔日〕若槻泰雄：《日本的战争责任》，赵自瑞等译，北京，社会科学文献出版社，1999年。

[10]〔日〕山本文雄：《日本大众传媒史》（增补版），诸葛蔚东译，桂林，广西师范大学出版社，2007年。

[11]〔日〕升味准之辅：《日本政治史》第1~4册，北京，商务印

书馆，1997年。

［12］〔英〕苏珊·L.卡拉瑟斯：《西方传媒与战争》，张毓强等译，新华出版社，2002年版。

［13］陈力丹：《论日本媒体"二战"时的法西斯化》，《国际新闻界》2001年第3期。

［14］〔日〕稻叶三千男、新井直之：《日本的报业理论与实践》，张国成等译，北京，新华出版社，1985年。

［15］丁果：《九·一八事变与朝日新闻》，《外国问题与研究》1988年第3期。

［16］复旦大学历史系日本史组编译：《日本帝国主义对外侵略史料选编（1931～1945）》，上海，上海人民出版社，1975年。

［17］胡澎：《战时体制下的妇女团体（1931～1945）》，长春，吉林大学出版社，2005年。

［18］雷国山：《日本侵华决策史研究（1937～1945）》，上海，学林出版社，2006年。

［19］李宏、李民等：《传媒政治》，北京，中国传媒大学出版社，2006年。

［20］李卓：《战时日本的家庭动员与家庭统制》，《日本研究》，1996年第4期。

［21］米庆余：《日本近现代外交史》，世界知识出版社，2010年。

［22］南京大屠杀史料编辑委员会编：《侵华日军南京大屠杀史稿》，南京，江苏古籍出版社，1987年。

［23］宁新：《日本报业简史》，北京，中国社会科学出版社，1980年。

［24］齐红深主编：《日本对华教育侵略——对日本侵华教育的研究与批判》，北京，昆仑出版社，2005年。

［25］苏进添：《日本新闻自由与传播事业》，台北，致良出版社，1990年。

［26］汤重南等主编：《日本帝国的兴亡》，北京，世界知识出版社，1996年。

［27］王东艳：《日本报纸的萌芽及其特点分析——17世纪初至明治维新动乱时期报纸的发展》，《日本学论坛》1999年第3期。

［28］王屏：《近代日本的亚细亚主义》，北京，商务印书馆，2004年。

［29］王向远：《日本的"笔部队"及其侵华文学》，《北京社会科学》1998 年第 2 期。

［30］王向远：《"笔部队"和侵华战争》，北京，昆仑出版社，2005 年。

［31］王向远：《日本对中国的文化侵略——学者、文化人的侵华战争》，北京，昆仑出版社，2005 年。

［32］王向远：《日本右翼言论批判——"皇国史观"与免罪情节的病理剖析》，北京，昆仑出版社，2005 年。

［33］王晓岚：《军国主义新闻观的酝酿发育——日本二战前夕及战争期间的新闻理论》，《新闻与传播研究》1995 年第 2 期。

［34］王晓岚：《日本侵华战争中的新闻谋略》，《河北学刊》第 22 卷第 2 期。

［35］吴廷璆主编：《日本史》，天津，南开大学出版社，1994 年。

［36］薛子奇、于春梅：《近代日本满蒙政策的演变》，《北方论丛》2003 年第 1 期。

［37］杨栋梁主编：《日本进步史学家江口圭一》，北京，人民出版社，2002 年。

［38］尹良富：《日本报业集团研究》，广州，南方日报出版社，2005 年。

［39］张昆：《十五年战争与日本报纸》，《日本研究》1991 年第 2 期。

日文报刊

［1］『大阪朝日新聞』
［2］『東京朝日新聞』
［3］『朝日新聞』
［4］『大阪毎日新聞』
［5］『東京日日新聞』
［6］『毎日新聞』
［7］『読売新聞』
［8］『報知新聞』
［9］『東洋経済新報』
［10］『満州日日新聞』

[11]『信濃毎日新聞』

[12]『福岡日日新聞』

[13]『赤旗』

日文书目

[1] R. H. ミッチェル著、奥平康弘、江橋崇訳：『戦前日本の思想統制』、日本評論社、1980 年。

[2] 安川寿之輔：『十五年戦争と教育』、新日本出版社、1986 年。

[3] 安田將三、石原孝太郎：『朝日新聞の戦争責任』、太田出版、1995 年。

[4] 奥平康弘：『言論統制文献資料集成第 17 巻同盟通信社関係資料・国通十年史』、日本図書センター、1992 年。

[5] 本多助太郎：『朝日新聞七十年小史』、朝日新聞社、1949 年。

[6] 長谷川如是閑：『新聞論』、政治教育協会、1947 年。

[7] 朝日新聞社：『昭和十二年朝日年鑑』、大阪朝日新聞社、1936 年。

[8] 朝日新聞社：『週刊朝日が報じた昭和の大事件』、週刊朝日 85 周年記念増刊、2007 年 3 月。

[9] 赤木須留喜：『近衛新体制と大政翼賛会』、岩波書店、1984 年。

[10] 赤沢史郎・北河賢三・由井正臣：『資料日本現代史（13）：太平洋戦争下の国民生活』、大月書店、1990 年。

[11] 赤沢史朗他：『大政翼賛会』、大月書店、1984 年。

[12] 赤澤史郎他：『戦時下の宣伝と文化』、現代資料出版社、2001 年。

[13] 赤澤史郎他：『総力戦・ファシズムと現代史』、現代資料出版社、1997 年。

[14] 春原昭彦：『日本新聞通史』、新泉社、1987 年。

[15] 大江志乃夫他：『近代日本の植民地 7 文化のなかの植民地』、岩波書店、2001 年。

[16] 大日本言論報国会：『思想戦大学講座』、時代社、1944 年。

[17] 稲葉正夫：『現代史資料（37）：大本営』、みすず書房、1996 年。

[18] 法政大学大原社会問題研究所：『太平洋戦争下の労働運動』、

労働旬報社、1965 年。

　　[19] 福島鋳郎：『戦後雑誌発掘——焦土時代の精神』、日本エディタースクール出版部、1972 年。

　　[20] 冨永謙吾：『現代史資料（39）：太平洋戦争 5』、みすず書房、1984 年。

　　[21] 富永謙吾：『大本営発表の真相史』、自由国民社、1971 年。

　　[22] 甘利璋八：『「ニュースペッパー」上陸す』、新人物往来社、1987 年。

　　[23] 高崎隆治：『戦時下のジャーナリズム』、新日本出版社、1987 年。

　　[24] 高崎隆治：『戦時下文学の周辺』、風媒社、1981 年。

　　[25] 高橋彦博：『民衆側の戦争責任』、青木書店、1989 年。

　　[26] 高橋正則：『大東亜共栄圏の指導理念』、豊国社、1941 年。

　　[27] 掛川トミ子：『現代史資料（42）：思想統制』、みすず書房、1991 年。

　　[28] 和田守、竹山護夫、栄沢幸二：『近代日本の思想（2）徳富蘇峰/大杉栄/尾崎行雄』、有斐閣、1979 年。

　　[29] 鶴見俊輔：『戦時期日本の精神史（1931～1945）』、岩波書店、2001 年。

　　[30] 黒田秀俊：『血ぬられた言論——戦時言論弾圧史』、学風書院、1952 年。

　　[31] 黒羽清隆：『昭和史（上）戦争と民衆』、飛鳥社、1989 年。

　　[32] 黒羽清隆：『昭和史（下）世界と平和』、飛鳥社、1989 年。

　　[33] 後藤孝夫：『辛亥革命から満州事件へ——大阪朝日新聞と近代中国』、みすず書房、1987 年。

　　[34] 吉田裕、吉見義明：『資料日本現代史（10）：日中戦争期の国民動員①』、大月書店、1983 年。

　　[35] 江口圭一：『1941 年 12 月 8 日』、岩波書店、1992 年。

　　[36] 江口圭一：『日本帝国主義史論——満州事変前後』、青木書店、1975 年。

　　[37] 江口圭一：『日本帝国主義史研究』、青木書店、1998 年。

　　[38] 江口圭一、木坂順一郎：『治安維持法と戦争の時代』、岩波書店、1986 年。

　　[39] 江藤文夫、鶴見俊輔、山本明：『事件と報道：講座・コミュ

ニケーション5』、研究社、1972 年。

　　［40］姜東鎮：『日本言論界と朝鮮（1910～1945）』、法政大学出版局、1984 年。

　　［41］近盛晴嘉：『人物日本新聞史』、新人物往来社、1970 年。

　　［42］近衛文麿：『翼賛の道』、大政翼賛会宣伝部、1941 年。

　　［43］井上清、衛藤瀋吉：『日中戦争と日中関係——盧溝橋事件50周年日中学術討論会記録』、原書房、1988 年。

　　［44］軍事史学会：『日中戦争の諸相』、錦正社、1997 年。

　　［45］蠟山政道、宮澤俊義、小野秀雄：『新聞の自由』、岩波書店、1952 年。

　　［46］李相哲：『日本人満州新聞経営史』、凱風社、2000 年。

　　［47］里見修：『ニュース・エージェンシー——同盟通信社の興亡』、中央公論社、2000 年。

　　［48］栗田直樹：『緒方竹虎——情報組織の主宰者』、吉川弘文館、1996 年。

　　［49］笠原十九司：『アジアの中の日本軍——戦争責任と歴史学・歴史教育』、大月書店、1994 年。

　　［50］歴史学研究会／日本史研究会：『講座日本史7——日本帝国主義の崩壊』、東京大学出版会、1971 年。

　　［51］鈴木安蔵、畑中繁雄他：『言論弾圧史』、銀杏書房、1949 年。

　　［52］鹿野政直、由井正臣：『近代日本の統合と抵抗（1931 年から1945 年まで）』、日本評論社、1982 年。

　　［53］馬淵逸雄：『国民に愬ふ』、大政翼賛会宣伝部、1941 年。

　　［54］毎日新聞130 年史刊行委員会：『「毎日」の3 世紀——新聞が見つめた激流130 年』（上・下・別巻）、毎日新聞社、2002 年。

　　［55］美作太郎、藤田親昌、渡辺潔：『言論の敗北——横浜事件の真実』、三一書房、1959 年。

　　［56］明石博隆、松浦総三：『昭和特高弾圧史（5）：——庶民にたいする弾圧（1936～45 年）』、太平出版社、1975 年。

　　［57］木坂順一郎：『昭和の歴史（7）：太平洋戦争』、小学館、1989 年。

　　［58］木村愛二：『読売新聞・歴史検証』、汐文社、1996 年。

　　［59］木村栄文：『六鼓菊竹淳——論説・手記・評伝』、葦書房、1975 年。

[60] 内川芳美:『現代史資料（12）：日中戦争（4）』、みすず書房、1983年。

[61] 内川芳美:『現代史資料（40）：マス・メディア統制（一）』、みすず書房、1991年。

[62] 内川芳美:『現代史資料（41）：マス・メディア統制（二）』、みすず書房、1996年。

[63] 内川芳美:『中国侵略と国家総動員』、平凡社、1983年。

[64] 奈良弘美:『新聞学教室』、四季書房、1970年。

[65] 平川新:『紛争と世論——近世民衆の政治参加』、東京大学出版会、1996年。

[66] 平田外喜二郎:『戦時新聞讀本』、大阪毎日新聞社、東京日日新聞社、1940年。

[67] 迫太平:『日本新聞協会二十年史』、日本新聞協会、1932年。

[68] 前坂俊之:『太平洋戦争と新聞』、講談社、2007年。

[69] 秦郁彦:『南京事件』、中央公論社、1992年。

[70] 青木武雄:『報知七十年』、報知新聞社、1941年。

[71] 青水英夫:『権力とマスコミ』、学陽書房、1974年。

[72] 清澤洌:『暗黒日記』、東洋経済新報社、1954年。

[73] 情報部:『外務省執務報告』、クレス出版、1995年。

[74] 日本現代史研究会:『日本ファシズム——国民統合と大衆動員』、大月書店、1982年。

[75] 入江徳郎他:『新聞集成昭和史の証言（11）：蘆溝橋事件・三国同盟』、本邦書籍、1985年。

[76] 入江徳郎他:『新聞集成昭和史の証言（12）：統制経済・スフ代用品時代』、本邦書籍、1985年。

[77] 入江徳郎他:『新聞集成昭和史の証言（14）：大政翼賛・紀元二千六百年』、本邦書籍、1985年。

[78] 入江徳郎他:『新聞集成昭和史の証言（15）：太平洋戦争・一億総決起』、本邦書籍、1985年。

[79] 入江徳郎他:『新聞集成昭和史の証言（16）：東京初空襲・戦況下降線』、本邦書籍、1988年。

[80] 入江徳郎他:『新聞集成昭和史の証言（17）：玉粋・竹ヤリ・学生出陣』、本邦書籍、1988年。

[81] 入江徳郎他:『新聞集成昭和史の証言（18）：神風特攻・本

土決戦』、本邦書籍、1988年。

［82］入江徳郎他：『新聞集成昭和史の証言（19）：原爆・降伏・旧体制崩壊』、本邦書籍、1988年。

［83］入江徳郎他：『新聞集成昭和史の証言（5）：満州事変・軍ファッショ』、本邦書籍、1983年。

［84］入江徳郎他：『新聞集成昭和史の証言（6）：五・一五事件・テロ横行』、本邦書籍、1990年。

［85］入江徳郎他：『新聞集成・昭和史の証言（7）：国際連盟脱退・世界の孤児』、本邦書籍、1990年。

［86］三枝重雄：『言論昭和史——弾圧と抵抗』、日本評論新社、1958年。

［87］色川大吉：『昭和史世相篇』、小学館、1994年。

［88］森恭三：『私の朝日新聞社史』、田畑書店、1981年。

［89］山本文雄：『日本新聞発達史』、伊藤書店、1944年。

［90］山中恒：『新聞は戦争を美化せよ！——戦時国家情報機構史』、小学館、2001年。

［91］上田正二郎：『これからの新聞——戦時下の新聞人と読者の心構え』、総文社、1943年。

［92］神島二郎：『近代日本思想大系（8）：徳富蘇峰集』、筑摩書房、1978年。

［93］石川勝司：『報道戦士』、日本新聞会、1942年。

［94］私たちの歴史を綴る会：『婦人雑誌からみた一九三〇年代』、同時代社、1987年。

［95］思想科学研究会：『共同研究転向』、平凡社、1960年。

［96］松本俊郎：『侵略と開発——日本資本主義と中国植民地化』、岡山大学経済学部、1988年。

［97］松村義久：『生活戦体制へ——国民生活の動員』、大政翼賛会宣伝部、1941年。

［98］松浦総三：『戦時下に言論統制——体験と資料』、白川書院、1975年。

［99］松下芳男：『明治大正反戦運動史』、草美社、1949年。

［100］太田雅夫：『評伝桐生悠々——戦時下抵抗のジャーナリスト』、不二出版、1987年。

［101］太田雅夫：『桐生悠々反軍論集』、新泉社、1969年。

［102］藤原彰：『戦争と民衆』、三省堂、1975 年。

［103］藤原彰：『昭和の歴史（5）：日中全面戦争』、小学館、1988 年。

［104］藤原彰、功刀俊洋：『資料日本現代史（8）：満州事変と国民動員』、大月書店、1983 年。

［105］田中浩：『近代日本におけるジャーナリズムの政治的機能』、御茶ノ水書房、1982 年。

［106］田中彰：『アジア太平洋戦争？私の遺書』、日本放送出版協会、1995 年。

［107］畑中繁雄：『覚書昭和出版弾圧小史』、図書新聞社、1965 年。

［108］畑中繁雄：『日本ファシズムの言論弾圧抄史』、高文研、1986 年。

［109］通信社史刊行会：『通信社史』、通信社史刊行会、1958 年。

［110］同志社大学人文科学研究所：『戦時下抵抗の研究』（Ⅰ・Ⅱ）、むすず書房、1969 年。

［111］丸山雍成：『日本の近世（6）：情報と交通』、中央公論社、1992 年。

［112］文化奉公会：『大東亜戦争陸軍報道班員手記』、大日本雄弁会講談社、1943 年。

［113］西田長寿：『明治時代の新聞と雑誌』、志文堂、1961 年。

［114］細川護貞：『情報天皇に達せず』、同光社磯部書房、1953 年。

［115］細谷千博他：『日米関係史（4）：開戦に至る10 年（1931～1941）』、東京大学出版会、1972 年。

［116］香内三郎、上野征洋：『抵抗と沈黙のはざまで』、1985 年。

［117］小倉正太郎：『東洋経済新報言論六十年』、東洋経済新聞社、1955 年。

［118］小野賢一：『翼賛政治の研究』、新日本出版社、1999 年。

［119］緒方竹虎伝記刊行会：『緒方竹虎』、朝日新聞社、1963 年。

［120］岩下哲典：『幕末日本の情報活動——「开国」の情報史』、雄山閣、2000 年。

［121］野添憲治、簾内敬司：『銃後の戦史』、秋田書房、1977 年。

［122］伊藤隆：『近衛新体制』、中央公論社、1983 年。

［123］伊藤隆：『昭和初期政治史研究』、東京大学出版会、1969 年。

［124］伊藤正徳：『新聞生活二十年』、中央公論社、1933 年。

［125］伊藤正徳：『新聞五十年史』、鱒書房、1943 年。

［126］翼賛運動史刊行會：『翼賛國民運動史』、翼賛運動史刊行会、1954 年。

［127］櫻本富雄：『文化人たちの大東亜戦争』、青木書店、1995 年。

［128］櫻本富雄：『文化人たちの大東亜戦争——大東亜戦争下の文学者たち』、青木書店、1995 年。

［129］永井柳太郎：『東亜の大業を目指して』、大政翼賛会宣伝部、1941 年。

［130］早瀬貫：『太平洋戦争と朝日新聞』、新人物往来社、2001 年。

［131］早乙女勝元、松浦総三：『太平洋戦争末期の市民生活』、鳩の森書房、1977 年。

［132］中内敏夫：『軍国美談と教科書』、岩波書店、1988 年。

［133］中日新聞本社開発局：『中日新聞に見る——昭和の追憶（上巻）』、中日新聞本社、1978 年。

［134］中央公論社：『中央公論』、平成十七年一月号。

［135］塚本三夫：『実録侵略戦争と新聞』、新日本出版社、1986 年。

［136］佐藤明夫：『戦争動員と抵抗——戦時下愛知の民衆』、同時代社、2000 年。

［137］佐藤卓己：『言論統制』、中央公論社、2004 年。

［138］佐佐木隆：『メディアと権力』、中央公論新社、1999 年。

［139］満州弘報協会：『満州の新聞と通信』、満州弘報協会、1940 年。

［140］日本共産党中央機関紙アカハタ本局：『非合法時代の日本共産党中央機関紙『赤旗』第一巻』、三一書房、1954 年。

［141］日本共産党中央機関紙アカハタ本局：『非合法時代の日本共産党中央機関紙『赤旗』第二巻』、三一書房、1954 年。

［142］日本共産党中央機関紙アカハタ本局：『非合法時代の日本共産党中央機関紙『赤旗』第三巻』、三一書房、1952 年。

［143］日本共産党中央機関紙アカハタ本局：『非合法時代の日本共産党中央機関紙『赤旗』第四巻』、三一書房、1954 年。

后　记

　　本书是在博士论文的基础上修改而成的，也是国家社科基金后期资助项目的最终成果。

　　本书付梓之际，特别要感谢恩师李卓教授。本书的顺利完成与李老师的精心指导和悉心教诲是分不开的。李老师学识渊博、治学严谨。自踏入师门那一刻起，老师便为我制定了学习目标，并时时关照。在我留学日本期间，老师利用出差机会，从繁忙的工作中抽出宝贵时间为我指导论文。老师除了在学术上严格要求于我，在生活上也给予了慈母般的关心，每思及此，内心充满感激之情，无以言表，惟在此对老师道一声"谢谢"。

　　同时，还要感谢南开大学日本研究院的宋志勇教授、杨栋梁教授、米庆余教授、王振锁教授、赵德宇教授、刘岳兵教授、莽景石教授、乔林生副教授、刘轩副教授、臧佩红副教授、张玉来副教授的指导与帮助，各位先生严谨的治学之道、朴实高尚的人格使我终生受益。

　　此外，北京大学卓南生教授多次来信询问本书的出版进度，日本一桥大学吉田裕教授在我赴日做访问学者期间亲自指导并提供了大量资料，日本色彩设计研究所（NCD）道江义赖所长和川口节子部长及所有工作人员在我留学期间都给予了无私的关心和帮助。

　　还要特别感谢我所在单位的领导南京信息工程大学语言文化学院院长李忠明教授、副院长吴效刚教授、何三宁教授、张军教授、沈春蕾副教授、唐镭副教授在工作上给予的巨大支持和帮助。日语系的全体同仁也为我分担了大量工作，在此深表谢意。

　　还要感谢我的父母和姐姐，没有他们的支持，我是无论如何也不能顺利完成学业的，更无法安心开展研究工作。

　　最后要感谢我的妻子贾玉梅，她在我攻读博士期间承担了所有的家务，为我创造了安静的学习环境，使我能够全身心投入到论文的写作中。在工作之后她更是任劳任怨，没有她的付出，也就没有本书的面世。本书付梓时,爱女泽希已咿呀学语,一句句稚嫩的"爸爸"总能让我从怠惰中振奋起来,在此祝你茁壮成长。

中央编译出版社的王琳编辑为本书的出版工作付出了辛勤的劳动,在此一并深表谢忱。

由于本人才疏学浅,加之时间紧急,书中错误纰谬之处在所难免,恳请各位先生及同仁批评指正!

孙继强
2014 年 3 月于南京

图书在版编目(CIP)数据

侵华战争时期的日本报界研究:1931~1945／孙继强著.
— 北京:中央编译出版社,2014.5
ISBN 978-7-5117-2155-6

Ⅰ.①侵… Ⅱ.①孙… Ⅲ.①报业—研究—日本—1931~1945
Ⅳ.①G219.313.9

中国版本图书馆 CIP 数据核字(2014)第 093317 号

侵华战争时期的日本报界研究:1931~1945

出 版 人:刘明清
出版统筹:贾宇琰
责任编辑:王　琳
责任印制:尹　珺
出版发行:中央编译出版社
地　　址:北京西城区车公庄大街乙 5 号鸿儒大厦 B 座(100044)
电　　话:(010)52612345(总编室)　　(010)52612341(编辑室)
　　　　　(010)52612316(发行部)　　(010)52612315(网络销售)
　　　　　(010)52612346(馆配部)　　(010)66509618(读者服务部)
传　　真:(010)66515838
经　　销:全国新华书店
印　　刷:北京金瀑印刷有限责任公司
开　　本:787 毫米×1092 毫米　1/16
字　　数:388 千字
印　　张:23
版　　次:2014 年 6 月第 1 版第 1 次印刷
定　　价:75.00 元

网　　址:www.cctphome.com　　邮　　箱:cctp@cctphome.com
新浪微博:@中央编译出版社　　微　　信:中央编译出版社(ID:cctphome)

本社常年法律顾问:北京市吴栾赵阎律师事务所律师　闫军　梁勤
凡有印装质量问题,本社负责调换,电话:(010)66509618